Oelkers
Einführung in die Theorie der Erziehung

Die Reihe »Beltz Studium« wird herausgegeben
von Jürgen Oelkers und Klaus Hurrelmann

Wissenschaftliche Redaktion: Christian Palentien

Jürgen Oelkers

Einführung in die Theorie der Erziehung

Beltz Verlag · Weinheim und Basel

Dr. *Jürgen Oelkers*, Jg. 1947, ist Professor für Allgemeine Pädagogik an der Universität Zürich.

Gesetzt nach den neuen Rechtschreibregeln
Lektorat: Peter E. Kalb

www.beltz.de
Herstellung: Klaus Kaltenberg
Satz: Satz- und Reprotechnik GmbH, Hemsbach
Druck: Druckhaus Beltz, Hemsbach
Umschlaggestaltung: Federico Luci, Köln
Umschlagfoto: Bavaria Bildagentur, München
Printed in Germany

ISBN 3-407-25236-6

Inhalt

»It seems not unreasonable, that books, the children of the brain, should have the honour to be christened with variety of names as well as other infants of quality.«
(Jonathan Swift)

Vorwort

Wer sich unter dem Stichwort *Theory of Education* auf die Website-Suche macht, erhält mehr als anderthalb Millionen Eintragungen, was leicht erklärbar ist, weil die nicht intelligente Suchmaschine alles registriert, was unter »theory« angeboten wird, also sämtliche Wissenschaften und alle möglichen Theorietitel. Wenn man unter *Educational Theory* suchen lässt, werden die Dimensionen sofort zurechtgerückt, die Eintragungen liegen knapp über dreitausend.[1] Diesen Befund spiegeln die deutschen Äquivalente: Das Stichwort *Theorie der Erziehung* verzeichnet 837.565 Eintragungen, das Stichwort *Erziehungstheorie* nurmehr 113[2]. Die Eintragungen zum Stichwort *Erziehungstheorie* sind in mehrfacher Hinsicht aufschlussreich: Das *Stichwort* hält heterogene Eintragungen zusammen, die sich in einem offenbar ebenso weiten wie vagen und doch zusammenhängenden Reflexionsfeld ansiedeln lassen. Von »Erziehungstheorie« kann ebenso die Rede sein wie von »Praxis« oder »Politik« der Erziehung, von Erziehungs*zielen*, der »Wirksamkeit« von Erziehung oder dem verschwundenen Charme der »Erziehung der sozialistischen Persönlichkeit«. Man findet verschiedene Genres, also gut gemeinte Reflexionen, Polemiken und wissenschaftliche Artikel, aber ebenso auch Ankündigungen, Selbstanpreisungen oder Jahresbe-

1 Gesucht mit *Search.CH* weltweit am 13. Februar 2000. »Theory of Education« verzeichnete genau 1.554.725 Eintragungen, »Educational Theory« 3.148 (begünstigt noch durch den Umstand der Web-Aktivitäten der amerikanischen *Zeitschrift* »Educational Theory«). 4.289 Einträge am 16. Juli 2000 mit der gleichen Maschine. Der Zuwachs erklärt sich etwa durch zunehmende Präsentation von *faculties of education*.

2 Gesucht mit *Search.CH* am 13. Februar 2000. 123 Einträge mit der gleichen Suchmaschine am 21. Febuar 2000. Die Varianz ist inhaltlich unbedeutend. Am 16. Juli 2000 waren es 108 Einträge.

richte von Instituten. Gleichwohl fallen die Eintragungen nicht völlig auseinander: Zwischen dem chronologischen Literaturverzeichnis von Dieter Lenzen, den unverblümt angebotenen Vorzügen der Montessori-Pädagogik, dem Forschungsbericht der Pädagogischen Hochschule Freiburg und Craig Kielburgers *Free the Children*-Bewegung[3] gibt es Passungen, die nicht die Theorie herstellt und die gleichwohl vorhanden sind.

Der Suchbegriff »Pädagogik«[4] fällt demgegenüber weit mehr auseinander. Er subsumiert Bibiothekseintragungen ebenso wie WWW-Suchangebote, ohne ein Reflexionsfeld zu ergeben. *Erziehungstheorie* dagegen versammelt Module »Erziehungstheorie« innerhalb von Studiengängen, eine vermutlich unautorisierte Web-Fassung von Wolfgang Klafkis Deutung des »Briefes aus Stans«[5], die Beschreibung eines Forschungsprojektes zur »Fremdenfeindlichkeit«, Artikel über Friedrich Fröbel und »pädagogisches Verstehen«[6], Hinweise zum Verhältnis von Wilhelm Reich und Erich Fromm, amerikanische Neuaneignungen der »kritischen Theorie« in pädagogischer Sicht[7] und vieles mehr, was nicht sinnlos heterogen ist und doch keine kausale Beziehung bildet. Naturgemäß noch

3 Der kanadische Schüler Craig Kielburger gründete mit zwölf Jahren die Free the Children-Bewegung, die für Kinderrechte und gegen Ausbeutung oder Missbrauch von Kindern eintritt (vgl. Rückriehm, G.: Kinder organisieren globale Kinderpolitik. Abgefasst im Oktober 1998; im Netz seit dem 10. April 1999; http://www.eugwiss.hdk-berlin.de/cub/pub/kielburger.html).

4 65.410 Einträge via *Search.CH* am 13. Februar 2000.

5 Klafki, W.: Pestalozzis »Stanser Brief« (nach der überarbeiteten Auflage 1975; im Netz seit dem 4. Oktober 1996; http://userpages.fu-berlin.de/-zosch/pestalozzi/klafki.html).

6 »Was ist pädagogisches Verstehen?« (Es handelt sich um eine Seminararbeit der Universität Hamburg, verfasst von Heinrich Seiter, der Horst Scarbaths Begriff des »pädagogischen Verstehens« einer scharfen Kritik unterzieht, ohne diese einem Review-Verfahren auszusetzen oder auf eine Antwort des Angegriffenen abzielen zu müssen. Im Netz seit Oktober 1998; http://www.franken.de/users/doboz/edu/scripts/scarbath.html).

7 Reitz, C.: Liberating the Crictical in Critical Theory – Marcuse, Marx and a Pedagogy of the Oppressed: Alienation, Art and the Humanities (im Netz in der von mir konsultierten Version seit dem 4. November 1999; http://wmc131.wmc.edu/pub/researcher/issueXI-2/reitz.html).

homogener sind die Eintragungen zu dem formenden Stichwort *Reformpädagogik*[8], während ein Suchbegriff wie *natürliche Erziehung*[9] vollkommen segregierte Resultate ergibt, weil »natürlich« eine weit über das pädagogische Feld hinausgehende Verwendung zulässt.

Education oder *Erziehung* haben keine Begrenzungen, wohl aber eine hohe und stark streuende Verwendungsdichte, immer unter der Voraussetzung von Suchmaschinen, die nur sortieren können.[10] »Erziehung« kann sich auf Landesinstitute (für Erziehung und Unterricht) beziehen, auf Verbände, Institute und Konferenzen, auf *Queer and Kids*, also Beratungen für »Lesben und Schwule mit Kinderwunsch«, zudem auf Fachbereiche (Erziehungswissenschaft), Hunde, Kollegiaten und Dominas.[11] Irgendein Zusammenhang ist auf diese Weise nicht erkennbar, ohne dass aber die Wortverwendung vollkommen beliebig wäre. Gewahrt werden muss die Grundassoziation *Einwirken auf* oder *Entwickeln von*, ohne damit strenge Kontexte zu verbinden.

Internetratgeber im Umfeld von Elternchat, »Erziehung, Betreuung, Flohmarkt, Leseratten und Mumps & Co«[12] passen sich in diese Assoziation ebenso ein wie Mütter mit Modem Webring oder, negativ, Erneuerungen der Anti-Pädagogik. Dabei bleiben auch alle Sicherungen erhalten, bis zur »ganzheitlichen Erziehung auf der Grundlage der Bergpredigt Jesu« oder der esoterischen »Erziehung im neuen Zeitalter«.[13] Genutzt werden die Verknüpfungsmöglichkeiten des *Wortes* »Erziehung«, die die historischen Sprachgewohn-

8 1.106 Einträge am 13. Februar 2000 via *Search.CH*.

9 125.655 Einträge am 13. Februar 2000 via *Search.CH*.

10 Bei Education konnten am 15. Februar 2000 14.281.170 Eintragungen registriert werden, bei Erziehung am gleichen Tag 76.645 (via *Search.CH*).

11 Suchergebnisse von Excite Deutschland. Die Auswertung erfolgte nach einen Häufigkeitsranking. Demnach sind Sites der Landesinstitute, der Verbände und der Dominas führend in der Verwendung von Erziehung, soweit das Internet betroffen ist.

12 Hosenscheißer.de –Tipps zur Erziehung … Eltern mit Kind und Kegel ab 6 Monaten (http://www.hosenscheisser.de).

13 http://www.kindergartenland.de auf der einen, Bailey, A./Kuhl, D.: Esoterische Philosophie (deutsche Übersetzung), auf der anderen Seite (http://netnews.org.bkgr/cab1800/file1833.html).

heiten und hier einliegend die Theorie festlegen. Es handelt sich um ein öffentliches Sprachspiel[14], das weite und in sich widersprüchliche Verwendungen zulässt, auch Paradoxien befördert, aber nicht einfach beliebig ist. Die Suchmaschinen befördern nicht unlogische oder widersinnige Verknüpfungen, sondern folgen einer lockeren Felddefinition, die auf historischen Vorgaben aufbaut und offenbar auch in neuen Medien erneuert werden kann. Web-Sites sind Anzeigen, keine Kommunikationen, die Begriffe auch infrage stellen könnten. Anzeigen setzen ein Wort- und Bedeutungsfeld voraus, das sich in allen möglichen Richtungen kreativ nutzen lässt, aber zugleich die eigenen Grenzen respektieren muss.[15]

Das Wortfeld muss ausschließen, dass »Erziehung« ursachenfrei, ziellos oder als Bündel von Zufällen gedacht wird. Schon die Benutzung des Ausdrucks – Erziehung – macht es schwer, *nicht* an Ursachen, Ziele oder Wirkungsketten zu denken. Der Ausdruck *verweist* auf kausale Verhältnisse, Ursachen, die entweder von Außen nach Innen oder von Innen nach Außen wirken und die gefasst und gesteuert werden können. Überwiegend wird das nicht skandalisiert, sondern als semantische Basis akzeptiert. *Erziehung* ist so fast immer positiv besetzt, auch da, wo bestimmte Formen abgelehnt werden. Selbst eine radikale Verwerfung des Ausdrucks »Erziehung« sorgt nicht dafür, das Reflexionsfeld einfach verlassen zu können. Wer den Ausdruck negiert, ist gezwungen, für Ersatz zu sorgen.[16]

Die These dieser Einführung geht dahin, das *Sprachspiel* »Erziehung« als *Theorie*, genauer: als Festlegung *durch* Theorie, zu verstehen. Diese Festlegung erlaubt auf sehr paradoxe Weisen triviale und

14 Die nationalsprachlichen Differenzen (education ist nicht Erziehung) sind in Rechnung zu stellen, ohne dass sich damit exklusive Bedeutungs- und Theorieräume verbinden würden.

15 Unter http://www.geocities.com/Area51/Zone/5362/Haus01.html, »No title«, wird eine Seminararbeit »Der Erziehungsbegriff bei Marx und Nietzsche« angeboten, die kopiert und für gleiche Zwecke verwendet werden kann. Es handelt sich um eine Arbeit in Allgemeiner Pädagogik (Grundstudium Pädagogik), die mit einem Link auf »Hausarbeiten« erkennbar ist. Sie trägt die »Note 1.0«, ist also besonders gut geeignet.

16 Keine Erziehung Nirgends (http://www.members.tripod.de/IngoNickel/ index.htm).

gehaltvolle Kommunikationen, große und kleine Themen, Anschlüsse an Alltagsformen von Erziehung ebenso wie Abstraktionen, die sich zu Systemen verdichten oder überzeugendes Fragment bleiben[17], zudem Klagen und Emphasen, ohne mit der Beschreibung dieser Spiele Entstehung oder Verwendung des Begriffs erklären zu können. Dies ist der Ehrgeiz des Textes: Er soll nicht in bestimmte »Theorien der Erziehung« einführen. Das ist oft genug versucht worden, ohne dadurch die Vielzahl widersprüchlicher »Theorien« aufzulösen oder gar den Theoriestreit entscheiden zu können. Demgegenüber ist mein Versuch weit weniger ambitioniert. Er soll Aufschluss geben, wie die grundlegenden Argumente der Erziehung gebraucht werden, die ihre historische Ausprägung erfahren haben und die nicht dadurch anders werden, dass das Medium der Kommunikation gewechselt wird, also die Erziehungsreflexion vom Buch auf elektronische Medien übergeht. Die Einführung betrifft das Genre und Metier »Theorie der Erziehung«. Das rechtfertigt den Singular meines Titels. »Theorie der Erziehung« ist ein unterscheidbares Reflexionsfeld. Vielleicht könnte man auch sagen *eine öffentliche Denkform*, die verschiedene Varianten zulässt und aus den Widersprüchen ihre Spannung bezieht.

Die Schwierigkeit mit dem Thema ergibt sich daraus, dass »Erziehung« entweder nur als *Theorie* oder, davon radikal unterschieden, nur als *Praxis* verstanden wird. Das ist gut für wechselseitige Polemik, aber schlecht für die Erfassung des Problems. Erziehung wäre in dieser Hinsicht nämlich einfach das, was Personen tun oder was aus dem Begriff erzeugt wird, ohne die Geschichte der Reflexion und *ihre* Verantwortung für die Praxis beachten zu müssen. Nur wenn diese Verkürzungen vermieden werden, lässt sich von einer *Einführung* sprechen, deren Wertmaßstab darin bestehen sollte, das Problem verständlich zu machen, ohne die Theorie zu trivialisieren, aber auch ohne sie zu entlasten. Die moralischen Belastungen stellen oft Projektionen dar, die davon ablenken, was die *Theorie* dazu beiträgt, dass über »Erziehung« so und nicht anders nach-

17 Etwa: »Reduktion von Komplexität« als Slogan und Gehalt der Systemtheorie Niklas Luhmanns.

gedacht werden kann. Daher ist die Einführung zugleich *Kritik*, die infrage stellt, was sie als ihren Gegenstand annehmen muss.

Vor allem die Paradoxien des Feldes sind nicht leicht fassbar, auch weil sie von enormen Erwartungen verdeckt werden. Meine Darstellung ist kasuistisch angelegt. Sie reflektiert mit maßgeblichen Fällen der Theorie und anhand von Beispielen, die eine Problemlandschaft verständlich machen sollen. Es geht also nicht um eine »Einführung« in das *Know-how* von Erziehung. Die Absicht zielt auf *Transparenz der Reflexion*, nicht auf ein *Regelwerk*, für das ein unabsehbarer Literaturmarkt zur Verfügung steht. Daher spreche ich von einer Einführung in die *Theorie* der Erziehung, ohne *eine*, die *richtige*, Theorie anbieten zu können. Das pädagogische Reflexionsfeld ist falsch verstanden, wenn man Reduktion auf singuläre Wahrheiten erwartet. Theorien der Erziehung verfahren nicht reduktiv, sondern kompetitiv, vorausgesetzt ein Feld für Probleme, Motive und perennierende Fragestellungen. Meine Einführung gilt *diesem* Feld. Sie will als *Introduction* verstanden werden, ohne den Zweck mit der Lektüre von Anfängern gleichzusetzen.

Ich setzte voraus, dass öffentliche Reflexionen über Erziehung theoriegeleitet sind, nicht mit jeder Generation neu entstehen und sehr stabile Referenzpunkte haben. Meine Einführung versucht in der *ersten* Hälfte, bestimmte Theoriepositionen seit Rousseau zu erfassen, die zentrale und viel genutzte Möglichkeiten des Reflexionsfeldes bestimmen. Das Risiko der Auswahl soll nicht verdeckt werden, aber vermutlich wird eine historische Analyse, die vergleichend ansetzt und sich nicht an den je nationalkulturellen Kanon[18] hält, trotz verschiedener Autoren kaum sehr andere Positionen markieren können. Die *zweite* Hälfte geht auf Theorieprobleme ein, die über den Gebrauch der historischen Theoreme in heutigen Diskussionen hinausweisen. Meine Intuition geht dahin, dass Reflexionen der Erziehungstheorie nicht vermeidbar sind, also nicht

18 Seit dem 19. Jahrhundert ist es üblich geworden, »Erziehungstheorie« mit einem nationalen Kanon abzubilden, also eine Autoren- und Werkauswahl vorzugeben, die historiographische Gültigkeit erhält. Dabei ist nicht nur die Auswahl problematisch, sondern vor allem der Theoriegehalt, der kodifiziert wird, ohne auf Vergleiche oder gar fortlaufende Korrekturen achten zu müssen.

durch andere Formen oder Gehalte ersetzt werden können. In diesem Sinne handelt es sich tatsächlich um ein *perennierendes* Feld, das mutieren kann, um sich selbst zu bestätigen. Aufgabe der Theorie wäre es dann, die Spiele und Züge des Feldes transparent zu machen, die damit verbundenen Erwartungen abzuklären sowie Alternativen bereitzustellen, auch wenn oder weil diese die historischen Gewohnheiten der Theorie verletzen.

In diesem Sinne soll die Einführung durchaus Lust an der Reflexion machen. Es geht um offene Probleme, die mein Text nicht beschließt. Es wäre viel gewonnen, wenn die Reflexivität von »Erziehung« verstärkt werden könnte, also die Theoriearbeit gegenüber dem, was als selbstsichere Doktrin kommuniziert wird. Mein Text geht auf zwei Vorlesungen zurück, die ich im Sommersemester 1998 an der Universität Bern und im Sommersemester 2000 an der Universität Zürich gehalten habe. Internetdiskussionen habe ich, soweit möglich, berücksichtigt. Dora Peter hat unter hohem Zeitdruck die Endfassung des Textes besorgt. Philipp Zimmermann und Nathalie Briffod Keller waren bei der Recherche behilflich. Ihnen habe ich zu danken. Die Einführung erscheint in einer neuen Reihe. Peter Kalb danke ich für die Vermittlung dieser Gelegenheit.

Jürgen Oelkers

1. Einleitung: Probleme mit dem Konzept »Erziehung«

Ein siebenjähriger Junge zeichnet ein Bild. Das Bild stellt einen Zauberer dar. Das Wort »Zauberer« verweist mit einem Pfeil auf die Figur des Zauberers. Die Figur ist lang und dünn, wie auf einem Bleistift erscheint ein halsloser Kopf, der merkwürdig schielend in die Welt starrt. An einer Seite der Figur ist ein Unterarm montiert, der direkt aus dem Körper herauswächst. Die Hand hält den Zauberstab, mit dem, wie man lesen kann, »der Mensch« hervorgezaubert wird. Eine lange, verwirrende Linie deutet den magischen Effekt an, einen kleinen Menschen, der noch so genannt werden muss, weil man ihn sonst gar nicht sehen würde. Es ist nicht klar, ob der Mensch entsteht oder verwandelt wurde; wenigstens ist er gegenüber dem Zauberer klein und unscheinbar, während die Magie gewaltig erscheint. Der Zauberer, eingehüllt in einen Umhang, der der Körper selbst zu sein scheint, braucht nur die Hand zu bewegen, um dem Menschen seine Größe zu zeigen. Man sieht kein »Kind«, sondern die Differenz von Mensch und Magie.[19]

Ist der Künstler *erzogen* worden? Was hat ihn beeinflusst, das Bild so und nicht anders zu zeichnen? Offenbar entsteht die Fähigkeit nicht durch Anwendung allgemeiner Theorien, denn sonst müssten alle oder viele Siebenjährige so zeichnen, während das Bild ebenso einmalig und einzigartig ist wie der Künstler selbst. Eltern und Lehrer *erzeugen* nicht ein »pädagogisches Produkt«, genannt »Kind« oder »Schüler«, während sie doch davon ausgehen zu *erziehen*, also nachhaltig Wirkungen zu erzielen. Aber das Bild ist spontan entstanden, die künstlerischen Einflüsse sind nicht mehr zu rekonstruieren, das Kind kann die Absicht des Bildes beschreiben, aber nicht die Genesis der eigenen Fähigkeit.

19 Gedeutet aus der Sicht des Erwachsenen ohne Abklärung mit dem Kind.

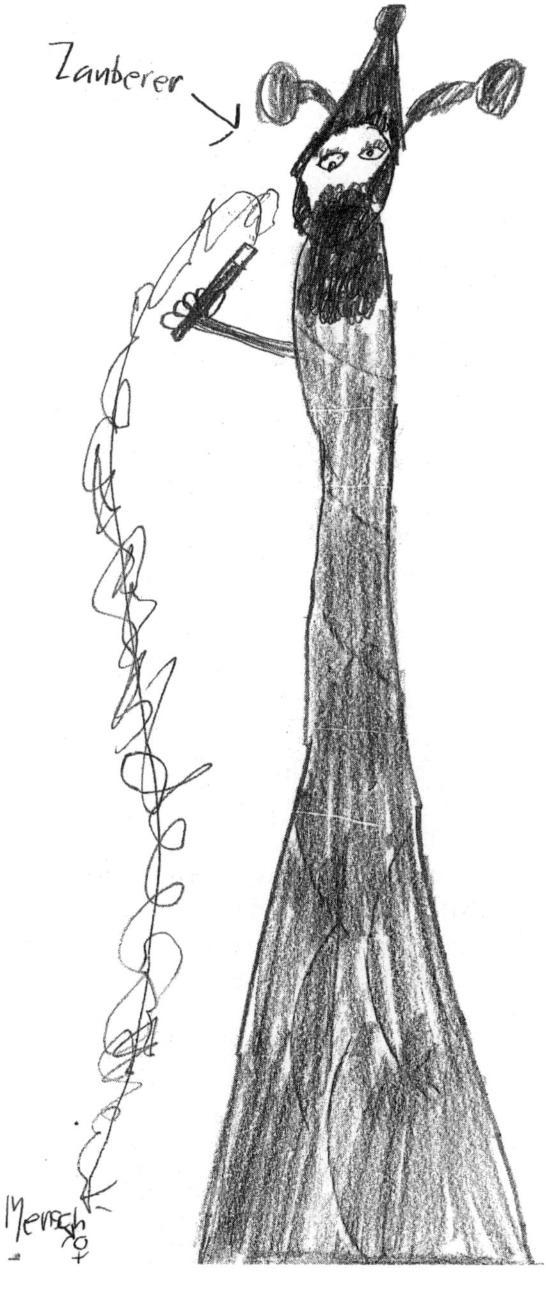
Zauberer
Mensch

Seine Erfahrungen sind vielfältig, ohne durch einheitliche Theorien, die Erziehungspersonen anwenden, gesteuert zu werden. Der Stil dieser Zeichnung ist eigentümlich, eine ganz und gar individuelle Ausdrucksform, die durch spontane Interaktionen entsteht und wenigstens nicht direkt durch pädagogische Intentionen hervorgebracht wird. Diese Beobachtung erlaubt einige Eingangsfragen, deren Zweck es ist, das Problem möglichst scharf zu fassen.

Das Problem gilt der »Theorie der Erziehung«, also einer Konfiguration mit hohen Zielsetzungen, die Erwartungen transportiert und also auch an Erwartungen gemessen werden muss. Eine Erwartung wäre, *mit* der Theorie der Erziehung erklären zu können, was ein Bild wie das des »Zauberers« veranlasst hat und wie es zustande gekommen ist. »Erziehung« müsste ein maßgeblicher *Einfluss* oder gar eine *Ursache* für das Entstehen und Ausüben von Fähigkeiten sein, wenigstens sollen derartige Fähigkeiten nicht entstehen können *ohne* die prägende Macht von »Erziehung«. Das Bild aber ist ganz und gar individuell, in diesem Falle kann »Erziehung« *nicht* so gedacht werden, dass sie die leitende Ursache für die Entstehung des Bildes ist. Erziehung, ausgehend von dem Kind, wäre eine weitgehend unfassbare Größe der je eigenen Individualität, während doch die Theorie etwas Generelles erwarten lässt oder erwarten lassen muss.

Was soll und wozu taugt eine »Theorie der Erziehung«? Erziehung ist eine *praktische* Tätigkeit; die Tätigkeit veranlasst unablässig Reflexionen, aber die Reflexionen sind spontaner Natur und reagieren auf situative und persönliche Erfahrungen, die kaum verallgemeinert werden können. Von einer *Theorie* der Erziehung werden überzeugende Generalisierungen erwartet, die nicht einfach der fortlaufenden Erfahrung entnommen sein können. Aber dann ist die Theorie ein erfahrungsfernes Ereignis, eine Abstraktion, die sich nicht in Handlungen übersetzen lässt. Die Alltagserfahrung »Erziehung« erzeugt und definiert Probleme, die reflexiv und praktisch bearbeitet werden, ohne dass die Reflexionen Ableitungen aus allgemeinen Theorien wären. Reflexionen reagieren auf Anlässe und Erwartungen, nicht auf fremde Verallgemeinerungen. Auf der anderen Seite kann die verlässliche Verallgemeinerungsfähigkeit der Erziehungstheorien schon aus dem Grunde bezweifelt werden, dass immer *viele* und *widersprüchliche* »Erziehungstheorien« in Gebrauch sind. Daher fragt sich, was eine solche scheinbar funktionslose »Theorie« eigentlich soll. Gäbe es *keine* »Theorie der Erziehung«, würde das als *Verlust* erscheinen?

Diese Frage ist nur *rhetorisch* überzeugend. Faktisch steigt die Verwendungsdichte von »Erziehungstheorien« aller Art und so die Abhängigkeit von ihren Aussagen. »Erziehung« ist eine feste, *nur* theoretisch fassbare öffentliche Erwartung, die sofort in Schwierigkeiten gerät, wenn man sie empirisch differenziert und mit vielfältigen Realitäten konfrontiert. Was man als den Begriff oder besser das *Konzept* »Erziehung«[20] bezeichnen kann, ist zunächst eine *starke Erwartung*, die immer dann abgerufen wird, wenn soziale und im Weiteren moralische Probleme auftreten, die auf Kinder und Jugendliche oder überhaupt auf Bedürftige projiziert werden können. Die Erwartung ist nicht beliebig. Sie bewegt sich im Gegenteil in einem fixierten Theoriefeld, das enger oder weiter verwendet werden kann. Das Spiel der Verwendungen lässt sich nur pragmatisch, mit Fallbeispielen, und nicht metatheoretisch bestimmen. Es gibt keine Theorie *der* Erziehung über allen anderen. Umgekehrt reagieren Theorien immer auf öffentliche Probleme und Verwendung, weil anders kein Reflexionsdruck entstehen würde. Er ist – entgegen mancher Kritik – nie rein akademisch.

Mein Beispiel soll auf die *öffentliche Verwendung* des Begriffs »Erziehung« verweisen, mit der sich ein bestimmtes *Theorieschema* verbindet. Das Beispiel ist amerikanischen Ursprungs und es bezieht sich auf ein Besorgnis erregendes Problem, das pädagogisch bearbeitet werden soll. Das englische Wort »dare« lässt sich in der transitiven Verbform mit »wagen«, »riskieren«, »mutig begegnen« oder auch »trotzen« übersetzen. Das Adjektiv heißt »tollkühn« oder »waghalsig«, ein »dare-devil« ist ein »Draufgänger«, ein »Teufelskerl« oder ein »Wagehals«. Das Sigel D.A.R.E. ist allen amerikanischen Eltern und den meisten Kindern bekannt als Markierung *pädagogischer Qualität*. Das Sigel steht für *Drug Abuse Resistance*

20 Das lateinische Verb *concipere* lässt sich mit »zusammenfassen« oder »in eine bestimmte Formel fassen« übersetzen. Eine Bedeutung ist auch eine Formel »nachsprechen« oder »feierlich ansagen«.

Education, für eine Erziehung, die Widerstand gegen Drogenmissbrauch erzeugen soll. Der Ausdruck D.A.R.E. soll darauf hinweisen, dass es sich um eine Aufgabe handelt, die Mut und Entschlossenheit verlangt. Sie ist erfüllbar, wenn und soweit pädagogische Hilfen geboten werden, also *Erziehung* stattfindet. Dieser Schluss ist rein theoretischer Natur: Er impliziert die Nachrangigkeit aller anderen Maßnahmen und signalisiert zugleich, dass der Kampf gegen die Drogen pädagogisch gewonnen werden könnte. Die Evidenz entsteht durch einen wirksamen moralischen Appell, der mit der Verwendung von »Erziehung« unmittelbar praktisch erscheint.

Das Programm D.A.R.E. ist 1983 von Glenn Levant begründet worden, einem ehemaligen Polizisten aus Los Angeles, der bis heute als Programmdirektor[21] arbeitet. Für D.A.R.E. werden jährlich zwischen 600 und 800 Millionen Dollar öffentlicher und privater Gelder ausgegeben. Seit 1983 haben mehr als 26 Millionen amerikanischer Kinder[22] an dem Programm teilgenommen. Das Programm ist ein herausgehobener Teil des *War on Drugs*. Es hatte sehr lange die ungeteilte Unterstützung der Öffentlichkeit und vor allem der pädagogischen Organisationen[23], wird von den meisten Eltern begrüßt – und ist erfolglos. Empirische Studien[24] zeigen, dass keine

21 President and founding director D.A.R.E. America Worldwide.

22 Hinzu kommen nach eigenen Angaben etwa 10 Millionen ausländische Kinder, die nach dem D.A.R.E.-Programm unterrichtet wurden (http://www.dare-america.com//index2.htm).

23 Das scheint sich zu ändern: Im Juni 1999 hat sich erstmalig ein Republikaner, der Gouverneur von New Mexico, Gary E. Johnson, gegen den drug of wars ausgesprochen, und zwar aus Gründen seiner mangelnden Wirksamkeit (Rolling Stone No. 833, February 8th 2000, S. 36f.). Donald Lyman formulierte im Oktober 1999 in einem Diskussionforum der American Teachers' Association eine scharfe Kritik an D.A.R.E., auf die Glenn Levant antwortete (Publication American Teachers Oct. 1999; http://mall.turnpike.net/jnr/aftdare.htm). Der öffentliche Zuspruch ist aber ungebrochen.

24 Das allgemeine Problem der Wirkungslosigkeit schulischer Antidrogenprogrammne behandelt Gorman (1998; vgl. auch Gorman 1996). Die Diskussion gegen D.A.R.E ausgelöst hat die Studie von Rosenbaum et al. 1994 Der hauptsächliche Befund geht dahin, dass die große Mehrheit der amerikanischen Kinder und Jugendlichen aus sich heraus keine gefährlichen Drogen konsumiert. Wenn D.A.R.E. »wirksam« ist, dann einfach

der Effekterwartungen erfüllt wurden und werden konnten. Der Drogenkonsum steigt[25], er erreicht immer jüngere Kinder und lässt sich offenbar mit einem *Erziehungs*programm für Kinder und Eltern nicht stoppen.

Das genaue Curriculum von D.A.R.E. ist der Öffentlichkeit kaum bekannt. Es wird vor Kritik geschützt, um das Programm nicht zu gefährden. Die unabhängige Forschung wirft tatsächlich ein Licht auf den Sinn derartiger Programme. Wenn D.A.R.E. scheitert, sind alle vergleichbaren Präventionsprogramme relativiert (Rolling Stone No. 781 [March 5, 1998], S. 43).[26] Im Gegenzug hat der Gründer und Direktor des Programms ein Buch veröffentlicht, das unter dem Titel *Keeping Kids Drug Free* (Levant 1998) eine Art Ratgeber für die Elterninstruktion darstellt. Das Buch ist extrem: Die gesamte Verantwortung für den Drogenkonsum von Kindern wird den Eltern auferlegt. Nur sie können den Missbrauch verhindern, wenn sie selbst ein unbedingtes Vorbild sind. Sie müssen Modelle der Reinheit sein: Wer Alkohol trinkt oder Zigaretten raucht, erhöht die Wahrscheinlichkeit, dass die Kinder süchtig werden.

aufgrund dieser Tatsache. Das spiegeln auch die positiven Befunde, die D.A.R.E, für sich reklamiert. Gegen die moralische Verpflichtung, an D.A.R.E.-Programmen teilzunehmen, ist angesichts der empirischen Evidenz der Wirkungslosigkeit inzwischen erheblicher Widerstand mobilisiert worden.

25 Das D.A.R.E.-Programm geht von folgenden Zahlen aus: 23 Millionen Amerikanerinnen und Amerikaner sind ständige Drogennutzer, 7,8 Millionen Schülerinnen und Schüler geben Drogenkonsum zu, 90% aller Schüler werden von Freunden unter Druck gesetzt, Drogen einzunehmen, sieben von zehn Kindern berichten, nicht regelmäßig mit ihren Eltern über das Drogenproblem zu sprechen, 20 Prozent aller Kinder rauchen täglich Drogen, wenn sie die Highschool erreichen (Levant 1998, S. 3f.). Diese Zahlen sind nicht nach Drogenarten oder nach Suchtwahrscheinlichkeiten differenziert.

26 D.A.R.E. ist ein Erziehungsprogramm, mit dem pädagogische Verantwortung definiert und übertragen werden kann, das aber Drogenkonsum nicht beeinflusst. Das hängt auch damit zusammen, dass das Programm wesentlich als zusammenhängender Unterricht ohne Transferbetreuung realisiert wird. Auf das Transferproblem ist in der Programmevaluation schon früh hingewiesen worden (Harmon 1993). Es gibt keine größeren und andauernden Effekte (vgl. Rosenbaum/Hansen 1998).

Levant schreibt: Kinder, die für ihre Eltern ein Bier aus dem Kühlschrank holen, »are more likely to use drugs«, ebenso Kinder, die den Eltern die Zigarette anzünden und ihnen einen Drink mixen. Zur Prävention ist dem Buch ein *Stress-Level* beigegeben (ebd., S. 18), das Eltern benutzen sollen, um die Wahrscheinlichkeit des Drogenkonsums ihrer Kinder zu prognostizieren. Eine typische Frage ist, ob das Kind in den letzten Monaten »tried hard to win a game« oder ob das Kind in den letzten vier Wochen »etwas Aufregendes erlebt« hat. Wer mehr als elf solcher Fragen mit »ja« beantwortet, soll schließen, dass das Kind auf dem Weg zum Drogenkonsum ist.

Jedes Kind ist ein potenzieller Drogenkonsument. Abwehr ist nur mit scharfer Askese möglich. Wenn die Programme in den Schulen durchgeführt werden, sind bewaffnete Polizisten in Uniform anwesend. Viele Polizeireviere unterstützen das Programm offiziell und reklamieren damit pädagogische Aktivität. Die Erziehung selbst ist offenbar kruder Unterricht: Es gibt ein Arbeitsbuch für Schüler, Hausaufgaben und am Ende des Lehrgangs eine Graduierungszeremonie. Während des gesamten Kurses gibt es im Klassenzimmer eine »D.A.R.E.-Box«. Hier können die Schüler anonym die Polizei über Drogensüchtige informieren, die sie kennen. Auch diese Form von Denunziation hat an den sozialen Tatbeständen des Drogenkonsums nichts geändert. Das Erziehungsprogramm reagiert auf vorhandene Ängste der Eltern, verstärkt diese Ängste und legt Abhilfe nahe, die offenbar auch dann nicht eintritt, wenn sie intensiv versucht wird.

Der Fehlschlag ist relativ leicht zu erklären: Das Programm richtet sich an zu junge Kinder[27], erreicht die tatsächlich Gefährdeten nicht oder zu spät, unterstellt Kausalitäten[28], die gar nicht vorhanden sind, und beruhigt zugleich die öffentlichen Klagen, gegen die Drogensucht werde zu wenig getan. Das Programm unterstellt eine

27 In der Regel Fünft- und Sechstklässler.

28 Zwischen elterlicher Abstinenz und dem Drogenexperimentierverhalten älterer Kinder und Jugendlicher gibt es keine oder nur eine schwache Korrelation.

Wirkung, die unmöglich erzielt werden kann. 26 Millionen amerikanische Kinder können nicht durch *ein* Erziehungsprogramm so beeinflusst werden, dass sie *alle* und *lebenslang* auf Drogenkonsum verzichten. Warum aber soll mit »Erziehung« ein Problem bearbeitet werden, das gesellschaftlich entsteht? Und warum glauben Schuldistrikte, Bildungsverwaltungen und Elternverbände an eine solche pädagogische Einflussnahme, die es eigentlich längst hätte geben müssen oder die dann eben unmöglich ist?

Drogenkonsum von Kindern und Jugendlichen stellt eine ähnlich schwere, nicht hinnehmbare, gesellschaftliche Belastung dar wie Gewalt in Schulen oder Aggressionen im Elternhaus. Wie sie *bekämpft* werden soll, ist umstritten, auch weil die Ursachen umstritten sind. Drogenbiographien sind heute nicht lediglich ein Reflex auf sozial schwache Milieus. Die Karrieren können ebenso unter der Voraussetzung von Wohlstand und hoher pädagogischer Betreuung beginnen, während die Gefährdungsfaktoren kaum vorhersehbar sind. Es ist nicht möglich, mit einer »Checkliste« die Prävention zu organisieren, schon weil das Experimentierverhalten der Kinder und Jugendlichen gut gesichert und darauf angelegt ist, dass Einblicke der Eltern oder Lehrer verhindert werden *sollen*. Zudem sind die Motive des Konsums sehr verschieden, der Umgang mit der Sucht verläuft nicht gleichförmig und das tatsächliche entspricht nicht immer dem öffentlichen Bild des Elends.

Umso mehr scheint eine *Erziehung* gegen Drogen sinnvoll zu sein. Anders wären die zahlreichen Präventionsprogramme nicht erklärbar, die nicht nur mit Aufklärung Einblick geben wollen in die wahrscheinlichen Verläufe von Drogenkarrieren, sondern die Werte vermitteln, eine bestimmte Moral vorgeben und Verbote aussprechen, in diesem Sinne also *erziehen*. In seinem viel gelesenen Anti-Drogenbuch »The Devaluing of America« schreibt William Bennet, ein ehemaliger Staatssekretär für Erziehung[29], dass Dro-

29 William J. Bennett (Jg. 1943) war Secretary of Education unter Präsident Reagan und Director of the Office of National Drug Control Policy unter Präsident Bush. Bennett arbeitet derzeit als Mitdirektor von »Empower America«, als Distinguished Fellow in »Cultural Policy Studies« an der Heritage Foundation sowie als Senior Editor des Magazins »National

genkonsum vor allem als *moralisches* Problem zu betrachten sei und aus diesem Grunde vorrangig pädagogisch bearbeitet werden müsse.

> »*Using drugs is wrong not simply because drugs create medical problems; it is wrong because drugs destroy one's moral sense. People addicted to drugs neglect their duties. The lure can become so strong that soon people will do nothing else but take drugs. They will neglect God, family, children, friends, and jobs – everything in life that is important, noble, and worth-while – for the sake of drugs. This is why from the very beginning we posed the drug problem as a moral issue.*« (Bennett 1992, S. 121)

Die amerikanische Öffentlichkeit ist in den 1980er-Jahren nachhaltig alarmiert worden, dass Schulen und Colleges keine moralische Perspektive mehr hätten, keine Werte vermittelten und auf Erziehung verzichteten (Bloom 1987; Boyer 1987; auch D'Souza 1991). Die liberale Haltung vieler Intellektueller wurde angegriffen (Bennett 1992, S. 119f.), ihre Verantwortung für die Verbreitung von Drogen wurde eingeklagt.

> »*In the late 1960s, many people rejected the language of morality, of right and wrong. Since then we have paid dearly for the belief that drug use was harmless and even an enlightening, positive thing.*« (Ebd., S. 121)

Bennett unterstellt, dass moralische Probleme nur moralisch bearbeitet werden könnten. Die Sprache der *Moral* ist die Sprache der *Erziehung*. Moralischer Zerfall soll wesentlich mit pädagogischen Mitteln – mit Werterziehung – bekämpft werden. Der Fokus des Problems und seiner Bearbeitung sind *values and virtues*. Das Problem ist keines der Gesellschaft oder der Politik; Werte und Tugenden sorgen dafür, dass Abstinenz und Vernunft herrschen. Wer richtig erzogen wird, wäre die Erwartung, kann nicht gegen die

Review«. Er ist einer der einflussreichsten Autoren der konservativen »Virtue«-Diskussion der 1990er-Jahre.

Werte und Normen verstoßen, die das soziale Zusammenleben regeln. Verantwortung wird in der Erziehung erzeugt: Wer nicht früh lernt, Verantwortung zu übernehmen, hat abweichende Karrieren vor sich. Das wird sehr effektvoll so gesagt:

> *»Drugs undermine the necessary virtues of a free society – autonomy, self-reliance, and individual responsibility. The inherent purpose of using drugs is secession from reality, from society, and from the moral obligations individuals owe their family, their friends, and their fellow citizens. Drugs destroy the natural sentiments and duties that constitute our human nature and make our social life possible.«* (Ebd.)

Wer über die notwendigen Tugenden verfügt, also *erzogen* worden ist, übernimmt die moralischen Pflichten, wer *nicht* oder *falsch* erzogen wurde, ist prädestiniert dafür, verantwortungslos zu handeln. Drogenkonsum ist eine verantwortungslose Handlung, die vermieden werden kann, wenn Autonomie, Selbstvertrauen und individuelle Verantwortung wirksame Tugenden darstellen, also wenn, anders gesagt, *die Erziehung* erfolgreich war. Warum ist sie dann aber oft *nicht* erfolgreich? Und warum ist Scheitern kein Grund, die Wirksamkeit von Erziehung zu bezweifeln?

Diese Fragen führen auf schwierige Probleme, die den Nachteil haben, *nicht* einfach moralisch – mit der Unterscheidung von »gut« und »böse« – beantwortet werden zu können. Der *Begriff* »Erziehung« reagiert auf *Defizit*bestimmungen (Paschen 1988), aber er kann und darf *nicht selber* als Defizit erscheinen. »Erziehung« ist immer eine positive Wirkungsbehauptung, die oft mit großflächigen Zielen verbunden wird. Die Ziele sollen *durch* »Erziehung« erreicht werden, ohne dass genau bestimmt werden muss, was unter Erziehung verstanden werden soll und was nicht. Der Begriff hat eine bestimmte Magie, die aus dem Defizit erwächst; Erziehung solle ein Mittel (oft das einzige) gegen bestimmte Übel sein. Je stärker diese Übel bestimmt werden, desto stärker muss auch Erziehung erscheinen. Das Umgekehrte gilt nicht: Schwache Übel definieren *keine* schwache Erziehung.

Aber das Wort »Erziehung« bezieht sich *nicht* auf eine einheitliche oder eindeutige Realität. »Erziehung« können diverse Prozesse genannt werden, bezogen auf sehr verschiedene Institutionen, Situationen oder Zielsetzungen. *Mit* dem Konzept aber werden einheitliche Effekte postuliert: Die Erziehung zur Tugend kann nicht verschieden gefasst sein, sie kann nicht graduell gestuft werden und sie verbietet Teilbarkeit. Werte und Tugenden wie »Autonomie«, »Selbstvertrauen« oder »Verantwortung« können *nur* einheitlich erwartet werden, anders müsste man von halbautonomen Bürgern sprechen, müsste Selbstvertrauen nach sozialen Schichten oder Kulturen verteilen und individuelle Verantwortung mal erwarten und mal ausschließen, was schon aus Gründen der Zurechenbarkeit nicht möglich ist. »Erziehung« ist also zugleich hochgradig verschieden *und* einheitlich, je nachdem, ob Ziele und Werte oder Prozesse und Situationen betrachtet werden. Im Blick auf Ziele *soll* die Erziehung einheitlich wirken, faktisch entsteht eine unübersehbare Heteronomie, die aber die Wirkungs*annahme* offenbar nicht tangiert. Anders wäre es nicht möglich, moralisch definierte Übel *mit Erziehung* bearbeiten zu wollen, ohne genau sagen zu müssen, was »Erziehung« ist oder sein soll.

Ohne diese Fragen könnte die Theorie der Erziehung einfach mit moralischer Kritik gleichgesetzt werden. Ein besonderes Theorieproblem entsteht gar nicht, weil »Erziehung« nichts weiter wäre als die Anwendung von Moral. Aber schon diese Annahme hängt direkt ab vom Begriff »Erziehung«. Er erlaubt die Vorstellung, dass Kritik in Praxis zu übersetzen ist und Verbesserungen dort erwartet werden können, wo die Kritik Defizite und Übel definiert. Ohne einen *starken* Begriff von »Erziehung« wäre es ausgeschlossen, Drogenkonsum überhaupt als »moral issue« zu betrachten, weil eine solche Kritik den Ausweg nur auf eigenem Feld denken kann. Ökonomische oder medizinische Alternativen müssen dann als zweitrangig oder moralisch anstößig erscheinen, während Erziehung die definitive Lösung sein soll. Die Lösung reagiert nicht wie die Ökonomie auf Knappheit und sie ist auch nicht auf pharmazeutische Mittel angewiesen. Gleichwohl soll auch Erziehung in der Zeit wirksam sein.

Das Theorieschema von »Erziehung« verweist auf drei historische Erwartungen: Erziehung ist einmal ein Prozess, der nicht früh genug beginnen kann, zweitens eine linear aufsteigende Verknüpfung und drittens ein nicht limitierbarer Gesamteffekt. Nur mit diesen Annahmen kann es plausibel erscheinen, von Erziehung weit reichende Wirkungen zu erwarten, die unabsehbar Zeit verbrauchen und doch ferne Ziele erreichen. Die Wirkungsannahme wird geschützt durch die Idee des frühen Beginns, der dem Anfang fortlaufend entsprechenden Verknüpfung und des kumulativen Effekts, der kein wirkliches Ende erreicht, wohl aber sichtbare Steigerungen durchsetzt (vgl. Luhmann/Schorr 1990). Nicht zufällig prägen Ausdrücke wie »Entwicklung« oder gar »Vollendung« die Sprache der Erziehung. Sie sollen auf Kontinuität und das Anstreben höchster Ziele hinweisen, die wiederum erst durch die moralische Kritik nahe gelegt werden. »Erziehung« ist dann *nie paradox, nie dilemmatisch* und *nie selbst gefährdet.* Die Theoriesprache hat keinen Sinn für das Fragile der Prozesse, für die selbst erzeugten Nöte oder für den Sinn des Indirekten, *ein* Weg soll zum *letztendlichen* Ziel führen.

Mich interessiert an dieser Stelle das Schema der Theorie, noch nicht der historische Kontext. Der *eine* Weg zum Ziel kann nicht früh genug beginnen und setzt bruchlose Kontinuität voraus. Das Theorieschema erwartet von fortdauernden Einwirkungen dauerhafte Effekte[30], die Prognose richtet sich auf das »ganze Leben«, das damit in Abhängigkeit nicht nur von der *ersten*, der »frühkindlichen« Erziehung, sondern der kumulativen Dauer gerät. Was versäumt wird, kann nicht kompensiert werden, aber was umgekehrt gelingt, wird lebenslang wirksam bleiben. Ein trübsinniges, verdrießliches oder mürrisches Leben führt, wer in seinen ersten Lebensjahren falsch erzogen wurde, also unangenehme Erfahrungen auf Dauer stellen musste. Das ist nur denkbar, wenn und soweit eine *ununterbrochene* Wirkungskette angenommen wird; »Erzie-

30 Fast immer gedacht als Kumulation, die nur in die Zielvorstellung abschließt. Fortdauernde Einwirkungen können sich zudem nicht gegen sich selbst richten, anders wäre der gute Zweck keine bruchlose Kontinuierung.

hung« wäre danach bruchlose Kontinuität, die mit dem Beginn des Lebens einsetzt und Seele oder Charakter lebenslang *definitiv* prägt.

Der Schluss geht von außen nach innen, weil »Seele« oder »Geist« *geprägt* werden müssen, scheint es möglich zu sein, *eine* kontinuierlich wirkende Kraft »Erziehung« anzunehmen, die allmählich, aber unwiderstehlich die innere Welt aufbaut. Der Ausdruck »Prägung« macht jedoch nur Sinn, wenn die Metapher der Wachstafel vorausgesetzt ist. Nur sie legt nahe, dass ein *bestimmtes Muster* entsteht, eine bleibende Struktur von Gewohnheiten, die dann »Charakter« oder »Seele« des Menschen ausmachen. Im 18. Jahrhundert ist die Metapher weitgehend nicht symbolisch, sondern empirisch verstanden worden, als Bezeichnung der psychologischen Realität, auf die eine *methodische* Erziehung reagieren kann. Die »innere Welt« des Kindes scheint dann nicht nur beeinflussbar, sondern herstellbar zu sein, weil »Einwirkungen« *aus* und *mit* einer kontrollierten Umwelt denkbar sind. Die Außenwelt wirkt so lange auf die Innenwelt, dass externe Ziele mit inneren Zuständen harmonieren, bis die komplette Außenforderung erfüllt ist, also das Ziel der Erziehung erreicht wird.

Das setzt eine kontrollierbare Umwelt voraus, zudem dauerhafte engagierte Personen und durch nichts getrübte Erziehungsbereitschaft. Die kontrollierte ist immer die *nahe* Umwelt, ein überschaubarer Raum, dessen Grenzen nicht beliebig ausgeweitet werden können. Kontrollierbar sind daher nur bestimmte Umwelten. Nur mit kontrollierten Umwelten aber sind weit reichende und zielgenaue Einwirkungen überhaupt plausibel (Oelkers 1993). Hinzu kommt, dass der Erziehungseffekt von *Personen* erwartet wird. Sie bewegen sich in kontrollierten Milieus und handeln so, dass *über sie* Erziehung vermittelt wird. Das erklärt die Präferenz für *Vorbilder*, denen andere nachstreben sollen, ohne dass »Vorbilder« *Idole* sein dürfen. Das *pädagogische* Vorbild entsteht nicht aus Ruhm, ist nicht medial vermittelt und hat keinen Kult um sich (Braudy 1986), es sei denn, es handelt sich um Vorbilder der Vorbildlichkeit. Pestalozzi, Maria Montessori oder Janusz Korczak sind Vorbilder für die Erziehung, finden oder fanden kultische Verehrung, aber ihr Ruhm hat mit Reinheit zu tun, also ist eine moralische Erwartung, die selbst erziehen soll (Osterwalder 1995).

Wohnstuben oder Kinderstuben sind enge Milieus, die pädagogisch attraktiv erscheinen, weil und soweit die übrige Umwelt ausgeschlossen ist. Es ist also nicht »die« Welt, die erzieht, sondern es sind bestimmte Arrangements, die mehr oder weniger personal geprägt sind, und dies in moralisierender Verklärung. Pestalozzis »Wohnstube« ist nachhaltig vom Ideal der erziehenden Mutter bestimmt, Montessoris Lernraum von der Interaktion zwischen Material und Beobachterin, Korczaks Waisenhaus vom Charisma des Gründers und den »Frauen an seiner Seite«, deren Eigenständigkeit von der Korczak-Verehrung notorisch übersehen wird. Der Ruhm gilt *nur* dem Charisma, nicht dem Alltag, und der Kult braucht die reine Mitte der Verehrung, die durch Schwächen nicht gestört werden soll. Dass Pestalozzi seinen Sohn nicht erziehen konnte, dass Maria Montessori ihren Sohn verleugnet hat, dass Korczak die Frauen an seiner Seite kaum erwähnt hat, muss und soll übersehen oder kann verharmlost werden.

Was aber, wenn überzeugende Vorbilder selten sind und Erziehung sich nicht auf wohlmeinende Personen reduzieren lässt? Die Theorie der Erziehung müsste sich dann als mehr oder weniger *unkontrollierbarer* Gesamteffekt, als *Wirkung der Welt auf den Menschen*, verstehen lassen, während sie nur dann attraktiv ist, wenn sie *kontrollierte* Effekte garantiert. Erziehung ist dann eine überzeugende Größe, wenn sie auf den Handlungskreis von Personen bezogen werden kann. Aber dann kann es sich nicht um eine generelle Kur gesellschaftlicher Übel handeln, weil verschiedene Personen nie gleichsinnig handeln können. Auf der anderen Seite ist ein *Gesamteffekt* »Erziehung« nur als umfassende Kausalität denkbar, die bei weitem übersteigt, was einzelne Personen bewirken können.

John Dewey hat in seinen Beiträgen zur *Cyclopedia of Education* (1910/1914)[31] eine solche breite Definition von »education« vorgeschlagen:

31 John Dewey (1859–1952) wurde 1904 an die Columbia University berufen. Paul Monroe (1869–1947) kam kurze Zeit später. Monroe, der Herausgeber der Cyclopedia of Education, war Spezialist für die Geschichte der Pädagogik. Die fünfbändige Enzyklopädie erschien zwischen 1910 und 1914 im New Yorker Verlag Macmillan. Dewey schrieb mehr als sech-

> »*Speaking generically, education signifies the sum total of processes by means of which a community or social group, whether small or large, transmits its acquired power and aims with a view to securing its own continuous existence and growth.*« (Dewey 1985, S. 425)

Der Ausgangspunkt ist nicht länger nur die Interaktion von vorbildlicher Person und vorbildlichem Milieu. Vielmehr soll »Erziehung« auf gesellschaftliche *Transmissionen* bezogen werden, die nur *total* betrachtet werden können. Sie wirken sämtlich und insgesamt. Die Begründung operiert mit einem Theorem aus der Evolutionstheorie: Soziale Gemeinschaften überleben einzig dann, wenn es ihnen gelingt, ihre historisch gewachsenen Ziele und Werte an die je nachwachsende Generation weiterzugeben. Dieser Prozess ist nicht teilbar, er muss mit der gesamten Erfahrung gemacht werden. Die »Transmission« lässt sich nicht beschränken oder sie wäre künstlich.

Wenigstens schließt Dewey in dem Beitrag »*Philosophy of Education*« (Dewey 1985a, S. 297–312) aus, dass Erziehung gleichbedeutend sei mit *pädagogischer Interaktion* zwischen einzelnen Personen, also einer Einflussnahme, die sich *eng* und *folgenreich* kontrollieren lässt. Wenn der Begriff »Erziehung«[32] seine enge Fixierung auf Schule verlässt, dann wird schnell deutlich, so Dewey, dass seine Ausdehnung (extension) nicht begrenzt werden kann, bevor er nicht *alle* Agenturen und Einflüsse (agencies and influences) erfasst, die innere Dispositionen des Lernens bestimmen (shape disposition). Dispositionen werden *durch Erziehung* geformt[33], aber wenn Dispositionen gleichgesetzt werden mit Interes-

zig Beiträge, darunter den zentralen Artikel über die »Philosophy of Education«.

32 Ich abstrahiere von der historischen Differenz zwischen dem deutschen Wort *Erziehung* und dem englischen Wort *education*. Im Kern lassen sich beide auf moralische Zielsetzungen beziehen, zugleich lassen beide sehr breite Definitionen zu.

33 Die These hat drei Prämissen: »(i) Men's interests manifest their dispositions; (ii) these dispositions are formed by education; (iii) there must be a general idea of the value and relations of these interests if there is to be

sen, Einstellungen oder auch Gewohnheiten des Denkens (habits of mind), dann muss die *ganze* Erfahrung erziehen, nicht lediglich die pädagogisch kontrollierte. Das wird von Dewey 1914 so gesagt:

> »*Not merely books and pictures, but the machinery of publication and communication by which these are made accessible must be included – and this means the use made of railway and telegraphs as well as of the printing press, the library, and the picture gallery. Ordinary daily intercourse, the exchange of ideas and experiences in conversation, and the contracts of business competition are most influential in deciding the objects upon which attention is fixed and the way attention is given to them. Every place in which men habitually meet, shop, club, factory, saloon, church, political caucus, is perforce a schoolhouse, even though not labelled.*« (Ebd., S. 303f.; Hervorhebungen J.O.)

Erziehung *ist* »intercourse«, Umgang an vielen Orten und Plätzen oder gemeinsamer Aufbau und Austausch von Erfahrung, die sich nur künstlich, nämlich pädagogisch, begrenzen lässt. Was den Umgang regelt, sind nicht nur Medien, Geschäfte und soziale Institutionen, sondern auch die politische Organisation der Gesellschaft, also die Beziehungen der Klassen, die Verteilung des Reichtums, das Familienleben und so weiter (ebd., S. 304). Öffentliche Agitation, Diskussionen, Propaganda für Zusammenkünfte, Kampagnen der Presse und der Politik, Beratungen über Gesetze sind in dieser Hinsicht »Agenturen der Erziehung«, weil und soweit sie die kognitiven und emotionalen Dispositionen des Menschen bestimmen.

> »*In brief, every condition, arrangement, and institution that form the emotional and imaginative bent of mind that gives meaning to overt action is educational in character.*« (Ebd.; Hervorhebung J.O.)

any guidance of the process of forming the dispositions that lie back of the realization of interests.« (Middle Works Vol. 7, S. 303)

Deweys berühmte Gleichung – Erziehung ist Erfahrung, Erfahrung ist Erziehung – bringt die Theorie durcheinander. Sie kann dann nicht mehr zwischen »pädagogischen« und »unpädagogischen« Erfahrungen unterscheiden und auch nicht ihre Ziele an die *pädagogischen*, also die *zulässigen* Erfahrungen binden. Drogenkonsum, ein *starker* Einfluss auf Gefühle und Vorstellungen, müsste »Erziehung« genannt werden, die »Bild«-Schlagzeile wäre ein pädagogischer Beitrag, Pornographie würde erziehen, politische Gewalt könnte vorbildlich genannt werden. Wenn *alles* »erzieht«, kann *nichts* ausgeschlossen werden, weil die Theorie nicht vorhersagt, was besser und was schlechter geeignet ist. Die Wirkungsrisiken wären dem *Ereignis* überlassen, das je individuell wahrgenommen wird. Ob *Fairness* die Grundlage für ein Spiel ist oder *Betrug*, wäre dann nur noch eine Frage des Spiels selbst.

Die Geschichte des Begriffs und im Weiteren des Wortfeldes »Erziehung« verweist auf diese Möglichkeit *nicht*. Der Begriff ist immer *verengt* worden, die Extension musste beschränkt werden, weil Erziehung immer eine *bestimmte*, nicht die gesamte Erfahrung sein sollte. Natürlich ist das auch bei Dewey so, der schon aus religiösen Gründen einen moralisch neutralen Gebrauch von »Erziehung« ausschloss (Rockefeller 1991). Demokratie ist *moralisches* Ziel der Erziehung, nicht einfach die politische Praxis. Die Erziehung zur Demokratie ist die Erziehung zu ihren Werten und Tugenden, nicht die Erfahrung des Geschäfts »Politik«. Dewey hat an keiner Stelle den Einfluss von Hinterzimmern oder Seilschaften auf reale politische Karrieren als tragbares Erziehungsziel erwähnt. Er hat auch nie hervorgehoben, dass bestimmte Formen von Erpressung oder Korruption in nicht wenigen Systemen zum politischen Alltag gehören, was die *Erziehung* zur Demokratie nicht einfach ignorieren darf, sondern verurteilen muss, will sie moralisch überzeugend bleiben.

Im deutschen Sprachraum ist von »Erziehung« als wertgeladenem Substantiv erst seit der Reformation die Rede. Vorher sind Verbalkonstruktionen üblich, die auf konkrete Tätigkeiten wie Ernähren oder Pflegen verweisen. Nach und mit Luther sind *Substantiv*konstruktionen möglich geworden, die »Erziehung« abstrakter definieren. Auffällig ist, dass diese Konstruktionen immer auf die

»Seele« des Menschen bezogen waren und *Einwirkungen* beschrieben haben. »Erziehung« ist so aus der Begriffsgeschichte heraus zu unterscheiden von »Unterweisung« oder von religiöser »Gemeinde«. Es geht weder um Texte (Unterweisung) noch um Zusammenstimmung (Gemeinde), vielmehr verweist der Wortgebrauch auf die Formung der Seele, die nicht mehr allein von der Gnade erwartet wurde. Erziehung ist *Formung zur Tugend*, zunächst ausschließlich zur christlichen Tugend, später zu allen säkularen Tugenden, ohne dass sich die begriffsgeschichtliche Präferenz und Potenz verändert hätte (von Pogrell 1998).

Das Begriffsfeld operiert also nicht beliebig. Deweys Ausweitung ist eine Provokation der Theorie, die sich nicht auf eine beliebige Extension umstellen kann und wird. Nicht »alles« erzieht, weil nicht alles moralisch sein kann. Das heißt aber nicht, dass Schlagzeilen der *Tabloids* keinen pädagogischen Einfluss hätten. Jede Moral braucht Kontraste; »gut« und »schlecht« sind *Relationen*, die einander ebenso bedingen wie das »Schöne« und das »Hässliche«. Moralische Übel müssen vorstellbar sein, wenn überhaupt eine Reaktion eintreten soll, und nur dann ist die Abhilfe konzentriert möglich, ohne je *alle* Ziele zu erreichen. Ziele *veranlassen* die Reaktion, aber sie garantieren nicht den Effekt; anders könnte auf Praxis und so auf Risiko verzichtet werden. Eine wesentliche Schwierigkeit von Erziehungstheorie besteht darin, diese Differenz übersehen zu können. »Praxis« wird *methodisch* verstanden, Methoden aber sind immer nur zulässig, wenn sie Risikominimierungen darstellen. D.A.R.E. kommt genau deswegen in Verlegenheit. Das Programm kann aus Gründen des moralischen Versprechens nicht sagen, was die eigenen Risiken sind.

Es gibt noch eine weitere Schwierigkeit: die Verwendung von »Erziehung« als positive *und* als negative Kausalität. Drogenkonsum kann mit falscher oder fehlender Erziehung erklärt werden, aber Drogenprävention ist zugleich auch Erziehung. Im ersten Fall hat Erziehung stattgefunden, aber die falschen Ergebnisse gezeitigt, im zweiten soll oder muss in der Erwartung günstiger Resultate Erziehung stattfinden. Der Versuch der Prävention kann gemacht werden, weil und soweit die eine Erziehung nichts mit der anderen zu tun hat. Die *Vergangenheit* – die *falsche* Erziehung – erscheint in einem schlechten Licht, aber davon kann die *Zukunft* – die *richtige* Erziehung – ausgenommen werden. »Erziehung« ist nie Determination, sondern immer erneut ein Versuch, der aus eigenen Vergangenheiten dann nichts lernt, wenn diese bedrohlich sind *für den Versuch*. Aus diesem Grunde kann auch Erziehung nicht einfach eingestellt werden. Es sind immer Gewinn- und Verlustrechnungen möglich, die je mit der richtigen oder der falschen Erziehung in Verbindung gebracht werden können, ohne die Generalisierungen wirklich kontrollieren zu können. Auf soziale Übel *muss* reagiert werden, Erziehung ist eine derjenigen humanen Hoffnungen, die auch dann nicht aufgegeben werden können, wenn sie wiederholt scheitern.

Wie *schwer* die Handhabung fällt, zeigt ein Dialog, den William Bennett mitteilt. Es geht um eine Auseinandersetzung mit dem Kongressabgeordneten Charles Rangel aus New York. Bennett zitiert anlässlich eines Hearings in Washington zahlreiche erfolgreiche Antidrogen-Programme. Der Erfolg sei der klaren Botschaft zu verdanken, dass die Schule verlassen muss, wer Drogen nimmt. Der Kongressabgeordnete antwortet, es sei leicht und zugleich verantwortungslos, Drogenabhängige einfach auf die Straße zu setzen.

> »*Now that they're kicked out, what do we do? Where's the education?*« (Bennett 1992, S. 101).

Wer die Abhängigen aussondert, erzieht sie nicht, sondern überlässt sie ihrem Schicksal. Bennett antwortete:

> »*I believe that is education. I think it's a very effective form of education.*
> *Rangel then asked, ›Are you suggesting that a junkie kicked out of school no longer is a junkie?‹*
> *›No‹, I responded, ›but you have taught a profoundly important lesson to the other children in that school, which is that this school does not tolerate junkies, and we're not going to have someone around this school to try to destroy you. That's a good educational lesson, Mr. Chairman; we ought to have more teaching of it more regularly.‹*« (Ebd.)

Aber heißt »Eingreifen« *nicht* zugleich »Helfen«? Muss das Kollektiv geschützt oder Einzelnen geholfen werden? Was geschieht, wenn sich beides ausschließt? Und was geschieht, wenn sowohl die eine als auch die andere Maßnahme *unwirksam* bleibt? Die harte Haltung der Falken ist oft ähnlich hilflos wie die weiche der Tauben, während immer etwas getan werden *muss*. Der letztliche Effekt geht nie auf sichere Prognosen zurück, die Theorie ist vielfach nur Legitimation für das eine oder das andere Handeln, das sich nie auf einen allgemeinen Konsens verlassen kann, weil alle Kausalitäten umstritten sind. Wer nur auf die persönliche Verantwortung setzt und Lernen nur an die Folgen bindet, übersieht nicht selten Ursachen, die – zum Beispiel – eine Drogenkarriere überhaupt erst verständlich machen. Wer andererseits zu viel Verständnis zeigt für die Ursachen, ist oft nicht imstande, tatsächlich auch zu handeln. Ursachen schließlich sind oft gar nicht greifbar, aber ein irgendwie gearteter »pädagogischer Einfluss« kann immer vermutet werden. Das Wort und ebenso die Erwartung »Erziehung« ist dehnbar. Es bewahrt seine historische Identität auch in ganz widersprüchlichen Verwendungen, weil immer von Moral auf Aktion geschlossen werden kann. Die Falken wie die Tauben können sich auf *Erziehung* beziehen, auch und gerade dann, wenn sie sich gegenseitig die gute Absicht bestreiten.

Aber was ist »Erziehung« *selbst*? Wirkungshypothesen – die großen und die kleinen Ziele – brauchen einen Adressaten, der sich von anderen unterscheiden lässt. Die Theorien zum Erziehungsprozess, die Klaus Mollenhauer (1972) systematisieren wollte, haben bis heute keine Eindeutigkeit hergestellt. »Erziehung« ist mal *Dialog*, mal *Handlung*; »Erziehung« ist *Kommunikation, Einwirkung* oder *Entwicklung*; »Erziehung« ist der *Prozess* und das *Produkt*; »Erziehung« ist die *Situation*, die *Transmission* und die *Ereignisse auf dem Weg*; »Erziehung« ist *Begrenzung* und *Ausweitung* der Ereignisse, *Dialog* zwischen Personen oder mit und über Medien, es gibt eine *Interneterziehung* so wie es eine *Friedenspädagogik*, eine *Erziehung zur Mündigkeit* oder ein *»Updaten«* der Montessori-Pädagogik gibt, die alle drei vernetzen soll. Eine klare Begriffsreferenz ist bei alledem nicht zu erkennen. Die einfache Frage: Worauf bezieht sich der Ausdruck »Erziehung«?, wird selten überhaupt gestellt, während das historische Begriffsfeld für die notwendigen reflexiven Sicherheiten sorgt. Erziehung *selbst* braucht dann nicht bestimmt zu werden.

Die historische Feldabgrenzung ist schwer zu durchbrechen, weil sie in allen Bezugnahmen vorausgesetzt wird. Wie weit diese Referenz allerdings reicht, um eine *Theorie der Erziehung* zu begründen, muss sich zeigen. Eine pädagogische Theorie ist nicht einfach eine Reaktion auf Moral, obwohl oder weil dies öffentlich erwartet wird. Aber eine Erziehungstheorie muss nicht einfach mit *Defiziten* argumentieren, die Strategien der Pädagogisierung nach sich ziehen (Thiel 1998), mit denen wenig mehr erreicht wird als eine neue Programmatik, die sich legitimatorisch gebrauchen lässt. Von Erziehungstheorie kann auch dann die Rede sein, wenn die Paradoxien, die Dilemmata und Nöte, die Zerbrechlichkeit oder der Stil des Objekts und seiner Personen beschrieben werden.

Aber das ist in der Geschichte des Konzepts »Erziehung« nicht vorgesehen. Die Entwicklungslinien allein der modernen Theorieversuche verweisen auf starke moralische Präferenzen und auf ein ebenso starkes Bestreiten dieser Präferenzen. »Erziehung«, verstanden als pädagogische Praxis, kann man alles und nichts zutrauen, ohne dadurch die Erwartung aus der Welt zu schaffen. Sie *sucht* sich gleichsam die Bestätigung, anders könne es kaum möglich sein, die Theorie mit so gegensätzlichen Konzepten wie der Natur des Kindes, der Idee des Guten oder der Stellvertretung der Moral zu verbinden. Alle drei prägen das Reflexionsfeld und lassen sich nicht ausschließen, ohne dass eine einheitliche Erziehungstheorie entstanden wäre. Es ist immer möglich, auf Rousseau, Platon oder Herbart zurückzukommen, obwohl oder weil »Erziehung« und mehr noch der Anspruch der Moral einer harten Kritik unterzogen wurden. Das verändert offenbar das Hoffnungsprogramm nicht.

2. Einige Entwicklungslinien der modernen Erziehungstheorie

Bis weit nach Comenius wurde die pädagogische Reflexion von der Idee der *Gottebenbildlichkeit* des Menschen beherrscht. Der Schöpfungsbericht im Alten Testament spricht davon, dass Gott Adam sich – Gott – »ähnlich« machte (1. Mose 5,1). Genauer ist der Mensch *nach dem Bilde* Gottes geschaffen worden (1. Mose 1,26). Was darunter vorzustellen ist, scheint selbstverständlich zu sein und findet in der Bibel keine Erläuterung. Es heißt lakonisch:

> »*Und Gott schuf den Menschen nach seinem Bilde, nach dem Bilde Gottes schuf er ihn, als Mann und Frau schuf er sie.*« (1. Mose 1,27)

Das ist seltsam genug: Gott verfügt über das eigene Bild, der Mensch wird nach diesem Bild erschaffen und das Bild lässt Mann und Frau zu, obwohl Gott nur ungeteilt sein kann. Aus dem *einen* Bild entstehen *zwei* Geschlechter, und mehr noch, der Mensch wird als Mann *und* Frau geschaffen, während nirgendwo in der Schöpfungsgeschichte Gott *auch* als Frau bezeichnet wird. Er ist »Vater«, dadurch aber nicht schon »Mann« im geschlechtlichen Sinne des Wortes. Was das »Bild« Gottes genau ist, muss nicht gesagt werden. Es wäre auch seltsam, vom *Allmächtigen* Auskunft über seine Verfahren oder Mittel zu verlangen. Die Ebenbildlichkeit des Menschen ist Teil der Schöpfung, nicht Gegenstand von Fragen.

Im Neuen Testament wird die *Gott*- zur *Christus*ebenbildlichkeit erweitert. Christus ist das Vorbild, wer *sein* Angesicht sieht, heißt es im zweiten Korintherbrief, wird »in das gleiche Bild verwandelt«

(2. Kor 3,18)[34]. Das Heil geht von Christus aus. Paulus schreibt gar an die Kolosser, dass der *alte* in den *neuen* Menschen verwandelt wird, wenn und soweit die Gläubigen Christus folgen:

> »*Ihr habt doch den alten Menschen samt seinem ganzen Tun ausgezogen und habt den neuen Menschen angezogen, der erneuert ist zur vollen Erkenntnis nach dem Bild seines Schöpfers. Das ist nicht Heide und Jude, Beschneidung und Vorhaut, Barbar und Skythe, Sklave und Freier, sondern alles und in allen Christus.*« (Kol 5,9–11)

Die Verheißung des »neuen Menschen« gilt nur für die christlichen Gemeinden, »Heiden«, also die *nicht* zum Heilsvolk Gehörenden[35], sind ausgeschlossen. Die Bezeichnungen dafür sind Skythen[36], Barbaren[37] und Juden. Auch »Freie«, also freigelassene Sklaven[38], haben kein Anrecht, am Heilsweg teilzunehmen, der sich einzig dem *Rechtgläubigen* öffnet. Nur er kann zum »neuen Menschen« werden, nämlich seine alte Haut ablegen und eine neue anziehen. Einzig der Christ gelangt zur »vollen Erkenntnis« nach dem *Bild seines Schöpfers*. Was aber ist das Bild, das für die Erziehung grundlegend sein soll?

34 »Wir alle aber, die wir mit unverhülltem Angesicht die Herrlichkeit des Herrn widerspiegeln, werden in das gleiche Bild verwandelt von Herrlichkeit zu Herrlichkeit, wie es vom Herrn aus geschieht, welcher Geist ist.« (2. Kor 3,18)

35 »Heilsvolk« geht auf die beiden Ausdrücke herbr. *am* und griech. *laos* zurück. Die Völker anderer Religionen sind Heiden, nach dem hebr. *gojim* und dem griech. *ethne.*

36 Die Skythen sind ein reitendes Nomadenvolk aus dem Don-Donau-Raum, das um 625 v. Chr. auf einem großen Plünderungszug bis nach Ägypten vorstieß. Dieser Zug wird in der Bibel mit den Weissagungen über das Volk aus dem Norden erwähnt (Jer 4–6).

37 »Barbaren« sind Nicht-Griechen, solche, die unverständlich reden, weil sie die griechische Sprache nicht beherrschen. In den hellenistisch-jüdischen Schriften sind »Barbaren« Nicht-Juden (2. Makk 2,21).

38 »Freigelassene« oder Libertiner bildeten in Jerusalem eine eigene Synagogengemeinde. Die Mitglieder waren aus römischer Kriegsgefangenschaft entlassene Juden und deren Nachkommen.

Die Frage stellt sich aus mindestens drei Gründen:

1) Der Mensch muss *wissen* oder mit Gewissheit *ahnen*, was das Bild Gottes ist, dem er oder sie folgen soll.
2) Das Bild muss zuverlässig sein, darf sich also nicht mit der Erfahrung ändern, die *durch* das Bild bestimmt werden soll.
3) Es darf nur *ein* Bild geben, weil anders nicht der *eine*, allmächtige Gott vorgestellt werden könnte.

Die christliche unterscheidet sich von anderen monotheistischen Religionen durch die Konstruktion des Gottessohnes. Jesus ist Mensch und Gott zugleich und er ist der menschlichen Entwicklung unterworfen, also *war* Kind und *wird* erwachsen. Der Mythos des *heiligen Kindes* ist prägend für die christliche Glaubenswelt und so für die Vorstellungen von Erziehung. Die Anbetung des Kindes führte in eine neue Glaubensrealität, die nicht einfach dem Verhältnis von Mensch und Gott, sondern der mit jeder Geburt *erneuerungsfähigen* Natur des Menschen gilt. Das Vorbild Christi ergibt sich nicht nur aus dem Opfergang, sondern zugleich aus der *Kindschaft*. Mit der Einführung des Gottessohnes muss also zugleich ein Bild seiner Kindschaft gedacht und auf Dauer gestellt werden. Die Gottebenbildlichkeit des Buches Genesis allein genügt nicht zur Unterscheidung des christlichen Glaubens. Während der Glaube verbietet, dass sich die Menschen ihrerseits ein Bild Gottes machen – sie sollen dem Bild folgen, das *er* ihnen gibt[39] –, ist die Vorstellung frei, sich ein Bild des *Kindes* zu machen. Diese Vorstellung prägt in einer langen historischen Kette den Glauben. Er wäre ohne die Annahme der radikalen Erneuerung durch die Geburt des Gottessohnes nicht wirklich unterscheidbar.

Der Glaube ist fasziniert durch das heilige Kind, von dem das Licht der Wahrheit ausgeht, das den Erdkreis erleuchten wird.[40]

39 Ohne dass sich dieses Bild prüfen ließe.

40 Weihnachten, das Fest der Geburt Christi (und das jüngste der großen christlichen Feste), wurde erstmals im 4. Jahrhundert im Rom unter dem Datum des 25. Dezember begangen. Das Neue Testament erwähnt die Geburt relativ selten. Die Wirkung des Mythos ist vor allem den apokryphen Schriften zu verdanken.

Wer diesem Licht folgt, wird erlöst. Das Wunder der göttlichen Geburt ist daher maßgebend für den Weg des Glaubens. In diesem Sinne ist das Christentum eine *Kindreligion*, aller Lehre der Erbsünde zum Trotz. Ohne das Kind Gottes, ein Kind, das der normalen Entwicklung zum Menschen unterliegt, wäre es unmöglich, die Identität von Menschensohn und Gottessohn vorzustellen. Jesus *muss* Kind gewesen sein, bevor er der Messias der neuen Gemeinde werden konnte. Das Opfer am Kreuz hat nur dann symbolische und materielle Macht, wenn ein Entwicklungsgang vorausgesetzt wird, von »Entwicklung« lässt sich aber nur dann reden, wenn der *Anfang* bestimmt ist. Der Anfang – die Geburt Christi – ist zugleich *rein* und *verheißend.* Daher kann dann das Ende als Erlösung erscheinen, vorausgesetzt, die Gläubigen folgen dem Weg des heiligen Kindes. Der »neue Mensch« des Neuen Testaments ist daher eine *Wieder*geburt, die sich mit der mystischen Annahme des neuen Glaubens entscheidet.

Ich werde im Folgenden zunächst darstellen, was geschieht, wenn die Natur des Kindes und die Lehre der Erbsünde radikal getrennt werden, ohne die Vorstellung des »neuen Menschen« preiszugeben. Mein Bezugsautor ist Rousseau. Auf ihn geht die Übertragung der Mythologie des »reinen Kindes« auf die Erziehung und ihre Rechtfertigung zurück. Die Moral der Erziehung soll sich einzig aus der *Natur* des Kindes und *ganz* aus ihr ableiten lassen (2.1). In einem zweiten Schritt gehe ich auf Friedrich Schleiermachers These ein, dass eine säkulare Pädagogik notwendig zwischen »Allmacht« und »Ohnmacht« schwanken müsse, weil sie keine überzeugende oder beruhigende Mitte ihres Problems finden könne (2.2). Eine von Rousseau nochmals unterschiedene säkulare Pädagogik bringt Johann Friedrich Herbart ins Spiel, der für die Erziehung einen *eigenen* Zweck – Moralität – definiert, ohne auf den Mythos des Kindes zurückzugreifen. »Moralität« wird auf eigenwillige Weise ästhetisch begründet (2.3). Sören Kierkegaard hat Mitte des 19. Jahrhunderts das Ästhetische und das Ethische als zwei getrennte Welten verstanden, was die Erziehungstheorie in die Verlegenheit bringt, Erziehung weder als »Entwicklung« noch als »Einwirkung« konzipieren zu können (2.4). Friedrich Nietzsches Kritik der grundlegenden moralischen Relation, also die Unterscheidung des »Guten« und des »Bösen«, führt zu einer Negation nicht nur der beiden zentralen pädagogischen Konzepte, sondern der Erziehung selbst (2.5).

Moderne Erziehung verstehe ich im historischen Sinne als Loslösung pädagogischer Reflexion von christlichen Doktrinen seit dem 18. Jahrhundert. Mit dem Ausdruck »modern« ist keine Überlegenheitsannahme verbunden; der Ausdruck soll *nicht* darauf verweisen, dass die moderne gegenüber der antiken oder der mittelalterlichen Theorie »besser« oder »fortgeschrittener« sei. Dafür bestehen viel zu viele Abhängigkeiten, wie zu zeigen sein wird. Ich konzentriere mich auf bestimmte Entwicklungslinien der allgemeinen Reflexion von *Erziehung*, die zweierlei zeigen sollen: die starke Konzentration auf Moral und Tugend auf der einen, die Schwäche der Theoriebestimmung auf der anderen Seite. Ich beginne mit Rousseau, weil er die Konzentration der Erziehung auf Moral und Tugend gleich zu Beginn meiner Entwicklungslinien infrage stellt und mit der »natürlichen Erziehung« scheinbar ein starkes Theorem ins Spiel bringt, dessen Einfluss bis heute spürbar ist.

2.1 Vorgaben Rousseaus

In der Mitte der 20er-Jahre des 12. Jahrhunderts entstand in Sankt Viktor, der von Guillaume de Champeaux gegründeten Augustinerabtei in Paris[41], ein berühmtes Lehrbuch, das in die Wissenschaften und ihre Verbindung zum christlichen Glauben einführen sollte.

41 Nach einem lang anhaltenden Streit mit seinem Schüler Abaelard zieht sich der berühmte Magister Guillaume de Champeaux 1108 in die Kapelle Sankt Viktor auf dem Mont-Sainte-Geneviève nahe der Stadt Paris zurück. Sankt Viktor wurde 1113 als königliche Abtei neu gegründet, nachdem Guillaume Bischof von Châlons-sur-Marne geworden war. Sankt Viktor war ein Musterbeispiel für eine reformierte Augustinerabtei, die sich der Entwicklung des Glaubens und der Wissenschaften widmete. Sie wurde 1114 durch den Papst bestätigt (vgl. Jaeger 1993). Der Namensgeber, Viktor von Marseille, ist seit dem 5. Jahrhundert als Märtyrer erwähnt worden. Zu Beginn des 5. Jahrhunderts entstand in Marseille die Abtei Sankt Viktor.

Dieses Lehrbuch war wegen seiner klassifikatorischen Ordnung hoch geschätzt, ist immer wieder kopiert und seit 1470 auch vielfach gedruckt worden. Es ist die erste umfassende Darstellung der Lehrgehalte der akademischen Schulbildung (Blackwell 1989), die grundlegend war für die Entwicklung der Universität im mittelalterlichen Europa (Ferruolo 1985). Die *artes liberales* – die sieben Grundfächer der gelehrten Bildung – sind hier erstmalig in gültiger Form gefasst und mit einer Einführung in das Studium der Heiligen Schrift verknüpft worden. Das Werk hieß nicht zufällig *Didascalicon de studio legendi* – »Studienbuch über das Studium des Lesens«.

Im Mittelpunkt stehen *Bücher* und so die Arbeit des *Lesens*. Es ist selbstverständlich, dass Bildung durch das Studium von Texten erlangt wird. Wissenschaften und Künste werden durch exklusive Bücher repräsentiert, *sie* sind die zentralen Bildungsmittel. Der Autor des Didascalicons, Hugo von Sankt Viktor[42], war Lehrer an der Schule des Augustiner-Stifts und Verfasser diverser Lehrschriften[43], die didaktisches Talent verraten und vielfach genutzt wurden. Die großen Texte der Wissenschaften vermitteln sich nicht einfach selbst, sondern verlangen eine Kommentierung und eine lehrbare Form. Aber die Didaktik ist nicht alles. Hugos Anliegen war auch und primär, den *Zweck* der Bildung darzulegen, also nicht lediglich die Lehrbarkeit nachzuweisen. Das Studienbuch geht aus von der *similitudo*, also der Gottebenbildlichkeit oder genauer: der Gott-

42 Über die Person Hugos ist wenig bekannt. Er wurde um 1096 geboren und stammte aus Sachsen. Erzogen wurde er im Augustinerstift Hamersleben im Bistum Halberstadt. Nach Sankt Viktor kam er 1113 oder 1114. Er brachte wertvolle Reliquien des heiligen Viktor mit, die er in Marseille erworben hatte. Hugo wird in den Urkunden der Abtei kaum erwähnt. Ausführlich dokumentiert ist nur sein Sterben (Februar 1141). Offenbar war Hugo nie Prior der Abtei, obwohl er ein erfolgreicher Lehrer gewesen ist (Daten nach Chatillon o.J.). Im Internet kann folgende Seite genutzt werden: http://www.st-georgen.uni-frankfurt.de.

43 Darunter ein Lehrbuch zur Grammatik (De grammatica), zur moralischen Unterweisung (De arca Noe morali) oder zur Vanitas-Lehre (De vanitate mundi) (zum Schriftenverzeichnis vgl. Goy 1976; Kurz 1979).

ähnlichkeit[44] des Menschen. Sie ist grundlegend dafür, dass Bildung sinnvoll erscheinen kann. In diesem Sinne hat »Bildung« immer *Bild* und genauer: *Abbild* zur Voraussetzung.

Das achte Kapitel des ersten Buches beginnt mit einer Feststellung, die in der deutschen Übersetzung so klingt:

> »*Zwei Dinge sind es, welche die Gottähnlichkeit im Menschen wiederherstellen, nämlich die Erforschung der Wahrheit und die Ausübung der Tugend. Denn der Mensch ist Gott darin ähnlich, dass er weise und gerecht ist – allerdings ist der Mensch dies nur in veränderlicher Weise, während Gott unveränderlich weise und gerecht ist.*« (Hugo von Sankt Viktor 1997, S. 137; Hervorhebungen J.O.)[45]

Die Menschen sind Gott also nicht in allem ähnlich, sondern nur in zwei Hinsichten: die Erforschung der Wahrheit (speculatio veritatis) und die Ausübung der Tugend (virtutis exercitium). Beides ist zu unterscheiden, Wahrheit ist nicht automatisch auch Tugend und umgekehrt. Das lateinische Wort *speculatio* leitet sich ab von *specula* und *speculum*. *Specula* ist ein Ort oder eine erhöhte Stelle der Beobachtung[46], *speculum* ist »Spiegel« oder »Abbild«. Wer die Wahrheit erforscht, muss überlegenes Wissen zur Verfügung haben, das Übersicht verlangt und so eine höhere Warte voraussetzt. Tugend dagegen muss ausgeübt werden, das lateinische Wort *exercitium* verweist auf militärische Ursprünge, die nicht Forschung, sondern Befolgung voraussetzen. Wie Gott, so kann auch der Mensch durch beide Anstrengungen *weise* (sapiens) und *gerecht* (iustus)

44 Das lat. *similitudo* lässt sich mit »Ähnlichkeit«, aber auch mit »Gleichnis« oder »Analogie« übersetzen.

45 »Duo vero sunt quae divinam in homine similitudinem reparant, id est, speculatio veritatis et virtutis exercitium. Quia in hoc homo Deo similis est, quod sapiens et iustus est, sed iste mutabiliter, ille immutabiliter et sapiens et iustus est.« (Hugo von Sankt Viktor 1997, S. 136)

46 Das lat. *esse in speculis* heißt »auf der Lauer liegen« oder eine »hohe Warte« einnehmen.

werden, wenngleich mit der Einschränkung der Veränderlichkeit[47]. Gott *ist* weise und gerecht, der Mensch kann es *werden*, allerdings auf schwankendem Grund, weil die Schwächen des Menschen nie ganz überwunden werden können (ebd., S. 139). Die Ähnlichkeit ist also nie eine Angleichung oder gar Übereinstimmung und sie betrifft *nur* die Erforschung der Wahrheit und die Ausübung von Tugend.

Diese Tradition greift Rousseau an.[48] Was er *negative* Erziehung nennt, zielt auf die beiden Größen der Wahrheit und der Tugend, die *nicht* Gegenstand der Erziehung sein sollen, zugunsten einer Erziehung, die sich rein an der Natur des Kindes orientieren soll. Als hätte er Hugos *Didascalicon* gekannt, negiert Rousseau exakt die Stelle, die ich zitiert habe. Es heißt im zweiten Buch des *Émile:*

> »*La prémière éducation doit … être purement négative. Elle consiste, non point à enseigner la vertu ni la vérité, mais à garantir le coeur du vice et l'esprit de l'erreur.*« (O.C. IV, S. 323; Hervorhebungen J.O.)

Die »erste Erziehung« ist die des Kindes bis zum Jugendalter. Sie ist *rein* negativ, weil das pädagogisch Positive, also Wahrheit und Tugend, nur negative Auswirkungen auf die Natur des Kindes haben kann, während die Natur aus sich heraus positiv ist, solange man sie vor Übergriffen des Unterrichts (enseignement) schützt. Wesentlich für die »negative Erziehung« ist, dass Tugend und Wahrheit nicht *unterrichtet* werden und so keine didaktische Gestalt annehmen. Die erste Erziehung ist in *diesem* Sinne nicht »positiv«. Sie schützt die Natur des Kindes vor unverständlichen Wahrheiten und verständnislosen Forderungen der Tugend, die Kinder weder aufnehmen können noch befolgen werden. Worauf es ankommt, ist zu

47 Lat. *mutabilis* ist »veränderlich« und »launisch«.

48 Jean-Jacques Rousseaus (1712–1778) tubulentes Leben zwischen Genf, Paris und London ist am besten von Maurice Cranston (1991, 1991a, 1997) dargestellt worden. Im Internet sind verschiedene Seiten verfügbar, die Cranstons Studie aber nicht ersetzen, sondern voraussetzen (etwa: Jean-Jacques Rousseau Swiss/French Philospher 1712–1778; http://www2.lucidcafe.com/lucidcafe/library/96jun/rousseau.html).

garantieren, dass das Herz vor dem Laster und der Geist vor dem Irrtum *bewahrt* werden. Das leisten weder Unterricht noch Ausbildung, weil sie viel zu viele Unwahrheiten und Laster transportieren, die nur dann vermieden werden, wenn die Erziehung ganz der Natur gilt, also weder der Wahrheit noch der Tugend. Rousseau will eine radikale Umbesetzung: Die Stelle, die die Lehrtradition seit dem Mittelalter mit »Wahrheit« und »Tugend« bestimmt hatte, soll durch *Natur* – und *nur* durch sie – gefasst werden.

In der Folge muss die Erziehung nicht positive Wahrheiten und Tugenden beachten, sondern kann sich ganz auf die Beobachtung der Natur einstellen. *Sie* ist die aktive Größe, nicht der Unterricht oder die formale Instruktion. Es geht Rousseau vor allem darum, die *Künstlichkeit* des Unterrichtens von »Wahrheiten« oder »Tugenden« nachzuweisen, an dessen Stelle die Beobachtung der Natur und das Befolgen *ihrer* Wege treten soll. Im ersten Buch des *Émile* heißt es entsprechend über die Grundregel der natürlichen Erziehung:

> »*Observez la nature, et suivez la route qu'elle vous trace. Elle éxerce continuellement les enfans*[49]; *elle endurcit leur tempérament par des épreuves de toute espéce; elle leur apprend de bonne heure ce que c'est que peine et douleur.*« (Ebd., S. 259; Hervorhebungen J.O.)

Anders als etwa in Fénelons Traktat über die Erziehung der Mädchen ist das keine Rhetorik.[50] Die Natur übt die Kinder, die so bewahrt werden vor dem peinlichen Üben der Tugend. Die Natur härtet das Temperament, indem sie die Kinder auf die Probe stellt, und die Natur lehrt, was die Stunde der Mühen oder des Schmerzes ist, ohne dass irgendein Unterricht oder eine absichtsvolle Erziehung eingreifen müsste. Wer die Natur beobachtet, kann *ihrem*

49 Rousseaus Schreibweise ist den Oeuvres Complètes der Pléiade-Ausgabe unverändert übernommen. Sie entspricht nicht immer der heutigen Grammatik.

50 »Il faut se contenter de suivre et d'aider la nature.« (Fénelon 1983, S. 99) Zuvor heißt es deutlich: »Avant que les enfants sachent entièrement parler, on peut les préparer à l'instruction.« (Ebd., S. 96)

Weg folgen. Er braucht keine künstlichen Formen der Unterweisung, die auf die Natur des Kindes weder eingestellt sind noch darauf eingehen könnten. Aber wie kann die Natur handeln? Sie weist nicht nur passiv den Weg der Erziehung, sondern erzieht selbst, durch das Erleben von Krankheiten, das Überstehen von Gefahren, die Erfahrung des Wachstums oder die Stärkung der Kräfte (ebd., S. 259f.). Aber lässt das auf eine aktive Natur schließen? Wieder gibt es einen Rückverweis auf philosophische Traditionen, die Rousseau aufgreift, um sie gleichermaßen zu benutzen und zu negieren.

Im Anschluss an den *Timaeus*-Kommentar des Platonikers Calcidius[51] bestimmt Hugo von Sankt Viktor drei Werke (opera), die das Leben bestimmen, das *Werk Gottes*, das *Werk der Natur* und das *Werk des schaffenden Menschen* (ebd.). Die drei Werk-Gattungen werden wie folgt unterschieden:

> »*Das Werk Gottes ist es, das zu schaffen, was vorher nicht existierte … Das Werk der Natur ist es, das, was verborgen lag, in die Wirklichkeit zu überführen … Das Werk des schaffenden Menschen ist, Getrenntes zu verbinden und Verbundenes zu trennen.*« (Ebd., S. 139/141)

Menschliche Werke sind daher *nicht* Naturwerke, sondern nur deren *Imitationen*.

> »*Unter diesen drei Werken wird das Werk des Menschen, welches nicht Natur ist, sondern sie nur nachahmt, zu Recht ›mechanisch‹, das heißt unecht, genannt, geradeso wie ein heimlich nachgemachter Schlüssel ›mechanisch‹ heißt.*« (Ebd., S. 141)[52]

51 Timaeus a Calcidio translatus commentarioque instructus (1975). Timaeus war das einzige bekannte Werk Platons im frühen Mittelalter, überliefert mit dem spätantiken Kommentar von Calcidius. Gott ist der »Werkmeister« der Welt, das Vorbild ist »beharrlich und unveränderlich«, das Abbild aber, also die Menschen, ist veränderlich und so nicht notwendig, sondern »nur wahrscheinlich« (Timaios 29a–d).

52 Die Anspielung auf den »nachgemachten Schlüssel« gilt Sallust (De bello Iugurthino, 12, 3).

Rousseau will in der Erziehung das Mechanische und also Unechte[53] der Werke des Menschen *vermeiden*. Das Kind soll ganz dem Werk der Natur ausgesetzt sein. Mit ihm wird, was verborgen lag, also die Potenziale des Kindes, in die Wirklichkeit überführt, ohne dass eine dritte Kraft eingreifen muss. Damit wird ein künstlicher Eingriff vermieden, also weder Getrenntes verbunden noch Verbundenes getrennt. Erziehung ist *nicht* Imitation, sie ahmt nicht etwas nach, auf das Kinder und so die Menschen geleitet werden müssen. Das Kind ist ursprünglich *Einheit*, nämlich Natur, die *für sich* existiert und also durch Erziehung nur aufgetrennt werden würde und dann künstlich wieder zusammengefügt werden müsste. Deutlich heißt es zu Beginn des *Émile* über den *natürlichen* im Unterschied zum *zivilen* Menschen:

> »*L'homme naturel est tout pour lui: il est l'unité numérique, l'entier absolu qui n'a de rapport qu'à lui-même ou à son semblable.*« (O.C. IV, S. 249)

Der natürliche Mensch bezieht sich ganz auf sich oder auf seinesgleichen, also andere natürliche Menschen. Diese »absolute Einheit« ist im Augenblick des Vergleichs mit *ungleichen* Anderen gefährdet, also solchen, die nicht »natürlich« sind, also sich *nicht* oder *nicht mehr* »ganz auf sich« beziehen können. Wer sich notwendig auf andere beziehen muss, um er selbst sein zu können, ist *unnatürlich* und diesem Sinne »zivil«[54]. Der zivile Mensch (l'homme civile) ist nurmehr *Brucheinheit*, die vom Nenner abhängt. Ihr Wert bestimmt sich vom Ganzen des gesellschaftlichen Körpers her, nicht

53 Das geht auf Calcidius (comm. 23) zurück und ist also eine neuplatonische Vorstellung. Sie spielt in der von Fulbert de Chartres begründeten Philosophenschule von Chartres eine zentrale Rolle (vgl. Haskins 1927).

54 L'homme civil ist mit »bürgerlicher Mensch« schlecht übersetzt. Civil spielt auf »gesellschaftlich diszipliniert« an, auf einen Menschen, der von Sitte oder Benimm geprägt ist, nämlich auf Dritte Rücksicht nehmen muss, ohne ganz er selbst sein zu können oder zu dürfen.

mehr aus der eigenen Einheit.[55] Was die Philosophie des Mittelalters »Werk des Menschen« nannte, ist so Werk der *Gesellschaft*, die das »Ich« (le *moi*) aufsaugt und deren Institutionen den Menschen denaturieren, nämlich aus einer absoluten Existenz eine relative machen (ebd.). In der Folge glaubt jeder Einzelne nicht mehr an sich als Einheit, sondern versteht sich als Teil eines Ganzen, an dessen Zustandekommen der Einzelne nicht beteiligt war, das aber über ihn verfügen kann (ebd.).

Das *Kind* als »Werk der Natur« ist ein überraschender Schachzug, der Hugo nicht in den Sinne gekommen wäre. Sein *Didascalicon* geht weder auf Kinder noch auf ihre Natur näher ein. Vielmehr wird die Autorität der Wissenschaften bestimmt und mit ihnen der Wert der Bücher, also das, was Rousseau als Erziehungsmittel kategorisch ablehnt. Für ihn ist entscheidend, dass Émile im *Buch der Natur* lesen lernt, wozu sinnliche Erfahrung, nicht jedoch Lektüre notwendig ist. Wer liest, hat Chimären vor sich, nicht die wirklichen Dinge (ebd., S. 418), aber nur die wirklichen Dinge erziehen die Sinne in der Hinsicht, dass natürliches Wissen entsteht, welches sich von den künstlichen Themen des Unterrichts oder der Lektüre unterscheiden kann und in diesem Sinne »echt« ist (ebd., S. 435).

> »*Voyez déja la différence qu'il y a du savoir de vos élêves à l'ignorance du mien! Ils savent les cartes et lui les fait.*« (Ebd.)

Émile untersucht und erfährt die Gesetze der Natur (ebd., S. 443), nicht die Strategien von Autoren, die Erfahrungen in Texte übersetzen und sie so der Unmittelbarkeit des Erlebens entziehen. »Echt« ist aber nur das, was unmittelbar zu den Sinnen spricht, ohne eine Interpretation oder Philosophie – Wahrheit oder Tugend – nötig zu haben. Kultur ist die Dazwischenkunft des Falschen, vor dem die Kinder bewahrt werden müssen. Sie würden ihre natürliche Stärke verlieren, wenn sie die Ganzheit ihrer Sinne auf die Partikularität des Lesens – zumal des Lesens unverständlicher Texte – redu-

55 »L'homme civil n'est qu'une unité fractionnaire qui tient au dénominateur, et dont la valeur est dans son rapport avec l'entier, qui est le corps social.« (O.C. IV, S. 249)

zieren würden. Das gilt radikal[56], Émile bekommt in der ersten Erziehung nur *ein* Buch zu lesen, nämlich Daniel Defoes *Robinson Crusoe* (ebd., S. 455f.), und dies nicht aus Gründen der literarischen Unterweisung, sondern weil das Buch genau die Erziehungssituation beschreibt, die Émile vorfindet. Rousseau spricht von der »isle déserte« (ebd., S. 455), auf der der Lernende gezwungen ist, seine Urteile in wahrhafter Übereinstimmung mit den Dingen[57] zu bilden, ohne durch Dritte zu einem Vergleich gezwungen zu werden.

Émile liest keine einzige Stelle aus der Bibel, kennt also weder die Heilige noch (abgesehen von *Robinson Crusoe*) irgendeine andere Schrift, sondern einzig die Wahrheit der Natur, so weit, muss man hinzufügen, sie durch die zweite Person der Handlung, den *gouverneur* (ebd., S. 263f.), didaktisch vorbereitet wurde. Émile lernt nämlich keineswegs die ganze oder auch nur die überraschende Natur. Was Rousseau mit der Szene der »isolierten Insel« erfassen will, ist eine *geschlossene* und *künstliche* Welt, die auf sehr ironische Weise das erneuert, was so entschlossen negiert wurde, nämlich das durch den Tutor *angeleitete* Lernen, das dem Kind *nicht eine* Freiheit lässt, versteht man unter Freiheit die souveräne Reaktion auf nicht vorhersehbare Ereignisse. In der Szene des *Émile* gibt es keine unvorhergesehenen Ereignisse; die Natur folgt also nicht etwa ihrem eigenen Weg, sondern einem didaktischen Plan, der vorher weiß, wie er sich erfüllen wird.

Daher stimmt jedes Zwischenresultat mit dem überein, was am Anfang behauptet wurde, es gibt keine wirklichen Überraschungen und das Neue ist immer das Erwartete. Nie ist die Natur ernsthaft unbillig, nie ist sie eine Gefahr für Leib und Leben, nie droht sie mit Knappheit oder Entzug, es gibt in der Szene *à la campagne*

56 Er schließt dabei empirische oder gar wörtliche Verwendungen aus. Rousseaus Émile ist Fiktion, die nicht für empirische oder pragmatische Probleme in Anspruch genommen werden kann, obwohl sie immer genau so aufgenommen wurde und wird (vgl. die Diskussion zwischen Thompson [1998] und Chambliss [1998] im Jahrbuch Philosophy of Education [1998]; zu erreichen unter: http://www.ed.uiuc.edu./EPS/PES-Yearbook/1998/thompson.html).

57 »Les vrais rapports des choses« (O.C. IV, S. 455).

(ebd., S. 276f.) keine Plagen der Natur, keine Hindernisse oder Unwegsamkeiten, kein Unkraut, keine wilden Tiere und keine schlechten Launen. Émile, der als »élêve robuste« (ebd., S. 273) bezeichnet wird, lernt ohne wirklich eigenen Weg das, was der Tutor auf extrem künstliche Weise, nämlich *nach Plan* (ebd., S. 359), von ihm verlangt. »Maitre de l'opération« (ebd., S. 364) ist immer der Tutor, also Jean-Jacques, und nie wirklich das Kind, versteht man darunter *nicht* das Werk der Natur, sondern das Werk seiner selbst.[58]

Natur ist nicht Wechselspiel, sondern Stetigkeit, dazu harmloses Arrangement ohne Herausforderungen, die vom didaktischen Plan *nicht* beherrscht werden könnten. Entsprechend stetig ist das Lernen des Kindes, das durch präparierte Settings – letztlich Unterricht in der Natur – geleitet wird. Émile – das Kind – ist nie auf chaotische, sondern immer nur auf gesittete Weise neugierig, es kündigt nie auch nur für Augenblicke die Gefolgschaft auf, erhält keine Chance, vom Weg der Natur kreativ abzuweichen, deutet nicht die Welt nach eigener Fantasie und leistet sich nicht eine einzige Frechheit. Widerspruchslose Kinder ohne Eigensinn aber sind extrem künstliche Geschöpfe, die jede Eigenbewegung ausschließen und nur in der Literatur vorkommen können. Es sind Kinder abseits der erwartbaren Natur. Was also mit der Negation von Wahrheit und Tugend »natürlich« sein sollte, ist *de facto* in extremer und totalitärer Weise künstlich.

Warum dann aber die ganze Aufregung um Rousseau? Was wären seine Vorgaben für die moderne, nach-christliche Pädagogik, wenn weder seine Idee der »natürlichen« noch die der »negativen« Erziehung sehr überzeugend ist? Die Einwände lassen sich in fünf Punkten zusammenfassen, mit denen Rousseau eigentlich *nicht* als Autor der maßgeblichen Problemvorgabe für die Theorie der Erziehung infrage käme:

1) Die Natur des Menschen ist *nicht* autark, sie verweist auf *keine* ursprüngliche Einheit, die in der Folge von sich selbst entfremdet worden wäre.

58 Unabhängig davon, was Pestalozzi in den »Nachforschungen« darunter verstanden wissen wollte.

2) Daher kann die Natur auch nicht *für sich* erzogen werden, unabhängig von allen anderen Einflüssen.
3) Rousseaus Konzept der Erziehung bezieht sich denn auch nicht auf »Natur«, sondern auf einen *didaktischen Plan.*
4) Der Plan erfüllt sich, ohne *unabhängige* Erfahrungen zuzulassen, das heißt die Prognose hat keinen wirklichen Testfall.
5) Der Ausschluss der Gesellschaft nimmt der Erziehung ihr *wesentliches Anregungspotenzial,* das ersetzt wird durch künstliche Anleitung.

Wenn das so klar ist, warum gibt es dann bis heute eine Beschäftigung mit Rousseau und seinem Erziehungsroman? André Ravier hat 1941 darauf hingewiesen[59], dass es im Kern um eine Neufassung der Vision des »neuen Menschen« gehe, also um eine zweite Chance der Evolution, nachdem die erste mit dem Desaster der ungleichen und unfriedlichen Gesellschaft geendet habe. Aber dieses paulinische Thema allein erklärt nicht die Attraktivität der Theorie. Rousseaus Prognose ist um 1750 eine unter vielen und keineswegs immer die radikalste (Minois 1998, S. 530ff.). Die Austreibung des Bösen beispielsweise als Bedingung dafür, die gute Natur überhaupt denken zu können, ist vom augustinischen Prediger Abraham à Sancta Clara Ende des 17. Jahrhunderts wesentlich drastischer und sinnlicher vorgestellt worden als vom stoisch-eleganten Rousseau (Jahrhundertwenden 1999, S. 211).[60] Mitte des 18. Jahrhunderts sollte der »neue Mensch« in vielen utopischen Entwürfen nicht auf dem Lande, sondern in der geometrisch geplanten Stadt entstehen (ebd., S. 215).[61] Der Fortschritt wurde von der Verbesserung der

59 Wesentlich bezogen auf Rousseaus Discours sur l'origine et les fondemens de l'inégalité parmi les hommes (erster Druck 1754, mit Jahresangabe 1755).

60 Judas Der Ertz-Schelm/...«, vierter Teil (Salzburg 1695) (Titelkupfer). Abraham à Sancta Clara (1644–1709) war Augustiner-Barfüßer und kaiserlicher Prediger in Wien.

61 Plan der Stadt Ludwigsburg (Kupferstich um 1760, 36,6×47,5 cm, Städtisches Museum Ludwigsburg).

Künste und Wissenschaften erwartet (ebd., S. 221)[62], also nicht von der Erneuerung der Natur im Menschen, die (die Natur) als zu gefährlich angesehen wurde, um risikolos erneuert zu werden, ganz abgesehen von der Frage, was die reine Natur *vor* der Gesellschaft eigentlich sein sollte. Eher war die *Beherrschung* der Natur das Ziel, Baltasar Anton Dunkers Vision der »Großen Post-Luft-Kugel« von 1785[63] zum Beispiel, eine Reaktion auf den ersten Flug eines Heißluftballons 1783, sollte dem *öffentlichen Wohl* dienen[64] (ebd., S. 225), ohne dabei Rousseaus *volonté générale* vor Augen zu haben. Was aber machte dann die Theorie so unwiderstehlich attraktiv?

Eine Antwort geht dahin, Rousseau als *provocateur* zu verstehen, der mit dem Unwahrscheinlichen spielt, die Paradoxien seiner eigenen Aussagen ignoriert, das Nicht-Mögliche denkt und zugleich das einzig Gute vor Augen hat. Die Provokation besteht einfach darin, genau das stark zu machen und als Handlungsalternative zu empfehlen, was alle anderen ausschließen oder für unsinnig erklären. Das *Gegenteil* des Erwarteten wäre richtig, weil alle Konventionen in die Irre führen. Erst wer sie durchbricht, auch und gerade die Konventionen der Theorie, ist wahrhaftig. Also muss eine Position gesucht werden, die sich außerhalb des Gewohnten bewegt. Gewohnheiten machen abhängig.[65] Wer souverän sein will, muss mit den lieb gewordenen Wahrscheinlichkeiten brechen. Wahre Einsichten sind *reversiv:* Sie verkehren die Konvention und provozieren durch Verblüffung, die sich ernsthaft darstellen kann, ohne auf gewohnte Weise seriös sein zu müssen. Diese Strategie durchzieht das Werk Rousseaus:

62 Cornelis Beelt: Inneres einer Weberwerkstatt (Öl auf Leinwand um 1700, 60×79 cm, Staatliche Kunsthalle Karlsruhe).

63 Balthasar Anton Dunker: »Große Post-Luft-Kugel« mit Erläuterung (Ulm 1785, Kunstmuseum Bern, Gottfried Keller Stiftung). Balthasar Anton Dunker (1746–1807) verlegte das Datum der Reise auf den 10. März 2440, die Reise sollt nach China gehen.

64 Der Ballon fliegt mit dem Motto pro bono publico.

65 Daher ist die Grundregel der Erziehung, dass es für Émile nur eine Gewohnheit geben dürfe, die Gewohnheit, keine Gewohnheiten anzunehmen (O.C. IV, S. 282).

- statt Fortschritt durch Wissenschaft und Kunst erwartet er *Degeneration* und *Unglück*,
- die Gesellschaft *verfällt moralisch*, statt durch konventionelle Erziehung verbessert zu werden,
- Aufklärung *verdunkelt* die Zukunft,
- Rettung liegt nicht in der Zukunft, sondern in der *Vergangenheit*,
- das »goldene Zeitalter« der Vergangenheit ist die Orientierung der *neuen* Erziehung,
- der »neue Mensch« entsteht nicht neu, sondern *wiederholt den Anfang*,
- der Anfang kann *neu* wirksam werden, wenn die *Natur* eine zweite Chance erhält.

Nichts davon ist irgendwie »wahr« im Sinne jener eindeutigen Tendenz, die behauptet wird. Rousseau ist der Meister des Dualismus, der es versteht, mit dem ausgeschlossenen Gegenteil zu spielen. Wie sehr das provoziert hat, zeigt ein Zürcher Beispiel aus dem Jahre 1940, nämlich Leo Weiss‹ »politische Erziehung im alten Zürich«. Weiss beschreibt die Eidgenossenschaft vor 1798 als politische Erfolgsgeschichte, die gelehrte Bildung mit ziviler Ordnung zu verbinden verstand, also genau jene Passung erreichte, die Rousseau kategorisch ausgeschlossen wissen wollte. Man sieht also gelehrte Herren (Weiss 1940, S. 99)[66], patriotische Siege (ebd., S. 100)[67] und prachtvolle Bibliotheken, die auf Kultur und höchste Bildung verweisen sollen (ebd., S. 109)[68]. Rousseau selbst wird als Bürger oder Patriot dargestellt (ebd., S. 153), dessen Schriften gerade die bürgerliche Aufklärung in Zürich in »Unsicherheit und Angst« versetzten (ebd.). Den zweiten Diskurs kommentiert Weiss anders als Ravier nicht paulinisch, sondern pathologisch:

66 Das Bild zeigt Johann Heinrich Hottinger (1620–1667).
67 Eine »Gelegenheitszeitung« aus Zürich aus dem Jahre 1517.
68 Der Kupferstich zeigt, wie der Zürcher Bürgermeister Hans Kaspar Hirzel 1677 den neuen Bücherraum der Bürgerbibliothek im unteren Boden der Wasserkirche besichtigt.

> *»Rousseau beschreibt schwärmerisch einen vermeintlichen idyllischen Naturzustand als Anfang der Menschheit, schildert das erfundene, fantastisch ausgeschmückte Arkadien mit wahrer Verzückung ... Am liebsten möchte er die Menschheit in die Wälder zurückführen und sie wie die lieben Schweine von Eicheln leben lassen. Für ihn ist ›Natur‹ der Irokese ist ein natürlicher Mensch, der Europäer ein unnatürlicher. Voltaire meinte ironisch: ›Nach dem Lesen dieser begeisterten Lobrede auf den arkadischen Zustand des Urmenschen bekomme ich Lust, auf allen vieren zu laufen.‹«* (Ebd., S. 154)

Arkadien ist in der hellenistischen und römischen Dichtung das Land der guten ländlichen Sitten und des stillen Friedens, das als Gegenort zur verdorbenen Stadt gedacht wird.[69] Rousseau wird polemisch in diese Reihe der großen Illusionen gestellt, die man wohl der Antike, aber nicht mehr der Moderne zugestehen mag. Es gibt keine Gegenwelt, die der Evolution eine zweite Chance erlauben würde, aber wenn das so klar ist, warum ist Rousseau dann so aufregend? Gerade die pädagogische Rezeptionsgeschichte zeigt, dass er immer nur entschiedene Anhänger oder erbitterte Gegner gefunden hat (Bloch 1995; Py 1997; siehe auch Barny 1986 oder Mounier 1980), dass sich die Geister also an ihm in einem sehr buchstäblichen Sinn schieden. Aber warum lässt er niemand indifferent, der sich darauf eingelassen hat, ihn zu lesen?

Weiter als die These vom *provocateur* reicht die Idee, ihn als Theoretiker zu betrachten, dem wesentlich die Begründung der modernen Erziehung zu verdanken sei, und zwar weil er das »natürliche Selbst« auf den *autonomen Bürger* hin erweitert habe (Oksenberg Rorty 1998, S. 243ff.)[70]. In diesem Sinne beschreibt der

69 Das tatsächliche Arkadien war im Altertum außerstande, die eigene Bevölkerung zu ernähren. Die karstige Landschaft des Peleponnes (mit dem Hauptort Tripolis) zwang viele Männer, als Söldner ins Ausland zu gehen, um so der Unwirtlichkeit zu entkommen. Die Idylle ist also schon in der Antike das Gegenteil des Wirklichen.

70 Amélie Oksenberg Rorty (1998, S. 243f.) sieht die drei großen Werke Rousseaus als drei pädagogische Experimente an: Die politische Bildung bezieht sich auf den Contrat Social, die Erziehung der Natur auf den

Émile vor allem das Problem, wie natürliche Bedürfnisse sie selbst bleiben *und* sich sozial entwickeln können. Dafür wird eine anthropologische Unterscheidung ins Spiel gebracht, die tatsächlich folgenreich ist. Das erste Gefühl eines Kindes, heißt es im vierten Buch des *Émile*, ist, *sich selbst* zu lieben. Erst das zweite und aus dem ersten abgeleitete Gefühl ist, *andere* zu lieben, diejenigen, die das Kind umgeben und ihm in seiner Schwäche behilflich sind (O.C. IV, S. 492). Es gibt also keine natürliche Nächstenliebe, kein Gefühl, das andere bevorzugt, ohne sich selbst zu bevorzugen. Genau das aber – Demut – sollte den Kindern im Rahmen der christlichen Erziehung vermittelt werden. Die Tugendliteratur vor Rousseau hat unablässig über das Thema der Selbstliebe reflektiert, fast immer so, dass die Erziehung dann richtig und erfolgreich sei, wenn es ihr gelänge, die Selbstliebe zu *unterdrücken* oder *folgenreich* zu kanalisieren (Oelkers 2000). »Selbstliebe« wird verstanden als kindlicher Egoismus oder gar Narzissmus, der *gebrochen* werden muss, und zwar zum Besten des Kindes. Rousseau ist vor allem deswegen eine pädagogische Herausforderung, weil er diese Konvention herausfordert und angreift.[71] Das Wohl des Kindes kennt nur *eine* Stellvertretung, die der Natur.

Aber was ist das Wohl des Kindes? Der Angriff gelingt mit einem Trick, den man auch als einen kühnen Zug ansehen kann. Rousseau nämlich verdoppelt das Selbst, nimmt also nicht *eine*, sondern *zwei* Instanzen an. Alle anderen Autoren der Tugendliteratur verstanden unter »Selbstliebe« oder *amour propre* eine innere Falkultät oder einen Teil der Seele, der sich wie eine eigenständige

Émile und die Erziehung der Affekte auf die Nouvelle Héloise. »All three educational experiments have the same directions: to bring men to the fullfilment of their real natures by assuring their independence and blocking the formation of the structures of dependency; to reunite the subject and object in autonomous activity; to promote equality; to strengthen true universalizing rationality over the calculations of personal prudence; to replace the tumultuous and fortuitous passions with stable, generalized benevolent sentiments.« (Ebd., S. 244)

71 Die Figur des Narziss wird erwähnt (O.C. IV, S. 512) als denaturierter Höfling, der eitel ist, weil und soweit er sich ständig mit anderen vergleicht (ebd., S. 513). Émile, Rousseaus Kind der Natur, wird anschließend als Gegensatz zum Narziss aufgebaut (ebd., S. 514ff.).

Größe verstehen lassen sollte. Jeder Mensch, also auch jedes Kind, *ist* und *hat* die Instanz der Selbstliebe, was die Erziehung instandsetzt, *einen bestimmten* Adressaten anzunehmen, der nicht falsch geortet werden kann, wohl aber getroffen werden muss. Die Erziehung scheitert, wenn der Erwachsene immer noch die Selbstliebe des Kindes pflegt, Erwachsensein *definiert* sich geradezu – bis Freud – durch die folgenreiche und lebenslang wirksame Überwindung des frühkindlichen Egoismus oder der kindlichen »Selbstliebe«. Rousseau löst das Problem, indem er eine zweite Instanz einführt, die Selbstliebe *positiv* fassen soll. Diese Instanz heißt *amour de soi*: Sie betrachtet nichts als *uns*, sie ist zufrieden, wenn unsere natürlichen Bedürfnisse befriedigt sind. Sie geht nicht darüber hinaus – anders der *amour propre*, der sich vergleicht und nie zufrieden ist und dies auch nicht sein kann.

Der Vergleich nämlich zielt darauf ab, dass wir *uns* den anderen vorziehen, was zugleich verlangt, dass die anderen uns vorziehen und sich selbst zurückstellen. Aber die anderen haben das gleiche Streben, auch sie präferieren *sich* und wünschen, dass wir *sie* präferieren. Weder Selbstliebe noch Demut sind *ungleich* verteilt möglich, der Vergleich aber, die Sozialität der Gefühle, lässt alle unzufrieden, und zwar an der Grundstelle ihrer Identität, nämlich der Übereinstimmung mit sich selbst. Beide Instanzen, der *amour de soi* und der *amour propre*, sind unvermeidlich, aber ihre Notwendigkeit und so ihre Stärke lassen sich graduieren. Man muss sich *nicht ständig* mit anderen vergleichen, je *weniger* man dies tut, desto mehr Chancen bestehen, mit sich selbst in Einklang zu leben, also dem nahe zu sein, was Rousseau die wahren Bedürfnisse genannt hat. Die Folgen beschreibt er so:

> »*Voila comment les passions douces et affectueuses naissent de l'amour de soi, et comment les passions haineues et irascibles naissent de l'amour propre. Ainsi ce qui rend l'homme essentiellement bon est d'avoir peu de besoins et de peu se comparer aux autres; ce qui le rend essentiellement méchant est d'avoir beaucoup de besoins et de tenir beaucoup à l'opinion.*« (O.C. IV, S. 493; Hervorhebungen J.O.)

Mit diesem Prinzip, so Rousseau weiter, sei es leicht (aisé) möglich, alle Leidenschaften (passions) des Kindes und des Menschen zum Guten oder zum Bösen zu bewegen. Wer nicht allein leben kann, lebt schwerlich immer gut; die Schwierigkeit des Guten steigert sich mit der Gesellschaft, und alles kommt darauf an, das menschliche Herz vor der Ausbeutung durch immer neue Bedürfnisse zu bewahren (ebd.).

Letztlich zeigt der *Émile* den Nachteil der Gesellschaft angesichts der Vorteile der Einsamkeit. Wenn es heißt, die Erziehung sei dann gut, wenn sie den Kindern ihre Unschuld erhält (ebd., S. 498), dann meint dies die Abwesenheit des Vergleichs mit anderen und so das Leben gemäß den natürlichen Bedürfnissen, die möglichst lange möglichst rein bewahrt werden sollen. Die *Schwäche* des Menschen macht ihn soziabel, jede gesellschaftliche Bindung ist ein Zeichen des *Ungenügens*:

> »*Si chacun de nous n'avoit nul besoin des autres il ne songeroit guéres à s'unir à eux. Ainsi de nôtre infirmité même nait nôtre frêle bonheur. Un être vraiment heureux est un être solitaire.*« (Ebd., S. 503; Hervorhebung J.O.)

Wer keine Bedürfnisse hätte, die andere beträfen, also die *amour de soi* bewahren kann, käme nicht im Traum darauf, sich mit anderen zu vereinigen. Aus unserer Gebrechlichkeit, also dem Zwang, sich vergleichen zu müssen, erwächst unser zerbrechliches Glück. Wahrhaft glücklich ist nur ein einsames Wesen. Es muss nicht erzogen werden, ausgenommen für sich selbst. Jede Sittlichkeit macht unglücklich, weil sie die Selbstliebe an andere bindet, ohne den Vergleich wirklich gewinnen zu können. Demut ist unter anderem der Verzicht auf Gewinn, während es besser wäre, jeden Vergleich auszuschließen und andere als natürliche Bedürfnisse gar nicht aufkommen zu lassen. Tugend oder Sittlichkeit, beide Hauptabsichten der Erziehung, setzen Vergleich und insofern moralischen Wettbewerb voraus. Niemals gibt es zwei genau gleich Gute, während Sittlichkeit, *indem* sie sich unterscheidet, auffordert, dem je *besseren* Guten und letztlich dem *Besten* nachzukommen, also nie wirklich zufrieden zu sein.

Sittlichkeit macht so nicht glücklich, sondern nur verpflichtend. Glück setzt die *Abwesenheit* des Vergleichs voraus, weil jeder und erst recht der sittliche Vergleich neue Bedürfnisse anstachelt, die von Natur aus nicht vorhanden sind. Wenn also Erziehung Tugend oder Sittlichkeit auf ihre Fahnen schreibt, dann *kann* sie Kinder nur unglücklich machen. Und dies nicht, weil sie die falschen Ziele verfolgen würde, sondern weil Glück kein Thema irgendeiner Erziehung sein kann, es sei denn einer negativen, die von vornherein darauf verzichtet, Ziele zu verfolgen, ausgenommen das eine, die Natur vor dem Joch des Vergleichs zu schützen. Das einzig zulässige Joch in der (ersten) Erziehung ist das der Notwendigkeit der Natur und nicht das irgendeiner Autorität (ebd., S. 320). Die Kinder sollen nur der Abhängigkeit der Dinge unterliegen, die Entwicklung folgt der Ordnung der Natur und nicht der der Menschen (ebd., S. 311). Daher soll die Kindheit nichts sein als die Übung der natürlichen Freiheit (liberté naturelle) (ebd., S. 316), die *negativ* definiert ist, durch die Abwesenheit Dritter.

Der tiefere Grund für diesen Vorrang der Einsamkeit (Starobinski 1988, S. 56ff.) ist die Verlagerung der Sünde in die Geschichte und so in die Entwicklung der Gesellschaft (ebd., S. 38). Émile, der auf die Gesellschaft vorbereitet werden soll, um in ihr ein Leben gemäß der Vernunft zu führen, was möglich ist, weil er zuvor nie in Gesellschaft gelebt hat, also durch sie auch nicht in seiner natürlichen Stärke korrumpiert werden konnte, findet am Ende kein Vaterland (patrie), sondern nur ein Land (pays), das einzig *seine eigene* Gesellschaft, also die der Ehe mit Sophie, verlangt (O.C. IV, S. 858). Aber gerade dieses Happyend überzeugt nicht. Rousseau schreibt bekanntlich eine Fortsetzung in zwei Briefen[72], die auf das

72 Émile et Sophie, ou Les Solitaires (O.C. IV, S. 879–924). Geschrieben wurden die beiden Briefe zwischen 1762 und 1768. Rousseau begann unmittelbar nach Erscheinen des Émile mit der Fortsetzung, ohne sie definitiv abzuschließen. 1768 forderte er brieflich seinen Neuenburger Freund P.A. Du Peyrou (1729–1794) auf, ihm das Manuskript der beiden Briefe zurückzugeben, das Du Peyrou zur kommentierenden Lektüre erhalten hatte. Du Peyrou veröffentliche 1780 zusammen mit Paul Moultou den Text erstmals in der Collection complète des oeuvres de J.J. Rousseau.

Thema der Einsamkeit zurückkommen. Die Ehe zerbricht, weil Sophie Émile betrügt, also sich nicht so verhält, wie es die eigene weibliche Erziehung vorgeschrieben hatte. Der Vergleich mit einem Rivalen, also der für die Leidenschaften schlimmste Vergleich, zwingt zum Rückzug; ein einsames Leben ist immer besser als eines, das außerstande ist, die Risiken zu kontrollieren. Und welches Risiko wäre größer als die Liebe?

Glück ist ein herausragendes Thema der Erziehungsreflexion im 18. Jahrhundert überall dort, wo die Pädagogik ihre Abhängigkeit von den christlichen Doktrinen verliert. *Kein* Thema ist in dieser Literatur, ob und wie das Glück *zerbrechen* kann. Erziehung macht den Menschen glücklich, nicht unglücklich, und Rousseau ist vor allem skeptisch gegenüber dieser Erwartung. Denn was ist, wenn »Glück« gar kein Optimum des Menschen ist, weil und soweit jede Gesellschaft jedes Glück *stört* und *unmöglich* macht? Und was, wenn die Erziehung nur der *Gesellschaft* dienen kann, also Rousseaus Option für die Natur entfällt oder nie gegeben war? Fragen dieser Art beunruhigen den pädagogischen Diskurs, der nie so selbstsicher war, wie er sich den Anschein gegeben hat. Der Diskurs operiert mit einfachen Relationen, die moralischen Oppositionen verpflichtet sind. Das »Gute« soll eindeutig und pädagogisch verlässlich *gut* und das »Böse« ebenso eindeutig *böse* sein. Die »gute Natur« wäre der *Garant* der neuen Erziehung, der die Sicherheit bereitstellt, die dem Alltagsgeschäft abgeht. Aber in dieser legitimatorischen Weise lässt sich mit Rousseaus Vorgaben schlecht umgehen. Er ist viel zu paradox, um irgendetwas dauerhaft (und ohne Selbsteinspruch) garantieren zu können.

Die Vorgaben müssen daher anders und tiefer gefasst werden: Wenn die Gesellschaft der Ort der Sünde ist, kann nur ein neuer Mensch sie überwinden, der das Ebenbild Gottes in der Natur sein muss. Gott und Mensch sind dann auf Dauer unschuldig in dem Sinne, dass das Böse nicht als Teil der Schöpfung oder als erbliches Wesen des Menschen verstanden werden muss. Rousseau, mit Ernst Cassirer (1932) gesprochen, löst das Problem der *Theodizee*[73], weil

73 Die Rechtfertigung Gottes angesichts des von ihm zugelassenen Übels in der Welt. Man kann dann entweder die Übel leugnen, um sie Gott nicht

eine sündige Gesellschaft kein erbliches Schicksal sein kann[74]. Die augustinische Erbsünde war Teil der nach-paradiesischen *Natur* des Menschen. Wer die Sünde oder das Böse auf die Gesellschaft projiziert, hat paradoxerweise die Chance, diesen Zustand zu verändern, weil und soweit Natur dem Zugriff der Politik enzogen ist. Die gute Natur ist in diesem Sinne die Bedingung dafür, die Gesellschaft verbessern zu können. »Verbesserung« kann dann nicht mehr heißen, mit jeder politischen oder pädagogischen Anstrengung immer nur die Erbsünde zu bestätigen. Unter der Voraussetzung einer konstitutiven Sündhaftigkeit kann das Böse weder verringert noch gesteigert, sondern immer nur konstatiert werden. Befreit man die Natur von der Sündhaftigkeit, dann ist sie nicht nur gut, sondern überhaupt erst gesellschaftsfähig – mit der erneuten Paradoxie, dass die vorhandene Gesellschaft darauf nicht eingestellt und doch darauf angewiesen ist. Erst so stellt sich das Problem, ob und wenn ja wie mit Erziehung »Gesellschaft« *verändert* und genauer: *verbessert* werden kann.

Der Urheber des Bösen, heißt es im *Glaubensbekenntnis des Savoyischen Vikars*, ist niemand als der Mensch selbst. Es existiert kein Übel, ausgenommen das, was der Mensch erzeugt hat. Das allgemeine Übel ist die allgemeine Unordnung, die beseitigt werden kann, wenn die Werke des Menschen *nicht* mehr maßgebend sind. Alles Leid hat sich der Mensch selbst zuzuschreiben. Es ist nicht von Natur aus vorhanden. Nur wer übermäßig die Reflexion bemüht, sich also mit anderen vergleicht und auf Gesellschaft hin entwirft, empfindet Schmerz als schmerzhaft. Wer weder Erinnerung noch Voraussicht kennt, dem kann kein Schmerz wirklich etwas anhaben, weil er zwischen sich und dem Schmerzempfinden nichts Drittes wahrnehmen muss. Daher kann alles gut werden, wenn wir die unheilvollen Fortschritte beseitigen, unsere Irrtümer aufgeben

anlasten zu müssen, oder man kann sie als Prüfung betrachten, die Gott dem Menschen auferlegt, was wiederum Gott bestätigt. Das Problem ist, dass Gott nicht schuld sein darf an den Übeln der Welt, während er die Welt doch nur total, also mit den Übeln, erschaffen haben kann.

74 Das bezieht sich auf das »Glaubensbekenntnis des Savoyischen Vikars« (O.C. IV, S. 588ff.).

und unsere Laster zum Verschwinden bringen, also über das Werk des Menschen hinausgelangen (O.C. IV, S. 588). Gesellschaft wäre dann einfach Assoziation ohne soziale Übel, die entstehen, weil und soweit im Werk der Menschen die Natur *keine* Beachtung findet.

Es könnte sein, dass die Künstlichkeit der »natürlichen Erziehung« sich mit dieser Aspiration erklären lässt. Rousseau negiert nur die bestehende Gesellschaft zugunsten einer Assoziation, die keinen falschen Erziehungsschritt erlaubt. Der Gesellschaftsvertrag setzt das souveräne, mit sich identische und in Übereinstimmung lebende Subjekt voraus, das in seiner Erziehung keinerlei Verlust erlebt hat. Aber diese Erhaltung der natürlichen Kraft ist ständig gefährdet. Die *erste* falsche Idee, die in Émiles Kopf gelangt, ist der Keim für den Irrtum und das Laster (O.C. IV, S. 317), also kommt alles darauf an, die Erfahrung so zu kontrollieren, dass sich der Zweck der Erziehung rein und ungestört erfüllen kann. Das *erste* Falsche begründet die Kette *aller* Falschheiten. Man sieht, wie das Schema der Erbsünde noch in der Negation fortwirkt. Gut ist die Natur nur dann, wenn sie rein bleiben kann, was mit dem ersten falschen Schritt auf radikale Weise gefährdet ist. Erziehung wäre dann eine *Quarantäne* des Guten, wenigstens so lange wie die Kindheit dauert, die in ihrer eigenen Art[75] geschützt werden muss. Daher soll die Kindheit in den Kindern reifen können (ebd., S. 324), ohne durch eine ihnen fremde oder überhaupt irgendeine Zukunft gestört zu werden. Das Paradies ist ganz Gegenwart, und das entspricht exakt der Zeitlosigkeit des Gartens Eden in der Schöpfungsgeschichte. Zeitlichkeit erfahren der erste Mann und die erste Frau erst *mit* dem Sündenfall, also mit der Unterscheidung von »gut« und »böse«. Erst dann wird auch sichtbar, dass beide nie Kinder gewesen sind. Sie sind als erste *Menschen*, nicht als erste *Kinder* geschaffen worden. Das Erleben der Versuchung und die Erfahrung der Sünde trifft Erwachsene ohne Kindheit, also ohne Chance, das Gute der eigenen Natur reifen zu lassen. Rousseau ver-

75 »L'enfance a des maniéres de voir, de penser, de sentir qui lui sont propres.« (O.C. IV, S. 319; Hervorhebung J.O.)

lagert die Paradiesvorstellung in die Kindheit, und zwar einschließlich einer Kalkulation ihrer Gefährdungen.

Daher ist ein Schlüsselproblem, wie Erziehung *Zukunft* gestalten soll, zumal die Zukunft einer neuen und radikal anderen gesellschaftlichen Assoziation, wenn sie aus Gründen des Schutzes der Kindheit *ganz Gegenwart* sein muss. Dafür findet Rousseau eine berühmte Paradoxie:

> »*Que faut-il donc penser de cette éducation barbare qui sacrifie le présent à un avenir incertain, qui charge un enfant de chaines de toute espéce et commence par le rendre misérable pour lui préparer au loin je ne sais quel prétendu bonheur dont il est à croire qu'il ne jouira jamais?*« (Ebd., S. 301; Hervorhebungen J.O.)

Es ist »barbarisch« – wieder kommt der Ausdruck vor –, wenn die Erziehung versucht, die Gegenwart für eine Zukunft zu opfern, die sich der Voraussicht entzieht. Die Zukunft ist unsicher, also kann sie nicht Ziel oder Objekt der Erziehung sein, die Unsicherheit nicht verträgt. Die barbarische Erziehung – und das ist *jede*, die *nicht* den Vorgaben Rousseaus folgt – kettet die Kinder auf alle möglichen Arten und macht sie elend, um sie auf ein vorgebliches Glück vorzubereiten, von dem man annehmen muss, dass das Kind es nie genießen wird. Aber ein Prozess der Erziehung macht nur Sinn, wenn er die Gegenwart *übersteigt*, und das verlangt, im Sinne Rousseaus, ein Glücksverprechen, das von dem tatsächlichen Glück oder Unglück der Zukunft zu unterscheiden ist. Wenn der *Prozess* über das Erreichen des Ziels entscheidet, dann gibt es zwischen Anfang und Ende der Erziehung keine Verbindung, die *einfach, linear* und *progressiv* wäre.

Aber was dann? Rousseau behilft sich mit einer sehr folgenreichen Zwei-Welten-Theorie, die in gewisser Hinsicht auf Augustinus zurückgreift, dessen Lehre der Erbsünde doch radikal verworfen wurde (Oelkers 2000). Das »Gute« und das »Böse« werden als zwei radikal differente Sphären angesehen, deren eine die andere weder tangieren noch affektieren darf. Im Unterschied zu Augustinus sind beide Welten *diesseitig*, Rousseau unterscheidet *nicht* den Gottesstaat vom Weltstaat[76] wie das Diesseits vom Jenseits. Vielmehr werden Natur und Gesellschaft als horizontale Analogien verstanden. Die Natur liegt nicht oberhalb oder unterhalb des Menschen, ebenso wenig ist die Gesellschaft Himmel oder Hölle. Vielmehr ist die eine, gute Welt *Natur*, die andere, böse Welt *Gesellschaft*, ohne dass die beiden eine Hierarchie bildeten. Sie befinden sich nebeneinander und sie liegen so nah beieinander, dass mindestens in der Erziehung für einen künstlich und ständig stabilisierten Abstand gesorgt werden muss.

Wer in der guten Welt aufwächst, kann ohne Verlust an natürlicher Identität in die andere wechseln, vorausgesetzt, er findet *in ihr* einen Platz, der seiner Identität entspricht. Der Einsamkeits-Topos soll darauf hinweisen, dass jede Integration in die Gesellschaft mit dem Risiko behaftet ist, *nicht* den Platz zu finden, den die natürliche Erziehung nahe legt. Unbeschadet der Identität kann dann die Gesellschaft erneut verlassen werden. Der Rückzug in die Welt der Erziehung ist demgegenüber verschlossen, Rousseau denkt Kindheit *nicht* als wiederholbares Paradies oder als natürliche Regression. Kindheit ist definitives Resultat, negativ wie positiv; wer also in der Gesellschaft nicht reüssiert im Sinne der natürlichen Identität, kann nur in die Einsamkeit ausweichen. Angesichts des Zustandes der zweiten Welt ist die erste attraktiv, vorausgesetzt, sie wird *nicht* als zweite Chance der Erziehung gedacht. Diese Chance schließt Rousseau aus. Anders wäre Einsamkeit kein zwingender Schluss und könnte das Experiment mit der guten Natur wiederholt werden.

Aber Erziehung ist *einmalig* und *abschließbar*. Weil keine Korrektur ihrer Resultate möglich ist – die Natur stellt nur *einen* Weg zur Verfügung –, können auch nicht beliebig viel Schlüsse gezogen werden. Wer nicht einen angemessenen Platz in der Gesellschaft findet, *muss* Einsamkeit wählen und nichts anderes. In der Welt der Erziehung kommt alles darauf an, nichts dem Zufall zu überlassen (O.C. IV, S. 497). Wer erziehen will, heißt es, muss »die Gesetze des Zufalls« gut kennen, um die Wahrscheinlichkeiten berechnen zu

76 Ich benutze die Übersetzung von Wilhelm Thimme (Vom Gottesstaat, 18. Buch).

können (ebd., S. 611). Aber das ist nur eine neue Paradoxie, denn die Wahrscheinlichkeitsrechnung bewahrt vor dem Zufall nur im Sinne der Statistik, nicht im Sinne der täglichen Ereignisse, ihrer Ursachen und Folgen. Erziehung aber, verstanden als fragile Praxis und tatsächlich *frêle bonheur*, baut sich auf und setzt sich fort als Folge von Ereignissen, nicht als aufgereihte Kette der Natur. Das nächste Ereignis *kann* unbestimmt sein, die Folge ist *nicht zwingend* die nächste Bestimmtheit und der Prozess verändert sich durch die *unerwarteten* Erfahrungen. Wer den Zufall ausschaltet, muss den Plan an seine Stelle setzen, was aber nur dazu führt, den Plan dem nächsten Zufall aussetzen zu müssen. Das ist nicht mit dem Ziel der Erziehung vereinbar[77], wohl aber mit der Praxis.

Wenn diese Überlegungen zutreffend sind, müssen mindestens fünf Vorgaben Rousseaus beachtet werden, die für die Theorie der Erziehung bedeutsam geworden sind und die Geschichte des Problems nachhaltig beeinflusst haben. »Vorgaben« nenne ich Probleme, die in der Auseinandersetzung mit Rousseau entstanden sind und weiterhin entstehen. Es sind nicht zwingend *seine* Probleme, wohl aber solche, die *ohne* seine Vorgaben und Provokationen nicht entstanden wären oder mindestens nicht sehr vorrangig scheinen könnten.

1) Erziehung ist gerichtet auf *Zukunft* und wird realisiert in je spezifischen *Gegenwarten*. Zwischen Gegenwart und Zukunft gibt es keinen Prozess, der *vorab* bestimmt wäre.
2) Jede Erziehung folgt Zielen wie der Verbesserung von Wahrheit oder Tugend, aber »Verbesserung« ist *nicht* unabhängig von Zufällen möglich.
3) Kindheit ist Natur und Gesellschaft *zugleich*, ohne zwischen beiden radikal trennen zu können. Die *Theorie* der Erziehung neigt unabhängig davon zur Unterscheidung von zwei Welten.
4) »Wahres Menschsein« ist pädagogisch unverfügbar, aber Einsamkeit ist *nie* Erziehungsziel.

77 Mit keinem (allgemeinen) Ziel.

5) Die Grundidee der Verbesserung der Welt durch Erziehung bleibt attraktive Aspiration, obwohl und weil sie *nicht* erfüllt werden kann.

Man könnte hinzufügen, dass Rousseau auch in dem Sinne ein paradigmatischer pädagogischer Autor ist, als er nichts denkt, ohne *sich selbst* vor Augen zu haben. Alles ist *autobiographisch*, was Entlastung durch Berechnung oder Ausweichen durch Projektion zugleich unmöglich macht und nahe legt. Erziehung ist ein Existenzial, das ausgehalten werden muss, und es ist mehr als paradox, dass Rousseau in *seiner Person* sich diesem Risiko *nicht* ausgesetzt sehen wollte. Wer sich an ihm reibt, muss seine Person in Rechnung stellen, und diese Person entzieht sich dem Zugriff nicht zuletzt, weil Rousseau es geschafft hat, Kontrolle über seine Biographie zu behalten. Wer ihn liest, sollte mit den *Bekenntnissen* nicht beginnen, wohl aber aufhören.

2.2 Allmacht und Ohnmacht der Erziehung

Rousseaus *Émile* ist eine Fiktion, die vielfach mit der wünschbaren Wirklichkeit gleichgesetzt worden ist. Die Gleichsetzung des *Fiktiven* mit dem erwarteten *Wirklichen* erklärt sich aus dem Vorrang des Guten. Rousseau, der zugleich leidenschaftlich und strategisch zu schreiben wusste, spricht bereits im *Manuscrit Favre*, also der ersten Version des *Émile*, die erst 1915 entdeckt wurde,[78] von der »re-

78 Émile première version (Manuscrit Favre) (O.C. IV, S. 55–238). Es gibt insgesamt sieben größere Manuskripte im Umfeld der Arbeiten am Émile (ebd., S. 1854ff.), die zumeist in den Bibliotheken der Universitäten Genf und Neuenburg aufbewahrt werden. Der 1762 gedruckte Text des Émile ist aus verschiedenen Versionen redigiert, also nicht als ein Stück komponiert worden (Jimack 1960). Das Manuscrit Favre hat Rousseau im Frühjahr 1778, also kurz vor seinem Tod, an Paul Moultou übergeben. Guillaume Moultou, einer seiner Söhne, übergab des Manuskript seinem Cousin Guillaume Favre, einem gebildeten Genfer, der es persönlich archivierte. Das Manuskript blieb im Besitz der Familie Favre, bis Léopold Favre es 1915 der Société Jean-Jacques Rousseau vermachte

tour de l'homme à lui même« (O.C. IV, S. 57). Erziehung ist nicht, wie immer wieder zitiert wird, »Rückkehr zur Natur«, also Weg in die Vergangenheit, vielmehr soll der Mensch sich selbst neu finden. Die Unterscheidung der »natürlichen« von der »gesellschaftlichen Erziehung« (ebd., S. 58)[79] spielt auf diese Umkehr an und sie hat nicht allein die »Natur«, sondern die *gute* Natur zur Voraussetzung. Den Menschen *gemäß seiner Natur* zu bilden – »former l'homme de la nature« – ist gleichbedeutend mit der Abkehr von den pädagogischen Institutionen, die nichts tun, als die gesellschaftlichen Übel zu verdoppeln (ebd., S. 59), ohne je den Kern des Menschen, seine gute Natur, zu erreichen. Wenn aber die gute Natur vorausgesetzt werden muss, dann ist jede Erziehung, die legitim sein will, in die Pflicht genommen, sie auch zu erreichen. *Verfehlt* die Erziehung die gute Natur, ist das Böse erklärbar, als Schuld nicht nur der Gesellschaft, sondern mit ihr der falschen Erziehung.

Rousseau steigert also die Erwartungslast und öffnet zugleich die Tür zu einem attraktiven Ausweg aus den bisherigen Miseren der Erziehung, soweit diese literarisch kommuniziert worden sind. Wenn die gute Natur die Grundlage der Erziehung ist, kann sie die Entwicklung des Kindes schützten, statt ständig zu versuchen, sie in *ihrem* Sinne und also *nicht* im Sinne der Natur zu beeinflussen. Erziehung ist nur dann legitim, wenn sie der Natur verpflichtet ist, also darauf verzichtet, eigene Ziele zu verfolgen. Die Rezeptionsgeschichte endet fast immer an dieser Stelle. Rousseau-Leser bis Piaget nehmen die »natürliche Entwicklung« wahr, die »eigene Welt« der Kindheit, die Gleichsetzung von Erziehung mit dem »Wachsen der Natur« und die Verteidigung des Kindes gegen Übergriffe der nicht-natürlichen Erziehung. Was fast immer übersehen wird, sind die *totalitären* Konsequenzen dieser Erziehung, die Rousseau offenbar bewusst in Kauf genommen und wenigstens in aller Deutlichkeit formuliert hat.

79 »On peut elever un homme pour lui-même ou pour les autres; il y donc deux éducations, celle de la nature et celle de la société. Par l'une on formera l'homme et par l'autre le citoyen.« (O.C. IV, S. 58)

Wenn ich sage »totalitär«, dann aus den folgenden Gründen:

1) Die Erfahrungswelt des fiktiven Kindes ist *total kontrolliert.*
2) Die Kontrolle betrifft die Gegenstände und Themen des *Lernens,* den *didaktischen Plan* und den *Erfahrungsraum.*
3) Die *Grenzen* des Raumes sind nie klar markiert und gleichwohl vorhanden.
4) Das Kind soll genau das *nicht merken,* also sich in der Illusion der eigenen Freiheit bewegen.
5) Die Überwachung ist Sache des *pädagogischen Schöpfers.*

Der Erzieher, nicht die Natur, bestimmt über das »wahre Bedürfnis« (ebd., S. 312) und er legt fest, wie das Paradox der »wohl geregelten Freiheit« (ebd., S. 321) gestaltet[80] werden kann. Er ist »le maitre de l'enfant« (ebd., S. 328), eingeschränkt nur durch die Bedingung, dass Herr über sich selbst sein muss, wer Herr des Kindes sein will (ebd.).[81] Herrschaft verlangt Selbstbeherrschung; im Übrigen ist die *gute* die Umkehr jener *bloß sorgfältigen*[82] Erziehung, bei der der Lehrer kommandiert und glaubt zu regieren, während in Wirklichkeit das Kind regiert. Es bedient sich dessen, was man von ihm fordert, um dasjenige zu erlangen, was ihm gefällt, wohl wissend, dass eine Stunde Fleiß mit acht Tagen Gefälligkeit (complaisance) bezahlt werden muss (ebd., S. 362).

Die gute Erziehung muss vermeiden, jemals vom Kind abhängig zu werden. Daher erhalten die Erzieher folgenden Rat:

> »*Prenez une route opposée avec vôtre élêve; qu'il croye toujours être le maitre et que ce soit toujours vous qui le soyez. Il n'y a point d'assujettissement si parfait que celui qui gàrde l'apparence de la liberté; on captive ainsi la volonté même.*« (Ebd.; Hervorhebungen J.O.)

80 Gestaltet, nicht etwa aufgelöst.

81 »Je ne puis assés redire que pour être le maitre de l'enfant il faut être son propre maitre.« (O.C. IV, S. 328)

82 Soignée (O.C. IV, S. 362). Zu übersetzen mit »sorgfältig« oder »tüchtig«, zudem »sorgsam« und »pfleglich«.

Das Kind soll *glauben*, Herr des Verfahrens[83] zu sein, während *nur einer* der Meister sein kann, nämlich der Erzieher. Er muss den Schein der Freiheit aufrechterhalten, weil dies die Bedingung dafür ist, die Unterwerfung (assujettissement) vollkommen zu machen. Auf diese Weise beherrscht man den Willen des Kindes, das nicht merkt, dass es beherrscht wird, und deswegen befolgt, was die Herrschaft ausmacht. Das wirft eine Reihe von Fragen auf, die Rousseau rigoros so beantwortet:

> »*Le pauvre enfant qui ne sait rien, qui ne peut rien, qui ne connoit rien, n'est-il pas à vôtre merci? Ne disposez-vous pas par raport à lui de tout ce qui l'environne? N'étes-vous pas le maitre de l'affecter comme il vous plait? Ses travaux, ses jeux, ses plaisirs, ses peines, tout n'est-il pas dans vos mains sans qu'il le sache? Sans doute, il ne doit faire que ce qu'il veut; mais il ne doit vouloir que ce que vous voulez qu'il fasse; il ne doit pas faire un pas que vous ne l'ayez prévu, il ne doit pas ouvrir la bouche que vous ne sachiez ce qu'il va dire.*« (Ebd., S. 362f.)

Natürlich soll das Kind das tun, was es tun will. Aber es soll nur das tun wollen, wovon der Erzieher will, dass es dies tut. Die Kontrollabsicht ist total: Das Kind soll nicht *einen* Schritt tun, den der Erzieher nicht vorhergesehen hat, und es soll nicht den Mund auftun, *ohne* dass der Erzieher weiß, was es sagen wird. Wieder kann man leicht einwenden, dass allein die Vorstellung verrückt ist, und sei es nur, dass Kinder unkontrolliert und besser: selbst kontrolliert reden, ohne dass die Erziehung die Macht hätte, die Formung ihrer Gedanken in Sätze unter *ihr genehmem* Verschluss zu halten. Die natürliche Erziehung wäre gerade die, die Kinder ihre Schritte *selbst* machen lässt, ohne immer nur darauf zu achten, dass sie falsch sein könnten. Aber Rousseaus Erziehung ist, um es zu wiederholen, nicht natürlich, sondern künstlich, sie will jedes Risiko vermeiden und muss dafür eine totale Überwachung in Kauf nehmen.

Die großen Utopien der Erziehung im 19. und 20. Jahrhundert zwischen Henry David Thoreaus *Walden: Or Life in the Woods*

83 Maitre de l'opération (O.C. IV, S. 364).

(1854) und B.F. Skinners *Walden Two* (1948) sind auf merkwürdige Weise Rousseau verpflichtet, indem sie die pädagogische Erneuerung der Welt nahe legen, ohne die bestehende Gesellschaft beachten zu müssen, die durch eine natürliche Organisation ersetzt werden soll. Das Gute wird mit der Natur gleichgesetzt, bei Thoreau tatsächlich das Leben in den Wäldern, bei Skinner die Ordnung gemäß den natürlichen Gesetzen des Lernens. Die Idee ist immer, die gute Ordnung erst schaffen zu müssen, also historisch nicht voraussetzen zu können. Die beste aller Welten hat keine Vorläufer, sondern entsteht in der Zukunft durch den Entschluss, sie zu wollen und mit den Mitteln der neuen Erziehung auch hervorbringen zu können. Bei Thoreau handelt es sich um ein Selbstexperiment[84], bei Skinner um eine psychologische Konstruktion[85], immer getragen von der Vorstellung der radikalen Erneuerung von Mensch und Welt. Beide sollen und können gut werden, weil und soweit die Natur gut ist, einmal als verborgenes Potenzial, das andere Mal als effektvolle Technologie.[86] Aber das zwingt zu totalitären Konstruktio-

84 David Henry Thoreau (1817–1862) studierte am Harvard College und wurde 1837 Lehrer an der Academy von Condord. Nach einem Jahr (1838) gründete er mit seinem Bruder John eine Privatschule, die 1841 schließen musste. Von 1841 an arbeitete Thoreau im Hause von Ralph Waldo Emerson. 1844 begann er mit dem Bau einer Blockhütte am Waldensee auf einem Grundstück Emersons in der Nähe von Concord. Thoreau bewohnte die Blockhütte mit kurzen Unterbrechungen bis zum 6. September 1847. Sein Buch Walden beschreibt diese Erfahrungen.

85 Das Buch Walden Two entstand im Sommer 1945 und wurde 1948 zum ersten Mal veröffentlicht. 1976 erschien eine Neuausgabe mit einem Vorwort Walden Two Revisited. B.F. Skinner beschreibt hier einen sozialen Behaviorismus, der Rousseaus These der natürlichen Bedürfnisse neu fassen und praktikabel machen sollte. Burrhus Frederic Skinner (1904–1990) studierte und lehrte an der Havard University (mit Unterbrechungen) von 1931 bis 1974. Seine Grundlagenwerke Behavior of Organisms (1938) und Verbal Behavior fundierte die psychologische Verhaltenstheorie neu. Die Philosophie Skinners ist in Beyond Freedom and Dignity (1971) formuliert worden. Die B.F. Skinner Foundation ist erreichbar unter: http://www.bfskinner.org. Eine Bibliographie kann abgerufen werden unter: http:/www.lafayette.edu/allanr/biblio.html.

86 Das Konditionieren ist nicht einfach neutral. Vielmehr wird die gute Natur vorausgesetzt.

nen, weil sich der guten Natur niemand entziehen können und weil das Böse keine wirkliche Alternative sein darf. Die Menschen werden zu ihrem Glück gezwungen und sollen wie bei Rousseau nur das Glück, nicht aber den Zwang, merken.

Der australische Regisseur Peter Weir, bekannt für seine pädagogischen Themen[87], hat 1997 versucht, die Grundsituation des *Émile* auf die moderne Medienwelt zu übertragen und dabei Motive von Thoreau wie Skinner zu berücksichtigen. Der Film *The Truman Show*[88] denkt den pädagogischen Totalitarismus zu Ende: Aus Émile wird Truman[89] Burbank, aus dem allmächtigen Erzieher der Fernsehkreative Christof,[90] aus der Gartenlandschaft die Insel *Sea Haven* und aus der ausgeschlossenen Gesellschaft die perfekte amerikanische Kleinstadt-Idylle. Nur ist alles *Kulisse*, 5000 versteckte Kameras beobachten die riesige Studiolandschaft auf der künstlich hergestellten Insel rund um die Uhr, die Sendung *The Truman Show* läuft jeden Tag 24 Stunden, wird global wahrgenommen und ist die erfolgreichste Sendung aller Zeiten. Alle Schauspieler wissen Bescheid, nur Truman Burbank nicht, der erst im dreißigsten Jahr der Sendung Verdacht schöpft, weil seine Lernkapazität unter totaler Kontrolle stand, ohne dass er irgendetwas merkte.

Die Produktionsfirma *OmniCam Corporation* adoptierte einen neugeborenen Jungen und entwickelte ihn zur Figur Truman, und dies nicht als Fernseherzählung, sondern als Realität, soweit eine

87 Picnic at Hanging Rock (1975), Witness (1985) oder Dead Poets Society (1989). Der Peter Weir Cave war zu entnehmen, dass Dead Poets Society ein größeres Re-Working erfahren hat:
http://www10.pair.com/crazydv/weir/news/index.html.

88 Details zur Produktion, zu den Kritiken und zur Rezeption sind zugänglich unter http://www.trumanshow.com/. Alternative Informationen können abgerufen werden unter
http://www.un-official.com/Truman/TSff1.html.
Über die Geschichte des Films siehe auch:
http://www.roughcut.com/features/stories/trumanshow.html.

89 True man.

90 Christopherus ist griechisch für »Christusträger«. Der Legende nach trug der Riese das Christuskind durch einen Strom und wurde von ihm getauft. Der Heilige Christopherus hilft in der katholischen Kirche gegen Hagelschlag und plötzlichen Tod. Er ist der Schutzpatron der Schiffer.

totale Kulisse »Realität« sein kann. Truman führt ein glückliches Leben, er ist verheiratet, hat Freunde und Nachbarn, einen Job, ein eigenes Haus, geregelte Freizeit, Hobbys, einen Garten und ausreichend Zeit für sich. Die Umwelt ist perfekt geordnet, es gibt öffentliche Kommunikation, eigene Zeitungen, Magazine und Fernsehsendungen, tägliche Ereignisse und Routinen, Familienfeste und nie wirkliche Probleme. Die Welt ist geordnet, weil sie gut *ist*, nicht etwa gut werden soll. Als Truman erste Zweifel an der Echtheit der Inszenierung kommen, Zweifel, ob die Natur nicht in Wirklichkeit künstlich ist, versuchen ihn seine Freunde, seine Mutter und am Ende auch sein Vater, der einfach neu in den Plot genommen wird, um die Krise zu beseitigen, mit Dokumenten aus seinem Lebensweg zu überzeugen. Man sieht in Fotoalben die Entwicklung des kleinen Truman, seine Schulerlebnisse, Ausflüge mit dem Vater, dessen Tod inszeniert wurde, um Truman Schuldgefühle zu geben, man sieht die erste Liebe, die Heirat, vergangene Feste, den früheren Alltag, alles festgehalten als Wirklichkeitsbeweis, was in Wirklichkeit nichts war als Inszenierung.

Draußen entsteht eine *Truman Liberation Front*, die den Kampf mit der Produktionsfirma aufnimmt.[91] Truman selbst kommt hinter die Geheimnisse der Insel und versucht, das künstliche Paradies zu verlassen, was mehrfach vereitelt wird, bevor der Showdown beginnen kann. Die zentrale Szene zeigt Christof, den pädagogischen Schöpfer, und Truman, das Geschöpf der totalen Erziehung. Truman hat die Tür gefunden, die in die reale Welt führt, aber Christof warnt ihn und verweist auf die Vorteile des künstlichen Paradieses. Wer das Paradies verlässt, gefährdet nicht nur die Produktion, sondern vor allem sich selbst. Es sei besser, die illusionäre Welt zu bewahren, als sich den Risiken des Lebens auszusetzen. Die *Täuschung* definiert das Glück, nicht die wirkliche Erfahrung, und wer sich selbstständig macht, zerstört seine Illusionen, ohne sie ersetzt zu bekommen. Truman geht, aber damit schließt der Film. Wer am Ende Recht bekommt, wird nicht gesagt. Sicher ist nur, dass eine dreißigjährige Erfolgsgeschichte zu Ende ist, die sich vor allem dadurch auszeichnete, dass die Zuschauer die künstlich aufgebaute Figur

91 Es gibt diverse fanfics, also Fortsetzungsgeschichten von Fans des Films.

Truman als wirkliche Person ansahen, während die Kulisse das Geheimnis bewahren sollte. Mit den stärksten Eindruck hinterlassen die Konsumenten, die mit der Entscheidung Trumans, selbstständig zu werden, betrogen sind, weil die Figur des neuen Émile zu ihrer eigenen Identität – dreißig Jahre Konsum – beigetragen hat.

Der Film ist vor allem als Warnung vor der Allmacht der Medien wahrgenommen worden[92], aber das allein ergibt kaum Sinn. Medien, zumal Fernsehproduktionen, sind nicht allmächtig, schon weil sie viel zu viel Konkurrenz zulassen. Der fiktive Erfolg der Sendung hätte dazu führen müssen, nach dem Vorbild von *Dallas* und *Denver* mindestens eine andere Produktion, vermutlich aber verschiedene, als Konkurrenz aufzubauen, was die Exklusivität des Themas sofort zerstört hätte. Offenbar geht es nicht allein um die Macht der Medien, sondern – anders und tiefer – um den Traum der Erziehung, ein Leben total und unbemerkt kontrollieren zu können, sodass es sich zum Besten wendet. Mindestens lässt sich *The Truman Show* mit gut bekannten Motiven aus der Geschichte der Pädagogik plausibel deuten, ohne dass Brüche der Passung in Kauf genommen werden müssten. Es ist überraschend, wie stark die bekannten Motive wiederkehren und wie wenig sich verändern musste, um eine überzeugende Hollywood-Produktion fundieren zu können, die das eigene Metier infrage stellt.

Das erlaubt Verallgemeinerungen über den Film hinaus: Die Erziehung soll ausschließlich dem Wohl des Kindes dienen, das eigene Gute wird vorausgesetzt, ohne Mittel und Zweck in ein wirkliches Verhältnis setzen zu müssen. Das Gute ist nie Relation, sondern immer absoluter Wert, mit dem sich nicht zufällig *Allmachtsfantasien* verbinden. In Rousseaus Welt ist alles möglich, wenn nur der Natur und so dem Guten Genüge getan wird. Der Wert ist so absolut, dass nur höchste und beste Anstrengungen dienlich scheinen, unabhängig davon, was sie tatsächlich anrichten. Wenn diese Aspiration durch die Wirklichkeit entlarvt wird, die in ihrem Namen entstan-

92 Etwa: Fiches ciné
(http://ads.edicon.ch/culture/cinemas/vupvous/truman.html)
oder Die totale Überwachung
(http://k104en.germa.unibas.ch/Deusem/Gezetera/gez98-4/20.html).

den ist, wird aus Allmacht schnell Ohnmacht und aus Ohnmacht leicht Projektion. Das ist leicht, weil ja immer die ausgeschlossenene zweite Welt zur Verfügung steht, die schlechte Gesellschaft gegenüber der guten Natur, die (die schlechte Gesellschaft) dann bemüht wird, wenn irgendetwas schief geht.

Die Ursache des Bösen, schreibt Rousseau an Christophe de Beaumont[93], Erzbischof von Paris und sein schärfster Kritiker, ist die korrumpierte Natur, die Ursache der Korruption aber liegt nicht in der Natur, sondern entsteht aus der Gesellschaft (O.C. IV, S. 940). Daher kann der Mensch sündenfrei und in diesem Sinne gut, frei von jeder natürlichen Belastung gedacht werden mit der Folge, dass die Erziehung jeden Einfluss von außen, jeden Einfluss der ausgeschlossenen zweiten Welt der Gesellschaft, kontrollieren muss. Das Böse ist gerade in der Gesellschaft ansteckend, sodass tatsächlich eine Quarantäne des Guten die natürliche Erziehung bestimmt. Diese Quarantäne ist stark und schwach zugleich, anders ließe sich die Furcht vor dem ersten Fehltritt nicht erklären, mit dem ja in realen Erziehungswelten nie echte Ketten des Irrtums oder des Lasters verbunden sind. Zudem sind gerade Irrtümer und Laster notwendige Lernerfahrungen, denn die moralischen Grundrelationen werden nie nur von der Seite des Guten her erfahren. Warum ist dann aber die Idee des Guten eine so mächtige singuläre Größe?

Dass die Pädagogik zwischen Allmacht und Ohnmacht bestimmt werden muss, ist das Thema der pädagogischen Vorlesungen Friedrich Schleiermachers[94]. Vermutlich hätte sich Schleierma-

93 Lettre à C. de Beaumont (O.C. IV, S. 925–1007). Geschrieben nach dem Verbot und der öffentlichen Verbrennung des Émile und des Contrat Social in Paris und Genf. Christophe de Beaumont hat die Verurteilung des Émile ausführlich begründet.

94 Biographische Angaben vor allem des jungen Schleiermacher liefert Wilhelm Diltheys (1970, 1966) monumentale Studie, die auch im Blick auf das Verhältnis von Philosophie und Theologie verlässlich ist. Speziell zur Theologie ist Karl Barth (1978) heranzuziehen. Friedrich Daniel Ernst Schleiermacher (1768–1834) besuchte von 1783 bis 1785 das Pädagogium der Herrnhuter zu Niesky und anschließend das Theologische Seminar der Herrnhuter Gemeinde in Barby. Von Ostern 1787 an studierte er für zwei Jahre Philosophie und Theologie an der Reformuniversität Falle. Im

cher über *The Truman Show* und ihren Ausgang nicht sehr gewundert, denn die radikale Abwesenheit des Bösen kann nur als Fiktion gedeutet werden, sodass der Entschluss, das wirkliche Leben zu suchen, gleichbedeutend ist mit einer Rückkehr in die Spannung der Existenz, die nicht zugunsten der einzig guten Natur beseitigt werden kann und darf. Wer nur die Potenziale der guten Natur im Menschen sieht und glaubt, mit der Erziehung über diese verfügen zu können, entwickelt, so Schleiermacher, Fantasien der *Allmacht*, während die Erziehung radikal *beschränken* muss, wer die Anlagen sich selbst entwickeln sieht. Ohne Rousseau zu nennen, den Schleiermacher mehr oder weniger verachtet hat[95], geht es im Wesentlichen um die Folgen des *Émile*, also die Frage, ob Erziehung totalitär in beiden Hinsichten – der eigenen Macht und der eigenen Ohnmacht – sein muss. Was ihre Macht bestimmt, könnte zugleich ihre Ohnmacht bestimmen, denn die Grundsituation des *Émile* zeigt letztlich die Hilflosigkeit der totalen Kontrolle, weil sich am

Frühjahr 1790 legte er in Berlin die erste theologische Prüfung ab und war danach als Hauslehrer in Ostpreußen tätig. 1794 wurde er nach dem zweiten theologischen Examen reformierter Prediger an der Berliner Charité. Schleiermacher war Mitglied des Kreises der Berliner Frühromantik. Der Skandal um den Roman Lucinde seines Freundes Friedrich Schlegel zwang ihn dazu, Berlin zu verlassen. Schleiermacher wurde von Mai 1802 an Prediger in Stolp. Hier beginnen seine Plato-Übersetzungen. 1804 wurde Schleiermacher als außerordentlicher Professor und Universitätsprediger an die Universität Halle berufen, 1807 kehrte er nach Berlin zurück. Er war an der Gründung der Berliner Universität beteiligt. Als sie 1810 eröffnet wurde, war Schleiermacher der erste Dekan der theologischen Fakultät.

95 Schleiermacher gelangte 1810, vermittelt durch Wilhelm von Humboldt, in das preußische Departement für Unterrichtsangelegenheiten und gehörte von diesem Zeitpunkt an auch der Preußischen Akademie der Wissenschaften an. In seiner Antrittsrede, die der führenden Rolle der deutschen Philosophie gewidmet war, heißt es, dass nichts »wunderlicher« sei, als Voltaire oder Rousseau »Philosophen« zu nennen. Die Akademieabhandlungen Schleiermachers sind verschiedentlich Themen Rousseaus gewidmet (»Über die Begriffe der verschiedenen Staatformen« [1814] oder »Über den Unterschied zwischen Naturgesetz und Sittengesetz« [1825]), allerdings durchgehend konzipiert über die Kritik Kants und nicht Rousseaus.

Ende *nicht* erfüllt, was zu Beginn so nahe liegend und aussichtsreich erschien. Schleiermacher fasst das Problem wie folgt:

> »*Man hat behauptet, was zur menschlichen Natur gehöre, müsse auch in jedem einzelnen Menschen sein, er wäre sonst der Natur nach verstümmelt. Fehle eine oder die andere Anlage, so müsse sich dies eben auch durch etwas Organisches kundgeben. Zeige sich im Organischen nichts von der Art, dann sei auch anzunehmen, dass alle Anlagen vorhanden seien; und nur die Folge von der auf den Einzelnen vom Anfange seines Lebens an geschehenen Einwirkung könne es sein, wenn gewisse Anlagen in ihm so zurückgedrängt wären, dass sie sich nicht mehr entwickeln. Und da anfänglich bei jedem Menschen die Einwirkung von außen dominiere, die innere Tätigkeit gering sei, so sei es Schuld der Erziehung, wenn bei einem Kinde die innere Tätigkeit nicht zum Vorschein komme; sodass man auch geneigt sein könnte zu sagen, es sei auch Schuld der Erziehung, wenn der Mensch später sich nicht bestrebe, diese Tätigkeit zu entwickeln. Dies bis zum Extrem ausgesprochen, würde die Allmacht der Erziehung voraussetzen. Es würde daraus folgen, dass man aus jedem Menschen alles machen könne, was man wolle.*« (Schleiermacher 1902, S. 15)

Die pädagogische »Allmacht« ist bewusst negativ formuliert. Wer der Erziehung hinterher die Schuld dafür gibt, dass bestimmte Anlagen nicht ausgebildet worden seien und sich bestimmte Tätigkeiten nicht entwickelt hätten, hat im Vorhinein unterstellt, dass die Erziehung dies könnte. Wenn ein Kind nicht Musiker, Maler oder Dichter wird – Schleiermachers Beispiele (ebd., S. 16) –, würde nach der Logik der Allmacht die Erziehung schuld sein, aber ihr müsste dann zugleich zugetraut werden, alle relevanten Ursachen und Ereignisse zu beherrschen, was u.a. auf eine totale Überwachung hinauslaufen kann. »Allmacht« ist aber nur das eine Extrem, während *zwei* Extreme im Spiel sind und sein müssen.

> »*Stellen wir uns ebenso das andere Extrem auf, davon ausgehend, dass jenes entweder nicht angehe oder dass auch etwas Freventliches darin liege, solche Willkür an dem Menschen auszuüben, so*

> *würde uns das auf eine Beschränktheit der Erziehung führen, sodass die Formel sich so gestaltete: Man kann aus einem Menschen nichts anderes machen als das, was dem Verhältnis der Anlagen, wie sie ursprünglich in ihm sind, entspricht. Dies Verhältnis, meint man, könne nicht geändert werden.«* (Ebd., S. 16)

Die Relation von »Anlage« und »Umwelt« erlaubt bis heute Theorieschlachten, die exakt auf Schleiermachers Beobachtung zurückführen, wonach entweder Allmacht oder Ohnmacht der Erziehung damit verbunden ist. Entweder steuern die Anlagen die Entwicklung, die dann durch den Anfang determiniert wäre, oder die Entwicklung wird durch äußere Einwirkung gesteuert, was voraussetzt, dass nicht der Anfang den Prozess bestimmen kann. Man *wird,* was man ursprünglich *ist*, das ist der Code für die Ohnmacht der Erziehung, oder man *ist*, was aus einem *gemacht wurde*, das wäre der Code für die Allmacht. Beide Codes sind nicht sehr intelligent, dafür aber prägend und populär bis heute. Kinder werden von ihren einmal gegebenen Potenzialen her betrachtet, die sich entweder autonom entwickeln oder deren Entwicklung ohne äußere Einwirkung nicht zustande käme bzw. ihr Ziel nicht erreichen könnte. Aber allein die Vorstellung von »Potenzialen« verlangt völlig andere Theoriezugriffe, die romantische Vorstellungen der »organischen Entwicklung« vermeiden und zugleich den Prozess der Erziehung erfassen können müssten (Scheffler 1985).[96]

Schleiermacher behilft sich mit einem mittleren Weg zwischen den Extremen, der weder die natürliche Entwicklung noch die pädagogische Einwirkung[97] absolut setzt und beide auch nicht als einander ausschließende Gegensätze versteht.

96 Scheffler (1985, S. 45ff.) bringt drei Konzepte von »Potenzial« ins Spiel, die die undifferenzierte Rede von »Anlagen« ersetzen sollen. »Potential as capacity to become« muss von »potential as prospensity to become« und von »potential as capability to become« unterschieden werden. »Potenzial« ist nicht einfach vorhanden, sondern muss als Fähigkeit gelernt werden, was eine Neigung oder Tendenz zum Lernen voraussetzt und zum Vermögen führen muss, die Fähigkeit auch tatsächlich auszuüben.

97 Zu unterscheiden nach den Dimensionen von »Innen« und »Außen«.

> »*Wir haben … eine nähere Bestimmung unserer Aufgabe gefunden, indem wir den Prozess der Erziehung an eine Tätigkeit anknüpfen, die im Anfange erregend, im Fortgange leitend, sich an die Idee des Guten anzuschließen habe, mit Rücksicht auf die Unentschiedenheit der anthropologischen Voraussetzungen.*« (Schleiermacher 1902, S. 18)

Die Natur ist nicht einfach gut, der Gegensatz von »gut« und »böse« wird nicht in eine Opposition von Natur und Gesellschaft gebracht, vielmehr leitet die Idee des Guten die Erziehung, die sich nicht darauf verlassen kann, dass ihr Objekt, das Kind, »Keime« des Guten oder gar das Gute selbst bereits in sich trägt und sich gemäß diesen entwickeln kann. Für Schleiermacher sind die »anthropologischen Voraussetzungen« *unentschieden*, während Rousseau das *entschieden* Gute in der Natur voraussetzte. Die Erziehung kann sich nur auf die *Idee* des Guten beziehen, das Verhältnis von Gut und Böse entscheidet sich im Prozess und so immer neu und nicht ein für alle Mal. Das setzt voraus, dass beide Größen in der Erziehungserfahrung vorhanden sind, also nicht lediglich die gute Natur, sondern immer auch das Gegenteil. Bei Rousseau *ist* der Mensch gut, weil die Natur gut ist; das Risiko besteht lediglich darin, nicht zu früh von gesellschaftlicher Verderbnis berührt zu werden. Schleiermacher bestreitet das Konzept der guten Natur und hat dafür vor allem theologische Gründe, die verhindern, dass Risiken der Erziehung einfach soziologisch gedeutet werden.

Das Sittliche liegt in einer anderen Welt als das Natürliche, wie sich vor allem am Thema der Erbsünde zeigen lässt. Erziehung beseitigt nicht das Böse, sondern wird geleitet von der Idee des Guten. Auf diese Differenz kommt für Schleiermacher alles an. Er negiert damit Rousseaus Negation und dies wird wesentlich nicht in seinen pädagogischen Schriften[98], sondern in seinem theologischen Hauptwerk[99] sichtbar. Von »Erziehung« ist im *Christlichen Glauben*

98 Die Schriften sind neu ediert worden (Schleiermacher 2000).

99 Der christliche Glaube nach den Grundsätzen der Evangelischen Kirche im Zusammenhange dargestellt. Schleiermacher hat die beiden ersten Auflagen (1821 und 1830) selbst besorgt. Die dritte Auflage (1835) erschien im Rahmen der Gesamtausgabe von Schleiermachers Werken.

nur an einer Stelle die Rede, dort, wo von der Entwicklung christlicher Frömmigkeit aus dem Bewusstsein der Sünde gesprochen wird.[100] *Sünde* wird im Verhältnis zur *Gnade* betrachtet, allgemein wird diese Relation so bestimmt:

> »*Das Eigentümliche der christlichen Frömmigkeit (besteht) darin, dass wir uns dessen, was in unsern Zuständen Abwendung von Gott ist, als unserer ursprünglichen Tat bewusst sein, welche wir Sünde nennen, dessen aber, was darin Gemeinschaft mit Gott ist, als auf einer Mitteilung des Erlösers beruhend, welche wir Gnade nennen.*« (Schleiermacher 1960, Bd. I, S. 344f.)

»Sünde« ist, wie es heißt, »positiver Widerstreit des Fleisches gegen den Geist« (ebd., S. 355). Das Bewusstsein der Sünde entwickelt sich in jedem Leben, weil und soweit die »freie Entwicklung des Gottesbewusstseins gehemmt« wird (ebd.). Der Grund dafür liegt teilweise in uns selbst, teilweise jenseits unseres Daseins (ebd., S. 366). Sünde entsteht *nicht* durch die falsche Erziehung, weil dann die richtige Erziehung die Sünde beseitigen könnte. Daher ist es tatsächlich eine Reaktion gegen Rousseau, wenn Schleiermacher schreibt:

> »*Vermöge (der) Abhängigkeit … der besonderen Gestaltung des einzelnen Lebens von einem großen gemeinsamen Typus*[101] *sowie vermöge der Abhängigkeit der späteren Generationen von den früheren liegt der Grund der Sünde eines jeden höher hinauf in einem früheren als sein eignes Dasein. Daher auch wenn jemand angeborene Differenzen leugnend sie nur der Erziehung zuschreibt, bleibt die Sache dieselbe, indem auch die Erziehungsweise in Neigungen und Erfahrungen gegründet ist, welche dem Dasein des zu Erziehenden vorangingen. Sofern hingegen das Hineilen einer sinnlichen Erregung zu ihrem Ziel, ohne sich dem höheren Selbstbe-*

Die maßgebliche kritische Ausgabe in zwei Bänden besorgte Martin Redeker 1960.

100 Der christliche Glaube §§ 62–169.

101 Wie Familien, Geschlechter oder Völker (Schleiermacher 1960, Bd., I, S. 366).

> *wusstsein zu stellen, doch unleugbar die Tat des Einzelnen ist, muss auch jede einzelne Sünde desselben in ihm selbst begründet sein.*« (Ebd.; Hervorhebungen J.O.)

Die Erziehung schützt nicht vor der Sünde, weil *sie selbst* belastet ist. Rousseaus Konstruktion des reinen Erziehers[102] wird zurückgewiesen: Wer erzieht, kann sich nicht einfach selbst als sündenfrei bezeichnen. Auch er bezieht sich auf ein früheres Dasein, kann sich also aus der Generationenfolge nicht einfach verabschieden. Wer »angeborene Differenzen« leugnet und die Unterschiede im individuellen Verhalten und Handeln allein der Erziehung zuschreibt, hat keine »gute Natur« zur Verfügung, sondern setzt das Kind dem Risiko der Erziehung aus. Keine Erziehung kann sich aus der historischen Erfahrung von und mit Erziehung entziehen, während Rousseau einen geschichtsfreien Raum konstruieren muss, um die natürliche Erziehung plausibel zu machen. Sie ist nicht zuletzt in *dieser* Hinsicht künstlich.

Neben der Geschichte de Sünde, also der Wiederholung der ersten Tat unter je neuen Umständen, ist Sünde auch Entschluss und so persönliche Kausalität, die wiederum nicht durch Erziehung vermieden werden kann. Angesichts der Versuchung gibt es keine verlässliche Präventon, die das »Hineilen einer sinnlichen Erregung zu ihrem Ziel« ausschließen könnte. Nichts macht den Menschen unfehlbar, auch nicht Autarkie oder Einsamkeit, die Rousseau einführt, um seine Figur der Versuchung entgehen zu lassen. Aber Reinheit ist grundsätzlich nicht möglich, und so kann es auch kein Paradigma einer reinen und somit perfekten Erziehung geben, weil Leben und Vollendung einander ausschließen.[103] Wir können uns

102 Bezeichnet als »ame sublime«, die nur dann den Menschen zum Menschen erziehen kann, wenn sie selbst (und ganz) »Mensch« ist (O.C. IV, S. 263). »Mensch« ist zu verstehen als »homme soi-meme« (ebd.), ohne dass Rousseau erklären würde, wie der Erzieher erzogen wurde. Er ist rein wie die Natur, die er vor sich hat, was paradox ist, weil Émile die erste natürliche Erziehung erfahren soll.

103 In Schleiermachers (1999, Bd. I, S. 330) Lehre der christlichen Sitte heißt es, die »Vollendung der Totalität des menschlichen Geschlechtes in Christo« sei der »Endpunkt« der Geschichte.

nur, so Schleiermacher, in unseren Werken und der dadurch ausgelösten Geschichte betrachten.

> »*Vermittelst der einen Betrachtungsweise unterscheiden wir unsere Gutartigkeit, indem auch manche sinnliche Richtung nicht über das vom Geiste selbst ihnen Abgeforderte hinausstrebt, von unserer Bösartigkeit, und sind uns beider als mitempfangender und mitbekommener bewusst; vermöge der andern aber erkennen wir auch in unserer Bösartigkeit unsere Sünde, weil wir sie nämlich, statt sie schon überwunden zu haben durch unsere Tat, vielmehr selbsttätig fortpflanzen von einem Moment zum andern.*« (Ebd.)

Versuchung ist nie totales Schicksal, vielmehr geht Schleiermacher davon aus, dass Menschen versucht werden und widerstehen können, aber wiederum nicht mit einer inneren Garantie, die die Erziehung bewirken würde. Die Sünde ist nicht überwindbar, sondern wird fortgesetzt, in dem einen oder anderen Grade, je nachdem, wie widerständig die Gläubigen sind oder sein können. Davon ist die *Sündhaftigkeit selbst* zu unterscheiden. Sie liegt jenseits des individuellen Daseins und wird von Schleiermacher gefasst als »eine nur durch den Einfluss der Erlösung wieder aufzuhebende vollkommne Unfähigkeit zum Guten« (ebd., S. 369).

Die Sündhaftigkeit ist »mitgegeben«, sie ist bis zur Erlösung »wahrhaft unendlich«, anders könnte das Gottesbewusstsein der Menschen nicht sein, was es ist, nämlich »unlauter« und »unsicher« (ebd., S. 370). Bei aller Anstrengung erreicht auch die christliche Frömmigkeit nie den Zustand der Gnade, sonst müsste Erlösung *diesseitig* gedacht werden. Rousseau hat genau das versucht, nämlich die Gnade in die Natur zu verlegen und die Erziehung daran anzuschließen. Schleiermacher greift zurück auf die Erbsünde, weil anders die Relation von Sünde und Gnade in eine gefährliche Schieflage geraten würde. Die christliche Frömmigkeit selbst wäre gefährdet, wenn wirklich Gnade mit *Natur* identifiziert werden könnte. Rousseaus Gott ist weder gnädig noch strafend, er ist einfach nur höchste Intelligenz (O.C. IV, S. 579), also der Schöpfer, der nicht selbst geschaffen wurde. Ohne jede Strafabsicht kann die Natur als Schöpfung Gottes nur gut sein. Das Böse ist erklärbar durch die Fehler der Menschen und insbesondere durch die Folgen der Art und Weise, wie sie ihre Gesellschaft organisiert haben. Aber das ist weder Gott noch der Natur anzulasten, weil das Böse *soziale* Akkumulation ist, das die natürliche und so die guten Anfänge hinter sich gelassen hat. Das Böse ist nicht immer schon da, es folgt keinem mythischen Anfang, sondern entwickelt sich *mit* der sozialen Evolution.

Anders Schleiermacher, der alle Schuld auf den bösen Anfang zurückführt:

> »*Die Erbsünde ist … zugleich so sehr die eigene Schuld eines jeden, der daran Teil hat, dass sie am besten als die Gesamttat und Gesamtschuld des menschlichen Geschlechtes vorgestellt wird und dass ihre Anerkennung zugleich die der allgemeinen Erlösungsbedürftigkeit ist.*« (Schleiermacher 1960, Bd. I, S. 374)

Ohne Erbsünde wäre vorstellbar, dass sich jeder *selbst* erlöst, also eine allgemeine »Erlösungsbedürftigkeit« gar nicht angenommen werden muss. Sie ergibt sich einzig aus der Vorausetzung der allgemeinen Sündhaftigkeit, und dies ist nur pausibel, wenn man den Beginn der Sündhaftigkeit und den Anfang des Menschengeschlechts in eins setzen kann. Die »Ursünde« wird durch alle nachfolgenden *verstärkt*, aber nicht aufgehoben (ebd., S. 375).

> »*Ist nun diese spätere aus der eigenen Selbsttätigkeit erwachsene Sündhaftigkeit mit der ursprünglich mitgebornen eine und dieselbe, so folgt auch, dass so gut die hinzugekommene in ihm aus seinen freien an die ursprüngliche anknüpfenden Lebensakten entstanden ist, auch die ursprüngliche, welche ohnedies gegen jene immer mehr zurücktritt, und an welche er immer angeknüpft hat, nicht ohne seinen Willen in ihm fortwährt und also auch durch ihn würde entstanden sein. Mithin ist sie mit Recht eines jeden Schuld zu nennen.*« (Ebd., S. 376; Hervorhebungen J.O.)

Aber was soll dann Erziehung? Und wie verhalten sich diese Doktrinen zu der Annahme, dass die Erziehung der *Idee des Guten* – und *nur* ihr – zu folgen habe? In der Theologie ist grundlegend, eine *Dialektik* des »Guten« und des »Bösen« anzunehmen (ebd., S. 155), ohne das Gute irgendwie mit Gnade oder Erlösung in Zusammenhang zu bringen. Rousseaus Lösung des Theodizee-Problems greift Schleiermacher auf, aber nur damit er *negieren* kann, »dass alle geselligen Übel irgendwie mit dem Bösen« zusammenhängen (ebd., S. 248). Das Böse ist aber auch nicht in der Natur, weil das die Güte und Gnade Gottes gefährdet hätte.[104] Schließlich erwächst das Böse nicht aus der Erbsünde, die sich ja über die menschlichen Akte fortsetzen muss.

> *»Es bleibt also nichts übrig«*, so Schleiermacher, *»als auf der einen Seite die göttliche Mitwirkung auf alles, was sich ereignet, gleichmäßig zu beziehn, auf der anderen Seite zu behaupten, dass Übel an und für sich gar nicht, sondern nur als Mitbedingung des Guten und in Beziehung auf dasselbe von Gott geordnet sind.«* (Ebd., S. 248f.; Hervorhebungen J.O.)

Aber dann hätte jede Erziehung, die der Idee des Guten folgen wollte, das Böse als Mitbedingung, müsste also verantworten, dass im Kind eine Dialektik des Guten und Bösen entsteht, ohne mit der Erziehung dafür sorgen zu können, dass das Böse verschwindet.

Der Plato-Übersetzer Schleiermacher, von dem das sprachliche Bild Platons in der deutschsprachigen Philosophie und Pädagogik maßgeblich geprägt wurde[105], kommentierte das Höhlengleichnis in Platons *Politeia* mit einer interessanten Differenz: Die eines »Ausflusses des Guten« bedürftige menschliche Vernunft erfasst in der Tätigkeit des Erkennens »nicht das Gute selbst, aber doch das ihm am meisten unter allem verwandte« (Schleiermacher 1996, S. 363). Von der »Mitbedingung« des Bösen ist in diesem Kontext keine Rede. Der »Ausfluss des Guten« wird als »geistiges Licht« be-

104 Die Vertreibung aus dem Paradies verändert die menschliche Natur nicht (Schleiermacher 1960, Bd. I, S. 381). In diesem Sinne ist »Erbsünde« keine augustinische Kategorie.

105 Die romantische Sprache Schleiermachers ist verschieden gedeutet worden: Moretto (1984), Scholtz (1985); siehe auch Krapf (1953) und diverse andere.

zeichnet, das dem Erkennen Wahrheitsfähigkeit und der Vernunft das Vermögen zu erkennen verleiht.

> »*Dieses aber will sagen, dass die Vernunft irgendetwas nicht anders als in Beziehung auf die Idee des Guten und vermittelst derselben erkennen kann, und dass dem ganzen Gebiet des Sichtbaren oder, wie wir wohl sagen dürfen, des Wahrnehmbaren überhaupt, gar kein Sein entspräche, sondern es in der Tat nichts wäre als der ewig unruhige Fluss des Nichtseienden, sofern nicht durch die lebendige Einwirkung der Idee des Guten dieser Fluss festgehalten, und es so erst etwas wurde, was, wenngleich auch noch an dem unsteten und unruhigen teilnehmend, doch auf das wahre Sein bezogen werden kann.*« (Ebd., S. 364; Hervorhebungen J.O.)

Die »lebendige Einwirkung der Idee des Guten« ist eine Leitformel für die Pädagogik Schleiermachers. In der erwähnten Vorlesung aus dem Jahre 1826 geht er davon aus, dass eine allgemein gültige Pädagogik nicht empirisch, sondern nur spekulativ begründet werden könne.

> »*Die Frage, wie der Mensch erzogen werden soll, (kann) nicht anders aus der Idee des Guten beantwortet werden.*« (Schleiermacher 1902, S. 19)

> »*Denn die Theorie der Erziehung ist nur die Anwendung des spekulativen Prinzips der Erziehung auf gewisse faktische Grundlagen. Diese faktischen Voraussetzungen werden aber einerseits sich beziehen auf den Zustand, in welchem die Pädagogik den zu Erziehenden findet, andererseits auf den Zustand, für welchen er zu erziehen ist. Stellen wir nun die allgemeine, aus der Ethik hergeleitete Formel für die Erziehung des Menschen auf und sagen: Die Erziehung soll bewirken, dass der Mensch, so wie sie ihn findet – unentschieden gelassen die ursprüngliche Gleichheit oder Ungleichheit –, durch die Einwirkungen auf ihn der Idee des Guten möglichst entsprechend gebildet werden: so wird die Anwendung der Formel unbedingt abhängen vom faktisch Gegebenen.*« (Ebd., S. 19f.)

Aber das Problem sind nicht lediglich die Umstände, sondern die Formel selbst. Sie besagt, dass Erziehung *Einwirkung* ist und als solche den Auftrag hat, den Menschen der Idee des Guten *möglichst entsprechend* zu bilden. Die Idee des Guten wird – in *pädagogischen* Zusammenhängen – von Platon übernommen, ohne dabei rousseauistisch zu verfahren, also das Gute in die Natur zu verlegen. Die angekündigte Ethik, die in verschiedenen Entwürfen vorliegt, ist nie wirklich abgeschlossen worden, auch weil die Gegensätze zur Theologie zu groß waren. Schleiermacher hat es nie geschafft, die Relation von Sünde und Gnade mit der Lehre vom »höchsten Gut« zu verknüpfen, in das die Ethik einmünden sollte.[106] Insofern trifft auf ihn selbst zu, was er über den Zustand der Ethik bemerkt, nämlich dass die Praxis der Erziehung nicht auf die Fertigstellung der Ethik warten könne (ebd., S. 30f.). Aber wie soll es dann möglich sein, die unbedingte Verpflichtung auf die Idee des Guten (ebd., S. 25f.) zu rechtfertigen, umso mehr, da der theologische Grund *nicht* die gute Natur ist?

Rousseau hatte darauf verwiesen, dass eine entscheidende Maxime für den Erfolg der Erziehung sei, das Handeln vom Zufall zu entlasten. Dieses Motiv taucht exakt bei Schleiermacher wieder auf. Im Hauptteil seiner Vorlesung löst er nicht das Problem der Ethik, verknüpft auch Erziehung nicht wirklich mit den Einsichten seiner eigenen Ethik, sondern versucht, eine Theorie der Erziehung zu entwickeln, die wir heute als *Handlungstheorie* bezeichnen können.[107] Sie beschreibt das Wesen oder das Grundmaß der »pädagogischen Tätigkeit« (ebd., S. 74). Dabei ist eine Unterscheidung zentral, nämlich »das, was von außen her gewirkt wird, und das, was von innen heraus sich entwickelt« (ebd.). »Erziehung« wird als *Einwirkung* verstanden, aber nicht jede äußere Einwirkung ist »erzieherisch«, also entspricht dem Vorhaben der Bildung gemäß der Idee des Guten. Ebenso wenig entspricht jede innere Regung der Idee des Guten. »Außen« und »Innen« sind also nicht nur *an sich* zu unterscheiden, sondern nochmals im Blick darauf, wie sie den Prozess

106 »Das höchste Gut« ist die »Gesamtheit dessen, was durch die ethische Idee kann hervorgebracht werden.« (Schleiermacher 1834, S. 168)
107 Peiter (1990) und verschiedene andere.

der Erziehung befördern oder behindern. An dieser Stelle wird dann die Unterscheidung von Zufall und Absicht ins Spiel gebracht:

> »*Die Voraussetzung ist diese, dass die pädagogischen Tätigkeiten von zufälligen Einwirkungen umgeben sind, von Reizen, die von außen auf den Zögling einwirken, oder aus seinem Inneren entstehen, und die, weil die Idee des gemeinsamen Lebens in allen nicht gleich ist, dem, was die Pädagogik bezweckt, oft widersprechen. Je mehr sich dergleichen wiederholt und je tiefer es eingreift, desto stärker muss auch die Gegenwirkung sein, desto weniger können befördernde Einwirkungen da sein, desto schwieriger erreicht auch die Erziehung ihr Ziel.*« (Ebd.; Hervorhebungen J.O.)

Das »je … desto« ist nicht sehr plausibel, es sei denn, man denkt Erziehung als Reservat, das möglichst vollständig vor dem bewahrt werden muss, was sich abseits der pädagogischen Intentionen und unabhängig von ihnen ereignet. Träfe das zu, dann hätte Schleiermacher – aller Kritik zum trotz – genau jene Grundszene der Erziehung vor Augen, die Rousseau festlegte. Präziser gesagt: Schleiermacher verwendet dann die Plausibilitätsannahmen dieser Szene, vollzieht Rousseaus Auftrennung zwischen Natur und Gesellschaft aber nicht nach. Schleiermacher unterscheidet *häusliche* und *öffentliche* Erziehung (ebd., S. 110f.), ohne das eine »Natur« und das andere »Gesellschaft« sein zu lassen. *Beide* stehen unter dem sittlichen Gebot und so letztlich unter der Idee des Guten, die nicht *einer*, sondern der *gesamten* Welt zugeordnet wird.

Erziehung hat Anfang und Ende (ebd., S. 82), wird also gedacht als Weg und Erreichen des Ziels nach Zurücklegen des Weges. Schleiermacher spricht von der *Kunst* der Erziehung, die sich gerade für das Erreichen der sittlichen Ziele nicht auf eine Mechanik des Einwirkens verlassen kann.

> »*Was ist nun das Höhere in der Kunst? Die mechanische Virtuosität oder die fortwirkende Kraft der Begeisterung? Gewiss nur das Letztere. Wenn wir die Erziehung als Kunst betrachten, so setzen wir voraus, dass man diese Kunst erlernen könne. Im Gebiete der*

> *Erziehung kann aber nur dasjenige am leichtesten erlernt werden, was auf Seiten der Fertigkeit liegt. Es ist mit der Regel die Anwendung gegeben; und den Mechanismus sich anzueignen ist nicht schwer. Dagegen entscheidende und der Absicht gemäße Wirkungen in Beziehung auf die Entwicklung der Gesinnung hervorzubringen, lässt sich viel weniger lernen; die Regel, auf jeden Moment zu achten auch in Bezug auf die inneren Bewegungen im Gemüt des Zöglings, gibt noch nicht die Methode, noch weniger die Kraft, der Regel zu folgen. Hier tritt das eigentliche Genie der Erziehung hervor. Die Intensität der inneren Richtung ist hier das Entscheidende.«* (Ebd., S. 128; Hervorhebungen J.O.)

Näher erläutert wird das nicht. Aber gemessen an der Problemhöhe, die in der Idee liegt, den Zufall ausschalten zu wollen, scheint dann die Erziehung selbst zum Zufall zu werden. Einzig dem »Genie« anvertraut, genauer: der Kraft seiner »Begeisterung«, ist schwer zu sehen, wie sittliche Ziele erreicht werden können. Zwar thematisiert Schleiermacher – im Unterschied zu Rousseau – auch die Ausbildung für Staat, Gesellschaft und öffentliches Leben, darunter für Berufe (ebd., S. 155f.), aber die Spitze seiner Theorie ist die Bindung der Erziehung an die Idee des Guten und so die Erwartung, mit Erziehung zur Versittlichung maßgebend beitragen zu können. Doch dafür fehlt die Praxis. Was Schleiermacher als Genius der Erziehung vorstellt, ist fragil, muss sich auf unberechenbare Verhältnisse einstellen, darf sich nicht auf Mechanismen verlassen und soll gleichwohl Erfolg haben – und dies im denkbar höchsten Sinne, nämlich dem des unbedingt Guten in freier Geselligkeit.[108]

Übersetzt werden soll das Resultat der Erziehung in »*freien geselligen Verkehr*« (ebd., S. 165f.), aber dieser Verkehr muss bei der Erziehung selbst vorausgesetzt werden. Erziehung ist gerade *nicht* Einwirkung unter der Voraussetzung pädagogischer Reservate. Was Schleiermacher ablehnt oder in seiner Bedeutung minimiert, nämlich die mechanischen Wirkungen der Erziehung, fundieren die eigene Effekterwartung, denn nur so können *Resultate* entstehen, die sich eindeutig auf Wirkkausalitäten zurückführen lassen. Tatsäch-

108 Ausführlich erläutert in Schleiermacher (1984).

lich dürfte es schwierig sein, Intentionen und Handlungen von Erziehern so zu isolieren, dass *einzig sie* am Zustandekommen von Resultaten beteiligt sind. Selbst in natürlichen Reservaten kann es immer noch der Luftzug sein, der die innere Veränderung verursacht hat. Auf der anderen Seite sind »Resultate«, wie immer sie zustande kommen mögen, *nachfolgenden* Lernprozessen ausgesetzt, die sich nicht auf *vorgängige* Intentionen beziehen, weil deren Träger längst nicht mehr an der Erfahrung beteiligt sind. Die Idee des Guten ist unabhängig von bestimmten Trägern, reale Erziehungsprozesse setzen neben Dingen oder Ideen Personen voraus, die irgendwann den Erfahrungshorizont verlassen, ohne dadurch die Erfahrung bei sich selbst beruhigen zu können.

Warum ist der Drang so stark, den Zufall ausschließen zu wollen? Es gibt mindestens fünf verschiedene Antworten, verstehen wir unter der Missliebigkeit des Zufalls die Veränderung der Richtung durch nicht vorhergesehene Ereignisse und Handlungen, deren Wirksamkeit nicht geleugnet werden kann.[109]

1) Erziehungsziele sind Ideale, die *möglichst hoch* begründet werden. Die damit verbundene Erwartung verleitet dazu, *ununterbrochene* Steigerungen anzunehmen.
2) Jede Richtungsänderung muss *zum Ziel* passen, wenn die ursprüngliche Annahme unverändert beibehalten werden soll. Das ist bei Zielen wie »Mündigkeit«, »Sittlichkeit« oder die »Verwirklichung des Guten« unerlässlich.
3) Derartige Ziele lassen sich nicht nicht durch Erfahrung *korrigieren*, sondern immer nur *bestätigen.*
4) Die Serien von Einwirkungen dürfen nicht gestört werden, wenn die Erwartung *stimmig* bleiben soll.
5) Von der Stimmigkeit der Erwartungen hängt die Motivation ab, den Prozess *fortzusetzen* und nicht abzubrechen.

109 Damit ist weder gesagt, dass die Wirksamkeit solcher Ereignisse unmittelbar sichtbar wäre, noch, dass diese zu einem bestimmten Zeitpunkt wahrgenommen werden müssen.

Das Problem der Erziehungstheorie, wenn man sie so baut wie Rousseau oder Schleiermacher, ist ihr *linearer* Grundzug. Die Idealität ihrer Ziele und Absichten ließe flexible Anpassungen unterwegs, also eingehen auf Zufälle und nicht vorhergesehene Entscheidungssituationen, die die Richtung ändern, wie verkappte Zynismen erscheinen. Auf der anderen Seite ist keine Erziehung, was immer sie sein mag, einfach gleichbedeutend mit einem ununterbrochenen, lineralen Prozess der Steigerung zum höchsten Ziel. Erziehung kann nicht dasselbe sein wie Verbreitung der Gesinnung, die von der »*Herrschaft des Heiligen Geistes*« ausgeht (Schleiermacher 1999 Bd, I, S. 369). Aber genau das wird als »Einwirkung« und somit als Erziehung konzipiert:

> »*Fragen wir ..., wie denn diese Herrschaft solle hervorgebracht werden in einem Menschen, in welchem sie noch Null ist: so können wir nur antworten: Durch Einwirkung eines anderen, in welchem der Heilige Geist schon herrschend geworden ist. Aber diese Einwirkung wird leer sein, wenn nicht in demjenigen, auf welchen gewirkt wird, eine Rezeptivität vorhanden ist für das einwirkende Prinzip.*« (Ebd., S. 369f.)

Gläubige wären »*Produkt einer Einwirkung*« (ebd., S. 370) und dies selbst in ihren spontanen Äußerungen (ebd.). Anders lässt sich der Prozess der *Verbreitung* des Glaubens nicht gestalten (ebd.)[110], aber die Idee des Guten ist zu unterscheiden von den Doktrinen des christlichen Glaubens. Entsprechend ist die Erziehung der Kirche, von Schleiermacher bezeichnet als »*Steigerungsprozess*« über den »Durchschnitt des bisher gegebenen christlichen Lebens« hinaus (ebd., S. 376), zu unterscheiden von der Erziehung der Kinder, soweit sie unabhängig werden von Kirche und katechetischem Unterricht. Genau das schlug Rousseau vor, der von Schleiermacher also nicht zufällig bekämpft wird. Dessen Problem war, die Idee des Gu-

110 »Selbstbewusstsein« ist dann »Rezeptivität für den göttlichen Geist« (Schleiermacher 1999, Bd. I, S. 372).

ten nicht radikal genug platonisch denken zu können, weil und soweit sie mit den christlichen Doktrinen kompatibel sein sollte.

Aber die Verknüpfung der Erziehungstheorie mit der Idee des Guten ist das Problem und nicht die Lösung. Der Witz ist, dass keine Idee einfach Ziel sein kann und nur das Höhlengleichnis dazu verleitet, sich Erziehung wie einen Aufstieg zum Höchsten vorzustellen. Aber Sittlichkeit ist kein Berg, der *erklommen* werden müsste; man kann nicht zur Moral *aufsteigen*, also kann auch Erziehung nicht der Prozess sein, der zur Idee des Guten führt, die irgendwo *oben* vermutet wird. Wenn schon »Erziehung« wie ein Weg durch einen Raum vorgestellt werden soll, dann wäre zu erklären, warum er nach *oben* führt und nicht einfach *eben* verlaufen kann. Die Erziehenden müssten die Höhe des Ziels kennen und könnten eigentlich nur dann legitim erscheinen, wenn sie bereits dort gewesen wären. Nur so kann die Erziehungstheorie eine *Hohe Warte* haben (Oelkers 1999).

Selbst bei Rousseau führt Erziehung zur »dernière perfection« (O.C. IV, S. 799). Das Thema der Einsamkeit ergibt sich als letzte *retour* erst nach dem sozialen Experiment mit Sophie. Bis dahin wird der Eindruck erweckt, die Natur komme zu ihrem Recht, weil und soweit die Szene der Erziehung dazu passt. Im Unterschied zu Schleiermacher hat Rousseau seine Leserinnen und Leser *bewegt*, also nicht mit Argumenten versorgt, sondern zugleich angesprochen. Er ist das Genie der Mütter, der Held der Kinder, der sie von ihren Ketten befreit, der Lehrer der Eltern und der Hüter der reinen Kindheit.[111] Es handelt sich nicht um Karikaturen, sondern um Verehrungen. Von Schleiermacher gibt es keine vergleichbaren Darstellungen. Rousseau wird als unerhörter Innovator verstanden, auch dort, wo er verdammt wurde – und dies auf der Basis eines fiktiven Textes, der über reale Möglichkeiten von Erziehung gar nichts aussagt. Entsprechend ist die Theorie ein Spiel mit den Gefühlen des Lesers, keine Anleitung zum Handeln, wenn Handeln mehr sein muss als pädagogisches Sentiment. Aber der Effekt der

111 Zeichnung von C. Monnet für die Édition Poinçot (1789–1793), Monument érigé à Genève à J. J Rousseau, Illustrationen aus verschiedenen Ausgaben des Émile.

Theorie ist die Illusion der sicheren Wirkung und das verbindet beide. Auch Schleiermacher, bei aller Einsicht in die Unfertigkeit von Ethik und Pädagogik, sucht eine Garantie, eine Praxis der Erziehung jenseits von Okkasion und Kontingenz. Das Handeln ist dann richtig, wenn es der Idee des Guten folgt,

- ohne zu wissen, was genau diese Idee ausmacht,
- ohne diese Idee mit der eigenen Praxis testen zu können,
- ohne Schleiermachers *eigene* Dialektik des Guten und Bösen in Rechnung zu stellen,
- ohne Erfahrungsbilanzen weiterzugeben und
- ohne »nein« sagen zu dürfen.

Es soll ausgeschlossen sein, der Doktrin zu widersprechen, und offenbar ist das ein Grundzug solcher Erziehungstheorien. Sie schließen aus, dass sie falsch sein könnten, erlauben keinen geregelten Einspruch und geben kein Verfahren an, auf welche Weise sie widerlegt werden wollen. Der Bias des Totalitären entsteht also nicht zufällig, und er ist nicht nur ein Vorstellungsproblem. Erziehung soll nicht falsch sein, also müssen Theorien *das unbedingt Richtige* behaupten, anders könnten Thema und Gegenstand nicht angemessen erscheinen. Aber das verlangt die Illusion der Durchsichtigkeit des Objekts und so der Prognose des Richtigen vom Anfang bis zum Ende. Die Funktion dieser Theorien ist daher Sicherung des Nicht-Sicherbaren. Sie geben dort Garantien ab, wo keine möglich sind, wohl aber ständig welche gesucht werden.

2.3 Das Verhältnis von Zwecken und Mitteln

Erfolgreiche Lehrmittel für den häuslichen und schulischen Unterricht im 18. Jahrhundert sind *biblische Geschichten*. Nicht erst seit der Hamburger Rektor Johann Hübner 1711 »Zweymal zweyundfünfzig auserlesene Biblische Historien« veröffentlicht hatte[112], die

112 Nach pietistischen Vorbildern, die sich allerdings auf die Gemeinde beschränkten.

als *Hübner'sche* Methode den Elementarunterricht bestimmen sollten, sind Nacherzählungen der Stoffe des Alten und Neuen Testaments Erziehungsmittel. Sie nutzten den Spannungsgehalt der Stoffe, galten als besonders anschaulich und vermittelten die christlichen Lehren in einer adressatengerechten Form. Oft sind diese Erzählungen mit Kupferstichen ausgestattet gewesen. Die Geschichten waren also illustriert, Text und Bild bildeten eine didaktische Einheit, die die Verständlichkeit erleichtern sollte. Man konnte also nicht nur *lesen*, sondern zugleich *sehen*, was den Glauben ausmachen solle, ohne Erziehung oder Unterricht rein auf Kinder zu beziehen. Das *gesamte* Haus war Adressat, nur in der Schule wurde zwischen »Kindern« und »Erwachsenen« unterschieden (Oelkers 2000a).

Die Leser können den historischen Gang des Christentums vom Sündenfall bis zur Ausgießung des Heiligen Geistes sehen. Der, wie es im lateinischen Motto einer Darstellung aus dem Jahre 1771 heißt, *lapsus* von Adam und Eva (Miller 1771), wird als »Fall« in die Sünde aufgefasst (ebd., S. 5ff.), ohne eine Form von Erblichkeit zu erwähnen. Die Leser sollten nicht erschreckt werden. Gott stellt die ersten Menschen lediglich auf die Probe, sie sind ungehorsam, aber Ungehorsam ist die andere Seite der Liebe zu Gott, die sich ernsthaft beweisen muss (ebd., S. 7ff.). Wesentlich soll nicht die Sünde, sondern die Hoffnung sein. Am Ende sieht man, wie der »Heilige Geist … sichtbarlich (wird)« (ebd.), also der neue christliche Glaube in die Welt gesetzt ist. Die Theologie spielt dabei keine Rolle. Was also noch Schleiermacher als dämonische Erbsünde zur Doktrin erhebt, bestimmt mindestens bestimmte protestantische Lehrmittel, die unabhängig von konfessionellen Aufträgen entwickelt werden, nicht mehr. Biblische Geschichten dieser Art sind für den freien didaktischen Markt bestimmt, ohne eine kirchliche Zensur passieren zu müssen.

Verfasser dieser »Erzählungen der vornehmsten biblischen Geschichten« ist der Göttinger Professor Johann Peter Miller[113]. Er ist

113 Die erste Auflage der »vornehmsten biblischen Geschichten« erschien 1759. Johann Peter Miller war zu diesem Zeitpunkt Rektor des Gymnasi-

auch als Theoretiker interessant, und dies in verschiedener Hinsicht. Im 18. Jahrhundert ist Erziehung wesentlich eine Angelegenheit der *christlichen* Pädagogik. Das gilt nicht mehr, wie ein Jahrhundert zuvor, in einem rein doktrinären Verständnis, also in der starren Verknüpfung von Erziehung mit den konfessionellen Dogmen, wohl aber im Sinne einer Letztbegründung, die die Regeln der Erziehungskunst auf der christlichen Religion begründen und dabei zugleich auf die Psychologie des Kindes Rücksicht nehmen will. Einer dieser Versuche, die »Grundsätze einer weisen und christlichen Erziehungskunst«, stammt von Miller und wurde in zweiter Auflage 1771 veröffentlicht. Grundlegend ist dabei eine Verknüpfung von *Zwecken* und *Mitteln*: Der christlichen Religion sind die großen Zwecke der Erziehung zu entnehmen, der genauen psychologischen Beobachtung die Mittel (Miller 1771a, S. 19f.). Die Pädagogik dürfe nicht länger, wie es heißt, »mythologisch« begründet werden (ebd., S.14), sondern verlange nach *wissenschaftlicher* Bearbeitung. Nur so sei gewährleistet, dass die praktische Erziehung »nach sichern Gründen« (ebd., S. 28) verfährt, also weder okkasionell noch zufällig.

Die allgemeinen Regeln werden der Psychologie entnommen (ebd., S. 33ff.), was als verträglich angenommen wird mit einer Zweckbestimmung, die *in* der Verherrlichung Gottes auf die Glückseligkeit des *Menschen* eingestellt ist.[114] Von diesem Ziel und dem Gebrauch der richtigen Regeln hängt der Erfolg der Erziehung ab. Kinder, heißt es, werden *schlecht* erzogen,

> »*wenn man a) entweder überall keine Regeln, oder b) ganz unsichere, falsche, schädliche Maximen und Beispiele anwendet; oder c) wenn man in den Prinzipien und ihrer Anwendung unbeständig ist*« (ebd., S. 39).

ums in Halle. Er wurde später als Professor für Philosophie an die Universität Göttingen berufen.

114 »Jeder Mensch und jedes gemeine Wesen werde nach allen Teilen, zur Verherrlichung Gottes so glückselig, als es möglich ist.« (Miller 1771, S. 11f.)

Sicherheit verschafft die *unbedingte Zwecksetzung* der (protestantischen) Religion sowie die *empirische Garantie* der Mittelwahl durch die (sensualistische) Psychologie. Glückseligkeit ist dabei kein rein säkulares Thema, aber auch kein Thema einer doktrinären Theologie. Erst in dieser Differenz entsteht eine unabhängige Pädagogik, die ihre Themen und Begriffe selbst bestimmen kann, ohne auf die Zustimmung der kirchlichen Aufsicht angewiesen zu sein. Millers Name ist in keinem gängigen Lexikon der Pädagogik verzeichnet, seine Begründung einer wissenschaftlichen Pädagogik auf christlicher Grundlage ist vergessen, es liegen über ihn keine größeren Arbeiten vor und der gesamte Kontext scheint verschwunden. Die Priorität wurde verlagert, sie blieb wohl am gleichen Ort, nämlich in Göttingen, aber erhielt einen anderen Namen und ein anderes historisches Alter. Der Name lautet Johann Friedrich Herbart, und das Alter verschiebt sich um knapp vierzig Jahre.

Befragt man das Internet, dann scheint die Sache mit Herbart klar zu sein. 1993 zählte eine amerikanische Publikation Johann Friedrich Herbart[115] zu den fünfzehn *greatest educational theorists from across the centuries and around the world* (Cooney/ Bross/ Trunk 1993, ch. 6)[116], ohne dabei zu erwähnen, dass die relevante Auseinandersetzung mit Herbart zu Beginn des 20. Jahrhunderts beendet war und nie wieder aufgenommen wurde (um nur wenige

115 Johann Friedrich Herbart (1776–1841) studierte von 1794 an in Jena unter Johann Gottlieb Fichte. Die Entfremdung von Fichte sorgte für eine Unterbrechung des Studiums. Im März 1797 trat Herbart eine Stelle als Hauslehrer in der Familie von Steiger in Bern an. Ab 1800 arbeitete Herbart in Bremen an den Grundzügen seiner Philosophie, im Herbst 1802 promovierte und habilitierte er an der Universität Göttingen. 1805 wurde er – nachdem er zwei Rufe an die Universitäten Heidelberg und Landsberg abgelehnt hatte – außerordentlicher Professor für Philosophie in Göttingen. 1809 wurde er als Nachfolger von W.T. Krug an die Universität Königsberg auf den Lehrstuhl berufen, den zuvor Kant innegehabt hatte. 1833 erfolgte die Rückberufung nach Göttingen. Über Herbarts Leben und Werke gibt es eine vorzügliche Biographie (Asmus 1968, 1970).

116 Die übrigen eminenten Pädagogen (eine Frau) sind Plato, Konfuzius, John Locke, Jean-Jacques Rousseau, Horace Mann, William James, Booker T. Washingon, John Dewey, Maria Montessori, Carl Rogers, B.F. Skinner, Shinichi Suzuki und Jean Piaget. Begründet wird die Auswahl nicht.

– vergessene – angelsächsische Titel zu nennen: MacVannel 1905, Randels 1909, Williams 1911). Seitdem sind neue und andere Daten nicht erzeugt worden, während die Größe und Bedeutung Herbarts festzustehen scheint. Die lexikalischen Fixierungen beziehen sich fortlaufend aufeinander, eine einmal erreichte Bedeutungshöhe lässt sich anschließend kaum minimieren. Selbst wenn man gute Gründe hätte, könnte man nicht Herbart durch Miller ersetzen. Das gilt *obwohl* oder *weil* eine unveränderte Datenlage besteht, die nicht unter dem Druck steht, sich fortlaufend korrigieren zu müssen. Das in lexikalischer Hinsicht konservative Internet[117] reagiert entsprechend. Die Standard-Interpretation Herbarts[118] wird in einem amerikanischen Eintrag so gefasst:

> »*Johann F. Herbart (1775–1841) systematized pedagogy as a science. In doing so, he incorporated ethics and psychology into pedagogy, whereby he established the aim of education from ethics and the means of education from psychology.*
> *First, following Kant, Herbart considered a ›good man‹ to be the image of the ideal person, and the ›cultivation of moral character‹ the goal of education. Next, he pursued the method of education, proposing that what forms the foundation of human spiritual life is presentations in mind: by cultivating the circle of thought, or a collection of presentations, a person's moral character can be cultivated. In other words, he advocated building moral character through teaching knowledge.*
> *Herbart pointed out the importance of instruction in the formation of representations, and explained the process of instruction. According to the Herbartian School, which later revised Herbart's theory, the process of instruction consists of five stages, preparation, presentation, comparison, intregration, and application.*« (Essentials IV, 9; Hervorhebungen J.O.)

117 Das gilt mindestens für die pädagogische Datenlage und deren Angebot in elektronischen Enzyklopädien oder anderen Einträgen. Ein Beispiel ist das »Herbart-Projekt« der Universität Oldenburg, das im Aufbau begriffen ist (http://www.uni-oldenburg.de/topsch/herbart/beginn.htm).

118 Ähnlich etwa: History of Education XII (nur Internet-Suche).

Herbart wird in aller Regel unterschieden von der Herbart-Schule, also direkten Schülern und Gefolgsleuten, die sich in verschiedenen Hinsichten und diversen Disziplinen auf die Lehren Herbarts bezogen haben. Fast immer wird dabei eine simple Verfallsgeschichte in Anschlag gebracht. Herbart gilt als herausragender Philosoph, subtiler Psychologe und eminenter Theoretiker der Erziehung, genau so wie der Internet-Eintrag es beschreibt; die Schüler[119] werden bezichtigt, die Lehren Herbarts verfälscht oder verengt zu haben, ohne selbst in irgendeiner Hinsicht originell gewesen zu sein. Genau das spiegelt die Internet-Diskussion wider. Die »Herbart-Schule«, so ein aktueller norwegischer Internet-Eintrag[120], hatte eine pädagogische Institution vor Augen, die »ensidig intellektualistik«, also gedächtnislastig, autoritär und passiv ausgerichtet war, dabei einem lebensfernen schulischen Ghetto gleichkam und einer Kaserne mehr als einem Lernort für Kinder glich. Ein ungarischer Eintrag[121] zählt schon Herbart zu der kinderfeindlichen Pädagogik, die dem Kind nicht helfen, sondern es für das Leben abrichten wollte. Ein italienischer Eintrag[122] spricht ähnlich von der Formungs- und Perfektionierungsabsicht, die auf feste und invariable Erziehungsprodukte zielen sollte. Ein deutscher Eintrag[123] unterscheidet tabellarisch zwischen dem humanistischen Herbart und den affirmativen *Herbartianern*, die das ursprüngliche System verfälscht und einseitig auf die Schule der Industrialisierung angewendet hätten.

119 Tatsächlich nur Männer. Die Geschichte der Schule ist nicht aufgearbeitet, sie betrifft nicht nur Pädagogen, sondern das gesamte Spektrum der herbartschen Theorie (vgl. Weiss 1928).

120 Reformbevegelsens Kritikk mot den eksisterende pedagogiske tenkning og Praksis (http://www.hihm.no/ped/herbart.htm).

121 Bela Pukanszky: Helping Pedagogy in the History of Education. Magyar Pedagogica 94, Nos. 3–4 (1995), 333–342. Kurzfassung in: http://www.arts.u-szeged.hu/mped/mp95/pukanszk.html.

122 Herbart: filosofia, psicologia, estetica (http://www.filosofia.unina.it/tortora/sdf/Quarto/IV.3.html).

123 Petra Klingebiel u.a.: Differenzen zwischen Herbart und den Herbartianern (http://www.wiso.gwdg.de/ppreiss/didaktik/herbart1.html).

Herbart

- war demnach dezidierter Schulkritiker und Gegner der staatlichen Schulpflicht,
- verstand Unterricht als »offene nachdenkliche Besinnung in philosophierender Grundhaltung«,
- wollte einen »wünschenswerten Rhythmus des geistigen Lebens im Hinblick auf das Ziel des urteilsfähigen und sittlich verantwortlichen Menschen« erreichen,
- bezog sich auf »Handeln als Prinzip des Charakters« und
- sah in der »Moralität« die »Möglichkeit der Selbstbestimmung« des Menschen.

Die Herbartianer waren in allem das Gegenteil. Aber das konnte schon 1910 in *The Catholic Encyclopedia* nachgelesen werden[124] und wird durch Wiederholung nicht besser. Es handelt sich um Lexikalisierungen ohne historischen Gehalt: Nichts ist wirklich wahr, aber alles wird ohne jede Relativierung behauptet und mit autoritativen Netz-Einträgen kommuniziert. Nennenswerte Forschung, die darauf abzielt, die vorhandenen Daten und Einschätzungen zu überprüfen, hat seit mehr als hundert Jahren kaum stattgefunden. Es handelt sich tatsächlich um eine »vergessene Wissenschaftsgeschichte« (Coriand/Winkler 1998; vgl. Oelkers 1989; Metz 1992), die immer wieder in einer einzigen und scheinbar unumstößlichen Standard-Interpretation dargestellt worden ist, die bereits am Ende des 19. Jahrhunderts feststand, ohne je wirklich geprüft worden zu sein.

Aber Herbart ist *nicht* der Begründer der »wissenschaftlichen Pädagogik«[125], des *definitiven* Ziels der Erziehung, einer »eigenständigen Methode«, des Prozesses der Instruktion oder des Vorrangs des Wissens im Aufbau des Charakters. Zuschreibungen die-

124 »This latter attempt (that of Herbartians; J.O.) is not the outcome of the true Herbartian spirit. The evil also of an unenlightened formalism has exhibited itself in a somewhat slavish adhesion to details of the Herbartian method by certain members of the school.« (Maher 1910)

125 Oder gar des »Berufswissens für den Lehrer« (Petra Klingebiel u.a.: Herbart-Lebenslauf; http://www.wiso.gwdg.de/ppreiss/didaktik/HerbLeb.html).

ser Art setzen voraus, was sie rechtfertigen sollen. Allein das Beispiel Johann Peter Miller zeigt, dass grundlegende Motive wie das Verhältnis von Zwecken und Mitteln in der Erziehung oder die Psychologie des Kindes längst *vor* Herbart pädagogische Begründungskontexte in einem rationalen, also nicht mehr mythologischen Sinne bestimmt haben. Auffallend ist in der Praxis der Attribuierungen, dass Herbart losgelöst von seinem intellektuellen Kontext betrachtet wird; insbesondere fehlen Hinweise, *für* und *gegen wen* die Pädagogik Herbarts gerichtet war. Nur so könnte über ihre Originalität und historische Güte geurteilt werden, während fast immer Zitatcollagen die Wahrnehmung bestimmen. Dabei ist das Werk Herbarts komplex, nicht ohne Untiefen und kaum auf leichtes Verständnis oder gar Didaktisierbarkeit eingestellt. Die Pädagogik ist nur ein Teil, das Werk selbst umfasst eine groß angelegte Metaphysik, eine Systematik der Philosophie, eine ausgebaute mathematische Psychologie und schließlich eine praktische Philosophie.[126]

Was »Pädagogik Herbarts« genannt wird, bezieht sich auf drei größere Texte,

- die Allgemeine Pädagogik aus dem Zweck der Erziehung abgeleitet (1806),
- die Pädagogischen Briefe oder Briefe über die Anwendung der Psychologie auf die Pädagogik (1832) und
- den Umriss Pädagogischer Vorlesungen (1835, 1841).

Ausführlicher beachtet wird in der Regel nur die »Allgemeine Pädagogik«, die geschrieben wurde, *bevor* die Philosophie und Psychologie Herbarts vorlagen.[127] Der »Umriss Pädagogischer Vorlesun-

126 Diese wurde nie recht abgeschlossen, hat Herbart aber sein Leben lang beschäftigt (so noch in den beiden späten Schriften »Analytische Beleuchtung des Naturrechts und der Moral« sowie »Zur Lehre von der Freiheit des menschlichen Willens« von 1836).

127 Eine erste Vorlesung über praktische Philosophie hielt Herbart 1803 in Göttingen, über Psychologie 1806 am gleichen Ort. Die Allgemeine praktische Philosophie erschien 1808, das Lehrbuch zur Psychologie 1816. Die

gen« ist eine Bearbeitung der »Allgemeinen Pädagogik«, in der Herbart eingangs behauptet, dass und wie die Pädagogik durch praktische Philosophie einerseits, Psychologie andererseits begründet werden müsse, ohne damit an der Systematik seiner Pädagogik etwas zu verändern. Aus dem »Umriss« wird in aller Regel der § 2[128] zitiert und bis heute als »standard position« der Erziehungstheorie (Smeyers 1992)[129] gedeutet:

> »*Pädagogik als Wissenschaft hängt ab von der praktischen Philosophie und Psychologie. Jene zeigt das Ziel der Bildung, diese den Weg, die Mittel und die Hindernisse.*« (Herbart 1965, S. 165)

Das erstaunt in mehrfacher Hinsicht: Vorläufer wie Miller werden nicht erwähnt, während die Verwendung des Zweck-Mittel-Schemas evident ist, nur dass die Philosophie inzwischen die Religion ersetzt hat. Träfe der Satz zu, unabhängig davon, ob Theologie oder Philosophie die Zwecke bestimmt, wäre die Pädagogik keine Wissenschaft, weil sie nichts zu tun hätte. Die *Ziele* sind von der praktischen Philosophie, die *Mittel* von der Psychologie bestimmt, mehr aber als Ziele und Mittel – dazu Einsichten in Wege und Hindernisse – benötigt keine handlungsbezogene Wissenschaft.

Wichtiger aber ist, dass Herbart nicht »praktische Philosophie« und »Psychologie« an sich, sondern *seine* praktische Philosophie und Psychologie vor Augen hat. Die eine ist eine Ideenlehre, die andere eine Vorstellungsmechanik[130], die beide keineswegs die Ziele und Mittel der Bildung so aufzeigen, dass die »Pädagogik als Wissenschaft« verlässlich begründet wäre. Der »Grundbegriff der Pädagogik«, heißt es im ersten Paragraphen des »Umrisses«, ist »die Bildsamkeit des Zöglings« (ebd.). Dieser Begriff wird weder in der

zweibändige Psychologie als Wissenschaft wurde 1824 und 1825 veröffentlicht.

128 Von insgesamt 347 Paragraphen.

129 Smeyers argumentiert gegen Margonis (1992). Der Streit geht darum, welche Bedeutung die von Rousseau inspirierte child-centered pedagogy in Zukunft haben wird, wenn die Grundlagen der Aufklärung (Rousseau wird dazu gezählt) postmodern aufgelöst sind.

130 »Statik und Mechanik des Geistes« (Herbart 1887, S. 17).

praktischen Philosophie noch in der Psychologie systematisch entfaltet. Er wird für die Pädagogik reserviert und taucht in den übrigen Begründungskontexten nicht auf. »Bildsamkeit« ist nicht die Ableitung aus einer philosophischen Idee und auch nicht ein Konstrukt aus psychologischen Vorstellungen und sie ist weder »Zweck« noch »Mittel«.

In Herbarts »Lehrbuch zur Psychologie« von 1816 geht es um die Bewegung von Vorstellungen, die sich mathematisch nach *Steigen* und *Sinken* berechnen lassen sollen. Der Vorstellungspsychologie wird eine Art Anthropologie der Sinne beigeordnet, ohne die Kategorie »Bildsamkeit« auch nur zu berühren. Herbart spricht von »*natürlichen Anlagen*« und »*äußeren Einwirkungen*«. Was »Anlagen« genannt wird, bezieht sich auf die Differenz der Geschlechter, die Lehre der Temperamente, die Mischung von Begabungen[131] und die Verfassung der Menschheit[132] und ihrer Rassen (Herbart 1887, S. 92ff.). Über den natürlichen Unterschied der Geschlechter heißt es etwa:

> *»Der Verlauf des Lebens wird zunächst näher bestimmt durch die Verschiedenheit der Geschlechter. Diese ist oftmals von früher Jugend an kenntlich. Mädchen werden eher klug und sind eher geneigt, sich in den Grenzen des Schicklichen zu halten. Dagegen ist ihre Erziehungsperiode kürzer, als bei den Knaben. Sie sammeln daher weniger geistigen Vorrat, aber verarbeiten ihn schneller und mit geringerer Mannigfaltigkeit und Zerteilung. Die Folge zeigt sich im ganzen Leben. Das weibliche Geschlecht hängt an seinem Gefühle; der Mann richtet sich mehr nach Kenntnissen, Grundsät-*

131 »Nehmen wir … die besondere Aufgelegtheit mancher Personen für diese oder jene Art des Denkens und Fühlens, so haben wir den Unterschied, dessen beide äußersten Enden man Genie und Blödsinn nennt (Herbart 1887, S. 95).

132 Einzig hier wird angedeutet, was unter Bildsamkeit (und Durchschnitt) verstanden werden kann: »Die Anlage der Menschheit (ist) etwas anderes, als die Anlage einzelner Menschen. Jene geht auf die gesellschaftliche Entwicklung im Ganzen; also ganz vorzüglich auf das Verhältnis zwischen seltenen großen Geistern, die in der Geschichte Epoche machen, und der Menge der gewöhnlichen Menschen, die nur Bildung empfangen und fortleiten können.« (Herbart 1887, S. 96)

> *zen und Verhältnissen. Dazu kommt die Vielförmigkeit der Berufsgeschäfte, worin die Männer sich teilen.« (Ebd., S. 92f.)*

Weder die Psychologie noch die Philosophie oder die Pädagogik gehen systematisch auf diese Differenz näher ein. Was Herbart als »Zögling«, also Objekt der Erziehung, bezeichnet, ist geschlechtsneutral konzipiert, müsste aber nach dieser Vorgabe *männlich* intendiert sein. Entfaltet wird das nicht, weil die Lehre der »natürlichen Anlagen« keinen Einfluss hat auf die Kategorie der *Bildsamkeit*. Sie soll unabhängig von Anlagen gedacht werden, unabhängig, anders gesagt, von einer Theorie der teleologischen Entwicklung, wie sie Rousseau vorgegeben hatte. Deutlich sagt Herbart:

> »*Auf dem empirischen Standpunkte lässt sich nicht bestimmt entscheiden, was im Menschen angelegt, was von außen gewirkt sei … Beiden Vorstellungsarten (ist) nicht viel zu trauen, indem sowohl der Begriff einer Mannigfaltigkeit von Anlagen in Einem, als der von Ursachen und Wirkungen jeder Art, zu denjenigen gehören, die nicht so, wie sie sich uns zuerst vermittelst der Erfahrung darbieten, können beibehalten werden.*« (Ebd., S. 96)

Was unter »Anlagen« vorgestellt wird, lässt sich theoretisch schwer fassen, zumal dann, wenn von der Mannigfaltigkeit der Anlagen *in* einer Person die Rede ist. Ähnlich obskur sind populäre Kausalannahmen, die der Erziehung alles Mögliche zutrauen und unterstellen können. Daher ist Herbart vorsichtig: Was er »äußere Einwirkungen« nennt, sind nicht »erzieherische Ursachen«, die zur Entfaltung von Anlagen dienen sollen, sondern der Ort des Lebens, die Nation und der Stand, dem man angehört (ebd., S. 96ff.). Entscheidend ist dann nicht, ob und wie die Natur richtig entwickelt werden kann, sondern »wie viel und welche *Freiheit* dem Menschen bleibe in der Mitte aller äußern Einwirkungen?« (ebd., S. 98). Diese Frage führt zunächst auf das zurück, was Schleiermacher einige Jahre später als Schwanken zwischen Allmacht und Ohnmacht bezeichnen sollte:

> »*Es ist leicht, das Vorstehende so auszuführen, dass, indem man sich dem Eindrucke der Tatsachen überlässt, die Überzeugung her-*

> *vorgeht, der Mensch werde entweder alles, was er ist, durch das Äußere, verbunden mit der natürlichen Anlage, die seinem Wollen hervorgeht – oder es sei wenigstens der Kreis der Freiheit so klein, dass er für unbedeutend gelten muss.«* (Ebd.)

Die Psychologie beantwortet diese Frage nicht. Sie konzentriert sich auf die Frage, wie Begriffe ausgebildet werden und Urteile entstehen: Die »Ausbildung der Begriffe« sei »der langsame, allmähliche Erfolg des immer fortgehenden Urteilens« (ebd., S. 130). Daraus entstehe »das Subjekt« (ebd., S. 135), das als gebildetes *Selbstbewusstsein* und nicht als ursprüngliche Setzung verstanden werden müsse, wie dies Herbarts Lehrer Fichte behauptet hatte (ebd., S. 136ff.). Gefasst wird dies auch mit einer Lehre des frühkindlichen Egoismus, die später Freud und Piaget, jeder auf seine Weise, aufgreifen sollten. Herbarts Lehre vermeidet eine Rückwendung auf Rousseau, der nie gesagt hat, ob und wenn ja wie sich *amour propre* oder *amour de soi* anreichern oder verringern lassen. Herbart spricht nicht von Instanzen der Seele, auch nicht von natürlicher Entwicklung, sondern davon, wie ein verträgliches Selbstbewusstsein entstehen kann, das keine Einsamkeit nötig hat und den Vergleich mit andern nicht fürchten muss.

> *»Der Mensch, sobald seine räumlichen Auffassungen einigermaßen zur Reife kommen, findet sich als den beweglichen Mittelpunkt der Dinge, von wo aus nicht bloß die Entfernungen, sondern auch die Schwierigkeiten wachsen, das Begehrte zu erreichen, und zu welchem hin sich allemal das Erreichte bewegt, indem es die Begierden befriedigt. So ist der Egoismus nicht der Grund der Begierden, sondern er ist eine Vorstellungsart, die zu denselben hinzugedacht wird. Gebrochen aber wird der Egoismus schon einigermaßen dadurch, wenn der Mensch einen andern Mittelpunkt der Dinge fasst; zu diesem fühlt er sich alsdann unfehlbar hingezogen.«* (Ebd., S. 140)

Egoismus oder Eigenliebe sind keine natürlichen Instanzen, die dem Menschen qua Ausstattung zugehörten; vielmehr ist Egoismus eine Vorstellungsart, die sich mit Zunahme der Entfernungen und der Schwierigkeiten, das Begehrte zu erreichen, relativiert. Nur ganz kleine Kinder denken sich als den einzigen oder als tatsächlichen Mittelpunkt der Welt. Sowie sie einen *anderen* Mittelpunkt der Dinge fassen können, sind sie mit dem Problem konfrontiert, sich zu diesem Mittelpunkt hingezogen zu fühlen. Es gibt dann aber nicht mehr einfach sie selbst als den einzigen Mittelpunkt. Kinder vermeiden also nicht den Vergleich, sondern lernen *mit* ihm. Daher wird Gemeinschaft nicht ausgeschlossen, wie bei Rousseau, sondern dienlich gemacht.

> »*Von der größten moralischen und überhaupt praktischen Wichtigkeit ist die Vorstellung des Wir, welche auf der Voraussetzung gemeinschaftlicher Empfindung und Auffassung beruhet. Dem eigentlichen Egoismus gibt sie ein natürliches Gegengewicht; auch ist sie natürlich, denn kein Mensch weiß eigentlich, wer er ganz allein sein würde.*« (Ebd.)

Mit einer Kritik Rousseaus beginnt Herbart seine »Allgemeine Pädagogik«.[133] Die Kritik hat drei Spitzen: Wer das Leben zur Natur machen will, reduziert Erziehung auf, wie es heißt, »Äußerungen der *Vegetation* im Menschen«. Zweitens ist diese vorgeblich »natürliche« Erziehung »zu teuer«, weil in Rousseaus Szenario das »ganze eigentümliche Leben *des Erziehers*« geopfert wird, ohne dass sich dieses Opfer auszahlt. Und drittens verleitet das natürliche Leben zur sorglosen Vorstellung, dass in ihm leicht und ausschließlich zum eigenen Vorteil gelernt werden könne.

> »*Nur freilich, mitten unter kultivierten Menschen einen Naturmenschen zu erziehen, das muss dem Erzieher ebenso viel Mühe machen, als es nachher dem Erzogenen kosten möchte, unter so heterogener Gesellschaft fortzuleben.*« (Herbart 1965a, S. 17/18)

133 Diese Platzierung ist, soweit ich sehe, nie systematisch ausgewertet worden. Herbart kritisiert Rousseau an verschiedenen Stellen, etwa in seiner umfangreichen Besprechung der dreibändigen zweiten Auflage von Friedrich Heinrich Christian Schwarz' Erziehungslehre (1829/1830; Herbart 1965a, S. 269–296). Die Besprechung erschien 1832 in der Halleschen Literatur-Zeitung Nr. 21–24.

Das Szenario selbst, die Absonderung des »Naturmenschen« von aller Gesellschaft, liegt jenseits jeder menschlichen Möglichkeit, und dies nicht nur aus pragmatischen, sondern aus psychologischen Gründen, weil dann der Egoismus kein natürliches Gegengewicht hätte. Daher kann sich Rousseaus Erzieher nur vergeblich abmühen. Das Scheitern am Ende ist in allem Anfang mitgegeben, weil soziale Isolation kein Erziehungsmittel sein kann. Einsamkeit ist so immer nur biographisches Schicksal. Man ist immer »l'homme de l'homme« und nie »l'homme da la nature« (O.C. IV, S. 549). Niemand wird isoliert in die Welt eingeführt (ebd., IV, S. 654), weil und soweit die Welt von Anfang an verstanden werden muss; anders würde sie keine Herausforderung darstellen.

In dem *Lehrbuch zur Psychologie* von 1816 wird noch ein weiterer Sinn der Kritik an Rousseau deutlich. Rousseau übersieht den einfachen Tatbestand, dass Lernen und Erfahrung *Folgen* haben, die die Seele oder das Ich verändern, ohne dass die Natur den Weg festgelegt hätte. Den Mechanismus nennt Herbart *Apperzeption*[134], also Hinzufügung zu dem, was in der Wahrnehmung oder Vorstellungswelt eines Subjekts bereits vorhanden ist. Man *hat* also nicht immer schon Instanzen wie die *amour de soi*, sondern reichert sich selbst ständig an, lebt also in Zusätzen. Die Anreicherung ist durch Dritte nicht verfügbar, zugleich muss sie so geschehen, dass die Einheit der Person gewahrt bleibt. Rousseau wollte diese Einheit schützen und konnte dann nicht positiv erklären, wie sie sich bewegt, nämlich sich selbst und unablässig anreichert. Die negative Erziehung aber ist unmöglich, weil das, was geschützt werden soll, sich ständig verändert, ohne auf natürliches Wachstum reduziert werden zu können. Auch die perfekteste Kontrolle des Lern- und Erfahrungsraumes kann daran nichts ändern, sodass der didaktische Zwang in Rousseaus Szenario genau das behindert, was er hervorbringen soll.

Herbart geht demgegenüber vom Lern- oder Erfahrungszuwachs aus, der je neu assimiliert werden muss, also keiner inneren Teleologie folgt. In diesem Sinne sind nicht »Natur« und »Entwicklung« grundlegend, sondern *Anreicherung* und *Verarbeitung*.

134 Ad perceptio.

> »*Die Complexion, welche das eigne Selbst eines Jeden ausmacht, bekommt im Laufe des Lebens unaufhörlich Zusätze, die mit ihr, sogleich sie eintreffen, aufs Innigste verschmelzen. (Geschähe dieses nicht, so würde die Einheit der Person verloren gehn, welches sich in manchen Arten des Wahnsinns wirklich ereignet, indem sich aus einer gewissen Masse von Vorstellungen, die abgesondert wirkt, ein neues Ich erzeugt, woraus, wenn die Massen abwechselnd, und zufolge eines Wechsels im Organismus, ins Bewusstsein treten, auch eine wechselnde Persönlichkeit entsteht.*« (Herbart 1887, S. 140f.; Hervorhebungen J.O.)

Herbart spricht von Vorstellungs*massen*, die sich bewegen, also sinken und steigen.[135] Normal erzeugt sich das Ich »vielfach in verschiedenen Vorstellungsmassen«, aber es entsteht »*kein vielfaches Ich*« (ebd., S. 141). Der Kern der Identität erweist sich daran, ob und wie es gelingt, in der fortlaufenden Erfahrung die Einheit der Person zu bewahren, ohne sich auf natürliche Instanzen verlassen zu können. Das Problem ist eher, welche Folgen das *Nacheinander* hat, wenn mit dem Fortgang der Zeit die Intensität nachlässt und sich das Ältere gegenüber dem Neueren abschwächt. Der »Lauf der menschlichen Wahrnehmungen« ist nicht konstant (ebd., S. 145), sondern ändert sich im Tempo, folgt unterschiedlichen Prioritäten und lässt keine gleichmäßige Verarbeitung zu. Oft muss *nachfolgend* verarbeitet werden, was *vorgängig* geschehen ist, aber oft verschwindet auch das *Frühere*, weil der Druck oder die Masse des *Gegenwärtigen* zu groß ist.

Es ist kein Zufall, dass Herbart an *dieser* Stelle auf seine Allgemeine Pädagogik zu sprechen kommt (ebd., S. 147), ohne die Theorie der Erziehung aus der Psychologie abgeleitet oder gar die Mittel der Erziehung bestimmt zu haben. Das *psychologische* Problem wird so gefasst:

135 Vorbild ist die Unterscheidung von trägen und schweren Massen in der Physik. Die träge Masse ist der Widerstand gegen eine Änderung der Geschwindigkeit eines Körpers, die schwere Masse ist die Ursache der Anziehung, die Körper aufeinander ausüben.

> »*Die späteren Verarbeitung des früher gesammelten Stoffes ist um desto wichtiger, weil die älteren Vorstellungen gewöhnlich die stärkeren sind, wegen der abnehmenden Empfänglichkeit. Diese Verarbeitung wird jedoch, je später, desto schwieriger, weil durch den steten Zufluss neuer Wahrnehmungen sich die Gemütslage, nebst der entsprechenden Disposition des Leibes, fortdauernd ändert, sodass die älteren Vorstellungen mit ihren früher eingegangenen Verbindungen immer weniger dazu passen, folglich die Reproduktion derselben größere Hindernisse antrifft. Hierin liegt der Grund, weshalb dasjenige, woran nicht manchmal durch Wiederholungen erinnert wird, mehr und mehr in Vergessenheit gerät. Genau genommen aber geht in der Seele nichts verloren.*« (Ebd., S. 146; Hervorhebungen J.O.)

Der letzte Satz ist formuliert, lange bevor der erste Hauptsatz der Thermodynamik, der Satz über die Erhaltung der Energie, vorlag.[136] Die Idee, dass in der Seele nichts verloren geht, sollte etwa für Freud ganz grundlegend werden. Die Lehre vom »Unbewussten« hätte keine Grundlage, wenn nicht gelten würde, dass in der Seele alles erhalten bleibt. Herbart spricht zwar ähnlich von steigenden und sinkenden Vorstellungsmassen, also Komplexionen, die ins Bewusstsein aufsteigen, und solchen, die abgesunken sind, vorausgesetzt keine geht verloren, aber das Problem ist deutlich unterschieden von der »Wiederkehr des Verdrängten«. Das Bewusstsein nämlich ist *permanent* in Bewegung, kennt also keine frühkindlichen Komplexe, die abgedrängt wurden und unbemerkt wiederkehren. Es gibt ältere und jüngere Verbindungen, und dies *fortlaufend*, weil ein »steter Zufluss neuer Wahrnehmungen« angenommen werden muss. Mit dem zeitlichen Abstand passen die älteren immer weniger zu den jüngeren Verbindungen, also trifft die Reproduktion der älteren auf immer größere Schwierigkeiten, es sei denn, sie werden fortlaufend geübt, nämlich durch Wiederholungen erinnert und so nicht einfach vergessen. Vergessen aber ist das

136 Mathematisch formuliert 1847 von Hermann Helmholtz. Experimente, die auf den Erhalt der Energie hindeuteten, haben allerdings schon vor 1800 stattgefunden. Ob Herbart davon wusste, ist nicht untersucht.

Hauptproblem der Erziehung und des Unterrichts, die ja wie ein *ständiger Zuwachs* ohne Inkaufnahme von Verlusten vorgestellt werden.

Erziehung und Unterricht könnten nie Ziele erreichen, wenn diese wesentlich *aus Vergessen* bestünden, aber offenkundig ist der Fluss der Wahrnehmungen unstetig, mindestens ändert sich gemäß der Psychologie Herbarts die akute Gemütslage fortdauernd, sodass immer die Gefahr besteht, dasjenige zu vergessen, was nicht nachfolgend ständig neu bearbeitet wird. Aber die Abrufbarkeit und so die Garantie des Früheren ist die Voraussetzung dafür, überhaupt etwas aufbauen zu können. »Aufbau« verlangt nicht die ständige Präsenz, wohl aber die Anschließbarkeit des Früheren, das sich mit dem Späteren verküpfen können muss, wenn eine geordnete Folge möglich sein soll, während – nach Herbart – in dem Augenblick Vergessen droht, in dem sich das Akute verschiebt. Geordneter *Aufbau* ist so nicht möglich oder wäre Zufall. Den Zufall aber, so auch Herbart (1965a, S. 43, 155), muss die Erziehung ausschließen können.

Dazu benutzt Herbart nicht die Psychologie, die eher nur die Schwierigkeit bestätigt, sondern seine Pädagogik, genauer eine doppelte Unterscheidung aus der »Allgemeinen Pädagogik« von 1806.[137] Die Begrifflichkeit ist nicht so eigenwillig, wie sie klingt. Herbart spricht vom »analytischen« und »synthetischen Unterricht« sowie von »Vertiefung« und Besinnung« durchaus in Anlehnung an zeitgenössische Konzepte der Methodik. Erziehung und Unterricht sind nicht getrennt. Herbart (ebd., S. 22ff.) geht davon aus, dass jeder Unterricht erzieht und jede Erziehung zugleich Unterricht ist, sodass für beide identische Problemlagen bestehen und ein Unterschied nur umgangssprachlich, nicht jedoch theoretisch, gemacht werden kann.

Die Unterscheidung zwischen dem »analytischen« und dem »synthetischen« Unterricht wird im *Lehrbuch zur Psychologie* aufgenommen, ausdrücklich nicht als psychologische, sondern als »pädagogische Hauptbegriffe«. Sie sollen auf die »Zweckmäßigkeit

137 Darauf wird der Leser ausdrücklich verwiesen: Herbart 1887, S. 147.

der Reproduktion« reagieren (Herbart 1887, S. 146), die also nicht allein durch psychologische Bestimmung der Erziehungsmittel erfasst werden kann.

> »*Zuvörderst die Unterscheidung des analytischen und synthetischen Unterrichts. Jener geschieht durch zweckmäßige Reproduktion; dieser sorgt dafür, neue Vorstellungen gleich anfangs in zweckmäßiger Verbindung herbeizuführen. Ferner gehört hierher die allgemeine Forderung, dass Vertiefung und Besinnung, gleich einer geistigen Respiration, stets miteinander abwechseln sollen. Die Vertiefung geschieht, indem einige Vorstellungen nacheinander in gehöriger Stärke und Reinheit (möglichst frei von Hemmungen) ins Bewusstsein gebracht werden. Die Besinnung ist Sammlung und Verbindung dieser Vorstellungen. Beides findet statt sowohl beim analytischen, als beim synthetischen Unterrichte. Je vollkommener und sauberer diese Operationen vollzogen werden, desto besser gedeiht der Unterricht.*« (Ebd., S. 146f.)

Die »Allgemeine Pädagogik« unterscheidet die *Regierung* der Kinder, also die institutionellen Verfassungen der Erziehung, die *eigentliche Erziehung* sowie den *Unterricht*. Unterricht ergänzt Erfahrung und Umgang. Es gibt drei verschiedene Arten des Unterrichtsganges. Die erste Art nennt Herbart »bloß darstellend«, sie betrifft dasjenige, »was hinreichend *ähnlich* und verbunden ist mit dem, worauf der Knabe bisher gemerkt hat« (Herbart 1965a, S. 73). Gemälde *fremder* Länder erinnern an *bekannte* Farben oder *historische* Schilderungen lassen sich mit der *Gegenwart* verbinden. Ein derartiger Unterricht überschreitet den »Gesichtskreis« des Kindes[138] nicht. Der »analytische Unterricht« zerlegt das Besondere, das er vorfindet und führt es hinauf in die »Sphäre des Allgemeinen« (ebd., S. 73f.), etwa wenn das, »was ein individueller Gesichtskreis kombiniert enthält, ins Logisch-Allgemeine hinausweist« (ebd., S. 74). Der »synthetische Unterricht« schließlich baut eigenes Wissen auf, *ohne* auf Vorgefundenes achten zu müssen. Dies ist der eigentliche Schulunterricht, also Mathematik ebenso wie die elementaren

138 Herbart spricht durchgehend vom Knaben.

Fertigkeiten der Grammatik oder die Grundlagen der Physik (ebd., S. 75f.). Von »Synthesis« kann gesprochen werden, weil Kombinationen, Klassifikationen oder Beziehungen gelehrt werden, freilich nicht an sich, sondern immer bezogen auf Wissenschaften, die sich weder aus der Psychologie noch aus der Philosophie ableiten lassen.

Herbart nutzt hier einfach die historische Felderfahrung von Erziehung und Unterricht oder das, was pädagogische Systeme ausmacht. Diese Erfahrung kann man nach »bloß darstellend«, »analytisch« und »synthetisch« unterscheiden, weil immer versucht werden muss, an den Gesichtskreis der Lernenden anzuschließen, diesen Gesichtskreis mit zu ihm passenden Verallgemeinerungen zu verknüpfen und schließlich ihm Wissen nahe zu bringen, das *nicht* in ihm enthalten ist. Man kann dies als Mittel bezeichnen, Ziele zu erreichen, ohne dass die Mittel solche der Psychologie wären, die *pädagogische* Mittel gar nicht angibt. Das Gleiche gilt für »Vertiefung« und »Besinnung«. *Vertiefung* ist die Erfahrung, sich in eine bestimmte Kunst oder Wissenschaft »einzusenken«, wie Herbart formuliert; *Besinnung* ist die Sicherung dieser Erfahrung, der Versuch, die Vertiefung zu bewahren, und zwar auch dann, wenn verschiedene Vertiefungen gefordert waren (ebd., S. 51f.). Daher zählt Herbart (1887, S. 148) auch »Merken« und »Erwarten« zu den Grundbegriffen der *Pädagogik*, weil ohne sie weder Unterricht noch Erziehung stattfinden könnten. Sie müssen darauf zählen, dass nicht alles, was sie tun, vergessen wird, vielmehr Empfänglichkeit und Lernbereitschaft besteht. In diesem Sinne verwendet Herbart »Bildsamkeit« als pädagogischen Grundbegriff.

Die Zwecke der Erziehung sind von den Mitteln unterschieden. Herbarts Formel aus dem »Umriss« gibt auch in der Erläuterung nicht an, wie eine *philosophische* Bestimmung mit einer *psychologischen* verträglich sein kann, wenn vollkommen unterschiedliche Theoriesysteme vorausgesetzt werden. Die Ideenlehre in Herbarts *praktischer Philosophie* hat nichts zu tun, weder in der Entwicklung noch in der Ausgestaltung der Theorie, mit dem, was die mathematische Vorstellungspsychologie vorgibt. Daher ist werkimmanent ausgeschlossen, dass philosophische Zwecke und psychologische Mittel in einer verträglichen oder überhaupt nur plausiblen Relation stehen könnten. Zudem sind philosophische noch keine pädagogischen Zwecke in dem Sinne, dass allgemeine Begründungen etwa der Tugend sich nicht von sich aus in pädagogische Felder übertragen lassen.[139] Wichtiger aber ist, dass Herbarts praktische Philosophie gar keine Zwecksetzungen enthält, die so auf die Pädagogik übertragbar wären, dass ein ähnlicher Effekt wie bei Miller zustande käme, nämlich eine Garantie der Erziehungsabsichten durch Sicherung ihres höchsten Zwecks oder ihrer höchsten Zwecke.

1806 beschrieb Herbart seine »Allgemeine Pädagogik« als *aus dem Zweck der Erziehung abgeleitet*. Der Zweck ist nicht einfach eine Ableitung aus philosophischen Ideen, sondern zunächst einmal eine eminente *Schwierigkeit*. Denn es fragt sich ja:

> »*Können wir die Zwecke des künftigen Mannes vorauswissen, welche frühzeitig statt seiner ergriffen und in ihm selber verfolgt zu haben, er uns einst danken wird?*« (Herbart 1965a, S. 39)[140]

Dankbarkeit als Kriterium für den Erziehungserfolg war weder bei Rousseau noch bei Schleiermacher ein Thema. Émile verdankte nichts der Natur, weil sie für ihn keine besondere Leistung darstellte, sondern einfach gegeben war. Aber auch der Erzieher erhält keinen Dank, weil er nur stellvertretend für die Natur agierte.[141] Ähnlich ist bei Schleiermacher zwischen Allmacht und Ohnmacht der Erziehung kaum Dankbarkeit zu erwarten. Herbart fragt, wie man verlässlich antizipieren kann, was sich der Voraussage eigentlich entzieht. Wie können die Zwecke der Erziehung so bestimmt sein, dass sie den Zwecken des künftigen Mannes entsprechen und sich später Dankbarkeit für das einstellt, was früher und stellvertre-

139 Nur dann, wenn Nachfrage besteht und Übersetzung tatsächlich geleistet wird.

140 Sperrung im Text entfällt.

141 Émiles Schlussrede bezieht sich darauf, den Erzieher als Vorbild für sich als Erzieher annehmen zu können. »Restez le maître des jeunes maîtres« (O.C. IV, S. 867). Der Erzieher hat seine Aufgabe (ses fonctions) erfüllt (ebd., S. 868), ohne besondere Dankbarkeit nötig zu haben.

tend entschieden wurde, ohne zu diesem Zeitpunkt das Kind entscheiden lassen zu können?

Der »*höchste* Zweck« der Erziehung, aber nicht der *einzige*, so Herbart, ist Moralität. Sie bezieht sich aber nicht auf ein ethisches System, sondern bezeichnet zunächst nur eine weitere Schwierigkeit, weil »die Betrachtungsart, welche das Sittliche an die Spitze stellt«, wohl die »Hauptansicht der Erziehung« darstellt, nicht jedoch die singuläre oder »umfassende« Ansicht. Zudem würde diese Ansicht »ein vollständiges System der Philosophie« verlangen, das nicht vorliegt, während die Erziehung stattfinden muss und nicht warten oder einfach eine Auszeit nehmen kann. Sie hat, wie es heißt, »nicht Zeit zu feiern, bis irgendeinmal die philosophischen Untersuchungen im Reinen sein werden« (ebd., S. 40).[142] Der Ausweg ist nicht wie bei Schleiermacher die Idee des Guten, von der aus man die Erziehung gar nicht erreichen würde.

Was immer daher die Erziehung für Zwecke haben mag, sie muss einen *pädagogischen* »Gedanken« voraussetzen, der sich nicht einfach aus philosophischen Zwecken oder einer letzten Idee ableiten lässt. Der Gedanke wird von Herbart so formuliert:

> »*Der Erzieher vertritt den künftigen Mann beim Knaben. Folglich, welche Zwecke der Zögling künftig als Erwachsener sich selbst setzen wird, diese muss der Erzieher seinen Bemühungen jetzt setzen; ihnen muss er die Innere Leichtigkeit im Voraus bereiten. Er darf die Tätigkeit des künftigen Mannes nicht verkümmern, folglich sie nicht jetzt an einzelnen Punkten festheften und ebenso wenig sie durch Zerstreuung schwächen. Er darf weder an der Intension noch an der Extension etwas verloren geben, das nachher von ihm wiedergefordert werden könnte. Wie groß oder wie klein nun diese Schwierigkeit sein möge, so viel ist klar: Weil menschliches Streben vielfach ist, so müssen die Sorgen der Erziehung vielfach sein.*« (Ebd., S. 41)

142 »Vielmehr ist der Pädagogik zu wünschen, dass sie so unabhängig als möglich von philosophischen Zweifeln erhalten werde.« (Herbart 1965a, S. 40)

Man könnte unmittelbar einwenden, das sei *unmöglich*, und dies als Forderung wie als Theorie. Und nicht nur unmöglich, sondern zugleich *unzulässig*, denn – so formuliert – müsste die Erziehung für die Zwecke verantwortlich sein, die sich spätere Erwachsene setzen, was nicht nur Prophetie verlangen würde, sondern zugleich Wirkungskontrollen, die schon deswegen ausgeschlossen sind, weil sich – Herbarts eigener Psychologie zufolge – die »Vorstellungsmassen« unaufhörlich bewegen, ohne *eine* und *nur* eine ursprüngliche Richtung zu verfolgen. Aber wenn ernsthafte Erziehung *Stellvertretung* verlangt und *jetzt* Entscheidungen getroffen werden müssen, die sich *künftig* auswirken, ohne dass Kinder sie selbst treffen können oder sollen, ist das Problem nicht von der Hand zu weisen. Wenn die Erziehung nicht schaden soll, muss sie nutzen, und der Nutzen ist unweigerlich eine Bearbeitung der Zukunft, ohne sich den Schwierigkeiten einfach durch Negation entziehen zu können. Rousseaus Kritik, die Bearbeitung der Zukunft durch Erziehung sei »barbarisch«, verkennt, dass pädagogische Intentionen sich nur auf die Zukunft richten können, ohne einzig deswegen scheitern zu müssen oder gar illegitim zu sein.

Die Theorie der Stellvertretung hat allerdings eine Reihe von Schwierigkeiten: Die künftigen Zwecke des Zöglings sind nicht einfach in der Gegenwart der Erziehung vorhanden. Auch die beste Antizipation kann nicht vorwegnehmen, was die späteren Erwachsenen als sinnvolle Zwecke erachten. Selbst oder gerade Moralität ist zwischen den Lebensaltern von Kindern und Erwachsenen kein Kontinuum, das sich durch Erziehung beherrschen ließe. Herbart behilft sich mit der Unterscheidung von *bloß möglichen* und *notwendigen* Zwecken.[143] Die grundlegende Bindung der Zwecke der Erziehung an die *künftigen* Zwecke des Erwachsenen bleibt erhalten, aber nunmehr stellen sich zwei verschiedene Fragen:

143 »Das Reich der künftigen Zwecke des Zöglings (sondert sich uns) in die Provinz der bloß möglichen Zwecke, die er vielleicht einmal ergreifen und in beliebiger Ausdehnung verfolgen möchte, und die davon abgetrennte Provinz der notwendigen Zwecke, welche außer Acht gelassen zu haben, er sich nie verzeihen könnte.« (Herbart 1965a, S. 41)

1) Wie kann der Erzieher sich die *bloß möglichen* künftigen Zwecke des Zöglings im Voraus zueignen?
2) Wie soll der Erzieher sich dem *notwendigen* Zweck des Zöglings zueignen? (Ebd., S. 41, 42)

Die »bloß möglichen Zwecke« sind im Plural formuliert, der »notwendige Zweck« im Singular. Über die ersteren entscheidet die Willkür des Erwachsenen, der zweite ist objektiv gesetzt. Die Erziehung hat daher zwei unterschiedliche Aufgaben, die Herbart mit den Ausdrücken »Vielseitigkeit des Interesses« und »Charakterstärke der Sittlichkeit« bezeichnet. Auf die *bloß möglichen* künftigen Zwecke kann Erziehung nie material, sondern immer nur formal vorbereiten, nämlich dadurch, dass die Vielseitigkeit des Interesses befördert wird. Anders der *notwendige* Zweck, der auf Sittlichkeit zielt und Charakterstärke verlangt. Er muss material verfolgt werden. Das wird so gesagt:

> »*Da die Sittlichkeit einzig und allein in dem eignen Wollen nach richtiger Einsicht ihren Sitz hat, so versteht sich zuvörderst von selbst, die sittliche Erziehung habe nicht etwa eine gewisse Äußerlichkeit der Handlungen, sondern die Einsicht samt dem ihr angemessenen Wollen im Gemüte des Zöglings hervorzubringen.*« (Ebd., S. 42; Hervorhebungen J.O.)

Präziser und material bestimmt, bezieht Herbart »Charakterstärke der Sittlichkeit« auf die Ideen des Rechten und Guten, die dauerhaft und folgenreich im Kind verankert sein müssen, ohne dass der spätere Erwachsene dies relativieren könnte. Er ist vielseitig nur im Blick auf Interessen[144], nicht auf Sittlichkeit, die daher kein »Interesse« sein kann. Sie muss *verinnerlicht* werden und das nennt Herbart seinen pädagogischen »Hauptgedanken« (ebd., S. 43).

> »*Also, dass die Ideen des Rechten und Guten in aller ihrer Schärfe und Reinheit die eigentlichen Gegenstände des Willens werden,*

144 »Alle müssen Liebhaber für alles, jeder muss Virtuose in einem Fache sein.« (Herbart 1965a, S. 42)

dass ihnen gemäß sich der innerste reelle Gehalt des Charakters, der tiefe Kern der Persönlichkeit bestimme mit Hintansetzung aller andern Willkür, das und nichts Minderes ist das Ziel der sittlichen Bildung.« (Ebd.; Hervorhebungen J.O.)

In der *Allgemeinen praktischen Philosophie* von 1808, die zeitlich nahe an der *Allgemeinen Pädagogik* verfasst wurde, unterscheidet Herbart

- die Idee der inneren Freiheit,
- die Idee der Vollkommenheit,
- die Idee des Wohlwollens,
- die Idee des Rechts,
- und die der Idee der Billigkeit[145].

Es ist immer wieder behauptet worden, dass der *notwendige* Zweck der Erziehung, der auf die Ideen des Rechten und des Guten verweist, vor dem Hintergrund der praktischen Philosophie verstanden werden müsse.[146] Aber Herbarts Ethik soll weder Erziehung begründen noch die Besonderheit pädagogischer Institutionen nachweisen. Zudem wäre es seltsam, mit der Idee der »inneren Freiheit« oder der Idee der »Vollkommenheit« das sittliche Wollen des Zöglings so zu bestimmen wie vorgesehen, nämlich als *Charakterstärke,* die sich nicht gegenüber sich selbst *frei* verhalten kann und auch nicht nach der Erziehung *vollkommener* werden kann, wenn wirklich ein *notwendiger* Zweck erfüllt sein soll.

Herbart interessiert sich in der praktischen Philosophie nicht oder nur sehr am Rande für Probleme der Erziehung. Im Mittelpunkt stehen philosophische Ideen[147], die »ursprünglich« genannt werden, weil sie von »abgeleiteten Ideen« unterschieden sind. Die ursprünglichen Ideen verweisen auf Institutionen der Gesell-

145 Zu verstehen im Sinne von Billigen und Missbilligen, also der Unterscheidung nach »Wohl oder Wehe« (Herbart 1873, S. 55).

146 So auch der Herausgeber der »Allgemeinen Pädagogik« in einer kommentierenden Anmerkung (Herbart 1965a, S. 340, Anm. 35).

147 Es sind keine platonischen Ideen (vgl. die Kritik Platos in: Herbart 1993, S. 250ff.).

schaft[148], die nicht pädagogische Institutionen sind, und rechtfertigen diese. Weder Schule noch Familie finden auch nur Erwähnung; infolgedessen geht es weder um Erziehung noch um Unterricht. In Herbarts praktischer Philosophie verweist

- die Idee des Rechts auf die »*Rechtsgesellschaft*«,
- die Idee der Billigkeit auf das »*Lohnsystem*«[149],
- die Idee des Wohlwollens auf das »*Verwaltungssystem*«,
- die Idee der Vollkommenheit auf das »*Kultursystem*« und
- die Idee des inneren Freiheit auf die »*beseelte Gesellschaft*«[150] (Herbart 1873, S.74f.).

Das bestimmt nicht die Zwecke der Erziehung, die nicht zufällig nicht erwähnt wird. Sie lässt sich nicht dem »Kultursystem« zuordnen, weil sie nicht in Kommunikation aufgeht[151], sondern Moralität zum Zweck hat, die verinnerlicht werden soll. Am Ende ist zwar davon die Rede, dass niemand *die Gesellschaft* erziehen kann, weil *sie* es ist, die den Einzelnen erzieht (ebd., S. 156), aber das ist nur eine Nebenbemerkung, die im Übrigen der Allgemeinen Pädagogik krass widerspricht.[152] Herbart hat also wie Rousseau und Schleiermacher je nach Kontext unterschiedliche Begriffe von Erziehung zur Verfügung, die erst unter der Voraussetzung eines pädagogi-

148 »Das Recht wird vorangehen und ihm die Billigkeit folgen; alsdann werden die ersten drei Ideen hinzukommen, in umgekehrter Ordnung, sodass die Idee der innern Freiheit die Reihe beschließt, und den Rückgang von den Verhältnissen mehrer Willen zu denen, die Ein Centrum des Bewusstseins erfordern, gehörig vollendet.« (Herbart 1873, S. 74)

149 Gemeint ist ein System wechselseitiger Belohnungen.

150 Die freie Geselligkeit unter Abwesenheit staatlichen Zwangs.

151 »Die Möglichkeit des Kultursystems … hängt ab von den Mitteln der Kommunikation.« (Herbart 1873, S. 98) Kultur ist zweckfrei zu verstehen. Es geht um »die bloße Ausbildung der Kräfte, nur damit sie hervortreten und sich darstellen in ihren Wirkungen« (ebd., S. 94).

152 »Anstatt … den Begriff der Tugend in die Gesellschaft hineinzutragen …, müssen die Glieder der Gesellschaft vielmehr den Begriff, so fern er in ihr vorhanden ist, selbst aufsuchen, ihn gleichsam von ihr lernen, und ihm alsdann, durch Anschließung an das vorhandene Ganze, sich unterwerfen.« (Herbart 1873, S. 156)

schen Theoriekontextes einen einheitlichen Gebrauch nahe legen.[153]

Noch etwas anderes ist auffällig, nämlich die Abwesenheit jeglicher Transzendenz. Herbart begründet seine Philosophie, Psychologie und Pädagogik ohne Rekurs auf christliche Dogmatik, ohne Theologie und ohne einen an sie angelehnten Idealismus. Die Pädagogik kommt ohne natürliche Religion, ohne Erbsündenlehre und ohne Gottesbegriff aus, Anleihen an die christliche Pädagogik, etwa die Vorstellung der Gottesebenbildlichkeit, die Erziehung in der Nachfolge Jesu oder die Idee der Mission, fehlen gänzlich. Herbarts Metaphysik bezieht sich auf die Ontologie der *Begriffe* (Herbart 1993, S. 181–268), Glauben und Religion erheben Anspruch auf ein Wissen, »für welches«, so Herbart lakonisch, »uns nun einmal die Data fehlen« (ebd., S. 292). Sie können daher nicht für pädagogische Zwecke instrumentiert werden, selbst wenn dies eine legitime Möglichkeit wäre.

> »*Religion beruht auf Demut, und dankbarer Verehrung. Die Demut wird begünstigt durch das Wissen des Nicht-Wissens. Die Dankbarkeit kann nicht größer sein, als gegen den Urheber der Bedingungen unseres vernünftigen Daseins. Die Verehrung kann nicht höher hinaufschauen, als zu dem Unermesslich-Erhabenen. Vielleicht wird man sagen, es fehle noch das Vertrauen auf die absolute Allmacht, die freilich zu ihrer Festsetzung ein strenges Dogma erfordert. Allein eben hier ist eine Erinnerung auf jeden Fall sehr notwendig. Nämlich auch die Allmacht kann nicht den viereckigen Zirkel erschaffen; sie ist der geometrischen Notwendigkeit unterworfen.*« (Ebd., S, 292f.)

Der pädagogische Demiurg[154] ist damit nicht auch schon preisgegeben, also die Schöpfung des Kindes und mindestens seiner Sitt-

153 Rousseaus Verständnis von »Erziehung« in der Nouvelle Héloise oder in den politischen Schriften unterscheidet zum Teil krass von dem, was der Émile nahe legt. Ähnlich deckt sich das Erziehungsverständnis des Theologen nicht mit dem des Pädagogen Schleiermacher.

154 Griechisch ursprünglich für »Werkmeister« (bei Homer und anderen). Platon versteht im Timaios unter Demiurg den »Weltbaumeister«. In der

lichkeit durch den Erzieher. Aber wie soll Sittlichkeit auf Dauer befestigt werden, wenn die Wahrnehmung beweglich und die Welt in vielerlei Hinsicht reizvoll ist, ohne von sich aus der Sittlichkeit den Vorzug zu geben? Von dieser Beobachtung geht Herbart 1804 in einem seiner frühen Aufsätze aus, der den eigenartigen Titel trägt »Über die ästhetische Darstellung der Welt als das Hauptgeschäft der Erziehung« (Herbart 1964a, S. 105–121).[155]

Moralität ist hier bereits Zweck der Erziehung. Dieser Zweck, heißt es, könne nicht mit den Mitteln des *Idealismus*, also der Philosophie von Kant und Fichte[156], bestimmt werden, sondern verlange eine *realistische* Sicht (ebd., S. 107). »Realismus« aber sei nicht Abbildung der Wirklichkeit, die ja auch bei Herbart begrifflich konstruiert und verständig beurteilt sein will. Das Sittliche ist dann aber vom Empirischen zu trennen, das heißt, Moral kann keine *empirischen* Notwendigkeiten für sich in Anspruch nehmen. Übrig bleibt dann nur, so Herbart, die *ästhetische* Notwendigkeit (ebd., S. 110).

> »*Diese charakterisiert sich dadurch, dass sie in lauter absoluten Urteilen ganz ohne Beweis spricht, ohne übrigens Gewalt in ihre Forderung zu legen.*[157] *Auf die Neigung nimmt sie gar keine Rücksicht, sie begünstigt und bestreitet sie nicht. Sie entsteht beim vollendeten Vorstellen ihres Gegenstandes.*« (Ebd.; Hervorhebungen J.O.)

Wer bis hierhin Geduld gehabt hat mit Herbart, ist überrascht. Sollten nicht die Ideen des *Rechten* und *Guten* dem Zögling so eingepflanzt werden, dass Charakterstärke der Sittlichkeit für die Dau-

Gnosis, besonders bei Markion, ist der Demiurg eine Mittler-Gottheit zwischend der reinen Geistigkeit und der als böse gedachten Materie.

155 Der Aufsatz datiert aus dem Jahre 1802. Er wurde 1804 veröffentlicht als Anhang zur zweiten Ausgabe von Pestalozzis Idee eines ABC der Anschauung.

156 Das ist noch 1831/1832 Thema: Herbart (1906).

157 In der Fußnote zitiert Herbart eine Stelle aus Platons Nomoi (645a), die auf die Zwanglosigkeit der Vernunft verweist.

er des Lebens gewährleistet ist? An dieser Stelle geht Herbart davon aus, dass die *ästhetische* Darstellung der Welt dies zu besorgen habe. Das Konzept der »Verinnerlichung« ist ja obskur genug, um weitere (und andere) Theoriearbeit herauszufordern. Aber gelingt die Absicht? Wieder ist die Voraussetzung, dass in der Erziehung die Regierung des Zufalls ausgeschlossen werden müsse. Genauer spricht Herbart davon, dass nicht dem Zufall überlassen bleiben dürfe, ob der Zögling sich den »Berechnungen des Egoismus« hingibt oder sich sittlich verhält.

> *»Dieser Zufall soll nicht Zufall bleiben. Der Erzieher soll den Mut haben vorauszusetzen, er könne, wenn er es recht anfange, jene Auffassung* (der Sittlichkeit; J.O.) *durch ästhetische Darstellung der Welt früh und stark genug determinieren, damit die freie Haltung des Gemüts nicht von der Weltklugheit, sondern von der reinen praktischen Überlegung das Gesetz empfange.« (Ebd., S. 114f.)*

Dies sei das »Hauptgeschäft der Erziehung« (ebd., S. 115), aber das würde zur Konsequenz haben, einen sittlichen Gehalt gar nicht bestimmen zu können, also die Ideen des Rechten und des Guten nicht auf praktische Fälle und Ereignisse anzuwenden, sondern sie in ästhetische Urteile aufzulösen. Es geht dabei nicht um die in der Didaktik übliche Indienstnahme ästhetischer Darstellungen für sittliche Zwecke, die illustriert werden, um verständlich zu sein. Vielmehr denkt Herbart an eine grundsätzliche Vorordnung *ästhetischer Urteile*, von denen es an anderer Stelle[158] heißt, sie würden »das Prädikat der Vorzüglichkeit oder Verwerflichkeit *unmittelbar* und *unwillkürlich*, also ohne Beweis und ohne Vorliebe oder Abneigung, den Gegenständen beilegen« (Herbart 1964, S. 80). »Unmittelbar« und »unwillkürlich« kann nur heißen ohne Dazwischenkunft von Willen und praktischer Vernunft, die nicht einfach gleichbedeutend sein kann mit ästhetischen Urteilen. Keine Vernunft aber könnte praktisch sein, wenn sie *ohne Beweis* und dabei

158 Kurze Enzyklopädie der Philosophie (1831).

absolut sprechen würde, sie braucht gerade die Unterscheidung von Vorlieben und Abneigungen, damit Leidenschaft im Spiel sein kann, die sich immer beweisen muss und also schon aus diesem Grunde nicht absolut sein kann und darf.

Wenn Herbart behauptet, dass »hinter den moralischen Begriffen … notwendig, als erste Grund-Voraussetzung, ästhetische Begriffe verborgen (liegen)« (ebd., S. 83), dann um das Unbedingte und Absolute des sittlichen Urteils zu sichern. Es ist dann vollkommen, wenn es *ästhetisch* erfolgt, also unmittelbar und unwillkürlich. Aber wir beurteilen moralische Probleme nicht so, wie wir Schönheit empfinden, Tonfolgen wahrnehmen oder Farbkombinationen auf uns wirken lassen. Herbart denkt an Phänomene wie das Erhabene der Tugend in Beispielen der Sittlichkeit (ebd.), aber auch dabei entsteht nicht einfach ein unmittelbarer Eindruck und ein damit verknüpftes unwillkürliches (und unwillkürlich *zutreffendes*) Urteil. Vielmehr ist Abkehr ebenso möglich wie Misstrauen oder einfach Ignoranz, was bei Schönheit oder Harmonie wesentlich weniger der Fall ist. Das Sittliche, anders gesagt, geht nicht im Ästhetischen auf, während zugleich die selbstverständliche Zuordnung beider fraglich wird.

Die Herausforderung des Ethischen durch das Ästhetische ist eine Grunderfahrung des 19. Jahrhunderts, das auf Herbarts Idee ganz anders eingeht, als dieser es intendiert hatte, nämlich gerade in Auflösung von alledem, was er als »Charakterstärke der Sittlichkeit« behauptet hatte und mit den Mitteln einer säkularen Pädagogik realisiert sehen wollte. Das ist das große Thema von Sören Kierkegaard, der die bisherige Linie der Erziehungstheorie radikal infrage stellt, weil er weder von der Natur des Menschen ausgeht noch von der Idee des Guten noch von einem irgendwie maßgebenden Verhältnis von Zwecken und Mitteln. Er sieht keinen Mittelweg zwischen Allmacht und Ohnmacht, vor allem weil »Erziehung« keine eigene, pädagogische Thematisierung erfährt. Es gibt keine »Landkarte« der Erziehungswelt (Herbart 1965a, S. 22), weil Erziehung unabhängig von Erfahrung gar nicht bestimmt werden kann. Und im Mittelpunkt der Erfahrung steht nicht das Kind, sondern die Existenz, für die keine Stellvertretung übernommen werden kann. Es ist dann unmöglich zu sagen, »der Rückstand der pädagogischen Experimente sind die Fehler des Zöglings im Mannesalter« (ebd, S. 20).

2.4 Das Ästhetische und das Ethische

Sören Kierkegaard, der nur 42 Jahre alt wurde, hat ein umfangreiches Werk hinterlassen, das schon die Zeitgenossen als unerhört empfanden. Kierkegaard war ein hochernster Provokateur und ist eine Provokation, auch aufgrund der schweren Leichtigkeit seiner Sätze. Er spielte mit seinem Leben ohne jede persönliche Entlastung. Von 1843 an produzierte er unaufhörlich Bücher.[159] Er schrieb wie im Rausch, als sei er gehetzt und letztlich außerstande, die ihm zur Verfügung stehende Zeit zu nutzen.[160] In diesem Werk findet sich keine einzige Zeile Pädagogik. Kierkegaard hat nie etwas geschrieben, das im Sinne der bisherigen Darstellung »pädagogisch« genannt werden könnte. Er hat sich keine Gedanken darüber gemacht, ob es eine Erziehung gemäß der Natur geben könne, wie pädagogische Zwecke von erzieherischen Mitteln zu unterscheiden wären, hat nie konzeptionelle oder pragmatische Überlegungen angestellt, ob Kinder zu ihrem eigenen Besten beeinflusst werden

159 Maßgeblich ist noch die 2. Auflage der Samlede Vaerker (ed. A.B. Drachmann/J.L. Heiberg/H.O. Lange, Kopenhagen 1920–1936). Die neuen Soren Kierkegaards Skrifter erscheinen in Kopenhagen und werden computergestützt von Alastair McKinnon und Niels Jorgen Cappelon herausgegeben. Die sechsundzwanzigbändige definitive englische Ausgabe der Werke Kierkegaards erscheint in der Princeton University Press. Ein wichtiges Forschungszentrum ist die »Kierkegaard Library« des St. Olaf College (Northfield, Mn), die die beiden englischen Übersetzer Kierkegaards, Howard Hong und Edna Hong, 1976 aus eigenen Sammlungen gestiftet haben. Das Zentrum umfasst etwa 10.000 einschlägige Buchtitel sowie mehr als vierzig Prozent des Bestandes der rekonstruierten Bibliothek Kierkegaards (vgl. Rohde 1976).

160 Kierkegaard ging tatsächlich davon aus, dass er sterben müsse, ehe er vierunddreißig Jahre – das Alter Christi – alt war (Lebenszeugnisse in: Schwede 1989).

können, hat keine »Didaktik« oder »Methodik« vorgelegt[161] und verzichtete auf jede Idee der »zielgerichteten« Verbesserung von Mensch und Welt. Was sucht also Kierkegaard in einer Einführung in die Erziehungstheorie?

Die Einträge in pädagogischen Kompendien, die den Namen Kierkegaard verzeichnen, verweisen zumeist auf den »religiösen Erzieher« Kierkegaard (Kampmann 1949 und diverse andere), der im Zuge der Entwicklung der »existenzialistischen Pädagogik« in den fünfziger Jahren aufgebaut wurde und in der heutigen Diskussion keine Rolle spielt. Kierkegaard gilt weder als pädagogischer Klassiker wie Herbart noch als pädagogische Provokation wie Nietzsche. Sein Werk kann nicht zur Fundierung der Erziehung genutzt werden, aber verweigert sich auch jeder Instrumentierung. Die wissenschaftliche Auseinandersetzung mit Kierkegaard in der deutschen und internationalen Pädagogik ist spärlich und bleibt auf dessen Existenzialismus beschränkt (Blass 1968; Mannheimer 1977; Blanke 1978). Die philosophische, ästhetische und theologische Forschung ist demgegenüber gehaltvoll, gut organisiert[162] und besetzt internationale Themen, deren Relevanz nicht bestritten werden kann.

Dabei dominieren Veröffentlichungen über die bekannten Leitthemen Kierkegaards wie Angst und Verzweiflung, Glaube ohne Vernunft oder das verlassene Selbst in der unwirtlichen Gesellschaft (etwa: Theunissen 1993, Beabout 1996, Evans 1998, Pattison/Shakespeare 1998, Grön 1999). Daneben gibt es Darstellungen, die den existenzialistischen Kanon bestätigen sollen[163] (Hubben 1997), aber es gibt auch Versuche, diesen Kanon feministisch gegen den Strich zu lesen (Leon 1997). Pädagogische Abhandlungen neuerer

161 Das Verfahren der »indirekten Mitteilung« ist auf pädagogische Fragen hin ausgelegt worden (Rest 1937 und andere), ohne von selbst auf diese Fragen zu führen. »Indirekte Mitteilungen« sind keiner Hinsicht didaktisierbar.

162 Es gibt informative Webseiten, die auf den Forschungsstand und die internationale Diskussion bezogen sind. Etwa: Kierkegaards Resources World Wide;
http://www.utas.edu.au/docs/humsoc/kiertkegaard/resources.html.

163 Dostojewski, Kierkegaard, Nietzsche und Kafka.

Art tauchen nicht auf, die Situation mindestens in Deutschland[164] seit Ende der 1970er-Jahre, als Michael Theunissen und Wilfried Grave (1979)[165] eine repäsentative Auswahl der Diskussion um und über Kierkegaard vorlegten, hat sich nicht grundlegend verändert. Warum auch? Was sollte so interessant sein an einem Schriftsteller, der den Begriff *Angst* in den Mittelpunkt stellte, von *Furcht und Zittern* sprach, von der *Krankheit zum Tode*[166], und der den *Augenblick*[167] und nur diesen zum Inhalt des Erlebens machen wollte?

Erziehungsziele sind das nicht, ebenso wenig Stichworte für eine Pädagogik, die dem Leben dienen soll, Angst zu vermeiden hat und den Augenblick überwinden muss. Aber Kierkegaard *provoziert* diese Kette von Selbstverständlichkeiten, und er stellt sie nicht einfach infrage, sondern durchleidet ihre Konstruktion. Ein Hinweis ist die von Anthony Rudd (1997) beschriebene *Grenze des Ethischen* im Werk Kierkegaards. Behauptet wird nicht mehr einfach wie bei Herbart eine unhintergehbare ethische Aufgabe der Erziehung, bei der höchstens die Wahl der Mittel fraglich sein kann. Aber behauptet wird auch nicht, dass wie bei Schleiermacher die Erziehung der »Idee des Guten« zu folgen habe und bereits damit gut beraten sei. Beide, hätte Kierkegaard gesagt, der sie nicht oder nicht gut kannte[168], sind nicht paradox genug[169], oder anders: Sie

164 Eine Ausnahme ist die Studie von Heymel (1988).

165 Das gilt ähnlich für den Band von Perkins (1984).

166 Begrebet Angest (1844), Frygt og Boeven (1843), Sygdommen til Doden (1849).

167 Oieblikket (»Augenblick«) hieß die von Kierkegaard unmittelbar vor seinem Tode (1855) noch herausgegebene Zeitschrift, die er allein schrieb und die auf eigene Kosten gedruckt wurde. Kierkegaard lebte von seinem Erbe, das aufgebraucht war, als er starb.

168 Herbart hat Kierkegaard nie gelesen. Zu Schleiermacher gibt es eine Beziehung über seinen Lehrer Hans Lassen Martensen (1808–1884), der mit Schleiermacher befreundet war, ohne dass sich daraus für Kierkegaard ein besonderer Einfluss der Philosophie oder Theologie Schleiermachers ergeben hätte. Als Kierkegaard 1841 zum ersten Mal nach Berlin ging, war ein Einfluss Schleiermachers, der im Februar 1834 gestorben war, nicht mehr vorhanden.

169 Vgl. Malaquet 1971.

sind überhaupt nicht paradox, und das ist der kardinale Fehler ihrer Philosophie.

Noch weit mehr als Rousseau ist Kierkegaard der Stilist des Paradoxen. Die Reflexion ist nicht geschützt durch Ideen, aber sie kann sich auch nicht auf die verlässliche Größe der Natur zurückziehen. Daher gilt:

> »*Man (soll) vom Paradox nichts Übles denken; denn das Paradox ist des Gedankens Leidenschaft, und der Denker, der ohne das Paradox ist, er ist dem Liebenden gleich, welcher ohne Leidenschaft ist: ein mäßiger Patron. Aber die höchste Potenz jeder Leidenschaft ist es stets, ihren eignen Untergang zu wollen, und so ist es auch des Verstandes höchste Leidenschaft, den Anstoß zu wollen, ganz gleich, dass der Anstoß auf die eine oder andre Weise sein Untergang werden muss. Das ist denn des Denkens höchstes Paradox: etwas entdecken zu wollen, das es selbst nicht denken kann.*« (Kierkegaard 1981, S. 35)

Das Zitat ist dem dritten Kapitel eines Buches entnommen, das am 13. Juni 1844 im Kopenhagener Buchhandel erschienen ist. Das Buch hieß »Philosophiske Smuler« (oder »Philosophische Brocken« von Johannes Climacus, herausgegeben von S. Kierkegaard).[170] Es

170 Philosophiske Smuler eller En Smule Philosophie. Af Johannes Climacus. Udgivet af S. Kierkegaard. Der griechische Einsiedler Johannes Climacus (570/579–649) verfasste im 6. Jahrhundert Klimax tou paradeisou (»Die Leiter zum Paradies«). Beschrieben wird der Weg zur apatheia, also der Freiheit von den Leidenschaften. »Die Leiter zum Paradies« ist das erste in der Neuen Welt gedruckte Buch. Eine spanische Version erschien 1532 in Mexico. Johannes wurde mit 16 Jahren Mönch und lebte als Eremit. Im Alter von 70 oder 75 Jahren wurde er Abt des Klosters St. Katharinen auf dem Sinai, versah dieses Amt aber nur für vier Jahre und beendete sein Leben als Eremit. Kierkegaard hat sich gründlich mit Johannes auseinander gesetzt. Zugänglich sind die verschiedenen Fragmente aus den Jahren 1842 und 1843 in Kierkegaard (1985). Ein Kommentar ist zu finden bei Storm (1996–2000). Außerdem kann Evans (1985) konsultiert werden.

war Kierkegaards drittes von sechs Büchern des Jahres 1844.[171] Das Motto der »philosophischen Brocken« lautet in der deutschen Übersetzung[172] so:

> *»Kann es einen geschichtlichen Ausgangspunkt geben für ein ewiges Bewusstsein; inwiefern vermag ein solcher mehr als bloß geschichtlich zu interessieren; kann man eine ewige Seligkeit gründen auf ein geschichtliches Wissen?«*[173]

Weder Herbart noch Schleiermacher wären auf die Idee gekommen, so zu fragen. Für Schleiermacher war das ewige Bewusstein Reservat der Ewigkeit, also Gottes, und Herbart hat die historische Dauer seiner philosophischen Ideen einfach offen gelassen. Geschichte und genauer Geschichtlichkeit waren kein die Philosophie begründendes Thema. Kierkegaard denkt unter dem Einfluss Hegels, genauer: er wehrt sich mit aller denkerischen Leidenschaft gegen die Konsequenz der Hegelschen Geschichtsphilosophie, gemäß der die Ewigkeit aus der Geschichte erst hervorgehen würde.[174] Der »absolute Geist«[175] ist Resultat der Geschichte, nicht ihre Voraussetzung oder ihre andere Seite.[176] Wenn aber ein *geschichtlicher*

171 To opbyggelige Taler, Tre opbyggelige Taler, Philosophiske Smuler, Begrebet Angest, Forod. Morskabloesning for enkelte Stoender efter Tid og Lejlighed, af Nicolaus Notabene sowie Fire opbyggelige Taler.

172 Ich verwende die Übersetzung von Emanuel Hirsch. Die von Hirsch und anderen herausgegebenen und übersetzten Gesammelten Werke Sören Kierkegaards erschienen von 1950 an im Diederichs Verlag. Diese Ausgabe ist in 31 Bänden im Gütersloher Verlagshaus Gerd Mohn als Taschen-Buchedition zugänglich.

173 Kan der gives et historisk Udgangspunkt for en ewig Bevidsthed; hvorledes kan et saadant interesse mere end histortisk; kan man bygge en evig Salighed paa en historisk Viden?

174 Geschichte ist Theodizee (Hegel 1970, S. 28).

175 Am Ende der Phänomenologie des Geistes (Hegel 1970a, S. 575ff.).

176 »Die Weltgeschichte … ist … die Auslegung des Geistes in der Zeit, wie die Idee als Natur sich im Raume auslegt.« (Hegel 1970, S. 96f.) Weltgeschichte ist daher die »Erscheinung« der Idee des Geistes, der sich selbst nicht verändert. »Die gegenwärtige Gestalt des Geistes (begreift) alle früheren Stufen in sich.« (Ebd., S. 105) Am Ende heißt es: Die »wahrhafte

Ausgangspunkt für das »ewige Bewusstsein« angenommen wird, dann ist dieses Bewusstsein historisch und interessiert auch nur als ein solches. Ewige Seligkeit kann man nicht auf historischem Wissen gründen, weil daraus immer nur ein historisches Bewusstsein entstehen kann. Dieses Bewusstsein weiß, dass es nicht ewig ist, und mehr noch: Es weiß, dass *nichts* ewig ist.

Die »philosophischen Brocken«[177] sind die Abrechnung Kierkegaards mit Hegel. Nicht zufällig ist das Thema der Auseinandersetzung der *philosophische Gottesbeweis*, der versucht, das radikal Unbekannte, nämlich Gott, bekannt zu machen. Aber gelänge dieser Beweis, müsste sich sein Gegenstand auflösen, der bekannte Gott kann nicht zugleich unbekannt sein (ebd., S. 37ff.). Die letzthinnige Paradoxie des menschlichen Denkens bezieht sich auf Gott, also weder auf sich selbst noch auf irgendwelche Ideen, die zu erkennen immer *vor* einer unüberwindlichen Paradoxie erscheinen muss.

> »*Die paradoxe Leidenschaft des Verstandes stößt sich so denn beständig an diesem Unbekannten, das wohl da ist, aber unbekannt, und insofern nicht da ist. Weiter kommt der Verstand nicht, doch kann er es in seiner Paradoxie nicht lassen, herzuzukommen und sich damit zu beschäftigen; denn sein Verhältnis zu ihm dergestalt ausdrücken zu wollen, dass jenes Unbekannte nicht da ist, das geht nicht an, dieweil diese Aussage eben ein Verhältnis einschließt.*« (Ebd., S. 42)

Kierkegaard nutzt die formale Struktur der Paradoxie, um die »Grenze« des menschlichen Verstandes (ebd.) zu bestimmen. Gott kann nicht einfach »nicht da sein«, weil das Verhältnis zu ihm vorausgesetzt werden muss, damit überhaupt eine Frage nach Gott entsteht. Die Frage ist *unvermeidlich*, weil das Unbekannte *unumgänglich* ist. Jeder Verstand muss nach Gott fragen, weil sich in keinem Falle Verstand und Endlichkeit decken. Das Schicksal des Menschen ist es, ein Unbekanntes annehmen zu müssen, das »da«

Theodizee« ist »die Rechtfertigung Gottes in der Geschichte« (ebd., S. 540).

177 In manchen deutschen Übersetzungen auch Bissen.

ist und zugleich *nicht bekannt* sein kann, sodass die Furcht vor dem Unbekannten nicht aufgelöst werden kann. Nur das Bekannte erlaubt die Freiheit von Angst, »und zutiefst in der Gottesfurcht lauert auf wahnwitzige Weise die launenhafte Willkür, welche weiß, dass sie selbst den Gott hervorgebracht hat« (ebd., S. 43).

Wie wird das Bewusstsein ewig? Nicht, indem es Ideen erschaut oder sich selbst zur Ewigkeit entwickelt, das Absolute kann nicht verzeitlicht werden, aber die Ideen stehen auch nicht am Himmel zur freien Verfügung einer angestrengten Bildung, die einfach nur hinaufgehen müsste. Bildung ist gar kein Weg, der ein Ziel erreicht, vielmehr sind Menschen »gleichzeitig Lernende« (ebd., S. 60), die nicht zwischen früher und später unterscheiden dürfen, wenn sie Seligkeit[178] erlangen wollen. Es ist dies die Seligkeit des *Augenblicks*, die voraussetzt, dass Gott – und *nur* er – »Lehrer« sein kann, ohne dass eine Lehre – das wäre ein zeitliches Nacheinander und so ein Weg zu einem Ziel – vorhanden sein müsste. Nicht die Lehre ist der Gegenstand des Glaubens, sondern der Lehrer (ebd., S. 59), aber der Lehrer nicht als Person, sondern als Bedingung. Sie wird auf kathechetische Weise so dargelegt:

> *»Auf welche Weise wird … der Lernende Gläubiger oder Jünger? Wenn der Verstand verabschiedet ist und der Lernende die Bedingung empfängt. Wann empfängt er diese? In dem Augenblick. Diese Bedingung, was bedingt sie? Dass er das Ewige versteht. Solche eine Bedingung aber muss ja eine ewige Bedingung sein. – Mithin in dem Augenblick empfängt er die ewige Bedingung, und das weiß er daher, dass er sie in dem Augenblick empfangen hat; denn andernfalls besinnt er sich lediglich darauf, dass er sie von Ewigkeit her gehabt. In dem Augenblick empfängt er die Bedingung, und empfängt sie von jenem Lehrer selbst. Alles Fabeln und Posaunen darüber, dass er obgleich er die Bedingung nicht vom Lehrer erhielt, dennoch schlau genug gewesen ist, das Inkognito des Gottes zu entdecken: dass er es an sich selber spüren können, denn ihm war so wunderlich jedes Mal, wenn er jenen Lehrer gesehen; dass da so etwas in jenes Lehrers Stimme und Miene gewesen*

178 Salighed ist nicht einfach Glück, das Dauer verlangen würde (Kahn 1985).

> *usw. usw. – ist Altweibertratsch, mit dem man nicht Jünger wird, sondern lediglich des Gottes spottet.«* (ebd., S. 61; Hervorhebungen J.O.)

Glaube ist nicht Erkenntnis (ebd., S. 58), sondern ein Wunder und so ein Paradox (ebd., S. 62). Es *ist* und es ist *nicht*, der Augenblick der Gleichzeitigkeit bestimmt kein Sein, sodass der Glaube keine Dauer hat und also nicht »ist«, wohl aber erlebt wird. Kein Augenblick kann »angehalten« werden (ebd., S. 65), was aber jede positive Lehre – jede Erziehung und jeder Unterricht – voraussetzt. Sie gehen davon aus, dass die Aufeinanderfolge von Momenten Spuren hinterlässt und mit ihnen Dauer aufbaut. Für Kierkegaard ist demgegenüber Glaube einfach *Gleichzeitigkeit* von Mensch und Gott oder von Lehrer und Lerner. Der Lehrer ist nicht Person, die sich zeigen würde und so Vorstellungen zuließe. Gott ist kein Pädagoge. Die Gleichzeitigkeit setzt kein sinnliches Verhältnis voraus:

> *»Aber solch ein Gleichzeitiger ist … nicht Augenzeuge (in unmittelbarem Sinne), sondern als gläubig ist er der Gleichzeitige, in der Autopsie des Glaubens.«* (Ebd., S. 67)

»Autopsie« wird vom griechischen Wortsinn[179] her verstanden, als »Selbstbeobachtung« oder »eigener Augenschein«. Die medizinische Bedeutung war ursprünglich die Beobachtung des Kranken, ohne diesen zu befragen. Auch das schwingt mit, denn *befragen* kann sich der Gläubige nicht, weil »Fragen« den Augenblick übersteigt und ein Früher und ein Später voraussetzt. Auf Fragen erwartet man Antworten, die Gleichzeitigkeit von Frage *und* Antwort ist unmöglich, aber genau so soll »Glauben« vorgestellt werden, ohne Nacheinander und so ohne Konsequenz, die mehr wäre als der Augenblick. Nur so, außerhalb jedes zeitlichen Verhältnisses, kann Gott *notwendig* erscheinen, den Ausdruck im Wort- und im übertragenen Sinne verstanden. »Werden« ist zeitliche Veränderung, das Notwendige ist unveränderlich und bezieht sich rein

179 Griechisch autos (»selbst«) in Verbindung mit dem Stamm op-, der auf »Sehen« verweist.

auf sich selbst. Wirklichkeit ist »Veränderung des Werdens« (ebd., S. 71), aber *Werden* ist immer *Leiden*, weil und soweit nichts bestehen bleibt. Glaube ist demgegenüber die Erfassung des Notwendigen im Augenblick, der für sich stehen muss, also wiederum paradox verstanden wird. Ein Augenblick ohne den nächsten ist keiner, während der Glaube *gleichzeitig* sein muss und die Folge negieren kann. »Werden« und »Notwendigkeit« werden so unterschieden:

> »*Alles Werden ist ein Leiden, und das Notwendige kann nicht leiden, nicht das Leiden der Wirklichkeit leiden, welches darin besteht, dass das Mögliche (nicht bloß das Mögliche, welches ausgeschlossen wird, sondern sogar das Mögliche, welches aufgenommen wird) sich als ein Nichts erweist in dem Augenblick, da es wirklich wird; denn durch die Wirklichkeit ist die Möglichkeit vernichtet. Alles, was da wird, zeigt eben durchs Werden, dass es nicht notwendig ist, denn das Einzige das nicht werden kann, ist das Notwendige, denn das Notwendige ist.*« (Ebd., S. 70)

Das ist in der Rezeption ein Kernsatz des »Existenzialismus« geworden, verbunden mit der nachfolgenden Bestimmung, wonach der Übergang der Möglichkeit in die Wirklichkeit »durch die Freiheit« geschieht. Kein Werden ist notwendig[180], »alles Werden geschieht durch Freiheit«, jede Ursache entspringt »in einer freiwirkenden Ursache« (ebd., S. 71f.). Man sieht, wo Camus[181] oder Sartre[182] ihre Inspirationen erhalten haben, aber warum wird durch die Wirklichkeit die Möglichkeit *vernichtet*? Das Mögliche soll sich als ein »Nichts« erweisen in dem Augenblick, in dem es wirklich wird. Aber Wirklichkeit ist Veränderung, also Folge, die nicht einfach aus »Nichts«, genauer und noch absurder: aus einer Aneinanderreihung von »Nichts« bestehen kann. Sehr viel weniger absurd wäre

180 »Weder ehe es wurde, denn alsdann kann es nicht werden; noch nachdem es geworden ist, denn alsdann ist es nicht geworden.« (Kierkegaard 1981, S. 71)

181 Le mythe de Sysiphe (1942).

182 L'être et le néant (1943).

es, Möglichkeit und Wirklichkeit wie Potenzial und Realisierung zu denken, wobei sich das Potenzial nicht mit dem Wirklichkeitskontakt auflöst, sondern mit bestehenden und passenden Wirklichkeiten verbindet. Anders wäre es kaum möglich, *Kinder* zu denken, die sich nicht in dem Augenblick in nichts auflösen, in dem sie Wirklichkeit werden.

Aber Kierkegaard, der große Sätze über Kinder fand, *wollte*, dass die Wirklichkeit absurd erscheint. Das Werdende ist »Trugwerk« (ebd., S. 78), anders hätte die Gleichzeitigkeit von Gott und Mensch keine Faszination. Gott müsste sonst »*gewesen*« sein (ebd., S. 83), nämlich die erste Möglichkeit, die verschwindet, wenn sie die Welt erschafft. Warum diese Konstruktion? Sie reagiert nicht einfach auf ein theologisches Problem, es geht weder um den von Gott verlassenen Menschen noch um den einsamen Gottessucher. Kierkegaard denkt wie kaum ein anderer Philosoph seines Ranges, ausgenommen wie gesagt: Rousseau, biographisch. Das »Leiden des Werdens« ist wesentlich *sein* Leiden, die Philosophie reflektiert *seine* persönliche Existenz, und dies mit *einem einzigen* Thema. Fast alle Veröffentlichungen Kierkegaards und der größte Teil seiner umfangreichen Tagebücher handeln von einem unglücklichen Verhältnis, einer nie riskierten Liebe, die unmittelbar zum Nichts wurde, als sie Wirklichkeit erlangte. Sie blieb nicht, wie im Falle von Petrarca und Laura, *Möglichkeit*, sondern wurde vernichtet, bevor sie eine Chance erhielt. Das Absurde also bezieht sich auf die *Unmöglichkeit* der Liebe, und Kierkegaard versuchte zu fassen, was daran der ferne Gott und was er selbst verschuldet hat.

Im Mai 1837 lernte Kierkegaard, Student der Theologie an der Universität von Kopenhagen, Regine Olsen kennen. Die Bekanntschaft ist zunächst ein einziger Augenblick, der sich mit nichts verknüpfte außer der inneren Erfahrung. Zuvor hatte Kierkegaard, vierundzwanzig Jahre alt und in der Stadt berüchtigt, Bolette Rördam umworben, die Tochter einer bekannten Kopenhagener Pfarrersfamilie. Dass sie verlobt war, störte ihn nicht und er war imstande, die Rolle des geistreichen und witzigen Don Juan bis zur Perfektion zu spielen, sodass er sich über mangelnde Aufmerksamkeit des anderen Geschlechts nicht zu beklagen hatte. Aber es blieb Spiel. Abgesehen von einem einzigen und armseligen Bordellbesuch[183] hat Kierkegaard vermutlich nie erotisch gelebt, sondern immer nur, und dies voller Zweifel und mit hohem Sündenbewusstsein, erotisch empfunden. Er war der Ästhetiker der Liebe, und dies aus Verzweiflung, nicht aus Überzeugung. Sein Vater – Sören war der Jüngste von sieben Geschwistern und der erklärte Liebling des Vaters – starb über die Ausschweifungen seines Sohnes, der einen großen Teil seines Studiums[184] in Kaffeehäusern verbrachte, sich betrank, in zweifelhafter Gesellschaft verkehrte und öffentlich als Dandy auftrat. Eine Zeichnung seines Bruders aus dieser Zeit[185] zeigt ein schönes und leicht melancholisches Gesicht, das sich im hohen Kragen zu verstecken scheint. Der Ausdruck ist nicht kalt, sondern fröstelnd, und wären nicht die Schultern, würde der Kopf allmählich versinken.

Regine Olsen[186] war fünfzehn Jahre alt, als Kierkegaard sie zum ersten Male sah. Sie war in Gesellschaft anderer Mädchen, Kierkegaard unterhielt die Gesellschaft mit lustigen Einfällen und Paradoxien, sein zweifelhafter Ruf spielte keine Rolle und dürfte ihn eher interessant gemacht haben. Die Szene ist beschrieben im *Tagebuch des Verführers*[187], das 1843 als Teil von *Entweder/Oder*[188] veröffent-

183 Tagebucheintrag vom 11. November 1836.

184 Sören Kierkegaard (1813–1855) immatrikulierte sich 1830 an der Universität Kopenhagen und legte am 3. Juli 1840 seine theologische Staatsprüfung ab. 1841 erschien seine philosophische Doktorarbeit »Der Begriff der Ironie mit ständiger Beziehung auf Sokrates«. Bis auf drei Besuche in Berlin verbrachte er sein Leben wesentlich in Kopenhagen (Kirmmse 1990; siehe auch Lowrie 1962).

185 Sören Kierkegaard: Zeichnung von Niels Christian Kierkegaard (datiert auf den 15. Januar 1838).

186 Regine Olsen (1822–1904) ging nach der Episode mit Kierkegaard eine dauerhafte Beziehung mit Johannes Friedrich Schlegel (1817–1896) ein. Die Beziehung ist nie aus ihrer Sicht rekonstruiert worden, größere Studien über sie liegen nicht vor.

187 Kierkegaard (1979, S. 457ff.). Die Szene ist so platziert, dass sie nach der Auflösung der Verlobung mit Cordelia erscheint, während Cordelia Regine sein soll. Das Tagebuch ist komponiert aus fingierten Briefen zwischen den beiden Protagonisten »Johannes« und »Cordelia«.

188 Enten-Eller. Et Livs-Fragment, udgivet af Victor Eremita. »Entweder/Oder« besteht aus zwei Teilen und vier Bänden, die einzelne Aufsätze und längere Abhandlungen enthalten.

licht wurde, eines von sechs Büchern dieses Jahres[189]. Das *Tagebuch* reflektiert ein einziges Phänomen, nämlich das »Verliebtsein« im Unterschied und in Abstand zu dem, was »Liebe« genannt wird.[190] Meistens wird Liebe als Konsequenz von Verliebtsein gedacht. Kierkegaard interessiert sich dafür, was geschieht, wenn diese Konsequenz *nicht* gezogen wird, also nicht Liebe, sondern Verliebtsein die Dauer der Erfahrung bestimmt, und dies als wiederholbares Phänomen, das sich der moralischen Institution verweigert. Die Sinnlichkeit wird ästhetisch: Kierkegaard schildert die Gefangenschaft durch das Bild nach dem ersten Blick, der zu lang war, um nur ein Augenblick sein zu können.

> *»Bin ich blind geworden? Hat der Seele inneres Auge seine Kraft verloren? Ich habe sie gesehen, aber es ist, als hätte ich eine himmlische Offenbarung gesehen, so ganz und gar ist mir ihr Bild wieder entschwunden. Vergeblich biete ich meiner Seele ganze Kraft auf, um dies Bild wieder hervorzuzaubern. Bekomme ich sie je wieder zu sehn, so werde ich sie, und stünde sie unter hundert andern, gleichen Augenblicks wieder erkennen. Jetzt ist sie davongeflogen und meiner Seele Auge bemüht sich vergebens, mit ihrer Sehnsucht sie einzuholen.«* (Kierkegaard 1979, S. 347)

»Augenblick« ist so *Blick des Auges*, der die Seele fesselt. Die »Angst«, das »Erbeben der Verliebheit«, raubt ihr die »Fassung« (ebd., S. 375), mit strategischen Folgen (ebd., S. 388), die über den Augenblick hinausweisen und doch auf das Ganze zielen.

> *»Verliebt bin ich ganz gewiss, jedoch nicht in gewöhnlichem Sinne, und damit muss man auch vorsichtig sein, denn es hat stets gefährliche Folgen; und man ist es ja nur einmal. Jedoch der Liebe Gott ist blind; ist man gescheit, so kann man ihn schon narren.*

189 Enten-Eller, To opbyggelige Taler, Frygt og Boeven, Gjentagelsen. Et Forsog i den experimenterende Psychologi af Constantin Constantius, Tre opbyggelie Taler, Fire opbyggelige Taler.

190 Die Realität der Liebe, also das Verhältnis zwischen Kierkegaard und Regine Olsen, ist dokumentiert in: Kierkegaard/Regine Olsen 1927.

Die Kunst ist, in Beziehung auf den Eindruck so empfänglich wie möglich zu sein, genau zu wissen, welchen Eindruck man auf jedes Mädchen macht, welchen man von jedem Mädchen empfängt. Auf die Art kann man sogar zu gleicher Zeit in viele verliebt sein, weil man in jede Einzelne auf andre Weise verliebt ist. Eine lieben ist zu wenig, alle lieben ist oberflächlich; sich selber kennen und so viele wie nur möglich lieben, seine Seele alle Gewalten der Liebe derart in sich bergen lassen, dass jede von ihnen die ihr gemäße Speise bekommt, während das Bewusstsein gleichwohl das Ganze umfasst – das heißt Genuss, das heißt leben.« (Ebd., S. 389f.)

Eine Realität hatte das nicht, versteht man unter Realität der Liebe das Risiko der Preisgabe von sich selbst zugunsten eines anderen. Aber Kierkegaard spricht von *Verliebtheit*, und dies im ausschließlich *ästhetischen* Sinne. Es genügt das Bild und die Vorstellung – eine Praxis muss es nicht geben, auch weil sie das Bild stören würde. Wenigstens endete das Verhältnis zwischen Regine Olsen und Sören Kierkegaard profan und verkrampft, nachdem es lange nicht beginnen wollte. Nach der ersten Begegnung sieht Kierkegaard Regine mehr als drei Jahre nicht. 1838 stirbt sein Vater, im Sommer 1840, mit 27 Jahren, legt Kierkegaard sein theologisches Examen ab und unternimmt unmittelbar danach eine Reise als Pilger und Büßer durch Westjütland, der Heimat seines Vaters, dem die Buße gelten sollte. Nach dieser Reise offenbarte er sich Regine, die er allein im Hause antraf und die sofort in die Beziehung einwilligte. Am 10. September 1840 verlobten sich beide, zwei Tage später war Kierkegaard bereits wieder unschlüssig.[191] Alle Versuche der jungen Frau, den manisch-depressiven Kierkegaard an sich zu binden und gar erotischen Kontakt aufzunehmen, scheiterten. Die Verlobung wurde am 11. Oktober 1841 gelöst, vierzehn Tage nach der Disputation der philosophischen Dissertation Kierkegaards. Er floh aus Kopenhagen und verbrachte den Winter in Berlin.

Regine, die ihn liebte, wollte ihn nicht verlieren. Seinen brüsken letzten Brief beantwortete sie mit einem unerhörten Besuch in seiner Wohnung, wo sie ihn nicht vorfand und ein Billett hinterließ,

191 Tagebucheintrag vom 24. August 1849.

dessen Verzweiflung nicht ästhetischer Natur war. Die Szenen des Endes werden reflektiert in Kierkegaards autobiographischen Aufzeichnungen, und zwar als *Leidensgeschichte* und *psychologisches Experiment.*[192] Sie schrieb ihm, es werde ihr Tod sein, wenn er sie verlasse, aber als er sie verlassen hatte, gestützt auf den Glauben, die Verzweiflung gelte ihm unabhängig von Zeit und Erfahrung, als er sich, anders gesagt, auf den *Augenblick* verließ, musste er erfahren, wie sehr die Zeit die Wunden heilt. Als sich Regine Olsen 1843 öffentlich mit Johann Friedrich Schlegel, einem verlässlichen Jugendfreund, verlobte, brach für Kierkegaard die Welt zusammen. 1847 heiratete das andere Paar, Kierkegaard konnte nicht vermeiden, Regine gelegentlich zu sehen, ohne eine Verbindung in irgendeiner Form wieder aufzunehmen. Er war zugleich unfähig, ihr Bild zu verlieren und sie zu überwinden.[193] Sein pathologischer Frauenhass ist auf diese Falle in seinem Experiment mit sich selbst zurückzuführen. Das Experiment hatte übersehen, dass Frauen nicht einfach auf Männer warten und dass sich Leidenschaften ändern, wenn ein anderer Augenblick gegeben ist. Im *Tagebuch des Verführers* heißt es noch selbstbewusst:

> »*Ich bin ein Ästhetiker, ein Erotiker, welcher das Wesen der Liebe, die Pointe daran begriffen hat, welcher an die Liebe glaubt und sie von Grund auf kennt, und behalte mir lediglich die private Meinung vor, dass jede Liebesgeschichte höchstens ein halbes Jahr währt und dass jedes Verhältnis beendet ist, sobald man das Letzte genossen hat. Dies alles weiß ich, zugleich weiß ich, dass es der höchste überhaupt denkbare Genuss ist, geliebt zu werden, höher denn alles in der Welt geliebt zu werden. Sich in ein Mädchen hineindichten ist eine Kunst, sich aus ihr herausdichten ist ein Meisterstück. Doch ist Letzteres wesentlich vom Ersteren abhängig.*« (Ebd., S. 396f.)

192 »Schuldig?« – Nicht schuldig?« Eine Leidensgeschichte. Psychologisches Experiment von Frater Taciturnus (Kierkegaard 1994, S. 195–525).

193 Beide sahen sich zum letzten Male am 17. März 1855. Regine und Friedrich Schlegel gingen kurz darauf nach Westindien, wo Friedrich Schlegel zum Gouverneur ernannt worden war.

Das Hauptproblem ist das der *Dauer*, vorgestellt an der Dialektik der Liebe. Wie kann etwas dauern, das nicht nur *endlich* ist, sondern sich nur *im* Augenblick erfüllen kann? Der Genuss zu lieben ist der Genuss, geliebt zu werden, aber Genuss ist immer Augenblick, und zwar einer, der die Abwesenheit von Pflicht voraussetzt.

> »*Sich auf den Augenblick verstehen, ist kein so leichtes Ding … Der Augenblick ist alles und im Augenblick ist das Weib alles, die Konsequenzen verstehe ich nicht.*« (Ebd., S. 470)[194]

Augenblicke bilden keine Dauer, sie haben auch keine Folgen außerhalb ihrer selbst. Wer den Augenblick genießt, kann nicht auf den nächsten rechnen. Genuss ist nie Steigerung, sondern immer nur singulärer Moment, der zu nichts verpflichtet, weil an ihn nichts anschließt. Er ist *ästhetisch*, im Unterschied zur *ethischen* Dauer der Pflicht. Diese Differenz macht Kierkegaard im *Tagebuch des Verführers* anhand der Institution Verlobung klar. Wer sich verlobt[195], verspricht sich Dauer, und dies ohne jede Befristung. Die Liebe als Basis der Verlobung kennt nur einen Anfang, aber mit dem Anfang auch schon das Ende. Die Beziehung ist nicht terminiert, sie soll dauern, ohne sich in reine Augenblicke aufzulösen. Mit der Dauer ist die Pflicht gegeben, das wechselseitige Versprechen bezieht sich auf Treue, Wahrhaftigkeit, Aufrichtigkeit und gegenseitige Abhängigkeit. *Gegen* diese Bedingung schreibt Kierkegaard:

> »*Das Verwünschte bei einer Verlobung bleibt stets das Ethische, das ihr anhaftet. Das Ethische ist gleich langweilig in der Wissenschaft wie im Leben. Welch ein Unterschied: Unter dem Himmel*

194 »Unter ihnen ist auch die Konsequenz des Kinderkriegens. Nun bilde ich mir ein, dass ich ein ziemlich folgerichtiger Denker bin, aber wenn ich auch verrückt darüber würde, bin ich doch der Mann nicht, diese Konsequenz zu denken, ich verstehe sie schlechterdings nicht, zu so etwas gehört ein Ehemann.« (Kierkegaard 1979, S. 470)

195 Das mittelhochdeutsche *verloben* bezieht sich auf ein Rechtsgut, das feierliche Versprechen der Ehe.

> *der Ästhetik ist alles leicht, schön, flüchtig; wenn die Ethik dreinkommt, wird alles hart, eckig, unendlich langweilig. Indes hat eine Verlobung im strengeren Sinne keine ethische Realität, wie etwa eine Ehe sie hat; sie hat lediglich Gültigkeit ex censensu gentium (aufgrund allgemeiner Konvention).«* (Ebd., S. 396; Hervorhebungen J.O.)

Der Unterschied wird *ästhetisch* bestimmt, wie die Adjektive zeigen, die die Last von Kants Heiligkeit des Sittengesetzes aufzeigen sollen. Das Ästhetische ist leicht, das Ethische ist schwer, eine Last, die drückt und zur Langeweile nötigt, also zum endlos gedehnten Augenblick ohne wirkliche Ereignisse, während das Schöne genossen sein will als flüchtiges Erleben, das sich mit keiner allgemeinen Form beruhigen kann. Schönheit ist nicht Idee, sondern Reiz, der sich einen Moment reserviert, ohne die Eckigkeit und Härte der Pflicht tragen zu müssen.

Die strikte und grundlegende Differenz zwischen dem »Ästhetischen« und dem »Ethischen« ist das zentrale Thema im zweiten Teil von *Entweder/Oder*. Wie immer ist die Problemfassung paradox, Kierkegaard widerspricht sich selbst, ohne auf den Widerspruch sonderlich zu achten. Genauer: Er schreibt im Augenblick und folgt dem Thema dieses Moments. Die erste Abhandlung soll die *ästhetische* Gültigkeit der Ehe[196] erweisen, scheinbar in genauem Gegensatz zu dem, was bisher gesagt wurde. Liebe ist die »Einheit von Freiheit und Notwendigkeit« (Kierkegaard 1980, S. 46), sie geht gerade nicht auf im Augenblick, sondern verpflichtet zu Dauer, nämlich Treue (ebd., S. 59) unabhängig vom Bedürfnis. Weil Kierkegaard sich dazu nicht in der Lage sah, hat er die Verlobung mit Regine Olsen gelöst. Er zweifelte daran, die »erste Liebe … sittlich machen« zu können (ebd., S. 61). »Ästhetisch gültig« ist die Ehe dann, wenn sie Sinnlichkeit versittlicht und so die Paradoxie erfüllt, Augenblick *und* Dauer zu sein. Die Höhe und Unerreichbarkeit dieser Forderung faszinierten Kierkegaard, er machte die Idealität

196 Die ästhetische Gültigkeit der Ehe (Kierkegaard 1980, S. 3–164).

der Ehe zu einem Lebensthema, ähnlich wie später Franz Kafka, der nicht nur in dieser Hinsicht ein Geistesverwandter war.[197]

> *»Die Ehe ist Einheit von Gegensätzen noch mehr als die erste Liebe; denn sie erhält einen Gegensatz mehr, das Geistige und dadurch das Sinnliche in noch tieferem Gegensatze, je ferner man aber dem Sinnlichen ist, umso größere ästhetische Bedeutung erhält es; denn ansonst wäre der Instinkt der Tiere das am meisten Ästhetische. Aber das Geistige in der Ehe ist höher denn das in der ersten Liebe, und je höher der Himmel über dem Brautbett ist, umso besser, umso schöner, umso ästhetischer; und über der Ehe wölbt sich nicht der irdische Himmel, sondern der Himmel des Geistes. Die Ehe ist im Augenblick, ist gesund und stark, sie weist über sich selbst hinaus, jedoch in einem tieferen Sinne als die erste Liebe; denn an dieser ist es eben der Fehler, dass sie einen abstrakten Charakter hat; in dem Vorsatz aber, den die Ehe in sich trägt, liegt das Gesetz der Bewegung, liegt die Möglichkeit innerer Geschichte.«* (Ebd., S. 65; Hervorhebungen J.O.)

Notwendigkeit und Geschichte schließen einander aus, hatte Kierkegaard philosophisch behauptet. Aber das geht nun plötzlich nicht mehr, denn ohne Bewegung und so innere Geschichte kann keine Institution gedacht werden, zumal keine solche, die Kinder zu einem ihrer Zwecke erhebt. An dieser Stelle reflektiert Kierkegaard über Erziehung, wie gesagt unter gänzlichem Verzicht auf Pädagogik. Der Fokus ist die Ehe und ihre Gültigkeit. Den Kindern wird von den Eltern das Leben »geschenkt« (ebd., S. 77), sie müssen als *Segen* betrachtet werden (ebd., S. 78), auch und wesentlich, »weil man selber von ihnen so unbeschreiblich viel lernt« (ebd., S. 80).

> *»In jedem Kind ist da etwas Ursprüngliches, welches bewirkt, dass alle abstrakten Grundsätze und Maximen daran mehr oder min-*

197 Schleiermachers (1999, Bd. I, S. 336ff.) Theorie der Ehe als »Geschlechtsgemeinschaft« ist demgegenüber Doktrin. »Die Geschlechtsverbindung in der christlichen Kirche (kann) keine andere Form haben ..., als die monogamische.« (Ebd., S. 341)

> *der scheitern. Man muss selber von vorne anfangen, oft mit viel Mühe und Beschwerlichkeit. Es liegt ein tiefer Sinn in dem chinesischen Sprichwort: ›Erziehe deine Kinder gut, so bekommst du zu wissen, was du deinen Eltern schuldig bist‹ … Das ganze Leben wird in den Kindern noch einmal gelebt, beinahe versteht man erst jetzt sein eigenes Leben.«* (Ebd., S. 81)

In ihnen und in der Liebe der Gatten zeigt sich »das Schöne und Wahre« der Ehe (ebd., S. 83). Sie kann nicht als Versorgung erscheinen und geht nicht in »Häuslichkeit« auf (ebd., S. 87). Ästhetisch und religiös ist sie, weil sie kein *endliches* Warum haben darf. Die erste Liebe löst sich mit dem *Warum* auf, die Ehe birgt in sich »eine Mannigfaltigkeit von Warums …, die durch das Leben mit seinem ganzen Segen offenbar gemacht wird« (ebd., S. 93f.). Die Ehe, anders gesagt, muss die vielen Fragen nach dem Warum beantworten können; nur dann hält sie. Sie ist nicht Fortsetzung, sondern Verklärung der ersten Liebe, und das auch nur dann, wenn sie *schöner* erscheinen kann. Verklärung heißt nicht Verwirklichkeit der Möglichkeit, weil das Nichts die Folge wäre. Genau das ist das Schicksal der ersten Leibe und darf nicht die Ehe betreffen, die entsprechend, wie es heißt, »idealisch« (ebd., S. 101) verstanden wird.

> *»Die erste Liebe ist stark, stärker denn die ganze Welt; in dem Augenblick aber, da der Zweifel sie befällt, ist sie vernichtet; sie gleicht einem Schlafwandler, der über die gefährlichsten Stellen mit unendlicher Sicherheit dahinschreiten kann, nennt man aber seinen Namen, so stürzt er ab. Die eheliche Liebe ist gewappnet; denn im Vorsatz ist nicht allein die Aufmerksamkeit auf die Umwelt gerichtet, sondern der Wille ist gerichtet auf sich selbst, auf das Inwendige. Und nun kehre ich alles um und behaupte: Das Ästhetische liegt nicht im Unmittelbaren, sondern im Erworbenen, die Ehe aber ist eben jene Unmittelbarkeit, welche die Mittelbarkeit in sich hat, jene Unendlichkeit, welche die Endlichkeit in sich hat, jene Ewigkeit, welche die Zeitlichkeit in sich hat.«* (Ebd., S. 100; Hervorhebung J.O.)

Aber die »Umkehrung« täuscht. Kierkegaard argumentiert eher so, dass die »idealische« Ehe die Ausnahme seiner allgemeinen Theorie sein soll. Sie kann als Dauer ästhetisch betrachtet werden, obwohl das Ästhetische sich in der Dauer gar nicht zeigt und die Ehe mit der Liebe die Pflicht definiert. Darin soll kein Widerspruch liegen und *einzig* im Blick auf die Ehe bemüht sich Kierkegaard, dies auch plausibel zu machen. Wer sie ästhetisch betrachtet, soll und darf keinen Gegensatz zum Ethischen oder Religiösen sehen, und das geht nur, wenn und soweit die Ehe mit dem Poetischen gleichgesetzt wird, also eine zurechenbare Realität gar nicht hat.

> »*Als Moment betrachtet, ist die eheliche Liebe nicht allein ebenso schön wie die erste Liebe, sondern noch schöner, weil sie nach ihrer Unmittelbarkeit eine Einheit in mehreren Gegensätzen enthält. Es ist also nicht an dem: Die Ehe ist eine höchst achtungswerte, aber langweilige moralische Person, der Eros aber Poesie; nein, die Ehe ist recht eigentlich das Poetische.*« (Ebd., S. 102)

Nur in ästhetischer Betrachtung lösen sich die Kalamitäten der bürgerlichen Ehe auf, die mit der Differenz von Moral und Eros gegeben sind. Mitte des 19. Jahrhunderts ist »Ehe« mindestens für den männlichen Blick die moralische, aber nicht zugleich die erotische Institution, während für Kierkegaard ihre höchste Bestimmung in der Sublimierung von Erotik in Poesie zu sehen ist, ohne dass Dauer mit Abnutzung gleichgesetzt werden kann und darf. Die *romantische* soll vereinbar sein mit der *ehelichen* Liebe (ebd., S. 103), ausgeschlossen jeder zeitliche Grenzwert und so jede Wahrscheinlichkeit. Hier wird nicht zwischen Verliebtheit und Liebe unterschieden, sondern die *erste* von der *wahren* Liebe abgegrenzt. Aber das verdrängt nicht das, was im *Tagebuch* »Erdbeben der Verliebtheit« genannt wurde. Kierkegaard sagt nicht, was geschehen soll, wenn die Verliebtheit die Liebe einholt.

Die eigentliche Theorie der Differenz und des harten Gegensatzes zwischen dem Ästhetischen und dem Ethischen entwickelt Kierkegaard gleich anschließend, also ebenfalls im zweiten Teil von *Entweder/Oder*. Dieser Text fasst eine ungewöhnliche Bildungstheorie und ist überschrieben mit »Das Gleichgewicht zwischen dem Ästhetischen und dem Ethischen in der Herausarbeitung der Persönlichkeit«.

Das Ziel der Abhandlung ist die Gleichsetzung des Absoluten mit der Persönlichkeit. Aus diesem Grunde ist von »Herausarbeiten« die Rede. Von »Gleichgewicht« spricht Kierkegaard nicht im Sinne einer Balance, sondern in der Vorstellung des Nacheinander. Das Ästhetische und das Ethische sollen sich nicht die Waage halten, sondern sind die beiden Stationen des Dramas der Bildung. Das Grundthema der Verzweifelung wird aufgenommen und mit dem Absoluten der Persönlichkeit zusammengebracht. Die zentrale Relation ist die von Entweder/Oder, ohne damit eine einfache Entscheidung verbinden zu können. Zwischen dem *Entweder* und dem *Oder* hat man nicht die Wahl, schon gar nicht in dem Sinne, dass das Ethische das Gute und das Ästhetische das Böse darstellte. »Das Ästhetische ist nicht das Böse, sondern die Indifferenz«, und wer das Ethische wählt, wählt das Gute und nicht das Gute *und* das Böse gleichermaßen (ebd., S. 180). *Entweder/Oder* bezieht sich auf zwei grundlegende Formen des Lebens, die einander widersprechen, ohne lediglich zur Wahl gestellt zu sein. Es sind keine »Instanzen« im Sinne Rousseaus, Kierkegaard spricht nicht vom Widerstreit zwischen *amour de soi* und *amour propre*, also natürlichem Bedürfnis und sozialem Vergleich. Grundlegend ist vielmehr das Problem der Zeitlichkeit, also die Unterscheidung von Unmittelbarkeit und Dauer.

»Dauer« ist nicht gleichbedeutend mit einem statischen *Sein*, das einfach nur »ist«. Vielmehr ist Dauer *Werden*, nämlich Überwindung des Unmittelbaren durch Kontinuität. Kontinuität aber hebt Unmittelbarkeit nicht auf, und das schafft das Problem. Kierkegaard fragt exakt auf dieser Linie:

> »*Was aber heißt es: <u>ästhetisch leben</u>, und was heißt es: <u>ethisch leben</u>? Was ist in einem Menschen das Ästhetische, und was ist das Ethische? Hierauf möchte ich antworten: Das Ästhetische in einem Menschen ist das, dadurch er <u>unmittelbar das ist, was er ist</u>; das Ethische ist das, dadurch er <u>das wird, was er wird</u>. Wer in und durch und von und für das Ästhetische in ihm lebt, er lebt ästhetisch.*« (Ebd., S. 189f.; Hervorhebungen J.O.)

Man sieht, wie die ideale Konstruktion der Ehe, an die auch um der Kinder willen geglaubt werden soll, diesem Dualismus widerspricht. Wer ästhetisch lebt, lebt »fort und fort nur im Augenblick« und vermag darüber »in einem höheren Sinne Aufklärung nicht zu geben« (ebd., S. 190). Im Ethischen ist man »über den Augenblick gerade erhaben« (ebd., S. 191), anders könnte moralisches Werden als Kontinuität nicht vorgestellt werden. Es ist kein Zufall, dass Kierkegaard Kinder von der ästhetischen Lebensform ausnimmt, obwohl oder weil sie im Augenblick leben und mindestens die Situation des Erlebens nicht mit ethischen Generalisierungen überschreiten. Wenn jemand die Theorie des Lebens im Augenblick bestätigen könnte, dann wären es Kinder, aber die können dazu nicht befragt werden, weil sie den Unterschied nicht kennen. Zudem müssen sie erzogen werden, nämlich, wie es heißt, zum »Gesamteindruck der Pflicht« (ebd., S. 285f.), ohne sich in die »Vielfältigkeit der Pflicht« zu verlieren.

Aber das sind biographisch gestützte Nebenbemerkungen. In der Hauptsache geht es Kierkegaard nicht um die Lebens- und Erfahrungsform von Kindern, sondern um die Herausarbeitung der Persönlichkeit nach den beiden Seiten des Ästhetischen und des Ethischen. Die beiden Seiten markieren den Grundkonflikt der Bildung des Menschen, auf die keine Kindererziehung vorbereiten könnte. Die drei bisherigen Konzepte der Erziehung versagen: Es gibt keine verlässliche Natur, deren Route die Erziehung folgen könnte, die Erziehung wird aber auch nicht auf die Idee des Guten verpflichtet und kann nicht als Stellvertretung verstanden werden. Alle drei Konzepte halten der Verzeitlichung nicht stand, weil sie Erziehung als *abschließbar* und *irreversibel* verstehen müssen, während Dauer immer vom nächsten Augenblick berührt wird. Was immer unter »Erziehung« verstanden wird, sie kann nicht mit dem Stillstand enden. Daher gibt es keine endgültigen Resultate, auch der höchste Zweck der Erziehung – Herbarts Moralität – ist vom zeitlichen Wechsel nicht ausgenommen.

Kann rein im Augenblick leben, wer kein Kind mehr ist? Kierkegaard spricht von der »ästhetischen Lebensanschauung«, die sich auf eine Erfahrung bezieht, welche nur Erwachsenen offen ist, nämlich *Verzweiflung*. Später sollte es in *Die Krankheit zum Tode*[198] heißen:

> »*In der Unwissenheit darüber, verzweifelt zu sein, ist der Mensch am weitesten entfernt, seiner als Geist sich bewusst zu sein.*« (Kierkegaard 1966, S. 43)

Einzig aus diesem Grunde ist Kindheit ein Paradies, mit ihm lässt sich nichts »Satirisches« (ebd., S. 55) verbinden und auch keine Ironie, also keine Artikulationsformen der Verzweiflung. Das Ästhetische ist die Indifferenz zwischen dem Guten und dem Bösen und ihre psychologische Form ist Verzweiflung, nicht Genuss, der den Augenblick nicht überdauert. Die Verzweiflung

> »*ist eine <u>ästhetische</u> Lebensanschauung, denn die Persönlichkeit verharrt in ihrer Unmittelbarkeit; sie ist die <u>letzte</u> ästhetische Lebensanschauung, denn in gewissem Maße hat sie in sich aufgenommen das Bewusstsein von der <u>Nichtigkeit</u> einer solchen Anschauung.*« (Kierkegaard 1980, S. 206f.; Hervorhebungen J.O.)

Wer ästhetisch lebt, weiß, dass er nichtig lebt. Und es ist

> »*wahrlich von äußerster Wichtigkeit, dass ein Mensch in der Verzweiflung Augenblick betreffs des Lebens nicht fehl sehe; es ist für ihn ebenso gefährlich wie für die Gebärende, sich zu versehen.*« (Ebd., S. 221)

»Verzweiflung« ist nicht »Zweifel« und das wird anti-cartesisch so begründet:

> »*Verzweiflung ist … ein Ausdruck für die gesamte Persönlichkeit, Zweifel lediglich für den Gedanken. Die vermeintliche Objektivität, die der Zweifel hat, weswegen er so vornehm ist, ist gerade ein Ausdruck für seine Unvollkommenheit. Zweifel liegt daher im Bereich der Unterscheidungen …, Verzweiflung im Absoluten. Es ist Talent nötig zum Zweifeln, aber es ist schlechterdings kein Talent nötig zum Verzweifeln.*« (Ebd., S. 226)

198 Sygdommen til Doden (1849).

Das Gottesthema der Gleichzeitigkeit wird an dieser Stelle wieder aufgegriffen, nunmehr sozusagen konkretisiert durch die Bindung der ästhetischen Lebensform an Verzweiflung.

> »*Erst in der Verzweiflung ist die Persönlichkeit zufrieden gestellt, nicht mit Notwendigkeit, denn ich verzweifle niemals notwendig, sondern mit Freiheit, und erst darin ist das Absolute gewonnen … Die Stunde ist wohl nicht sehr ferne, da man, vielleicht um recht teuren Preis, es erfahren wird, dass der wahre Ausgangspunkt für das Finden des Absoluten nicht Zweifel ist, sondern Verzweiflung.*« (Ebd., S. 226f.)

Das ist schwer zu verstehen. Anders als Herbart leugnet Kierkegaard nicht einfach die Data der Transzendenz. Aber Gott ist auch nicht einfach nur existent, wenngleich fern und unerreichbar. Es gibt keinen liebenden und keinen strafenden Gott. Vielmehr wird Gott als Anschauung verloren und das Absolute in der Verzweiflung gefunden, was auch heißt, frei von Zweifel. Die Vorstellung Gottes wird auf keine philosophische Probe gestellt, um dann künstlich neu bewiesen zu werden. Vielmehr zeigt Kierkegaard, dass es unnötig und überflüssig ist, Gott zu bezweifeln. Ob das Absolute »Gott« ist, kann man nie wissen.

Die ethische wird von der ästhetischen Lebensanschauung unterschieden mit der Eingangsbemerkung, dass »Kärglichkeit eine Haupteigenschaft alles Ethischen (sei)« (ebd., S. 233). *Dafür* ist die Anschauung verlässlich, sie betrügt nicht durch Illusion und zwingt nicht zum Äußersten. Verzweiflung kann nie karg sein. Dass die ästhetische Lebensanschauung Verzweiflung ist, hat seinen Grund darin, »dass sie auf das aufbaute, was sowohl sein wie nicht sein kann«, nämlich den *Augenblick*. Die ethische Lebensanschauung »baut das Leben auf das, dem es wesentlich zugehört, *zu sein*« (ebd., S.. 239; Hervorhebung J.O.). Auch wer ästhetisch lebt, entwickelt sich, aber nur mit Notwendigkeit und nicht in Freiheit. Man ist bestimmt und hat nicht die Wahl, es ist »eine Entwicklung gleich der Pflanze, und obwohl das Individuum ein werdendes ist, wird es doch zu demjenigen, was es unmittelbar ist« (ebd., S. 240).

Die Beispiele, die Kierkegaard gibt, sind interessant, nämlich Don Juan und Faust. Menschen wie sie leben »ohne Berührung mit dem Ethischen« (ebd.), also frei ohne Freiheit. Faust versucht sich am Göttlichen, ohne sich dabei sinnlich zu verhalten. Don Juan ist die sinnliche Existenz schlechthin, eine Lebensform, die Kierkegaard nachhaltig fasziniert hat. Das Motto des *Tagebuchs des Verführers* ist ein Zitat aus der vierten Arie in Mozarts *Don Giovanni*[199], und der Don Juan-Figur[200] ist im ersten Teil von *Entweder/Oder* eine eigene Abhandlung gewidmet[201], die konkreter deutlich macht, wie die ästhetische Lebensform verstanden werden soll, nämlich als erotischer Genuss unter der Abwesenheit des Gewissens. Das Medium ist Musik, genauer: das Verhältnis von Sinnlichkeit und Stimme. Mozarts Opern werden erotisch verstanden und mit einem Dreistadien-Gesetz des Erotischen in Verbindung gebracht (ebd., S. 76ff.).

1) Der Page im *Figaro* drückt das Erwachen des Sinnlichen aus, jedoch nicht zu Bewegung, sondern zu stillem Verweilen, nicht zu Freude und Wonne, sondern zu tiefer Melancholie.
2) Papageno aus der *Zauberflöte* erfasst den Augenblick des Erwachens von Begehren und Sinnlichkeit.
3) *Don Giovanni* repräsentiert den Akt und seine Wiederholbarkeit, damit die Präsenz und Attraktivität des Verführers (ebd., S. 79–110).

Der Verführer ist *männlich*, das »Dreistadien-Gesetz« repräsentiert nicht Sinnlichkeit aus der Sicht von Frauen, die als Objekt der Begierde angesprochen sind, ohne eine besondere Berücksichtigung zu erfahren. »Erotik *ist* … Verführung« (ebd., S. 100; Hervorhebung J.O.) schreibt Kierkegaard, aber aus männlicher Sicht, also

199 Sua passion predominante e la giovin principiante.

200 Das Urbild dieser literarischen Figur ist Don Juan Tenorio, der Held des spanischen Dramas El burlador de Sevilla y convidado de piedra (»Der Spötter von Sevilla und der steinerne Gast«) (gedruckt 1630). Umstritten ist die Zuschreibung des Werkes, als dessen Autor verschiedentlich Gabriel Téllez (Tirso de Molina) (gest. 1648) angenommen wird. Mozarts Oper Don Giovanni wurde 1787 uraufgeführt.

201 Die unmittelbar erotischen Stadien oder das Musikalisch-Erotische (Kierkegaard 1979, S. 47–145).

ohne Kalkulation einer Weiblichkeit, die *nicht* in dieser männlichen Strategie aufgeht, etwa weil sie besser verführen könnte.

> »*Don Juan … ist ein Verführer von Grund auf. Seine Liebe ist nicht seelisch, sondern sinnlich, und sinnliche Liebe ist nach seinen Begriffen nicht treu, sondern schlechthin treulos, sie liebt nicht eine, sondern alle, will heißen, sie verführt alle. Sie ist nämlich allein im Augenblick da, aber der Augenblick ist, begrifflich gedacht, Summe von Augenblicken, und damit haben wir den Verführer.*« (Ebd.)

Man hört in Mozarts Oper nicht Don Juan als »einzelnes Individuum«, man hört nicht seine Rede, sondern seine Stimme, und man hört die Stimme als »den Urlaut der Sinnlichkeit, und den hört man durch die Sehnsucht des Weiblichen hindurch« (ebd., S. 103). Diese Sehnsucht verlangt Dauer und die Sicherheit der Liebe über den Augenblick hinaus, während alles, was in der Verführung zählt, der Augenblick ist.

> »*Allein auf die Art kann Don Juan episch werden, dass er immerzu fertig wird und immerzu von vorn anfangen kann, denn sein Leben ist die Summe einander abstoßender Augenblicke, die keinen Zusammenhang miteinander haben, sein Leben ist als Augenblick die Summe von Augenblicken, als Summe von Augenblicken der Augenblick.*« (Ebd., S. 103)

»Jedes Liebesabenteuer (ist) eine alltägliche Geschichte« (ebd., S. 104), kommentiert Kierkegaard, nicht ohne Bewunderung und ohne den gespielten Abscheu des Moralisten. Er denkt die »Angst (der) dämonischen Lebenslust« (ebd., S. 140), die Angst ist die Kraft, aus der sich die Gewalt der Sinnlichkeit speist. Dabei ist nicht die Verführte interessant, sondern nur die Verführung selbst. Sie ist die Lebensform, anders wäre Liebe kein alltägliches Geschäft, das in der Wiederholung den Reiz sehen muss und zugleich Wiederholung nicht als Routine denken kann. Für diese Lebensform findet Kierkegaard eine unnachahmliche Metapher, die viel über seine eigene Existenz aussagt:

> *»Gleich wie ein Stein, den man so wirft, dass er die Wasseroberfläche flüchtig schneidet, eine Weile in leichten Sprüngen darüber hinhüpfen kann, wohingegen er in dem Augenblick, da er aufhört zu springen, alsogleich im Abgrund versinkt, ebenso tanzt Don Juan über den Abgrund hin, jauchzend in der ihm zugemessenen kurzen Frist.«* (Ebd.)

Der Unterschied ist nur, dass Kierkegaard nicht jauchzen konnte und jede Leichtigkeit immer nur gespielt war. Er lebte ästhetisch, nicht sinnlich. Noch die zahlreichen Karikaturen Kierkegaards zeigen, wie verletzlich diese Form vorgestellt werden muss, als einsame Wahrnehmung immer neuer Augenblicke, die Sinn nicht hatten, weil Zusammenhang nicht gegeben war. Aber Kierkegaard – so die Karikaturen – war kein Dandy, der sich einbildete, die ganze Welt drehe sich einzig um ihn, der sich in einem wörtlichen Sinne herumschlug, und sei es nur mit anderen Philosophen, der die Frauen traktierte und sich selbst als das Prinzip *Entweder/Oder* verkörpert sehen wollte.[202] Sein Lebensthema war die Liebe, verstanden als unerreichbare Größe; und wer sich der Liebe entsagt, heißt es in *Stadien auf des Leben Weg*[203], hat immer noch den Gedanken (Kierkegaard 1991, S. 47). Das Weib kann man dann »als einen Scherz« betrachten (ebd., S. 53), nur dass sich damit kein Jauchzen verbindet.

Was Kierkegaard »ästhetische Lebensform« nannte und zu seiner Existenz zu machen versuchte, hat er zugleich bewundert *und* verachtet, ohne seinen religiösen Dämonen je zu entkommen. Er lebte gerade nicht in »leichten Sprüngen«, profitierte also nicht von der eigenen Theorie. Sie war in anderer Hinsicht prophetisch. Die ästhetische Lebensform war die Grundlage des *Dandysme*, also einer im 19. Jahrhundert stilisierten und nicht nur literarischen Existenz, die auf ethische und so pädagogische Steuerungen verzichtet und das Selbst mit der Inszenierung des Selbst gleichsetzt (Oelkers 1991). Gestaltet wird nicht mehr Kargheit, vielmehr wird die Origi-

202 »S.K.« (aus Corsaren), »die ganze Welt dreht sich um S.K.«, »philosophische Auseinandersetzung«, »S.K., sein Mädchen trainierend« (auch aus Corsaren) sowie »Da kommt Entweder/Oder! – Psst! Psst!« (Zeichnung von J.T. Lundbye; Rohde 1992, S. 123ff.).

203 Stadier paa Livets Vei (1845).

nalität der Darstellung grundlegend, ohne mit einem Abgrund zu rechnen. Die Dämonen des Glaubens verschwinden mit den Doktrinen, aber dann wird zugleich fraglich, warum ein sittliches Leben von Vorteil sein soll. Moral muss sich nicht zum Höheren entwickeln, wenn einzig Selbstdarstellung zählt. Kierkegaard sieht und lebt diese Form, aber kann sie zugleich nicht glauben. Er legt sie nahe und schreckt davor zurück, bleibt also paradox.

Wer »ästhetisch lebt«, schreibt Kierkegaard, »ist der *zufällige* Mensch«. Er glaubt, »der *vollendete* Mensch dadurch zu sein, dass er der *einzige* Mensch ist« (Kierkegaard 1980, S. 273; Hervorhebungen J.O.). Gemeint ist nicht wie bei Herbart oder Piaget ein überwindbarer Egoismus, den die eigene Entwicklung einholt, sondern das *Prinzip* der »Vereinzelung« oder »Isolation«, die weder Zusammenhang noch Kontinuität nötig hat. Warum soll das aber zur Verzweiflung führen? Wie bei der Ehe, so argumentiert Kierkegaard auch bei dem Vorrang des Ethischen – denn darum geht es letztlich – mit einem christlichen Ideal, nämlich der Überwindung der moralischen Zufälligkeit durch Gewissen.

> »*Erst wenn das Individuum selber das Allgemeine ist, erst dann lässt das Ethische sich verwirklichen: Es ist das Geheimnis, das im Gewissen liegt, es ist das Geheimnis, welches das individuelle Leben mit sich selber hat, dass es zu gleicher Zeit ein individuelles Leben* <u>*und*</u> *das Allgemeine ist, wo nicht unmittelbar als solches, so doch nach seiner Möglichkeit.*« (Ebd., S. 272f.; Hervorhebung J.O.)

Aber es ist das ganze Problem der Philosophie Kierkegaards, dass dieses Allgemeine nicht mehr das Absolute sein kann, da Gott ja nur im gleichzeitigen Augenblick erfasst werden kann, im einsamsten Moment, der denkbar ist. Wenn es also heißt, das Ethische sei das Allgemeine und zeige sich als *verbietendes* Gesetz, konkretisiert in Sittlichkeit (ebd., S. 272), dann ist die Aussage nicht »konkret«, sondern unbestimmt. Was das Gewissen füllen soll, ist außerhalb von Doktrinen und Lehrsätzen, also den Materialisierungen des Verbietenden, gänzlich unklar. Der Gewissensbildung wird so zugetraut, was die Philosophie ausschließt, nämlich für Seelenheil zu sorgen, die *nicht* in Furcht und Zittern aufgeht. »Der wahrhaft ethische Mensch«, heißt es, hat »eine innere Ruhe und Sicherheit, weil er die Pflicht nicht außerhalb seiner, sondern in sich hat« (ebd., S. 271). Und es spricht für Kierkegaard, dass er die Bedingung des Scheiterns mit bedenkt:

> »*Die Weise, auf die das Ethische am allerleichtesten sich verflüchtigen lässt, (ist) das Öffnen der Tür für die geschichtliche Unendlichkeit.*« (Ebd., S. 283)

Als Alternative, besser: als Gegenweg, wird ein Durchgang *durch* die ästhetische *zur* ethischen Lebensanschauung in Anschlag gebracht. Dieser Weg ist die ärgste Zumutung für die Pädagogik, weil das Mittel, Verzweiflung, aus der Erziehung ausgeschlossen ist. Es ist also gerade nicht die Erziehung, die bewirkt, dass Ethisches und nicht Ästhetisches das menschliche Leben bestimmt. In letzter Hinsicht ist das ethische Leben frei gewählt und die Wahl setzt voraus, dass die *Persönlichkeit* das Absolute ist, der »archimedische Punkt, von dem aus man die Welt heben kann« (ebd., S. 283). Sie wird nicht erzogen, sondern bildet sich selbst.

> »*Sobald nämlich die Persönlichkeit in der Verzweiflung sich selbst gefunden hat, absolut sich selbst gewählt, sich selbst bereut hat, hat der einzelne Mensch sich selbst als seine Aufgabe unter einer ewigen Verantwortung, und damit ist die Pflicht gesetzt in ihrer Absolutheit. Da er mittlerweile nicht sich selbst erschaffen, sondern sich selbst gewählt hat, ist die Pflicht der Ausdruck für seine schlechthinnige Abhängigkeit und seine schlechthinnige Freiheit in ihrer Identität miteinander.*« (Ebd., S. 288; Hervorhebung J.O.)

Aber warum sollte die Freiheit die *Pflicht* wählen? Kierkegaard schließt aus, dass sich die ästhetische Lebensform verselbstständigt, während er alles tut, sie autonom werden zu lassen. Warum sollte man durch die ästhetische Erfahrung zum ethisch Allgemeinen gelangen, wenn Genuss nichts Allgemeines verlangt und aber Verzweiflung sich gar nicht einstellt? Der Geist des Ästhetischen, den Kierkegaard aus der Flasche lässt, lässt sich nicht nachträglich disziplinieren, auch weil er nicht mehr einfach auf das Schöne und

Wahre verweist, sondern auf den Augenblick. Der Genuss des Augenblicks ist zur Grundform des modernen Lebens geworden, die Prognose Kierkegaards war unfreiwillig gut, und sie hinterlässt eine grundsätzliche Spannung zwischen Moment und Dauer, die für die Probleme der Pädagogik im 20. Jahrhundert maßgeblich geworden sind, auch wenn Kierkegaard nur am Rande wahrgenommen wurde.

Dabei ist nicht das Aufopfern des Moments für die unbestimmte Zukunft entscheidend, also nicht Rousseaus Bestimmung des Grundproblems der Erziehung, sondern die Auflösung der Kontinuität durch unbestimmte Anschlüsse. Im *Émile* ist die Szene zeitlos, reine Gegenwart, es gibt keinen geschichtlichen Wechsel, sondern nur das Wachstum der Natur. Für Kierkegaard ist der nächste Augenblick die Überraschung, sodass *Dauer* zum vorrangigen Problem werden muss. Aber diese Einsicht ist nicht dadurch unterlaufen, dass die absolut gewordene Persönlichkeit die Pflicht wählt. Gerade *weil* sie absolut geworden ist, kann sie ebenso gut und ohne Schaden den Genuss wählen oder den Augenblick. Was sollte sie daran hindern, die Freiheit von der Pflicht zu trennen und *beide* als Okkasionen zu betrachten?

Kierkegaard sieht ein eminentes Problem der modernen Gesellschaft, nämlich die Reduktion auf den ungebundenen Augenblick. Er hat dabei Phänomene der Erotik vor Augen, aber die These würde auch zutreffen, wenn er sie an Ereignissen der Gewalt oder Augenblicken der Vorteilnahme durchspielen würde. Liebe kann sich immerhin noch lächerlich machen, Gewalt nicht, und beide sind immer Augenblicke, die die Wiederholung suchen. Sie geschehen und Kierkegaard fragt, was sie daran *hindert* zu geschehen. Die Antwort ist eine aussichtslos rigorose Pflichtenethik, die als Lebensform ausfällt, es sei denn, man definiert sich als Eremit. Aber was dann? Diese Antwort wird weniger verweigert, als nicht gegeben. Das Leben ist irritierend genug. Kierkegaard wenigstens lebte nicht einsam, sondern im Zustand der Verzweiflung, der sich höchstens literarisch, und dies auch nur für den Augenblick, beruhigen lässt. Einsamkeit wäre eine Art unverdienter Beruhigung, während sich das Leben nicht bewältigen lässt. Daher steht am Schluss die Feststellung:

»*Wer aber bin denn ich? Niemand möge danach fragen.*« (Kierkegaard 1991, S. 90).

2.5 Die Negation der Erziehung

Im siebten Hauptstück des ersten Teils seiner sprichwörtlich gewordenen Sammlung *Menschliches, Allzumenschliches*[204] handelt Friedrich Nietzsche vom Thema »Weib und Kind«. Die Sammlung erschien Ende April 1878 im Verlag von Ernst Schmeitzner in Chemnitz, also an ziemlich entlegener Stelle. Nietzsche, der im Wesentlichen nur aphoristisch schrieb, stellte diverse Fragmente oder kurze philosophische Essays in neun »Hauptstücken« zusammen, die folgende Titel trugen:

- Erstes Hauptstück: Von den ersten und letzten Dingen.
- Zweites Hauptstück: Zur Geschichte der moralischen Empfindungen.
- Drittes Hauptstück: Das religiöse Leben.
- Viertes Hauptstück: Aus der Seele der Künstler und Schriftsteller.
- Fünftes Hauptstück: Anzeichen höherer und niederer Cultur.
- Sechstes Hauptstück: Der Mensch im Verkehr.
- Siebtes Hauptstück: Weib und Kind.
- Achtes Hauptstück: Ein Blick auf den Staat.
- Neuntes Hauptstück: Der Mensch mit sich allein.[205]

204 Menschliches, Allzumenschliches. Ein Buch für freie Geister. Dem Andenken Voltaire's geweiht zur Gedächtniß-Feier seines Todestages, dem 30. Mai 1778. Eine zweite Ausgabe erschien 1886 unter dem Titel: Menschliches, Allzumenschliches. Ein Buch für freie Geister. Erster Band. Neue Ausgabe mit einer einführenden Vorrede (Verlag E.W. Fritzsch in Leipzig). Der zweite Teil der Sammlung erschien Anfang März 1879 und in einer zweiten Auflage ebenfalls 1886 (Daben, nach Brown 2000).

205 Hinzu kommt ein »Nachspiel«: Unter Freunden.

Alle Themen Nietzsches sind versammelt, ohne schon die zugespitzte Philosophie der Spätzeit zu erfahren. Die moralischen Empfindungen und ihre Geschichte sind ebenso ein Lebensproblem wie die christliche Religion und die höhere Kultur oder die Seele des Künstlers. Mit diesen Themen wird eine *literarische Philosophie* gebaut, die sich als ein einziger Grenzgang versteht. Sie hat keine Systematik, sondern ist unablässige Reflexion am Rande des Zuträglichen und aber im Gestus des Neuen und Unerhörten. Das war Selbstanspruch, anders als der Dandy Kierkegaard stellte Nietzsche keine öffentliche Provokation dar, auch weil er in seinem geistig wachen Leben kaum wahrgenommen wurde.

Dabei *wollte* Nietzsche provozieren. Zum Thema »Weib und Kind« fallen Nietzsche etwa die folgenden Sentenzen ein:

> »*Proteus-Natur*[206]. – *Weiber werden aus Liebe ganz zu dem, als was sie in der Vorstellung der Männer, von denen sie geliebt werden, leben.*« (S.W. Bd. 2, S. 269)

Proteus ist in der griechischen Mythologie ein weissagender Meergreis, der sich in immer neue Gestalten verwandelte. Nur wer ihn dennoch festhalten konnte, erzwang von ihm die Wahrsagung. Dies gelang erst dem aus Troja heimkehrenden Menelaos, und zwar mithilfe von Idothea, der Tochter von Proteus. Frauen – oder »Weiber«, wie sich Nietzsche ausdrückte – wären demnach nicht zu fassen, weil sie immer in der Gestalt auftreten, die der je geliebte Mann abverlangt, ohne je sie selbst zu sein. Liebe ist aber zunächst und grundlegend *Illusion*, die auf unschöne Motive wie dies des Besitzenwollens zurückgeführt werden muss. Irgendeine Selbstlosigkeit der Liebe oder eine authentische Leidenschaft wird erst gar nicht in Betracht gezogen.

> »*Lieben und besitzen*. – *Frauen lieben meistens einen bedeutenden Mann so, dass sie ihn allein haben wollen. Sie würden ihn gern in*

206 Die Veränderung von Sperrung und Druckweise im Original erfolgt in Anpassung an diesen Text.

Verschluss legen, wenn nicht ihre Eitelkeit widerriete: diese will, dass er auch vor anderen bedeutend erscheine.« (Ebd.)

Wieder ist die Dialektik der Liebe Thema und Anstoß der Reflexion. Anders als bei Kierkegaard ist die Reflexion nicht bei aller Leichtigkeit quälend, sondern entlarvend und dabei immer entschieden. Der Ton ist weder der Zweifel noch von Verzweiflung, vielmehr soll der schmerzhafte psychologische Punkt getroffen werden. Man fragt sich allerdings, ob Frauen *unbedeutende* Männer teilen würden, ob Liebe etwas mit »Bedeutung« zu tun haben kann und ob andere *Frauen* darauf warten, bedeutsame Erscheinungen vorgeführt zu bekommen. Das Thema wird an allen möglichen Stichworten durchprobiert, immer im Ton des Entlarvens.

»*Masken. – Es gibt Frauen, die, wo man bei ihnen auch nachsucht, kein Inneres haben, sondern reine Masken sind. Der Mann ist zu beklagen, der sich mit solchen fast gespenstischen, notwendig unbefriedigten Wesen einlässt, aber gerade sie vermögen das Verlangen des Mannes auf das Stärkste zu erregen: er sucht nach ihrer Seele – und sucht immerfort.«* (Ebd., S. 270)

Das Umgekehrte gilt nicht, Männer sind weder »Masken« noch erregen sie damit das Verlangen der Frauen »auf das Stärkste«. Nur Männer können »immerfort« suchen und nur Frauen kann die Seele abgesprochen werden. Mindestens sind weibliche Seelen unverständlich und ist der weibliche Intellekt auf wenig vorteilhafte Weise andersartig.

»*Der weibliche Intellekt. – Der Intellekt der Weiber zeigt sich als vollkommene Beherrschung, Gegenwärtigkeit des Geistes, Benutzung aller Vorteile. Sie vererben ihn als ihre Grundeigenschaft auf ihre Kinder, und der Vater gibt den dunkleren Hintergrund des Willens dazu. Sein Einfluss bestimmt gleichsam Rhythmus und Harmonie, mit denen das neue Leben abgespielt werden soll; aber die Melodie desselben stammt vom Weibe. – Für solche gesagt, welche etwas sich zurechtzulegen wissen: die Weiber haben den Verstand, die Männer das Gemüt und die Leidenschaft. Dem wi-*

derspricht nicht, dass die Männer tatsächlich es mit ihrem Verstande so viel weiterbringen: sie haben die tieferen, gewaltigeren Antriebe; diese tragen ihren Verstand, der an sich etwas Passives ist, so weit. Die Weiber wundern sich im Stillen oft über die große Verehrung, welche die Männer ihrem Gemüte zollen. Wenn die Männer vor allem nach einem tiefen, gemütvollen Wesen, die Weiber aber nach einem klugen, geistesgegenwärtigen und glänzenden Wesen bei der Wahl der Ehegenossen suchen, so sieht man im Grunde deutlich, wie der Mann nach dem idealisierten Manne, das Weib nach dem idealisierten Weibe sucht, also nicht nach Ergänzung, sondern nach Vollendung der eigenen Vorzüge.« (Ebd., S. 272)

Das ist geistreicher Stammtisch, der um 1880 in vielen ähnlichen Sammlungen präsent war, ohne dass *Menschliches, Allzumenschliches* besonders aufgefallen wäre. Außerhalb des engeren Freundeskreises ist das hochfahrend geschriebene Buch zunächst kaum zur Kenntnis genommen worden (Janz 1981, Bd. 1, S. 814ff.), eine literarische oder philosophische Diskussion bliebt aus, einzig Richard Wagner und seine Frau Cosima regten sich in Bayreuth dermaßen über das Buch auf, dass es zum definitiven Bruch mit Nietzsche kam:[207] Richard Wagner verriss das Buch in den *Bayreuther Blättern,*[208] aber allein das zeigt, wie bedeutungslos der Text im Augenblick des Erscheinens gewesen ist. Er war ein »buchhändlerischer Misserfolg« (ebd., S. 832), niemand kaufte den ambitionierten Text und der Verleger blieb auf der Auflage sitzen. Ausfälle gegen die »Emancipation der Frauen« (S.W. Bd. 2, S. 274)[209], über die »Wi-

207 Der Grund war hauptsächlich Nietzsches Abrücken von der Philosophie Schopenhauers. Daneben gab es auch Bedenken gegen die Moralkritik Nietzsches und die Bezugnahmen auf Voltaire (die im Titel der zweiten Auflage prompt entfielen).

208 Publicum und Popularität (Bayreuther Blätter, August und September 1878).

209 »Können die Frauen überhaupt gerecht sein, wenn sie so gewohnt sind, zu lieben, gleich für oder wider zu empfinden? Daher sind sie auch seltener für Sachen, mehr für Personen eingenommen: sind sie es aber für Sachen, so werden sie sofort deren Parteigänger und verderben damit die rein unschuldige Wirkung derselben. So entsteht eine nicht geringe

dersprüche in weiblichen Köpfen« (ebd., S. 275) oder die »Gelegenheit zu weiblicher Grossmuth« (ebd., S. 276)[210] konnte man an vielen Stellen lesen, männliche Ressentiments ließen sich von einer hoch entwickelten Literatur bestätigen, ohne einen neuen Autor namens Nietzsche nötig zu haben. Wehklagen über die dialektische Verstricktheit der erotischen Verhältnisse sind in der Literatur des männlichen Blicks an der Tagesordnung und Nietzsche kann darüber nur besser schreiben als die Dutzende anderer.

In vielen dieser Traktate und Sammlungen für Salon-Diskussionen (unter Männern) ist das zentrale Thema das Verhältnis von »Macht« und »Freiheit«, wobei eine geheime Macht der Frauen konstruiert werden muss, damit männliche Freiheit wie eine künstliche behinderte Möglichkeit erscheinen kann. Nietzsche variiert das Thema nicht, sondern bestätigt nochmals seine Richtung

> »*Macht und Freiheit.* – *So hoch Frauen ihre Männer ehren, so ehren sie doch die von der Gesellschaft anerkannten Gewalten und Vorstellungen noch mehr: sie sind seit Jahrtausenden gewohnt, vor allem Herrschenden gebückt, die Hände auf die Brust gefaltet, einherzugehen und missbilligen alle Auflehnung gegen die öffentliche Macht. Deshalb hängen sie sich, ohne es auch nur zu beabsichtigen, vielmehr wie aus Instinkt, als Hemmschuh in die Räder eines freigeisterischen unabhängigen Strebens und machen unter Umständen ihre Gatten aufs Höchste ungeduldig, zumal wenn diese sich noch vorreden, dass Liebe es sei, was die Frauen im Grunde dabei antreibe. Die Mittel der Frauen missbilligen und großmütig die Motive dieser Mittel ehren – das ist*

Gefahr, wenn ihnen Politik und einzelne Teile der Wissenschaft anvertraut werden (zum Beispiel Geschichte). Denn was wäre seltener als eine Frau, welche wirklich wüsste, was Wissenschaft ist? Die besten nähren sogar im Busen gegen sie eine heimliche Geringschätzung, als ob sie irgendwodurch ihr überlegen wären. Vielleicht kann dieses alles anders werden, einstweilen ist es so.« (S.W. Bd. 2, S. 274)

210 Die Gelegenheit zur Großmut bestünde darin, »den Mann auf mehrfache Verheiratung nacheinander (anzuweisen)« (S.W. Bd. 2, S. 276f.).

Männer-Art und oft genug Männer-Verzweiflung.« (Ebd., S. 283)

Friedrich Nietzsche, ausgebildet in *Schulpforta*, der Eliteschule des deutschen Protestantismus, wurde 1869 nach einem Studium in Bonn und Leipzig als außerordentlicher Professor für klassische Philologie an die Universität Basel berufen. Er war 25 Jahre alt und galt als große Hoffnung im seinerzeit führenden Fach der Geisteswissenschaften. Die Basler Professur[211] versah er knapp zehn Jahre; eine schwere Krankheit veranlasste ihn 1879 zum Rücktritt von Lehramt. Er verbrachte die nächsten zehn Jahre mit unruhigen Reisen an Orten zwischen Graubünden und Sizilien, die einer endlosen Suche gleichkamen und gefüllt waren mit hektischen Notizen über Themen und Thesen, die Nietzsche zu dem Philosophen und Schriftsteller machen, der heute im Internet die vermutlich größte Aufmerksamkeit findet, die einem einzelnen Philosophen überhaupt zukommt.[212] Allein die Verzeichnisse der *Links* beanspruchen diverse Seiten, ein Großteil der Diskussion wird ins Netz verlagert[213] und es sind alle möglichen Extras zugänglich, von biographischen Details bis zur Ikonographie, einem Autor gegenüber, den ich gerade als gehobenen Stammtisch eingeführt habe. Was ist an ihm so faszinierend?

Nietzsche brach im Januar 1889 in Turin geistig zusammen (Verrecchia 1986). Er unterschrieb Briefe nur noch mit »Dionysos«

211 Ein Ordinariat seit 1870.

212 53.575 Einträge (nicht alle einschlägig) unter dem Stichwort »Nietzsche« auf *Search.CH* mit einer weltweiten Anfrage am 6. Mai 2000. Am 23. Juli 2000 waren es 62.780 Einträge. Die Präsenz geht weit über das hinaus, was Keiner (1998) beschreiben konnte. Man hat die Wahl zwischen der repräsentativen The Nietzsche Page at USC, der Seite der Friedrich Nietzsche Society, italienischen Sammlungen und diversen Einzelseiten. Etwa: The Nietzsche Page: http://www.usc.edu/douglast/nietzsche.html; Friedrich Nietzsche Society: http://www.swan.ac.uk/german/fns/fns.htm; Pirate Nietzsche Page: http://www.cwu.edu/millerj/nietzsche/index.html; Nietzsche in rete: http://lgxserver.uniba.it/lei/filosofi/nietzsche.html; Friedrich Wilhelm Nietzsche: http://gutenberg.aol.de/autoren.nietzsche.htm.

213 Zugänglich sind akut mehr als sechzig On-line Articles and Reviews on Nietzsche; http://www.swan.ac.uk/german/fns/articles.htm.

oder »Der Gekreuzigte«, fantasierte sich zum Retter der Menschheit und glaubte daran, dass der deutsche Kaiser und der Reichskanzler Bismack mit ihm als dem größten Philosophen der Gegenwart in Kontakt treten würden (ebd., S. 226). Die Familie Nietzsches war anfällig für Erbkrankheiten (ebd., S. 242) und Nietzsche litt sein Leben lang unter physiologischen Störungen. Er war schon als Kind ständig krank, ohne je irgendwie zu genesen. Sein Freund Franz Overbeck[214], der am 7. Januar einen der »Wahnbriefe« Nietzsches erhalten hatte, konsultierte den Direktor der Psychiatrischen Klinik in Basel. Overbeck entschloss sich daraufhin, Nietzsche nach Basel zu bringen, wo beide am 10. Januar eintrafen. Am 13. Januar traf Nietzsches Mutter in Basel ein, eine Woche später wurde der teilnahmslose Nietzsche auf Veranlassung der Mutter in die Psychiatrische Universitätsklinik nach Jena überführt[215], wo er psychiatrisch versorgt wurde[216]. Danach begann sein Ruhm.

Nietzsche blieb bis zum 24. März 1890 in der Jensenser Klinik. Anschließend wurde er privat versorgt, ohne je geistige Normalität wiederzuerlangen. Die überlieferten Krankenberichte zeigen einen vollkommen hilflosen Menschen, der sich selbst verloren hatte. Er wusste nicht, dass er berühmt wurde. Der Kopenhagener Literaturprofessor Georg Brandes[217] hatte bereits 1888 Vorlesungen »über den deutschen Philosophen Friedrich Nietzsche« gehalten, die be-

214 Der aus Petersburg stammende evangelische Theologe Franz Overbeck (1837–1905) war von 1870 bis 1897 Professor an der Universität Basel. Sein Hauptwerk »Über die Christlichkeit unserer heutigen Theologie« (1873, 2. Aufl. 1903) optiert für eine Trennung von Christentum und Kultur. Christus wird von der eschatologischen Predigt her verstanden, das Mönchstum ist die einzig sinnvolle Form seines Wirkens in der Welt.

215 Der behandelnde Arzt war Otto Binswanger. Die Diagnose war unklar (vgl. Möbius 1902; Podach 1961).

216 Das erste Gutachten, gefertigt am 18. Januar 1889, enthielt unter anderem die folgende Aussagen: »Erblichkeit: Vater, + Gehirnerw. (...) Mutter, lebt, wenig begabt« (Verrecchia 1986, S. 242).

217 Georg Brandes (eigentlich Cohen) (1842–1927) lehrte an der Universität Kopenhagen Literaturgeschichte. Er war Schüler des Kunsthistorikers Hippolyte Taine und schrieb eine sechsbändige Untersuchung über die Hauptströmungen in der europäischen Literatur des 19. Jahrhunderts, die in den Naturalismus einmündete. Ein Pate dafür ist Nietzsche.

sonders in Deutschland Eindruck machten. Im gleichen Jahr erschienen Rezensionen, die von der Gefährlichkeit dieser Philosophie sprachen, welche als »Dynamit« verstanden werden müsse.[218] Bereits 1894 wurden die »philosophischen Irrwege« Nietzsches angeprangert (Türck 1894), während gleichzeitig Nietzsches Schwester, Elisabeth Förster-Nietzsche[219], dafür sorgte[220], dass ein bestimmtes Bild Nietzsches die Öffentlichkeit bestimmte, das des geistigen Heroen, der unter den Stichworten des *Willens zur Macht* und der *Umwertung der Werte* die philosophische Welt neu sortiert und grundlegend verändert habe. Nach dem Tode der Mutter, die Nietzsche seit seiner Entlassung aus der Klinik betreut hatte, schirmte die Schwester den kranken Bruder ab. Die Gründung des *Nietzsche-Archivs* in Weimar (Hoffmann 1991; vgl. auch Müller-Buck 1998) sowie der Erwerb der Autorenrechte durch die Schwester (Janz 1981, Bd. 3, S. 194ff.) sicherten die Kontrolle über das Werk, das wie kaum ein anderes politisiert, verfälscht und zu allen möglichen Zwecken benutzt wurde (Podach 1961, S. 9ff).

Friedrich Nietzsche starb am des 25. August 1900, nach einem Leben von je zehn Jahren in einer Professur, auf ruheloser Wanderschaft und in geistiger Umnachtung. Er war 56 Jahre alt und bei seinem Tod eine europäische Figur, die rasend schnell Berühmheit erlangte, die zugleich berüchtigt schien und ihre Faszination nie mehr verlor. Er war ein unerhörter Stilist der deutschen Sprache, der in Deutschland gänzlich anders wahrgenommen wurde als im europäischen und außereuropäischen Ausland. Die mit hohen Gesten verbundene Nationalisierung Nietzsches war im Wesentlichen das Werk seiner Schwester, die ohne Umfeld allerdings kaum sehr

218 J.V. Widmann in: Der Bund (16. und 17. September 1888; bezogen auf Jenseits von Gut und Böse).

219 Elisabeth Förster-Nietzsche (1846–1935) war verheiratet mit dem Lehrer und Schriftsteller Bernard Förster (1843–1889), einem erklärten Rassisten, mit dem sie von 1886 an in Paraguay die arische Kolonie Nueva Germania gründete. Förster war 1883 wegen rassistischer Hetze von seinem Berliner Lehramt entbunden worden. Er war überzeugter Antisemit (Daten nach Macinytre 1994).

220 Wesentlich mit ihrer ab 1895 veröffentlichten Biographie Nietzsches (Förster-Nietzsche 1895–1904).

erfolgreich hätte sein können. Elisabeth Förster-Nietzsche verschickte eine persönliche Todesanzeige mit folgendem Wortlaut:

> *»Heute Mittag gegen zwölf Uhr entschlief mein geliebter Bruder*
> *Friedrich Nietzsche*
> *Weimar, dem 25. August 1900«*[221]

Das Archiv lud zur Trauerfeier in einem Weimarer Lokal ein. Für den 27. August 1900 war folgendes Programm vogesehen:

1) Trostgesang der Freundinnen von Frau Förster: »Klänge« (Gedicht von Claus Groth) von Johannes Brahms (»Wenn ein müder Leib begraben«).
2) Rede von Ernst Horneffer.
3) Klagegesang der Frauen: ›Quae fremuerunt gentes‹ von Palestrina.[222]

Ernst Horneffer war 1899 Mitarbeiter des *Nietzsche-Archivs* geworden, nachdem zuvor[223] ein junger Mitarbeiter des Goethe-Archivs mit Namen Rudolf Steiner Elisabeth Nietzsche in der Philosophie ihres Bruders unterrichtet hatte. Die Mitarbeiter des *Nietzsche-Archivs* wechselten zunächst rasch, erst Horneffer brachte eine gewisse Stabilität in die Arbeit. Er hielt die Trauerrede, die in folgenden Sätzen gipfelte:

> *»Nicht als ob wir glaubten, wir könnten schon heute seinen Wert ermessen. Kein* <u>*Wissen*</u> *haben wir von ihm. Es ist, als ob wir heute an einem Meere ständen; die Wellen schlagen an unser Ohr; aber seine Weite ahnen wir nicht. Nur wissen wir, dass Nietzsche* <u>*kommt*</u>*; immer näher kommt er, immer höher; es gibt keine Rettung; Nietzsche wächst. Hören wir nicht die Geister, die er ausschickte, über uns in den Lüften schwirren? Sie sind nahe, die gefährlichen, unheimlichen, aber erquickenden, aber herzstärkenden*

221 Janz 1981, Bd. 3, S. 221.
222 Janz 1981, Bd. 3, S. 221f.
223 Im Herbst 1896.

Tauwinde, die er ankündigt. Warten wir nur: – um ein Kleines, und alles alte Eis bricht.« (Horneffer 1920, S. 140f.)

Tatsächlich *wuchs* Nietzsche. Er wurde der Heros der deutschen Jugendbewegung, das Vorbild für Generationen von Literaten, die Inspiration für linke wie rechte Politikfantasien, der Stichwortgeber für Visionen des »neuen Menschen«, der Sprecher für exzentrische Radikalität, und dies mit *einem* Schachzug, der Bestreitung von Moral als Grund des Lebens. Am 20. Juli 1934 begrüßte Elisabeth Förster-Nietzsche den deutschen Reichskanzler Hitler am Eingang des *Nietzsche-Archivs*. Der »Wille zur Macht« schien sich auf prophetische Weise materialisiert zu haben, was Nietzsche in endlosen Wendungen den »Übermenschen« genannt hatte, würde sich *arisch* realisieren lassen, die »Herrenrasse« hatte die Gewalt, der »Nihilismus« und die Dekadenz waren überwunden, ohne die alte Moral länger in Kauf nehmen zu müssen, aus *Zarathustra* war »der Führer« geworden.

Normalerweise müsste eine solche Wirkung den Autoren erledigt haben. Nicht so im Falle Nietzsche.[224] Er wurde rehabilitiert, nicht in dem Sinne, dass sein Einfluss auf Faschismus und Nationalsozialismus – beides nicht zum Geringsten Dekadenz-Phänomene – geleugnet würde, sondern so, dass zwischen Werk und Rezeption auf differenzierte Weise unterschieden werden müsse. Andererseits passten Nietzsche und der Faschismus zu gut zusammen, um einfach durch *Unterscheidung* das Problem zu erledigen. Die Fakten der Bezugnahme sind eindeutig: Unmittelbar neben dem Nietzsche-Archiv wurde am 3. August 1938 eine pompöse Nietzsche-Gedächtnishalle eingeweiht. 1943 sandte Mussolini die Kopie einer Statue des antiken Gottes Dionysos nach Weimar, den Nietzsche zu einem zentralen Symbol seiner Philosophie erhoben hatte (Macintyre 1994, S. 256f.). Als Elisabeth Förster-Nietzsche am 8. November 1935 starb, ordnete Hitler persönlich die Trauerfeier

224 Am Ende des 20. Jahrunderts liegen mehr als zwanzigtausend Veröffentlichungen über und um Nietzsche vor. Die Arbeitsgruppe »Nietzsche-Bibliographie« der Anna Amalia Bibliothek ist dabei, eine Datenbank zu erstellen, die diese Titel dokumentiert.

an.[225] Er ließ es sich nicht nehmen, am 11. November dieser Trauerfeier beizuwohnen, die zu einer Demonstration wurde, wie innig der Nationalsozialismus sich selbst in seinem Verhältnis zu Nietzsche verstanden hat. Der Reichstatthalter von Thüringen, Fritz Sauckel, hielt die Trauerrede, die ihren Höhepunkt darin hatte, ein Bekenntnis des Nationalsozialismus zum Erbe Nietzsches abzulegen.[226] Das kann nicht einfach nur Zufall oder böser Wille gewesen sein.

Elisabeth Förster-Nietzsche kommentierte 1914 in ihrem Buch *Der einsame Nietzsche* den Zusammenhang von »Züchtung« und »Übermensch« mit folgenden Sätzen:

> *»Das Wort ›Züchtung‹ ist vielfach missverstanden worden; es meint: Veränderungen durch neue höchste Wertschätzungen, die als Führer und Zuchtmeister des Handelns und der Lebensauffassung über der Menschheit herrschen sollen. Überhaupt ist der Gedanke des Übermenschen nur im Zusammenhang mit den anderen Lehren des Autors des Zarathustra: der Rangordnung, des Willens zur Macht und der Umwertung aller Werte, richtig zu verstehen. Er nimmt an, dass das aus dem Ressentiment der Schlechtweggekommenen und Schwachen entstandene Christentum alles was schön, stark, stolz und mächtig war, also die aus der Kraft stammenden Eigenschaften, in Acht und Bann getan hat und dass dadurch alles Lebenfördernde, Lebenerhöhende sehr herabgemindert worden ist. Jetzt aber soll eine neue Tafel der Werte über der Menschheit aufgehängt werden, nämlich der starke, mächtige, prachtvolle, lebenüberströmende Mensch bis zu seiner höchsten*

225 Hitler war in München, um am Jahrestag des »Putsches« vom 8. November 1923 teilzunehmen.

226 »Im Angesicht der Verewigten darf ich im Namen der Reichsregierung, ja der ganzen nationalsozialistischen Bewegung in tiefster Ehrerbietung den Dank aussprechen für den großen Kampf, den Frau Förster-Nietzsche als wahrhaft ideale deutsche Frau für ihren Bruder, für sein Erbe und damit auch vor allem für die Ehre des deutschen Namens und des deutschen Volkes durchkämpft hat, und lege zugleich das Gelöbnis ab, dass das nationalsozialistische Deutschland das gewaltige geistige Erbe des großen Philosophen für alle Zeiten schützen und sich zu ihm bekennen wird.« (Zit. n. Macintyre 1994, S. 256)

> *Spitze, dem Übermenschen, der uns nun mit hinreißender Leidenschaft als Ziel unseres Lebens, unseres Willens und unserer Hoffnung, hingestellt wird.«* (Förster-Nietzsche 1914, S. 283)

»Das Nachdenken über Menschliches, Allzumenschliches« nannte Nietzsche »psychologische Beobachtung« (S.W. Bd. 2, S. 57). Die *psychologische* ist wesentlich *moralische* Beobachtung. Nietzsches Lebensthema ist Moral, genauer: *christliche* Moral, der unterstellt wird, ihr zentrales Gebot der Nächstenliebe *schwäche* den Menschen und *lähme* seinen Lebenswillen. Seine Schwester hat ihn in dieser Hinsicht durchaus richtig verstanden, Nietzsche denkt über eine nach-christliche Negation der Moral nach, darüber, wie *Leben* Moral ersetzen kann, um so ungeahnte Stärke und Intensität zu gewinnen. 1878 ist von »Über-Tier« die Rede, von der Bestie in uns, die zum Nachteil des Lebens gezähmt werden soll. Moral ist Unterdrückung der Animalität, damit aber Repression der Potenziale des Lebens, die unabhängig von moralischer Hemmung und ethischer Reflexion entwickelt sein wollen. Erziehung, würde daraus folgen, müsste sich jenseits von Gut und Böse vollziehen oder wäre *mit* der Moral nichts als Repression. Nietzsche aber ist von der deutschen Reformpädagogik enthusiastisch begrüßt worden als visionärer Kulturkritiker und wahrer Philosoph des Lebens, trotz oder wegen Sätzen wie den folgenden.

> »*Das Über-Tier. – Die Bestie in uns will belogen werden: Moral ist Notlüge, damit wir von ihr*[227] *nicht zerrissen werden. Ohne die Irrtümer, welche in den Annahmen der Moral liegen, wäre der Mensch Tier geblieben. So aber hat er sich als etwas Höheres genommen und sich strengere Gesetze auferlegt. Er hat deshalb einen Hass gegen die der Tierheit näher gebliebenen Stufen; woraus die ehemalige Missachtung des Sklaven, als eines Nicht-Menschen, als einer Sache zu erklären ist.«* (Ebd., S. 64)

Das »Sklaven«-Thema und mit ihm die Differenz von *Sklaven* und *Herren*, wird nachfolgend dominant. Ohne diese Differenz ist die

227 Der Bestie.

Moralkritik nicht verständlich. Nietzsche denkt »oben« und »unten« wie *höher* und *niedrig,* nur niedrige Stufen der Entwicklung haben Moral nötig, höhere emanzipieren sich davon, weil sie dionysisch und nicht epikureisch[228] zu leben verstehen. Das höhere Leben bindet nichts außer sich selbst. In diesem Sinne ist eine *Entwicklungstheorie* Grundlage der Moralkritik Nietzsches. Sie fasst auf sehr eigenwillige Weise Evolution als Emanzipation der Moral und so als Negation der Erziehung, soweit diese Moralität als ihr Zentrum annimmt.

Elisabeth Förster-Nietzsche erwähnte 1904 einige Quellen für Sätze wie die zitierten, die Evolutionstheorie mit dem Konzept der »Höherzüchtung der Menschheit« verbinden sollten (Förster-Nietzsche 1914, S. 278ff.). Zu diesen Quellen zählen die Schriften von Nietzsches Basler Kollegen Ludwig Rütimeyer, die Entwicklungstheorie von Karl Eduard von Baer, der populäre Materialismus von Carl Vogt oder die Deszendenzlehre von Oscar Schmidt. Nietzsche las diese Texte im Wesentlichen als Widerlegung der christlichen Doktrinen, die mit Darwin als historisch überholt wahrgenommen wurden. Ersatz auf gleichem Niveau sollte es nicht geben, Nietzsche suchte nach einer Moral ohne Moral oder nach der Übereinstimmung des Menschen mit seinem vitalen Leben. Es geht nicht um das Leben im Augenblick, sondern um die moralisch ungehemmte Kraft, die sich die eigene Dauer verschafft.

Die Natur ist nicht *gut,* sondern *grausam,* es gibt keinen *bon sauvage* wie bei Rousseau, nur in der Härte des Lebens bewährt sich sich der Mensch, und einzig das kann Erziehung sein. Sie verlangt kein Reservat, sondern den ungeschützten Lebensraum. Durch pädagogische Entwicklung oder Einwirkung wird die Natur nicht besser, sondern verliert nur ihren Antrieb. Der Mensch braucht keine moralische Sublimation, sondern lebt am besten ohne Gewissen. Nietzsches berühmte Formeln sollen auf diesen Zusammenhang verweisen, der die Umwertung der (christlichen) Werte voraussetzt. Entsprechend heißt es: Dankbarkeit ist eine Form der *Rache,* in jedem Betrug ist ein Punkt von *Ehrlichkeit,* Eitelkeit *bereichert,* in der

228 Epikur (342/341–271/270 v. Chr.) war der Philosoph der moralischen Lebensführung, die in Ataraxie (Leidenschaftslosigkeit) gipfeln sollte.

Sitte artikuliert sich *Lust*, alle bösen Handlungen implizieren das *Unschuldige*, es gibt das *Harmlose* an der Bosheit und die guten und die bösen Handlungen unterscheiden sich »höchstens« dem Grade nach (S.W. Bd. 2, S. 66–104).

Passagen wie diese haben Nietzsche den doppelten Ruf des Gefährlichen und Unwiderstehlichen eingebracht. Er »zertrümmerte«, wie es oft heißt, unsere Werte, weil er ihre psychologische Funktion durchschaute. Hinter der Moral stehen Nutzen, Selbstsucht und Spiel der Darstellung, und Moral selbst ist nichts als historische Gewöhnung[229]:

> »*Nicht das ›Egoistische‹ und das ›Unegoistische‹ ist der Grundgegensatz, welcher die Menschen zur Unterscheidung von sittlich und unsittlich, gut und böse gebracht hat, sondern: Gebundensein an ein Herkommen, Gesetz, und Lösung davon. Wie das Herkommen entstanden ist, das ist dabei gleichgültig, jedenfalls ohne Rücksicht auf gut und böse oder irgendeinen immanenten kategorischen Imperativ, sondern vor allem zum Zweck der Erhaltung einer Gemeinde, eines Volkes; jeder abergläubische Brauch, der aufgrund eines falsch gedeuteten Zufalls entstanden ist, erzwingt ein Herkommen, welchem zu folgen sittlich ist; sich von ihm lösen ist nämlich gefährlich, für die Gemeinschaft noch mehr schädlich als für den Einzelnen (weil die Gottheit den Frevel und jede Verletzung ihrer Vorrechte an der Gemeinde und nur insofern auch am Individuum straft). Nun wird aber jedes Herkommen fortwährend ehrwürdiger, je weiter der Ursprung abliegt, je mehr dieser vergessen ist; die ihm gezollte Verehrung häuft sich von Generation zu Generation auf, das Herkommen wird zuletzt heilig und erweckt Ehrfurcht; und so ist jedenfalls die Moral der Pietät eine viel ältere Moral, als die, welche unegoistische Handlungen verlangt.*« (Ebd., S. 93)

229 »Moralisch, sittlich, ethisch sein heißt Gehorsam gegen ein altbegründetes Gesetz oder Herkommen haben. Ob man mit Mühe oder gern sich ihm unterwirft, ist dabei gleichgültig, genug, dass man es tut. ›Gut‹ nennt man den, welcher wie von Natur, nach langer Vererbung, also leicht und gern das Sittliche tut.« (S.W. Bd. 2, S. 92)

Moral ist nicht Gewöhnung, die kontingente Anfänge hat. Kant wird dabei ebenso historisiert wie Moses, der kategorische Imperativ, also die Unterwerfung des Willens unter das Gesetz, ist nur eine späte Stufe ein- und desselben religionshistorischen Prozesses, der soziologisch gedeutet wird. Religion sichert die Moral der Gemeinde oder, wie es später heißt, der Herde, aber das wirkt nur so lange, wie das Herkommen gesichert ist, also die *Illusion* des göttlichen Ursprungs Heiligkeit garantiert. Sittlichkeit wäre so Folge der langen moralischen Vererbung, die in dem Augenblick gefährdet ist, in dem die religiösen Garanten entfallen. Dekadenz oder Nihilismus sind die Formeln für eine gottlose Welt, in der der Mensch sich selbst zum Mittelpunkt macht und so keine »Moral« braucht. Nietzsche, anders gesagt, sucht eine nach-mosaische Moral ohne Gesetz und Herkunft, so ohne Strafgewalt und Erziehung, so also, dass Moral nicht Moral sein kann. Der Mensch soll sich selbst unabhängig von »gut« und »böse« fassen können. Nochmals: Leben ist Kampf und nicht Sublimierung.

Drei Bücher, genauer: drei Sammlungen von immer entschiedeneren Reflexionen, bestimmen diesen Komplex:

- Also sprach Zarathustra. Ein Buch für Alle und Keinen (Erster Teil: Chemnitz 1883)[230],
- Jenseits von Gut und Böse. Vorspiel einer Philosophie der Zukunft (Leipzig 1886),
- Zur Genealogie der Moral. Eine Streitschrift (Leipzig 1887).

Der Name *Zarathustra* bezieht sich auf den altiranischen Propheten und Religionsstifter Zarathuschtra, der in der griechischen Philosophie *Zoroastres* oder *Zoroaster* genannt wurde.[231] Er trat um

230 »Also sprach Zarathustra« erschien in vier einzelnen Teilen zwischen 1883 und 1885. Die ersten drei Teile wurden im Verlag E. Schmeitzer veröffentlicht, der vierte Teil erschien als Privatdruck bei C.G. Naumann in Leipzig. 1887 erschien bei E.W. Fritzsch in Leipzig eine dreiteilige Ausgabe.

231 Die Parsen nannten ihn Zarduscht. Wahrscheinlich wurde Zarathuschtra um 630 v. Chr. im ostiranischen Baktrien (heute Balch) geboren. 588 v. Chr. bekehrte er den Hof des chwaresmischen Fürsten Wischtaspa. Zarathuschtra ist etwa 553 v. Chr gestorben.

600 v. Chr. als Prophet auf, wurde 590 wegen seiner mit blutigen Stieropfern verbundenen Mithras-Rauschorgien verbannt und fand im iranischen Chorassan seine endgültige Wirkungsstätte. Seine Lehre ist ein Dualismus von Gut und Böse. Die Welt wird von zwei Urwesen beherrscht, dem höchsten Gott Ahura Masda und seinem Widersacher Ahriman, der das höchste Böse verkörpert. Der Kampf zwischen beiden ist ewig, beide Urwesen repräsentieren die eine oder die andere Seite der Ordnung der Welt, daher können alle Wesen nur dem Guten oder dem Bösen angehören. Der Mensch freilich kann sich als einziges Wesen entscheiden. Zarathustras Heilslehre[232] soll dem Menschen helfen, sich für das Gute zu entscheiden.

Nietzsche verwendet diesen Stoff in dreifacher Hinsicht. Er benutzt die Figur des *nicht-christlichen* Propheten, negiert die Heilslehre des Guten und ersetzt sie durch die Lehre vom »Übermenschen«. Nietzsches Zarathustra lehrt den Übermenschen, der sich nicht mehr in einer zweigeteilten Welt bewegen soll, die nichts hat als eine Seite des Guten und eine ganz andere des Bösen. Der Übermensch schafft die *eigene* und *einzige* Welt, die ohne Dualismen auskommt. Die Eingangssätze des Buches sind berühmt. Zarathustra sagt zu der ersten Gemeinde, die er nach seiner Meditation im Gebirge vorfand:

> *»Ich lehre euch den Übermenschen. Der Mensch ist etwas, das überwunden werden soll. Was habt ihr getan, ihn zu überwinden?*
> *Alle Wesen schufen bisher etwas über sich hinaus: und ihr wollt die Ebbe dieser großen Flut sein und lieber noch zum Tiere zurückgehn, als den Menschen überwinden?*
> *Was ist der Affe für den Menschen? Ein Gelächter oder eine schmerzliche Scham. Und ebendas soll der Mensch für den Über-*

232 Die Awesta (Avesta), geschrieben in einer altiranischen Sprache, ist in Bruchstücken erhalten (vgl. Wolff 1924). Den Kontext der Lehre und seine Folgewirkungen insbesondere im Blick auf die Zweiweltentheorie beschreibt Cohn (1997)

> *menschen sein: ein Gelächter oder eine schmerzliche Scham.«* (S.W. Bd. 4, S. 14)

Die Pointe der Evolutionstheorie ist die Widerlegung der Schöpfungsgeschichte, derzufolge der Mensch nach dem Bilde Gottes geschaffen wurde und sich aus diesem Grunde die Erde untertan machen soll (Gen 1,26–28). Ein Wesen *oberhalb* des Menschen, das ihm nachfolgen würde, ist nicht vorgesehen. Das würde voraussetzen, dass sich entweder die Schöpfung wiederholen kann oder Gott sich geirrt haben muss. Die Evolutionstheorie beschreibt die Entwicklung des Lebens und seiner Gattungen, ohne einen Endpunkt anzunehmen. Daher kann eine Gattung *nach* dem Menschen angenommen werden, vorausgesetzt, die Umstände des Überlebens verändern sich grundlegend und eine stärkere Entwicklungslinie als die des Menschen setzt sich durch.

Das ist allerdings biologisch gemeint, nicht als Folge einer Prophezeiung, gemäß der die Menschen sich *entschließen* sollen oder müssen, »den Menschen« zu überwinden. Nietzsche fasst das Problem ästhetisch, nicht biologisch, der Mensch soll überwunden werden, weil er aufgrund der moralischen Verbiegungen *ekelhaft* und *unrein* anzuschauen ist.

> »*Wahrlich, ein schmutziger Strom ist der Mensch. Man muss schon ein Meer sein, um einen schmutzigen Strom aufnehmen zu können, ohne unrein zu werden.*
> *Seht, ich lehre euch den Übermenschen: der ist dies Meer, in ihm kann eure große Verachtung untergehn.*
> *Was ist das Größte, das ihr erleben könnt? Das ist die Stunde der großen Verachtung: Die Stunde, in der euch auch euer Glück zum Ekel wird und ebenso eure Vernunft und eure Tugend.«* (Ebd., S. 15)

Die Jesus-Analogie ist schon sprachlich deutlich, Nietzsche beginnt Sätze mit »wahrlich«, redet in Gleichnissen, spricht zu Brüdern oder Jüngern und verkündet die Lehre in der ersten Person, nur dass keine Transzendenz mehr gemeint ist. Die Übermensch ist der Sinn der Erde und die Brüder werden beschworen, der *Erde* treu zu bleiben, nicht denen, »welche euch von überirdischen Hoffnungen reden!« (ebd.).

Jenseits von Gut und Böse, geschrieben wesentlich in Sils-Maria, also im Oberengadin, führt diese Ideen aus, eingeleitet mit einer Unterscheidung zwischen dem »*durchschnittlichen* Menschen« (S.W. Bd. 5, S. 44) und dem *Auserlesenen*. Nur er ist unabhängig und so frei oder stark. Moral und Erziehung machen den Menschen durchschnittlich, gleichen also die vielen einander an und nivellieren sie auf dem niedrigst möglichen Niveau. Wer sich davon löst, lebt in Gefahr, weil kein sittlicher Kompass mehr den richtigen Weg bstimmt.

> »*Es ist die Sache der Wenigsten, unabhängig zu sein: – es ist ein Vorrecht der Starken. Und wer es versucht, auch mit dem besten Rechte dazu, aber ohne es zu müssen, beweist damit, dass er wahrscheinlich nicht nur stark, sondern bis zur Ausgelassenheit verwegen ist. Es begibt sich in ein Labyrinth, er vertausendfältigt die Gefahren, welche das Leben an sich schon mit sich bringt; von denen nicht die kleinste ist, dass keiner mit Augen sieht, wie und wo er sich verirrt, vereinsamt und stückweise von irgendeinem Höhlen-Minotaurus des Gewissens zerrissen wird. Gesetzt, ein Solcher geht zu Grunde, so geschieht es so ferne vom Verständnis der Menschen, dass sie es nicht fühlen und mitfühlen: – und er kann nicht mehr zurück! Er kann auch zum Mitleiden der Menschen nicht mehr zurück!*« (Ebd., S. 47f.)

Nietzsche verkoppelt Einsamkeit und Unabhängigkeit mit dem heroischen Leben. Gemeint ist nicht Rousseaus *solitude*, also das zurückgezogene Leben in der *ermitage*. Das Leben braucht Gefahr, nicht Abgeschiedenheit. Nietzsches Wirkung ist nicht zuletzt auf die Stilisierung der großen Autonomie zurückzuführen. Mitmenschen sind höchstens Anhänger, dies jedoch nur dann, wenn sie ähnlich heroisch zu leben verstehen, also sich in die Gefahr der Unabhängigkeit – und gemeint ist immer die *moralische* Unabhängigkeit – begeben. Sie ist jenseits der Humanität. An einer Stelle heißt es unmissverständlich:

> »*Oh Voltaire! Oh Humanität! Oh Blödsinn. Mit der ›Wahrheit‹, mit dem* Suchen *der Wahrheit hat es etwas auf sich; und wenn der Mensch es dabei gar zu menschlich treibt – ›il ne cherche le vrai que pour faire le bien‹ – ich wette, er findet nichts!*« (Ebd., S. 54)

Die Konsequenz der Evolutionstheorie ist der »Atheismus« (ebd., S. 72). Die christliche Religion verliert ihre Begründung und hinterlässt einen *anwachsenden* »religiösen Instinkt« (ebd., S. 73). Er muss umbesetzt werden und das verlangt das letzte denkbare Opfer der Religion, nämlich das Opfer Gottes.

> »*Für das Nichts Gott opfern – dieses paradoxe Mysterium der letzten Grausamkeit blieb dem Geschlechte, welches jetzt eben heraufkommt, aufgespart: wir alle kennen schon etwas davon.*« (Ebd., S. 74)

Die Jünger sind Teil dieses negativen Evangeliums, das nicht nur Gott opfert, sondern zugleich das Empfinden für die Leidenden und Schwachen. Nietzsche ist vor allem *deswegen* eine Provokation, er stellt das Gebot der Nächstenliebe infrage und so jegliche »Religion *für Leidende*« (ebd., S. 82). Wer mitleidet, *erhält* das Kranke, und mehr noch, er nimmt das Starke und ungebührlich Wilde in die Zucht, nämlich zwingt zur Moral, wo Vitalität gelebt werden könnte. Das Leben geht nicht auf, wenn Mitleidsagenturen für die Menschen je das Beste wollen.

Die zentrale Agentur ist die christliche Kirche. Ihrem Erziehungsprogramm, also dem der »geistlichen Menschen«, gilt der wesentliche Angriff:

> »*Wenn sie den Leidenden Trost, den Unterdrückten und Verzweifelten Mut, den Unselbstständigen einen Stab und Halt gaben und die Innerlich-Zerstörten und Wild-Gewordenen von der Gesellschaft weg in Klöster und seelische Zuchthäuser lockten: was mussten sie außerdem tun, um mit gutem Gewissen dergestalt grundsätzlich an der Erhaltung alles Kranken und Leidenden, das heißt in Tat und Wahrheit an der* Verschlechterung der europäischen Rasse *zu arbeiten? Alle Wertschätzungen* auf den Kopf *stellen –*

> *das mussten sie! Und die Starken zerbrechen, die großen Hoffnungen ankränkeln, das Glück in der Schönheit verdächtigen, alles Selbstherrliche, Männliche, Erobernde, Herrschsüchtige, alle Instinkte, welche dem höchsten und wohlgeratensten Typus ›Mensch‹ zu Eigen sind, in Unsicherheit, Gewissens-Not, Selbstzerstörung umknicken, ja die ganze Liebe zum Irdischen und zur Herrschaft über die Erde in Hass gegen die Erde und das Irdische verkehren – das stellte sich die Kirche zur Aufgabe und musste es sich stellen, bis für ihre Schätzung endlich ›Entweltlichung‹, ›Entsinnlichung‹ und ›höherer Mensch‹ in ein Gefühl zusammenschmolzen.«* (Ebd., S. 82)

Die Psychopathologie des Christentums besteht für Nietzsche in der Gleichsetzung von Glück mit Entsagung oder in der Idee einer entsinnlichten Vollendung, die dem Geist zutraut, stärker zu sein als das Leben. »Geist« ist nicht Philosophie, sondern die Gewöhnung an Zustimmung unter der Voraussetzung höchster anderer Autoritäten. Aber »noch bei der harmlosen christlich-moralischen Auslegung der nächsten persönlichen Ereignisse ›zu Ehren Gottes‹ oder ›zum Heil der Seele‹« ist *Tyrannei* im Spiel.

> *»Diese Willkür, diese strenge und grandiose Dummheit hat den Geist erzogen.«* (Ebd., S. 109)

Erziehung ist nichts als Tyrannei, weil sie sich mit *Moral* verbindet und nicht mit dem *Leben.*

> *»Man mag jede Moral darauf hin ansehn: die ›Natur‹ in ihr ist es, welche das laisser aller, die allzu große Freiheit hassen lehrt und das Bedürfnis nach beschränkten Horizonten, nach nächsten Aufgaben pflanzt – welche die Verengerung der Perspektive, und also in gewissem Sinne die Dummheit, als eine Lebens- und Wachstums-Bedingung lehrt.«* (Ebd., S. 109f.)

Jede Form des Gewissens stellt eine Unterdrückung dar (ebd., S. 119), wer den Grund zum Fürchten abschafft, hat die Moral »mit abgeschafft« (ebd., S. 123), Moral ist wesentlich »Herdentier-

Moral« (ebd., S. 124), und das gelte auch und mit Nachdruck für die »*demokratische* Bewegung«, welche sich daran gemacht habe, »die Erbschaft der christlichen« zu übernehmen (ebd., S. 125). Moderne im politischen Sinne ist für Nietzsche nichts als »Entartung und Verkleinerung des Menschen zum vollkommenen Herdentiere« (ebd., S. 127). Die Fortschritte der Erziehung sind nichts als die Bestätigung dieser Tendenz.[233] Ihr widerspricht einzig der aristokratische »Wille« (ebd., S. 138), der sich wahrhaft philosophisch zu artikulieren versteht. Er verlangt herausgehobene Bildung, die für die wenigen reserviert sein muss.

Mit abwägendem Denken oder skrupulöser Argumentation hat das nichts zu tun. Die Lust erwächst aus der Steigerung der Radikalität, die Philosophie will kühn erscheinen und provoziert durch Anmaßung. Und sie kehrt den Traum Platons um:

> »*Die eigentlichen Philosophen ... sind Befehlende und Gesetzgeber: sie sagen ›so soll es sein!‹, sie bestimmen erst das Wohin? und Wozu? des Menschen und verfügen dabei über die Vorarbeit aller philosophischen Arbeiter, aller Überwältiger der Vergangenheit – sie greifen mit schöpferischer Hand nach der Zukunft, und alles, was ist und war, wird ihnen dabei zum Mittel, zum Werkzeug, zum Hammer. Ihr ›Erkennen‹ ist Schaffen, ihr Schaffen ist eine Gesetzgebung, ihr Wille zur Wahrheit ist – Wille zur Macht. – Gibt es heute solche Philosophen? Gab es schon solche Philosophen? Muss es nicht solche Philosophen geben? ...*« (Ebd., S. 145)

Von Stefan George über Ernst Jünger bis Martin Heidegger ist diese Rolle des aristokratischen, nicht moralisch gebundenen, befehlsgebenden »Philosophen« immer wieder von deutschen Intellektuellen fantasiert worden[234], oft verknüpft mit radikal antidemokratischen Führervisionen, die leichter Politisierung zugänglich waren. Das Rollenmodell selbst war denkbar ungeeignet. Nietzsche, wie die Fo-

233 »Die seltsame Beschränktheit der menschlichen Entwicklung, das Zögernde, Langwierige, oft Zurücklaufende und Sich-Drehende derselben beruht darauf, dass der Herden-Instinkt des Gehorsams am besten und auf Kosten der Kunst des Befehlens vererbt wird.« (S.W. Bd. 5, S. 119)

234 Nietzsches Einfluss beschreibt etwa Rabinbach (1997).

tos von Gustav Schultze[235] zeigen, liebte die Pose des Blicks, besser noch: des denkerischen Blicks, aber war auf fast groteske Weise kurzsichtig, am Schluss außerstande, seine endlosen Zettel, ganz unmittelbar vor Augen gehalten, noch zu beschreiben. Nietzsche war ein *Hypochonder*, sein »aristokratisches« Philosophieren war geprägt von Krankheit und Leid, Ruhelosigkeit, immer neuen Brüchen und rastlosem Schreiben. Der Liebe zu ungeheuerlichen Sätzen entspricht keine grandiose Praxis, Nietzsche lebte mit seiner großzügigen Basler Pension zehn Jahre als Schriftsteller am Rande der Gesellschaft, befasst mit abseitigen Problemen, die niemanden interessierten und die Nietzsche mit einer kaum glaublichen Hermetik auch und gerade vor sich selbst als grandios hinstellen musste.

Aber ist es mehr als einfach die Umkehrung bisheriger Wertungen, nicht aber deren Preisgabe, wenn Nietzsche im siebten Hauptstück[236] von *Jenseits von Gut und Böse* schreibt:

> »*Das moralische Urteilen und Verurteilen ist die Lieblings-Rache der Geistig-Beschränkten an denen, die es weniger sind, auch eine Art Schadensersatz dafür, dass sie von der Natur schlecht bedacht wurden, endlich eine Gelegenheit, Geist zu bekommen und fein zu werden: – Bosheit vergeistigt.*« (Ebd., S. 154)

Und weiter zu den Moralisten aller Art:

> »*Ihr wollt womöglich – und es gibt kein tolleres ›womöglich‹ – das Leiden abschaffen; und wir? – es scheint gerade, wir wollen es lieber noch höher und schlimmer haben, als je es war! Wohlbefinden, wie ihr es versteht – das ist kein Ziel, das scheint uns ein Ende! Ein Zustand, welcher den Menschen alsbald lächerlich und verächtlich macht, – der seinen Untergang wünschen macht! Die Zucht des Leidens, des großen Leidens – wisst ihr nicht, dass nur diese Zucht alle Erhöhungen des Menschen bisher geschaffen hat?*« (Ebd., S. 161)

An beiden Zitaten wird die *Strategie* Nietzsches deutlich, die darin besteht, Konventionen durch Verkehrung der Fronten zu provozie-

235 Aufnahmen von 1882 (Raabe 1994, S. 9, 23, 147).
236 Unsere Tugenden (S.W. Bd. 5, S. 151–178).

ren. Normalerweise halten wir moralische Urteile nicht für dumm, sondern für voraussetzungsreich und riskant. Je nach Fall oder Ereignis ist es mehr oder weniger schwierig zu befinden, ob eine Handlung gerecht war, eine moralische Absicht sittlich zulässig oder eine Wirkung im Sinne der Tugendlehre angemessen. Es ist nichts als Ressentiment, im moralischen Urteil die Rache der Beschränkten zu sehen und Urteilen mit *Verurteilen* gleichzusetzen. In diesem Sinne entspricht Nietzsche der eigenen Lehre, er reagiert auf die Ansprüche des Ethischen nicht wie Kierkegaard mit Verzweiflung, sondern mit Ressentiment.

Bei der »Zucht des Leidens« werden nicht die *Leidenden* befragt, ebenso wenig diejenigen, die ohne öffentliche und private Wohlfahrt nicht leben könnten. Das »große« Leid ist einfach Fantasie, die davon ausgeht, dass nichts am Leben falsch sein könne, es sei denn, die Moral hat es bewirkt. Fast immer aber sind Menschen froh, wenn es etwas gibt, ihr Leiden zu verringern. Schmerzen sind weder schön noch angenehm, und dass Nietzsche sein Leben lang mit chronischer Pein leben musste, ist kein Grund, Leiden in Freude zu verwandeln. Und schließlich: Es ist vermutlich auch der künftigen Medizin, mindestens aber der Psychologie unmöglich, das Leid schlechthin abzuschaffen. Moralisten wenigstens sind dazu außerstande. Was Nietzsche als »leichfertige« Borniertheit unterstellt (ebd.), hat keine Realität, ausgenommen die Ketten des Ressentiments. Am Ende war Nietzsche ein Pflegefall, auf absurde Weise abhängig von christlicher Nächstenliebe[237] und mindestens der Moral der Familie, die keineswegs davon ausging, dass »Bosheit vergeistigt«. Nietzsche, und das gehört zur Ironie seines Werkes, hat nicht mehr kommentieren können, was geschieht, wenn er selbst zum Gegenbeweis seiner Theorie werden würde.

Was *Jenseits* von »Gut und Böse« sein soll, hat Nietzsche gesagt, nämlich *dionysisches Leben*, das sich selbst genügt.[238] Um dieses

237 Seine Mutter versorgte und pflegte ihn bis zu ihrem Tode.

238 Dionysos ist der griechische Gott der Fruchtbarkeit. Als Gott der Ekstase ist Dionysos der Gegenspieler zu Apollo. Der griechische Dionysos-Kult war orgiastisch. Zentral war das Phallische, mit dem Parnass als einem der Hauptschauplätze. Das Gegensatzpaar »appolinisch« – »dionysisch« stammt von Schelling und ist im 19. Jahrhundert verschiedentlich ge-

Jenseits verständlich zu machen, unterscheidet Nietzsche nicht zwischen Moral und Nicht-Moral, sondern zwischen »*Herren-Moral* und *Sklaven-Moral*«. Beide sollen als die beiden »Grundtypen« jeder Moral verstanden werden, auch und nachhaltig im Sinne des Gegensatzes von Aristokratie und Demokratie.

> »*Im ersten Falle, wenn die Herrschenden es sind, die den Begriff ›gut‹ bestimmen, sind es die erhobenen stolzen Zustände der Seele, welche als das Auszeichnende und die Rangordnung Bestimmende empfunden werden. Der vornehme Mensch trennt die Wesen von sich ab, an denen das Gegenteil solcher gehobener stolzer Zustände zum Ausdruck kommt; er verachtet sie. Man bemerke sofort, dass in dieser ersten Art von Moral der Gegensatz ›gut‹ und ›schlecht‹ so viel bedeutet wie ›vornehm‹ und ›verächtlich‹: – der Gegensatz ›gut‹ und ›böse‹ ist anderer Herkunft. Verachtet wird der Feige, der Ängstliche, der Kleinliche, der an die enge Nützlichkeit Denkende; ebenso der Misstrauische mit seinem unfreien Blicke, der Sich-Erniedrigende, die Hunde-Art von Mensch, welche sich misshandeln lässt, der bettelnde Schmeichler, vor allem der Lügner: – es ist ein Grundglaube aller Aristokraten, dass das gemeine Volk lügnerisch ist.*« (Ebd., S. 209)[239]

Warum der Gegensatz von »vornehm« und »verächtlich« einen Grundtypus von *Moral* definieren soll, sagt Nietzsche nicht. Aber die Voraussetzung dafür, ein »Jenseits« von Gut und Böse annehmen zu können, ist die Relationierung zweier moralischer Typen, von denen der eine *oben* und der andere *unten* angesiedelt sein soll. Die Grundrelation der Moral, und nicht nur der christlichen, die *Unterscheidung* von Gut und Böse, wird auf den unteren Typus verlagert, die Herrenmoral unterscheidet nur »vornehm« und »ver-

braucht worden, um den Gegensatz von Ordnung und rauschafter Schöpfung zu erfassen. Nietzsche versuchte in »Die Geburt der Tragödie aus dem Geist der Musik« (1871) nachzuweisen, dass wie die attische Tragödie auch die Musikdramen Richard Wagners als Einheit des Appolinischen und Dionysischen aufzufassen seien.

239 »Die vornehme Art Mensch fühlt *sich* als wertbestimmend, sie hat nicht nötig, sich gutheißen zu lassen.« (S.W. Bd. 5, S. 209)

ächtlich«, nicht »gut« und »böse«. Anders wäre kaum die Moral von Herren anzunehmen, die außerhalb der moralischen Rechtfertigungen stehen. »Herren« handeln *als Herren* und so, gemäß Nietzsche, weder gut noch böse.

Der Gegensatz von gut und böse erwächst aus der »Sklaven-Moral«, die keinen Sinn für das Vornehme und ebenso wenig für das Verächtliche haben kann. Gut und Böse entstehen aus der niederen Perspektive, aus dem Blick von unten nach oben:

> *»Der Blick des Sklaven ist abgünstig für die Tugenden des Mächtigen: er hat Skepsis und Misstrauen, er hat Feinheit des Misstrauens gegen alles ›Gute‹, was dort geehrt wird – er möchte sich überreden, dass das Glück selbst dort nicht echt sei. Umgekehrt werden die Eigenschaften hervorgezogen und mit Licht übergossen, welche dazu dienen, Leidenden das Dasein zu erleichtern: hier kommt das Mitleiden, die gefällige hilfbereite Hand, das warme Herz, die Geduld, der Fleiß, die Demut, die Freundlichkeit zu Ehren – das sind hier die nützlichsten Eigenschaften und beinahe die einzigen Mittel, den Druck des Daseins auszuhalten.«* (Ebd., S. 211)

Sklavenmoral ist wesentlich »Nützlichkeits-Moral« (ebd.), drapiert durch philanthropische Erwartungen. Wer den Nutzen kalkulieren muss, ist wesenhaft Sklave, während Herr ist, wer frei von Nützlichkeitserwägungen leben kann. Nietzsche sagt nie, dass ein solches Leben eine Ökonomie verlangt, die sich um Gerechtigkeit nicht kümmern muss. An keiner Stelle wird die *Ausbeutung* des Sklaven betrachtet, und das ist konsequent, weil die Herrenmoral Mitleid verbietet. Nur die Sklavenmoral enthält das Böse, und zwar als Reaktion auf die Herren.

> *»Hier ist der Herd für die Entstehung jenes berühmten Gegensatzes ›gut‹ und ›böse‹: – ins Böse wird die Macht und Gefährlichkeit hinein empfunden, eine gewisse Fruchtbarkeit, Feinheit und Stärke, welche die Verachtung nicht aufkommen lässt. Nach der Sklaven-Moral erregt also der ›Böse‹ Furcht; nach der Herrenmoral ist es gerade der ›Gute‹, der Furcht erregt und erregen will, während*

> *der ›schlechte‹ Mensch als der verächtliche empfunden wird.«* (Ebd., S. 211f.)

Aber Arroganz ist keine moralische Kategorie, die Negation des Ethischen ist nicht auf die Weise möglich, dass Moral einfach dem Pöbel zugewiesen wird. Nietzsches »Herrenmenschen«, die als historische Realität verstanden werden sollen, sind reine Fantasie, ein Mix aus dionysischen Überlieferungen, Rittermythologie und Adelsideologie, der eine Stilisierung zum Typus erfährt, ohne dafür irgendeinen historischen Beweis antreten zu müssen. Die Stilisierung ist nicht empirisch, sondern prophetisch, sie beruht auf ästhetischen Verallgemeinerungen, die *an die Stelle* der Moral gesetzt werden.

Es ist dann sehr nahe liegend, dass Erziehung und niedere Bildung dem *Pöbel* zugerechnet werden, ohne dass Nietzsche dabei etwas über pädagogische Realitäten aussagen müsste. Die Generalisierungen sollen einfach im Allgemeinen zutreffen[240], und das wird mit dem Gegensatz von Vererbung und Erziehung zu sagen versucht. Über Vererbung schreibt Nietzsche in polemischer Absicht Folgendes:

> *»Es ist gar nicht möglich, dass ein Mensch* nicht *die Eigenschaften und Vorlieben seiner Eltern und Altvordern im Leibe habe: was auch der Augenschein dagegen sagen mag. Dies ist das Problem der Rasse. Gesetzt, man kennt Einiges von den Eltern, so ist ein Schluss auf das Kind erlaubt: irgendeine widrige Unenthaltsamkeit, irgendein Winkel-Neid, eine plumpe Sich-Rechtgeberei – wie diese drei zusammen zu allen Zeiten den eigentlichen Pöbel-Typus ausgemacht haben – dergleichen muss auf das Kind so sicher übergehn, wie verderbliches Blut; und mit Hilfe der besten Erziehung*

240 Das machte die pädagogische Auseinandersetzung generell schwierig. Speziell in Deutschland sind zudem die Affinitäten zum Faschismus rezeptionsbestimmend (Niemeyer/Drerup/Oelkers/von Pogrell 1998). Angelsächsische Rezeptionen sind einerseits unbefangener (wie Cooper 1983), andererseits gehen sie von einem ganz anderen Kritikrahmen aus (vgl. Fennell 1999).

> *und Bildung wird man eben nur erreichen, über eine solche Vererbung zu täuschen. – Und was will heute Erziehung und Bildung anderes!«* (Ebd., S. 219)

Erziehung ist die Kunst der Täuschung, eine Illusion wie Liebe und der ganze andere Ballast des Humanismus. Die Realitäten lassen sich *biologisch* beschreiben, ohne dabei eine sentimentale Natur vor Augen zu haben. Rasse und Vererbung sind die harten Tatsachen, Erziehungstheorien können demgegenüber nur Täuschungen sein.

> *»In unsrem sehr volkstümlichen, will sagen pöbelhaften Zeitalter muss ›Erziehung‹ und ›Bildung‹ wesentlich die Kunst zu täuschen sein – über die Herkunft, den vererbten Pöbel in Leib und Seele hinwegzutäuschen. Ein Erzieher, der heute vor allem Wahrhaftigkeit predigte und seinen Züchtlingen beständig zuriefe ›seid wahr! seid natürlich! gebt euch, wie ihr seid!‹ – selbst ein solcher tugendhafter und treuherziger Esel würde nach einiger Zeit zu jener furca des Horaz greifen lernen, um naturam expellere: mit welchem Erfolge? ›Pöbel‹ usque recurret.«* (Ebd.)

Die Natur wird mit Horaz' Mistgabel vertrieben[241], der Pöbel kehrt in einem fort zurück und keine Erziehung kann daran etwas ändern. Hier gilt die Wiederkehr des Immergleichen, während zugleich das Böse historisiert wird. In der Streitschrift über die *Genealogie der Moral* ist das Böse ein Priester – und so ein Erziehungsbetrug (ebd., S. 266). Die jüdische und die christliche Religion haben dem Menschen die Seele gegeben, so Tiefe und mit der Tiefe das Böse (ebd.). Erziehung ist dann das Medium, mit dem das selbst induzierte Böse bekämpft soll, nur um desto besser bestätigt werden zu können. *Weil* die Erziehung das Gute befördert, bekräftigt sie das *Böse*.

> *»Fügen wir uns in die Tatsachen: das Volk hat gesiegt – oder ›die Sklaven‹ oder ›der Pöbel‹ oder ›die Herde‹, oder wie Sie es zu nennen belieben – wenn dies durch die Juden geschehen ist, wohlan!*

241 Anspielung auf die Satiren.

> *so hatte nie ein Volk eine welthistorischere Mission. ›Die Herren‹ sind abgetan; die Moral des gemeinen Mannes hat gesiegt. Man mag diesen Sieg zugleich als eine Blutvergiftung nehmen (er hat die Rassen durcheinander gemengt) – ich widerspreche nicht; unzweifelhaft ist aber diese Intoxination gelungen. Die ›Erlösung‹ des Menschengeschlechtes (nämlich von ›den Herren‹) ist auf dem besten Wege; alles verjüdelt oder verchristlicht oder verpöbelt sich zusehends (was liegt an Worten!). Der Gang dieser Vergiftung, durch den ganzen Leib der Menschheit hindurch, scheint unaufhaltsam, ihr Tempo und Schritt darf sogar von nun an immer langsamer, feiner, unhörbarer, besonnener sein – man hat ja Zeit …«* (Ebd., S. 269f.)

Die Idee, die jüdisch-christliche Kultur sei ein einziger Betrug an der vitalen Natur des Menschen, ist weniger kurios als überhoben. Nietzsche unterstellt, dass diese Kultur nichts Gutes angerichtet habe, zugleich als wirkmächtige Einheit angesehen werden könne, während sie mit einem Ressentiment[242] beurteilt wird, das nur *einen* Schluss zulässt, den der radikalen Dekadenz und historischen Sinnlosigkeit im Sinne der »Vergiftung« der Vitalität. Moral ist nicht einfach Intoxination, selbst wenn sie nichts wäre als Repression des Lebens, so ist sie nicht einfach ein wirksames Mittel, und dies weder im Guten noch im Bösen.

Zugleich *unterbietet* Nietzsche den vor ihm erreichten Reflexionsstand. »Moral« ist nicht Besitz oder Eigenschaft von »Klassen«, zumal nicht von *zwei* Klassen, eine Analogie zu Marx, dem Nietzsche auf höchst eigenwillige Weise folgt. Aber »Herren« *haben* ebenso wenig Moral wie »Sklaven«, Moral wird nicht zwischen sozialen Klassen vererbt und lässt sich nicht als historische Konstante betrachten, die – erneut Marx – wie eine *zweite Natur* betrachtet werden könnte. Die gesamte Mischung aus Evolutionstheorie und

242 Wieder lässt sich eine Analyse auf Nietzsche selbst anwenden: »Der Sklavenaufstand in der Moral beginnt damit, dass das *Ressentiment* selbst schöpferisch wird und Werte gebiert: das Ressentiment solcher Wesen, denen die eigentliche Reaktion, die der Tat versagt ist, die sich nur durch eine imaginäre Rache schadlos halten.« (S.W. Bd. 5, S. 270)

Geschichte der Moral geht nicht auf, schon deswegen nicht, weil Nietzsche biologische und historische Zeit nicht unterscheidet. Im Blick auf ethische Theorien verpasst er sämtliche Anschlüsse, weil er alles widerlegen will. Er nutzt nicht bereits erreichte Reflexionslagen, sondern negiert sie und erzeugt einzig damit Radikalität. Es geht ihm nicht um das *bessere*, sondern um das *prophetische* Argument.

Nur dann kann ignoriert werden, was die Diskussion vor ihm bestimmt hat und durch ihn nicht einfach widerlegt ist, also etwa

- Rousseau oder die einfache Naivität des Guten,
- Kant oder das Ethische als Reflexion,
- Schleiermacher oder die Idee des Guten als Basis der Sittlichkeit,
- Herbart oder die Gleichsetzung des moralischen mit dem ästhetischen Urteil,
- Kierkegaard oder die Differenz des Ästhetischen und des Ethischen.

Kein Wort darüber bei Nietzsche, allenfalls hochfahrende Polemik, die die Argumente anderer nur verletzen, nicht aber oder allenfalls *negativ* von ihnen lernen will. Das berühmte Ende der Philosophie Nietzsches, die Vision des Nihilismus, ist der Preis des Prophetentums, nicht eine tatsächliche Möglichkeit. Wenn Gott tot ist, Nietzsches Formel für den metaphysischen Schock, folgt daraus nicht, dass auch Moral tot ist. Ebenso wenig überzeugt die Alternative des gegenüber *sich selbst* vollkommenen Menschen. Und die Verwerfung des Humanismus ist, wie die Geschichte gezeigt hat, ein gefährliches Spiel[243], das Nietzsche ohne Not beginnt und für das er gute Gründe nicht hat. Gäbe es dies Jenseits von Gut und Böse, müsste der Nationalsozialismus als heroische Tat von Entschlossenen akzeptiert werden. Nietzsches Virus kann nur *mit* moralischen Argumenten immunisiert werden.

243 »Dass die Lämmer den großen Raubvögeln gram sind, das befremdet nicht: nur liegt darin kein Grund, es den großen Raubvögeln zu verargen, dass sie sich kleine Lämmer holen.« (S.W. Bd. 5, S. 278f.)

Aber es geht nicht um Gründe, also abwägende Vernunft; vielmehr soll der Gestus überzeugen, der sich aus der radikalen Formulierung ergibt. Sie nämlich ist *nicht verantwortlich.*

> »*Aber von Zeit zu Zeit gönnt mir – gesetzt, dass es himmlische Gönnerinnen gibt, jenseits von Gut und Böse – einen Blick, gönnt mir einen Blick nur auf etwas Vollkommenes, Zu-Ende-Geratenes, Glückliches, Mächtiges, Triumphierendes, an dem es noch etwas zu fürchten gibt! Auf einen Menschen, der den Menschen rechtfertigt, auf einen komplementären und erlösenden Glücksfall des Menschen, um deswillen man den Glauben an den Menschen festhalten darf! … Denn so steht es: die Verkleinerung und Ausgleichung des europäischen Menschen birgt unsre größte Gefahr, denn dieser Anblick macht müde … Wir sehen heute nichts, das größer werden will, wir ahnen, dass es immer noch abwärts, abwärts geht, ins Dünnere, Gutmütigere, Klügere, Behaglichere, Mittelmäßigere, Gleichgültigere, Chinesischere, Christlichere – der Mensch, es ist kein Zweifel, wird immer ›besser‹ … Hier eben liegt das Verhängnis Europas – mit der Furcht vor dem Menschen haben wir auch die Liebe zu ihm, die Ehrfurcht vor ihm, die Hoffnung auf ihn, ja den Willen zu ihm eingebüßt. Der Anblick des Menschen macht nunmehr müde – was ist heute Nihilismus, wenn er nicht das ist? … Wir sind des Menschen müde.*« (Ebd., S. 278)

3. Theorieprobleme

Historische Positionen der Erziehung sind insofern nicht verzichtbar, als sie sich wiederholen. Sie werden nicht überholt oder gehen verloren, sondern bleiben erhalten und sind appellationsfähig. Rousseaus natürliche Erziehung bestimmt große Teile der pädagogischen Erwartung und beherrscht die Schulkritik, einschließlich der Idee, dass das »unmittelbare Interesse« von Kindern als die große Triebkraft (le grand mobile) des Lernens angenommen werden müsse (O.C. IV, S. 358). Das spontane und aus sich heraus aktive Kind lernt aus der Gelegenheit und im Augenblick (ebd.), die richtige Erziehung kann abwarten und folgt der Bewegung des Kindes. Daher gilt die Regel, das Kind immer *es selbst* sein zu lassen, aufmerksam auf das, was es *unmittelbar* bewegt (ebd., S. 369).[244] Das und *nur* das entspräche der Ordnung der Natur (ebd.). Was heute »subjektive Pädagogik« heißt, hat hier ihren Ursprung.

Unabhängig davon ist das *Ziel* der Erziehung in vielen Theorien nach wie vor Sittlichkeit oder Moralität. Die Bindung an die Idee des Guten ist auch da vorhanden, wo philosophische Theorien durch psychologische ersetzt werden. Nicht zufällig werden Stufentheorien der Entwicklungspsychologie platonisch gedacht, als Aufstieg zum Höheren, der mit dem universell Guten enden soll. Kinder wachsen nicht nur, sie kommen auch moralisch voran, lassen also die Stufen des geringeren Vermögens hinter sich. Andererseits muss das Ziel der Erziehung erreicht werden können. In diesem Sinne gilt Schleiermachers (2000, Bd. 1, S. 222) Satz[245]: »Wo das

244 Dem Leser wird gesagt: »Vous vous appliquez à le (l'élève; J.O.) tenir toujours en lui-même et attentif à ce qui le touche immédiatement.« (O.C. IV, S. 359)

245 Vorlesungen zur Pädagogik 1813/1814.

Werk der Erziehung beendet ist, soll die Tugend und die Einsicht selbstständig sein.« Die ausgedehnte Debatte über das Verhältnis von Tugend und ziviler Gesellschaft (White 1996; Haydon 1999) hat im Blick auf die Erziehungserwartung keinen anderen Ansatzpunkt. Die Grundannahme ist, *dass* Tugend gelehrt werden (Skillen 1997; vgl. Steutel 1997) und so Erziehung im Sinne moralischer Selbstständigkeit erfolgreich sein kann.

Der erziehende Unterricht Herbarts ist dafür ebenso ein Bezugspunkt wie die Lehre der pädagogischen Stellvertretung oder die Theorie des Vorbildes, die unmittelbar auf die Abbildtheorien der christlichen Pädagogik zurückverweist. Vorbilder sind Spiegelungen des Reinen und Absoluten, die höchste Güter repräsentieren können, ohne dass dies aus sich heraus schon praktisch wäre. Dort, wo Erziehung und Unterricht *methodisch* konzipiert werden (Oelkers 2000b), also nicht lediglich begrifflich, ist die Wirkungserwartung auf das Zweck-Mittel-Schema bezogen, was sozusagen selbstverständlich gilt, ohne auf eine historische Entwicklungslinie Johann Peter Miller–Johann Friedrich Herbart zurückgreifen zu müssen. Pädagogische Handlungen sollen Ziele erreichen und Zwecke erfüllen, was ohne einen Vorrat an Ressourcen und Mitteln nicht möglich ist. Tiefer angesetzt, sind diese Handlungen nur dann legitim, wenn sie sich auf irgendeine Form von Stellvertretung berufen können. An die Personen der Erziehung werden besondere Anforderungen gerichtet: Wer für Moralität bei anderen sorgen will oder soll, muss die moralischen Anforderungen bei sich selbst erfüllen.

Auch das *Bestreiten* dieser historischen Verknüpfung von Erziehung und Moralität benutzt Wiederholungen. Wenn für eine *Tugend der Orientierungslosigkeit* die Figur des »Lebensästheten« erfunden wird (Goebel/Clermont 1999), dann erinnert die Stilisierung der Persönlichkeit zum »ästhetischen Bild« (ebd., S. 31) an das Leben *im Augenblick*, nur dass die Kindheit niemals enden soll, weil sie selbst noch, entgegen der Wahrnehmung von Kindern, ästhetisch verstanden wird (ebd., S. 40ff.). Das »Moralgebäude« in diesem Entwurf ist rein »individuell«, Leben ist »Surfen« von Okkasion zu Okkasion (ebd., S. 96), allerdings ist Kierkegaards Verzweiflung aus den Selbstdarstellungen verschwunden. Die pädagogische Empörung über solche Entwürfe ist kaum anders als die über die Dandys des 19. Jahrhunderts. Die Theorie der Erziehung mindestens kann mit dem Projekt der ästhetischen Lebensform immer noch nachhaltig provoziert werden, weil für sie das Ethische identitätsbestimmend ist und sein muss.

Die Theorie kann noch mit anderen Entwicklungslinien bestritten werden. Die biologische Negation der Erziehung muss heute nicht mehr Nietzsches polemische Unterscheidung von Herren- und Sklavenmoral bemühen. Eher könnte es demokratisches Recht von Eltern werden, sich die Natur ihres Kindes nach Wunsch zu bestellen. Die Züchtungsidee ist präsent auch ohne jeden Rekurs auf Nietzsche, dessen Moralkritik aber immer neu Verwendung findet, den grundlegenden Anspruch der Erziehung – Moralität – infrage zu stellen. Die gentechnologische Vision unterstützt diese Kritik insofern, als Erziehungansprüche ihr moralisches Fundament verlieren und Wunsch mit Machbarkeit korreliert wird. Das Kind ist dann keine Überraschung der Natur mehr, vielmehr basiert seine »Natur« auf vorgängigen Entscheidungen, die wie eine Bestellung angesehen werden müssen. Selbst Rousseaus Natur, der Garant der alternativen Pädagogik, wäre überflüssig: wer also die Erziehung preisgibt, muss sie ganz preisgeben.

Angriffe auf Erziehung bestreiten die biologische Basis und den moralischen Anspruch. Aber genetische Manipulation hebt in absehbarer Zeit die moralische Beeinflussung nicht auf. Weil es viele und auch falsche Sprachen der Moral gibt, müssen Ansprüche geklärt werden, sodass die Reflexion von Erziehung weiterhin notwendig ist. Das Problem ist eher, ob die historischen Mittel taugen, die nicht einfach durch Wiederholung besser werden. Anschlüsse wie die zwischen Nietzsches Negation der Erziehung und heutigen Züchtungsfantasien[246] leben von der Annahme, die materielle Basis der Theorie sei besser geworden, etwa dadurch, dass Klonungstechniken entwickelt wurden. Aber das ist argumentativ kein Gewinn, ähnlich wie es kein Gewinn ist, die ästhetische Lebensform mit ihrer alltäglichen Verbreitung abzusichern. Die grundlegende Unter-

246 Wie sie etwa Sloterdijk vollzieht. Genauer: wie er sie vollzieht und davor warnt.

scheidung zwischen dem Ethischen und dem Ästhetischen bleibt erhalten, ohne damit eine Gewähr zu haben, Erziehungstheorien besser begründen oder widerlegen zu können.

Was muss man tun, um diese Art Theorie reflexiv fassen zu können? Zunächst ist es erforderlich, angesichts der Kritik »Erziehung« als *Problem* zu bestätigen. Die Frage ist, warum es lohnend sein soll, sich weiterhin mit diesem offenbar sperrigen Thema zu befassen, und dies in theoretischer Hinsicht. Die Problembestätigung ist nicht selbstverständlich, vor allem weil ausgeschlossen ist, von *einer* »Praxis Erziehung« sprechen zu können, auf die dann die eine, richtige Theorie reagieren soll (3.1). Zweitens wären Zeit und Zeitnutzung grundlegende Dimensionen der Erziehungstheorie. Die klassischen Ansätze für und die Polemiken gegen Erziehung kamen sämtlich ohne Verständnis von Zeit aus. Knappheit von Zeit aber ist eine wesentliche Erfahrung der Erziehung, mit welchen Ansätzen auch immer man sie fassen mag (3.2). Schließlich wäre die Eigenart der Erziehungstheorie zu bestimmen. Erziehung ist immer auch öffentliche Erwartung, die auf sämtliche Reflexionen Einfluss nimmt. Das Gewicht von Erziehung wäre kaum verständlich, wenn es lediglich darum ginge, den Umgang von Personen zu erfassen. Die Theorie muss daher auf Erziehungserfahrungen, auf Erwartungen und auf sich selbst reagieren können, ein Licht der *Bedeutsamkeit* vorausgesetzt, an das sich westliche Gesellschaften seit der Aufklärung gewöhnt haben (3.3).

Das Problem stellt sich unter der Voraussetzung, dass *gute Kinder* das Ziel der Erziehungserwartung sind und, werden Ratgeber konsultiert (Houghton 1998), auch bleiben. Das Gegenteil *muss* ausgeschlossen sein, aber das bestätigt die Erwartungen immer neu und *das* ist das kardinale Problem der Theorieentwicklung.

3.1 Erziehung: Eine Problembestätigung

Moral ist überall kostenlos vorhanden, ist ohne Aufwand zugänglich, kann für jede Absicht eingesetzt werden und ist mit Erziehung verbunden. »Angesichts dieser Sachlage ist es die vielleicht vordringlichste Aufgabe der Ethik, *vor Moral zu warnen.*« Diese bemerkenswerte Paradoxie formulierte Niklas Luhmann (1990, S. 41; Hervorhebung J.O.) anlässlich seiner Rede zur Verleihung des Hegel-Preises der Stadt Stuttgart 1989. Ethik sei nicht zuständig für die Legimitation oder mindestens Reflexion der guten Moral, sondern müsse angesichts der Gefährlichkeit von Moral in der Lage sein, deren »Anwendungsbereich … zu limitieren« (ebd., S. 40). Die Überall-Geltung der Moral, also ihre notorischen Universalitätsbehauptungen, begründen gefährliche und absurde Allmachtansprüche. Das zentrale Problem bestehe darin, dass Ethik als Reflexion der Moral *selbst* gut sein, also sich dem moralischen Kode unterwerfen müsse. Der moralische Kode unterscheide einfach und binär zwischen dem »Guten« und dem »Schlechten«, also nicht zwischen dem Wahren und dem Unwahren (ebd., S. 37f.). Als nicht-paradoxe Theorie müsse sich die Ethik immer auf der Seite des Guten platzieren, sei also außerstande, die schlechten Seiten von Moral zu erfassen, ausgenommen dann, wenn sie das Gute bestätigen. Das aber sei immer möglich, eben weil Moral so operiert, dass sie nicht nur eine Unterscheidung des Guten und des Schlechten verständlich machen, sondern zugleich auf der richtigen Seite stehen will.

Wie das funktioniert, hat Michael Ignatieff (2000) anhand einer Analyse der Kriege des ausgehenden 20. Jahrhunderts gezeigt. Er untersucht dabei auch die moralische Empörungsgewalt moderner Medien, also die »Ethik des Fernsehens«. Heutige Kriege sind Medienereignisse, in dem zweifachen Sinne, dass nicht moralfrei berichtet werden kann, vielmehr die Bilder zur moralischen Macht oder zum Erziehungseinfluss werden, und dass sämtliche Darstellungen und Symbole weltweit und unmittelbar präsent sind. Tatsächlich *warnt* niemand vor dieser moralischen Inszenierung[247], die im Gegenteil leicht zu einem Faktor der Kriegsführung werden kann, wie nicht zuletzt der moralisch begründete Kosovo-Krieg gezeigt hat. Wie weit die moralische Empörung dann reicht, lässt sich am Krieg in Tschetschenien ablesen, den ein atomarer Konkurrent

247 Wer dies tut wie der serbophile Peter Handke (Eine winterliche Reise zu den Flüssen Donau, Save, Morawa und Drina, 1996), handelt sich selbst ein Moralproblem ein.

am entlegenen Ort führt. Immer noch empören die Bilder, aber die moralische Empörung überträgt sich nicht auf Politik, und dafür ist man eigentlich dankbar. Die Empörung ist symbolisch, beruht also auf keiner rationalen Erwägung, die die Grenzen des Mitleids aufzeigen würde und Interessen abwägen müsste. Das Gute und das Böse wären dann nicht mehr in jedem Falle eindeutige Größen, wie die moralische Kommunikation aber voraussetzen muss.

Die mit dieser Eindeutigkeit mögliche *Striktheit* der Parteinahme, nicht für konkrete Personen oder Ereignisse, sondern für die abstrakte Größe des Guten, macht Moral gefährlich. Die Gefährlichkeit erwächst aus dem *Unbedingten*: Moral kann sich immer nur *auf sich selbst* beziehen, wird also nicht durch andere Reflexionsmächte kontrolliert. Die Ethik, folgen wir Luhmann, favorisiert Moral, macht also keine skeptischen oder negierenden Aussagen, sondern stimmt dem moralischen Anliegen im Prinzip zu. Eine Tugendethik (Crisp 1996) etwa präzisiert Tugenden und begründet sie, aber stellt sie nicht infrage oder versucht mit allen Mitteln der Reflexion, sie außer Kraft zu setzen. Auch wer in ethischer Hinsicht über »Gerechtigkeit« oder »Verantwortung« nachdenkt, hält diese Terme für sinnvolle Größen und sieht nur dort ein Problem, wo es um gute Begründungen oder überzeugende Geltungsansprüche geht. Oft scheint es sogar nur um die *Geltung* der Moral zu gehen, weil gute Begründungen seit Plato oder Aristoteles vorliegen. Daher wird Erziehung bemüht, die für die Vermittlung und dauerhafte Geltung der Moral sorgen soll.

Luhmann schlägt vor, nicht »Moral«, sondern *moralische Kommunikation* zum Thema der Ethik zu machen. Das hat einen entscheidenden Vorteil, der zugleich eine Paradoxie enthält. In allen Kommunikationen kann man »ja oder nein« sagen, wenn etwas Bestimmtes kommuniziert wird. Man kann zustimmen oder ablehnen und darin besteht die Freiheit.

> *»Die moralische Kommunikation macht hier keine Ausnahme. Auch ihre Gebote können abgelehnt werden. Aber während es im normalen Gang der Kommunikation Routinen gibt für die Behandlung von Ablehnung und Widerspruch, versucht die Moral,*

> *die Freiheit*[248]*, die sie doch voraussetzen muss und selbst reproduziert, auf die gute Seite festzulegen, also aufzuheben.«* (Luhmann 1990, S. 45f.; Hervorhebung J.O.)

Luhmann kritisiert die automatische Festlegung für das Gute und gegen das Böse. Er bewegt sich damit, theoretisch besser gerüstet, auf den Spuren Nietzsches. Auch Luhmanns Thema sind die Zumutungen der Moral, die *Neinsagen* verbieten. Das Schema von »gut« und »böse« ist zu einfach, um intellektueller Kritik standhalten zu können, und es verlangt das Spiel mit dem Schein, das *So-tun-als-ob*, das leicht entlarvt werden kann. *Moral* braucht *Moralisten*, »Lehrer der Selbstlosigkeit« oder »Entsagende« wie Nietzsche (S.W. Bd. 3, S. 391, 400) sie bezeichnete, und die haben immer ein Glaubwürdigkeitsproblem eigener Art. Sie müssen so tun, als ob sie ihre Ansprüche, die sich an andere richten, *mit sich selbst* am besten erfüllen können. Sie sind daher immer Vorbild, also in einer riskanten Position. Moralische Höhe verlangt persönliche Perfektion, nichts darf dem Bild widersprechen, das sich andere machen, und dieses Bild ist nicht Design, sondern ist zur ständigen Überprüfung freigegeben. Es sind gerade keine »Lebensästheten«.

Vorbilder werden argwöhnisch bewundert, der kleinste Kratzer zerstört das ganze Bild, daher muss nichts *mehr* besorgt werden als die Wahrung des Scheins. Zugleich darf niemals der Schein *als* Schein erkannt werden und der Abstand muss gewahrt sein. Die Geschichte der pädagogischen Vorbilder ist gekennzeichnet durch das Verhältnis von Bedeutungshöhe und Absicherung, was nur mit Inszenierungen möglich ist, die jedem Verdacht vorgreifen können. Vorbilder dürfen dem eigenen Augenschein nicht widersprechen, zugleich ist die moralische Höhe das Problem ihrer Darstellung. Mit Nietzsche gesagt:

> *»Je höher wir uns erheben, umso kleiner erscheinen wir denen, welche nicht fliegen können.«* (S.W. Bd. 3, S. 331)[249]

248 Der Entscheidung – also die Freiheit, »ja« oder »nein« sagen zu können.
249 Morgenröthe. Gedanken über die moralischen Vorurtheile (5. Buch).

Wenn die *anderen* fliegen können, entsteht das Problem. Es wäre sinnlos, ein Vorbild auf gleicher Augenhöhe zu haben, es soll sich wie in der christlichen Gnadenlehre von oben nach unten verankern, ohne Widerspruch – oder Abwahl – zu dulden.

Das Gewissen[250] ist in der klassischen Ethik die innere Instanz der Moral[251], die *unmittelbar* und *richtig* reagieren soll, eine schwierige bis unmögliche Aufgabe, die Herbart veranlasste, das ästhetische Urteil zum Garanten moralischer Reaktion zu machen. Aber dann müsste das Gewissen aus ästhetischen Urteilen bestehen, während fraglich ist, ob es überhaupt in der erwarteten Weise reagieren kann. Wenn Kinder zu ihrem Erstaunen mit Moral konfrontiert werden, ist Gewissen oft nicht präsent. Auf den Kopf zugesagt, ist es niemand gewesen, weil es immer Entschuldigungen gibt und sich die meisten Vorfälle gar nicht definitiv klären lassen. Man bliebe dann, moralisch gesehen, immer infantil, während doch Gewissen wachsen oder mindestens dafür sorgen soll, dass die Befolgungshäufigkeit zunimmt. Die Erziehung müsste für diesen Zuwachs an innerer Kontrollfähigkeit sorgen können, während faktisch immer Einzelfälle bearbeitet werden. Wenn es am Ende ein Zugeständnis des Täters gibt, dann ist das die Folge des Verhörs und nicht die Aktivierung des Gewissensimpulses.

Negativen Moralisten wie Nietzsche ist zu wenig Unerbittlichkeit im Spiel ist, aber kein konkretes Kind stünde je vor einer Wahl

250 Begriffe wie Vorstellung von »Gewissen« verweisen auf das griechische Wort *syneidesis*, zu übersetzen etwa mit Mitwisserschaft mit sich selbst oder Augenzeugenschaft im belastenden Sinne. Das lateinische *conscientia* ist ebenfalls »Mitwissen«, im Weiteren auch »Bewusstsein« oder eben »Gewissen«. Das althochdeutsche Wort *giwizzeni* ist in den Bedeutungen »inneres Bewusstein« oder »religiöse Bewusstheit« gebraucht worden. Die christliche Bedeutung geht auf Paulus zurück. Im Alten Testament gibt es keine kritische Instanz im Inneren des Menschen, allenfalls wird die Metapher des »Herzens« gebraucht, um den Ausgangspunkt für gute Handlungen bestimmen zu können. Erstmals erwähnt wird »Gewissen« im Römerbrief (Röm 2, 15): Christen, im Unterschied zu den Heiden, haben Gesetze und sind diese nicht selbst. Die Christen wissen, »dass die Forderungen des Gesetzes in ihr Herz geschrieben sind, wovon auch ihr Gewissen Zeugnis ablegt«.

251 Das lateinische *mos* verweist auf »Sitte« und »Wille« gleichermaßen.

ohne Verständnis und ohne Ausweg. Moral ist nur im Sinne des Gottesentscheids ein gefährliches »Entweder:Oder«, tatsächlich hat Moral zugleich für Konsequenz *und* Entlastung zu sorgen, wenn das *richtige Maß* gefunden werden soll. Aber weder Luhmann noch Nietzsche sind Aristoteliker[252], gehen also davon aus, dass in der Moral die *Proportionen* entscheidend sind. Nicht das Gute *oder* das Böse sind dann grundlegend für moralische Relationen, sondern die *Verteilung* der Gerechtigkeit, die *Gewichtung* der Verantwortung oder der *Grad* der Tugend. Moral wird in Margen erfahren, ohne Gradierungen wäre keine einzige Sanktion zutreffend und jedes Lob einer moralischen Handlung müsste auf Dosierung verzichten, könnte es sich einfach auf das Gute beziehen. Derartige Vorstellungen sind Nietzsche wie Luhmann fremd. Sie wollen die Moral entlarven und mindestens ihre Gefährlichkeit begrenzen, ohne eine echte Alternative anzubieten.

Für Nietzsche wie für Luhmann ist Moral gefährlich, *weil* und *soweit* sie im Bunde mit dem Guten sein muss. Das Gute aber kann unkontrollierbare Behauptung sein, hinter der sich das Böse gut verstecken lässt. Dafür sprechen nicht nur mediale Inszenierungen, die sehr schnell behaupten müssen, die richtige Moral zur Hand zu haben. Generell scheinen die moralischen Motive, also die Ideale des Handelns, wichtiger zu sein als das Handeln selbst, und das hat einen einfachen Grund. Die Handlungen können sich *gegen* die Motive wenden und mindestens die Wirkungen können den Intentionen entgegenlaufen. Die Ideale entwerfen immer den besten Effekt, die Idee des Guten ist nur mit dem denkbar Besten verträglich, alles Niedere muss fern gehalten werden, was verständlich macht, dass »Moral« immer von oben her gedacht wird, nicht von unten. Die »Herrenmoral« ist darauf nur ein Reflex, der »Pöbel« nennt, was jederzeit eintreten kann, nämlich die Selbstwiderlegung der Hohen Warte durch profane Praxis. Pädagogisch ist »Praxis« immer idealer Entwurf, nie Risiko, weil und soweit stets das Gute verwirklicht werden soll. Das ist paradox, weil »Verwirklichung des

252 Die Lehre des richtigen Maßes entwickelt Aristoteles im zweiten Buch der Nikomachischen Ethik.

Guten« nur möglich ist, wenn Diffusion, ich könnte auch sagen die Unreinheit der Praxis[253], vermieden wird.

Aber muss deswegen vor Moral *gewarnt* werden? Luhmanns Problem ist ein Scheinproblem, denn sicherlich kann man »nein« sagen zum Guten, weil es nicht *ein* definiertes Gutes gibt, nur weil jede einzelne Moral ein solches behauptet. Moral ist daher nicht lediglich Kommunikation[254], sondern Abwägung und Entscheidung, *für* oder *gegen* eine bestimmte moralische Option, unter der Voraussetzung, dass es nicht einfach *eine* oder *die* Moral gibt. Wer zum nationalsozialistischen Guten »nein« sagte, verstieß nur gegen *diese* »Moral«, und zwar im Geiste eines Guten, das als »böse« entlarven konnte, was sich selbst als »gut« behauptete. Möglich war dies im Angesicht der *Handlungen* des Regimes, die allgemein anerkannten Grundsätzen von Recht und Gesetz[255] widersprachen, ohne für diese Bewertung auf den Konsens der Ethik[256] warten zu müssen. Nietzsche konnte der Moral des Christentums widersprechen, also »nein« sagen und sich *dieser* Idee des Guten entziehen, nicht ohne eine *eigene* Idee des Guten entwickeln zu müssen. Der »Übermensch« aber war, betrachtet man das Konzept von den Folgen her, kein glücklicher Ersatz. Vielmehr wird areligiös, was nur religiös Sinn machen kann. Es ist keine gute Idee, Gottes Sohn durch einen irdischen Propheten mit gleichem Anspruch zu ersetzen.

Hinzu kommt Folgendes: Wer »nein« sagen kann, muss nicht – sozusagen im Gegenzug – auch *gleich* »ja« sagen. Luhmanns Theo-

253 Moral wird mit Reinheitsvorstellungen (purity of morality) erwartet (Williams 1985, S. 194ff.). Anders wäre es nicht möglich, Abweichungen über Schuldverschreibungen, Motive der Schande oder des Tadelns (the machinery of everyday blame) anzuklagen und zu korrigieren (ebd., S. 192f.). Schande, Schuld und Scham sind grundlgende Motive der antiken Literatur seit Homer (Williams 1993).

254 Verstanden als Austausch vor und mit anderen.

255 Die Grundsätze entstehen aus keiner philosophischen Ethik, sondern erwachsen aus der historischen Erfahrung von Fällen, die sich rechtlich beurteilen lassen müssen.

256 Dieses Motiv Schleiermachers kommt auch bei Luhmann (1990, S. 41) vor. Er beklagt, dass »die Ethik, bislang jedenfalls, keine konsensfähigen Kriterien entwickelt hat«. Die Ethikdiskussion selbst lässt Luhmann weitgehend unbeachtet.

rie sagt nichts über zeitliche Streckung aus; unterstellt wird eine einfache und plötzliche Negation, eben »ja« *oder* »nein«. Das ist nahe bei Kierkegaard (1979, S. 42), man entscheidet immerfort »Entweder:Oder« und das bezieht sich je auf »einzelne Augenblicke«. Wer »ja« sagt, hat damit schon »nein« gesagt[257], was Dehnungen oder paradoxe Beziehungen zwischen Zustimmung und Ablehnung ausschließt. Beide sind nicht gebunden an langwierige und im Ergebnis unvorhersehbare Überlegungen, und beide müssen auch nicht auf *Auszeiten der Reflexion* achten. Aber wer zustimmt, kann später ablehnen und umgekehrt; ein »ja« ist unter heutigen Kommunikationsbedingungen ebenso wenig definitiv wie ein »nein«; zudem gibt es immer Intensitätsgrade von »ja« und »nein«, also stärkere und schwächere Formen der Zustimmung und Ablehnung. Moral findet nicht einfach Geltung oder wird abgelehnt, das Ganze ist kein simples Problem von »ja« *oder* »nein«, vielmehr gibt es *mehr* oder *weniger, dichtere* und *weniger dichte* Zustimmung oder Ablehnung (Haydon 1995)[258], vorausgesetzt eine Gesellschaft, die mit Georg Simmel (und Niklas Luhmann) differenztheoretisch gedacht wird, also nicht *eine* (hermetische) Einheit bildet. Erziehung hat dann weder *einen* Adressaten noch *eine* Moral, und vor allem das macht ihren Funktionswandel aus (Fullinwider 1996 und diverse andere). »Ja« und »nein« kann also nicht wie »Entweder:Oder« gedacht werden.

Wie erhielt Moralität ihren *schlechten Ruf?*, fragte der englische Philosoph Richard Hare[259] 1992. Eine Antwort gab bereits Nietzsche, wenngleich in seiner eigenen Art der Denunziation. Moral

257 »Entweder« und »oder« sind zeitgleiche Alternativen.

258 Thick and thin – das ist nicht übersetzbar.

259 Richard M. Hare (geb. 1919) ist einer der einflussreichsten und stilprägendsten Moralphilosophen des 20. Jahrhunderts. Er war bis zu seiner Emeritierung Professor for Moral Philosophy an der Universität von Oxford und war danach als Graduate Reasearch Professor an der Universität von Florida tätig. Hare veröffentlichte 1952 die Studie The Language of Morals und 1963 Freedom and Reason. Beide Werke sind bis heute Marksteine der angelsächsischen Diskussion.

fordert *Befolgung*, also scheint der Skepsis zu widerspechen[260], wenn diese darauf aus ist, Einwände zu formulieren, die der geforderten Moral ungünstig sind. In diesem Sinne darf man nicht »nein« sagen. Wer sich innerhalb einer Moral bewegen will, kann ihr nicht widersprechen. Skepsis ist daher eine Außensicht. Aber kann man *ohne* Moral skeptisch sein? Nietzsche verwendet den Ausdruck »Skepsis«[261] im Sinne des philosophischen Zweifels, also einer negativen Wahrheitsbehauptung. Wer zweifelt, widerlegt andere, aber muss nicht selbst einen Wahrheitsbeweis antreten, ausgenommen den für den Zweifel selbst. So aber lässt sich »Moral« nicht behandeln, »Skeptiker« sind *Moralisten*, vielleicht nicht im Sinne der Moralkritik Nietzsches, wohl aber im Sinne seiner Unerbittlichkeitsforderung. Wer an der Moral zweifelt, fordert ihre bessere Geltung und auch eine totale Negation der Moral ist nichts als die Verzweiflung darüber, dass so wenig Moral in der Welt vorhanden ist. Und dann sind Moralisten keineswegs immer Propheten – Zarathustra wollte, dass die Gemeinde über seine Lehren *staunt* –, sondern Analytiker, die sehr wohl »untersuchen und zweifeln« können, nur nicht an allem und nicht frei von Moral.

Moral wird denunziert, weil ein bestimmtes *Personal*, das Nietzsche abschätzig »Moralisten« nennt, mit ihr gleichgesetzt wird. Wer aber Moral *seziert*, gewinnt nicht etwa Distanz, also verliert die Peinlichkeit des Vorbildes. Vielmehr kann der »Immoralist« moralisches Vorbild werden, weil das Sezieren der Moral diese nicht aufhebt und Vorbilder sich nicht selbst aus der Welt schaffen können.

260 »*Warum die Skeptiker der Moral missfallen.* – Wer seine Moral hoch und schwer nimmt, zürnt den Skeptikern auf dem Gebiete der Moral: denn dort, wo er alle seine Kraft aufwendet, soll man *staunen*, aber nicht untersuchen und zweifeln. – Dann gibt es Naturen, deren *letzter* Rest von Moralität eben der Glaube an Moral ist: sie benehmen sich eben so gegen die Skeptiker, womöglich noch leidenschaftlicher.« (Nietzsche S.W. Bd. 2, S. 497)

261 Das griechische Wort *skepsis* lässt sich mit »Bedenken« oder »Untersuchung« übersetzen. Das Verb *skeptesthai* heißt in etwa »schauen« oder »spähen«.

> »*Immoralisten. – Die Moralisten müssen es sich jetzt gefallen lassen, Immoralisten gescholten zu werden, weil sie die Moral sezieren. Wer aber sezieren will, muss töten: jedoch nur, damit besser gewusst, besser geurteilt, besser gelebt werde; nicht, damit alle Welt seziere. Leider aber meinen die Menschen immer noch, dass jeder Moralist auch* **durch sein gesamtes Handeln** *ein Musterbild sein müsse, welches die anderen nachzuahmen hätten; sie verwechseln ihn mit dem Prediger der Moral. Die älteren Moralisten sezierten nicht gut genug und predigten allzu häufig; daher rührt jene Verwechselung und jene unangenehme Folge für die jetzigen Moralisten.*« (Ebd., S. 553; Fettstellung J.O.)

»Jetzige Moralisten« sind die zeitgenössischen Kritiker vor allem der christlichen Moral, die (die Kritiker) Nietzsche verteidigt und zugleich in ihrer Rolle bestätigt. Es ist die Rolle, die er auch für sich reklamiert. Die Moral »sezieren« soll nicht jeder, sondern nur die Berufenen, die für sich und ihre Reflexion eine Sonderstellung reklamieren in dem Sinne, dass sie nur nach ihren Ideen und nicht nach ihren Handlungen beurteilt werden wollen. Aber Nietzsche hätte kaum Erfolg gehabt, wenn er nicht ein Vorbild der Moralkritik gewesen wäre und »durch sein gesamtes Handeln« eine Aura aufgebaut hätte. Er war zudem wie kaum ein anderer ein »Prediger« der neuen Moral, nur behaftet mit der Paradoxie, damit *jegliche* Moral, die auf dem Code von »gut« und »böse« aufbaut, widerlegt haben zu wollen. Aber das geht nicht auf. Wie gesagt, wer die eine Moral widerlegt, führt die andere ein.

Die Denunziation der Moral hat selbst dezidierte Nietzscheaner in der Reformpädagogik (Oelkers 2000c, S. 66ff.) nicht veranlasst, auf Moral zu verzichten oder die Koppelung von Erziehung und Moral preiszugeben. Irgendwie kann *ohne* Moral von Erziehung keine Rede sein, wenigstens ist auffällig, dass auch und gerade radikale Kritiker der *Erziehung* immer *moralische* Gründe ins Feld führen und dann rasch Widersprüche produzieren. Wer etwa die Kinder vor der Erziehung in Schutz nehmen will, verweist zurück auf Erziehung, weil die Moral des Schutzes eine Praxis benötigt, wenn sie glaubwürdig sein will. Diese Praxis will sich von der Erziehung unterscheiden, aber verwendet nahezu identische Ideale, die einem ähnlichen Test auf die Realität ausgesetzt werden wie die Moral der Pädagogik. Die *abstrakte* Negation ist leicht, die *konkrete* unmöglich, weil niemand sich in einem moralfreien Raum bewegt. Die Kritik, dass man dabei oft zu einem Verhalten genötigt werde, das Nietzsche mit der Metapher der »moralischen Charaktermaske« (S.W. Bd. 2, S. 581) bezeichnete, ist kein wirklicher Einspruch. Die Echtheit der Moral ist nicht an der Darstellung, sondern an den Folgen erkennbar.

Erziehung ist im Anspruch gekoppelt an Moral. Kinder »erziehen« heißt, ihnen *Moral* zu vermitteln. »Moral« aber ist ein sehr unscharfer Sammelbegriff, der tatsächlich oft mit einem schlechten Ruf behaftet ist. Der Ausdruck hat den Anklang nicht des Notwendigen und Unvermeidbaren, sondern des Überflüssigen und Unangenehmen. Oder »Moral« erweckt Ideale des Guten und Schönen, die nur in einer zweiten Welt erfahren werden können. Aus diesem Grunde ist von *Menschlichem, Allzumenschlichen* die Rede. Die Moral überfordert, es ist *allzu* menschlich, ihre Ansprüche selektiv zu behandeln und sie, wann es möglich ist, zu vermeiden. Aber dann wäre Erziehung absurd, sie würde das bestärken, was sich ihr *entzieht*. Und spricht dafür nicht die Alltagserfahrung? Erwachsene lügen, obwohl in der Kindheit ein hoher Aufwand getrieben wurde, das Verbot zu lügen zu verinnerlichen. Wer jemals Kinder wegen einer Lüge zur Rede gestellt hat, weiß nicht nur um die Peinlichkeit des Verhörs, sondern zugleich um die Schwäche der gütlichen Einigung. Aber wer gelegentlich lügt, muss deswegen nicht unehrlich sein, das Problem ist also erheblich schwieriger, als es den Anschein hat.

Nietzsche äußert sich über Erziehung sehr schwankend und wenig klassisch (Oelkers 1998), gelegentlich im Sinne eines sinnvollen moralischen Zwangs[262], oft als überflüssige und anmaßende Repression, fast immer als Gemeinheit an den Kindern, manchmal aber auch als strukturelles Ungeschick. Was tun Erzieher, wenn sie

262 »Die Erziehung soll … die Tugenden, so gut es geht, *erzwingen*, je nach der Natur des Zöglings: die Tugend selber, als die Sonnen- und Sommerluft der Seele, mag dann ihr eigenes Werk daran tun und Reife und Süßigkeit hinzuschenken.« (S.W. Bd. 2, S. 413)

auf *die falschen Kinder* treffen, auf solche, die nicht zu ihrem Erziehungsprogramm passen? Geben sie die Erziehung auf? Und wenn nicht, wer ist für die Folgen verantwortlich, die nur negativ sein können? Solche Fragen werden in aller Regel in der Pädagogik vermieden, die immer damit rechnet, mit ihrem Programm auf die richtigen Kinder zu treffen, auf diejenigen, die dazu passen. Aber das kann reiner Zufall sein.

> »*Der ungeschickteste Erzieher. – Bei* ***diesem*** *sind auf dem Boden seines Widerspruchsgeistes alle seine wirklichen Tugenden angepflanzt, bei* ***jenem*** *auf seiner Unfähigkeit, Nein zu sagen, als auf seinem Zustimmungsgeiste; ein* ***Dritter*** *hat alle seine Moralität aus seinem einsamen Stolze, ein* ***Vierter*** *die seine aus einem starken Geselligkeitstriebe aufwachsen lassen. Gesetzt nun, durch ungeschickte Erzieher und Zufälle wären bei diesen Vieren die Samenkörner der Tugend* ***nicht*** *auf dem Boden ihrer Natur ausgesäet worden, welcher bei ihnen die meiste und fetteste Erdkrume hat: so wären sie* ***ohne Moralität*** *und* ***schwache unerfreuliche Menschen****. Und wer würde gerade der ungeschickteste aller Erzieher und das böse Verhängnis dieser vier Menschen gewesen sein? Der moralische Fanatiker, welcher meint, dass das Gute nur aus dem Guten, auf dem Guten wachsen könne.*« (S.W. Bd. 2, S. 583/584; Fett J.O.)

Interessant ist an dieser Stelle nicht nur die Macht des pädagogischen Feldes – Nietzsche muss bei ungeschickter Erziehung unerfreuliche Menschen »ohne Moralität« erwarten –, vielmehr ist die Analyse interessant, die »moralische Fanatiker« nennt, welche »das Gute« einzig *aus* dem Guten erwarten. Damit ist eine Traditionslast der Pädagogik getroffen, die bis heute nachwirkt. Das Gute erwächst nicht aus dem Bösen, aber auch nicht aus der Relation von »gut« und »böse«, vielmehr gebiert das Gute das Gute. Anders wäre nicht verständlich, warum die Rolle des *moralischen Vorbildes* in der pädagogischen Literatur eine so dominante Rolle spielt, warum in der Erziehung die *Reinheit des Bildes* gewahrt werden muss, warum Erwartungen *absolut* sind und Relativierungen ausschließen und Ähnliches mehr.

Gleichzeitig, da hat Nietzsche recht, fällt es schwer, die Forderungen der Moral auf die Natur der Menschen einzustellen. Das gelang auch Rousseau nicht, der pauschal von »Natur« sprach, der die Erziehung folgen müsse, um *nicht* den Autoritäten der Gesellschaft zu folgen. Aber der »Widerspruchsgeist«, der »Zustimmungsgeist«, der »Stolze« und der »Gesellige« – nehmen wir Nietzsches Typen für individuelle Schicksale – sind nicht mit *einem* Konzept »natürlicher Erziehung« zu behandeln, weil das die individuellen Unterschiede auslöschen würde. Nicht ohne Grund ist Émile, Rousseaus Protagonist, frei von jeder charakterlichen Typisierung, die über das hinausginge, was der Erzieher sich als Ziel seines Handelns vorstellt. Aber die Tugend, der wir folgen, muss zu dem passen, was wir charakterlich sind, mindestens muss in Rechnung gestellt werden, dass *Stolz* anders auf Gerechtigkeit reagiert als *Zustimmung* und Verantwortung mit *Widerspruchsgeist* anders harmoniert werden muss als mit *Geselligkeit.*

Die Verknüpfung von Erziehung und Moral ist antiken Ursprungs. Dort, wo sie stoisch gedacht wurde, hat früh Askese und die Bezwingung der Leidenschaften eine Rolle gespielt, ohne damit die Praxis der Erziehung oder gar die des Lebens bestimmt zu haben. Die Annäherung der Erziehungsreflexion und der Erziehungspraxis in dem Sinne, dass beide möglichst nahtlos übereinstimmen, sodass kein Platz ist für Abweichungen, entsteht erst in den Erziehungsexperimenten der Reformation. Die Reformation individualisiert den christlichen Glauben und beseitigt alle Entlastungen. Die paulinischen Gesetze des Glaubens und so die moralischen Forderungen treffen unmittelbar auf die individuelle Seele, von der erwartet wird, dass sie dem Guten folgt und sich selbst zum Guten wendet. Nur wo es Beichten gibt, ist das Böse verständlich: Wenn das Böse ohne Beichte akkumuliert werden kann, ist es nicht nur dämonisch, sondern zugleich gefährlich, weil der Mensch dem Bösen ohne Möglichkeit der Entlastung begegnet. Entsprechend scharf wird die Forderung des Guten. Sie muss *lückenlos*, wie es in vielen protestantischen Erziehungstraktaten bis Pestalozzi heißt, durchgesetzt werden.

Erziehung und Bildung werden für *diesen* Zweck intensiviert. Der kirchliche Ritus braucht letztlich nur Autorität und Anwesenheit, der persönliche Glaube macht haftbar, das Seelenheil muss individuell erarbeitet werden, das Himmelreich *lohnt* in einem zugleich symbolischen wie materiellen Sinne. Die, wie Max Weber sie nannte, *protestantische Ethik* begründete die neuzeitliche Erziehungstheorie, weil sie Demut und Verdienst koppelte, zugleich den pädagogischen Blick auf das Individuum konzentrierte und im Anspruch unerbittlich sein konnte.[263] »Arbeit« ist ein Erziehungsthema bis in die Reformpädagogik hinein, immer diskutiert in der Erwartung, dass Mühsal diszipliniert und Anstrengung sublimiert. Arbeit soll die unberechenbaren Leidenschaften belehren, dort wo Unterricht versagt und wirksame Vorbilder nicht gegeben sind. Durch Arbeit, dachte man pädagogisch, werde das Gewissen bestärkt, das Gefühl fürVerantwortung geschärft und der Sinn für Askese wach gehalten. Noch die *Arbeitsschule* oder das *vocational training* am Ende des 19. Jahrhunderts sind in diesem Sinne begründet worden, also keineswegs mit einer nachsichtigen Psychologie des Kindes.

Dass Konzepte des Puritanismus noch zu Beginn des 20. Jahrhunderts pädagogische Verwendung finden konnten, hängt mit der Weigerung zusammen, Erziehung und historischen Wandel zu verknüpfen. Pädagogische Konzepte treffen immer auf *alle Zeiten* zu, obwohl leicht nachweisbar ist, dass sie in *bestimmten* Zeiten entstanden sind und vermutlich auch nur auf diese zugetroffen haben, in welcher Weise auch immer. Aber Platons Idee des Guten, immerhin ein Konzept aus dem vierten vorchristlichen Jahrhundert[264], wird kontextfrei auf alle nachfolgenden Epochen verlängert – um den Preis, dass bessere Konzepte des gleichen Problems entweder gar nicht entstehen können oder nicht gebührlich wahrgenommen werden. Schleiermacher griff die Idee des Guten auf und stellte sie an die Spitze der Erziehung, weil sie als überzeugende und historisch gut getestete Problemlösung erscheinen konnte. Im Lichte solcher Vorgaben kann der protestantische Vorrang der Arbeit im

263 In diesem Sinne argumentiert Nietzsche protestantisch.

264 Die Bücher der Politeia entstammen der frühen und vor allem der mittleren Schaffensperiode Platons, also vor und nach der Gründung der Akademie (387 v. Chr.).

Zusammenspiel mit einem persönlichen Glauben auch dann noch pädagogisch empfohlen werden, wenn ein persönlicher Glaube zu einer unwahrscheinlichen Größe geworden ist.

Aber eine *Eventkultur* (Schulze 1999) wird nicht mehr durch Erfahrungen des Glaubens und der Arbeit zusammengehalten, die sich im persönlichen Gewissen kreuzen und dort wechselseitig befruchten. »Reinheit« ist zu einer ästhetischen Kategorie geworden, die sich von den Ketten der Askese befreit hat und sich so der moralischen Aufsicht entzieht. Körperlichkeit *dient* der Erotik, die Askese hat nur noch den Zweck, Fitness zu erreichen, und sie besteht in persönlicher Disziplinierung, die Aussehensvorteile erreichen soll. Geschult wird die Attraktivität, nicht die Moral, und dies auf Okkasionen hin, die Dauer, wie es die Moral tun müsste, nicht mehr verlangen. Kierkegaards Unterscheidung des Ästhetischen und des Ethischen, die ein *Verhältnis* darstellen sollte, scheint auseinander zu fallen. Nicht mehr die eine oder die andere Seite steht zur Wahl mit unmittelbaren Folgen für die Lebenspraxis, vielmehr löst sich das Verhältnis einseitig auf. Die *Darstellung* muss glaubwürdig sein, nicht der innere Mensch, was aber die Erziehungstheorie bis Richard Hare annimmt.

Hares Theorie ist interessant, weil sie keinen Deut abweicht von dem, was die pädagogischen Vorgaben nahe legen, auf die man sich nicht ausdrücklich beziehen muss, um zu solchen Schlüssen zu kommen: Wichtig bei der Moralerziehung sei nicht nur eine Praxis oder ein Verfahren, moralische Prinzipien zu befolgen, »but *firm dispositions of character* which accord with them«.

> »*My guess is that the safest and best way of bringing up our child is to implant in him, if one can, a good set of principles plus the feelings that go with them, the feelings being strong enough to secure observance of the principles in all ordinary cases, but not, of course, neurotically strong, or stronger than is needed for their purpose.*« (Hare 1981, S. 196ff.; Hervorhebung J.O.)

Das dürfte weitgehend unmöglich sein, eine typische Verinnerlichungsidee, die nicht zufällig mit der Metapher des »Einpflanzens« vorgestellt wird. Feste Charakterdispositionen, was immer darunter verstanden wird, mag es geben, aber sie werden *nicht eingepflanzt*, als seien Gedanken oder Leidenschaften Bäume, deren Wachstum kontrolliert werden kann. Der Charakter kommt nicht von Außen nach Innen, und er wächst nicht mit der Kindheit, also ist zunächst klein und wird dann größer. Analogien zum körperlichen Wachstum sind ebenso irreführend wie die Idee des Einpflanzens selbst. Man muss sich nur vorstellen, wie hektisch Erziehung ist, wie knapp auch die großzügigste Zeit berechnet ist und mit wie viel verpassten Chancen man es zu tun hat. Eine Problembestätigung gibt es nur auf *dieser* Linie, also unter Voraussetzung des Tempos und der Diffusion moderner Gesellschaften.

Die Idee der Verinnerlichung setzt einen magischen Kanal zwischen Erziehung und Kind voraus. Aber weder gibt es diesen »Kanal«, noch ist das Reflexionsfeld »Erziehung« konstant. Man kann nicht »Moral« bewirken, wie man durch Einnahme von Drogen seinen mentalen Zustand verändern kann, weil Gehirnprozesse chemisch reagieren. Es gibt dazu keine Analogie, Moral ist unausgesetzte Kommunikation, dazu Urteil und Entscheidung, schließlich Korrektur und Revision, auf der Linie dieser Aufzählung *Risiko*, ohne für die Vermittlung mehr als Überzeugungsfähigkeit[265] zur Verfügung zu haben. Aus diesem Grunde ist Moral immer stark und schwach zugleich, wenigstens ist sie nie *gleich wirksam*, wie aber die Erziehungstheorie in ihrer herbartianischen Standardversion[266] angenommen hat und immer noch annimmt. Anders könnte Richard Hare, der der Pädagogik eher fern steht[267], nicht von »firm dispositions of character« sprechen. Aber es gibt, zum Glück, keine Pille der Moral, die uns von der persönlichen Zurechenbarkeit unserer Handlungen entlasten würde. Moral ist *Dauerproblem*, eine *ständige* Zumutung, die ihren Schatten nicht einfach abwerfen kann.

265 Belohnungen und Strafen.

266 Im Sinne des Vorrangs von Charakterbildung: »Kinder haben sehr kenntliche Individualitäten, ohne noch Charakter zu besitzen.« (Herbart 1965a, S. 487)

267 Seine gelegentlichen Aufsätze über Erziehung sind 1992 gesammelt erschienen (»Essays on Religion and Education«).

Wer »Erziehung« als *Problem* bestätigen will, kann nicht mehr einfach mit solchen Konzepten wie Verinnerlichung von Moral, Einpflanzung des Charakters oder Übernahme von Vorbildern operieren. Die Praxisfelder der Erziehung sind einem Funktionswandel ausgesetzt, den Autoren wie Rousseau, Herbart, Schleiermacher oder auch Kierkegaard weniger ausgeschlossen als für unvorstellbar gehalten haben. Im historischen Wandel scheint Moral die absolute Geltung zu verlieren, sie wird relativ und das gefährdet ihren Anspruch. Ohne absolute Moral aber scheint es keine begründete Erziehung geben zu können, sodass auf diese Frage offenbar viel ankommt. Ein Großteil der Irritationen liegt hier, man erwartet *absolute* Begründungen, wo es schon längst keine mehr geben kann. *Weil* es aber keine »absoluten Begründungen« *der* Moral gibt, wenigstens nicht von heutigen Autoren, scheint die Moral irgendwie entwertet. Interessant ist, dass die erste Frage *nicht* ist, was denn »absolute Begründungen« sein sollen. Nur wer diese erwartet, kann von Relativismus reden. Anders wäre Perspektivität normal, ohne dass ausgeschlossen sein muss, zwischen Perspektiven Vermittelndes zu konzipieren. Es ist die unklare Rede des »Allgemeinen« und »Absoluten«, die die Verlegenheit erzeugt, da man ja nicht behaupten kann, die Welt wäre nach Nietzsche moralfrei oder moralisch gleichgültig geworden.

Nietzsche gehört zu den vielen Autoren des 19. Jahrhunderts, die von der *Historisierung* der Moral ausgehen. »Moral« ist geschichtlich geworden, also nicht immer schon vorhanden gewesen, woraus folgt, dass der gegenwärtige Zustand der Moral auch verändert werden kann. Nietzsche (S. W. Bd. 2, S. 573) unterscheidet evolutionäre *Stufen* der Moral, die vom Zusammenhalt der vorzivilisatorischen »Gemeinde« durch krude Mittel von Furcht und Hoffnung über das »mosaische Gesetz«, Augustinus' Lehre von »Jenseits und ewiger Hölle« bis auf Kants Begriff der »absoluten Pflicht« oder des »du sollst« reichen sollen.

> *»Alles noch ziemlich grob zugehauene, aber breite Stufen, weil die Menschen auf die feineren, schmäleren, ihren Fuß noch nicht zu setzen wissen. Dann kommt eine Moral der Neigung, des Geschmacks, endlich die der Einsicht, welche über alle illusionären*

> *Motive der Moral hinaus ist, aber sich klargemacht hat, wie die Menschheit lange Zeit hindurch keine anderen haben durfte.«* (Ebd.)

Die letzte Stufe der Moral ist das Durchschauen ihrer Illusion. Dieser interessante Kommentar zu Piaget und Kohlberg, jenen erwähnten psychologischen Stufentheorien, die sich der Historisierung verschließen, hat *einen* Fehler, er hält die Geschichte für *final.* Moral mag im Sinne von Norbert Elias historische Sublimierung sein, aber genau aus diesem Grunde sichert sie ihre Funktion. Nicht die »illusionären Motive« sind ausschlaggebend, sondern ihre Funktion, und gerade Illusionen können starke Bedeutungen in der Steuerung von Moral und Kommunikation haben. Wer Illusionen entlarvt, beseitigt nicht ihre Funktion. Und illusionslos wird die Welt keineswegs »realistischer«, wie Nietzsche anzunehmen scheint. Wichtiger aber ist, dass Moral nicht einfach auf der finalen Stufe überflüssig wird und verschwindet. Es gibt keine finale Stufe. Sie würde voraussetzen, dass sich (die eine) »Moral« durch philosophische Ethik artikuliert und dann überwunden ist, wenn ihr ethischer Ausdruck nicht länger einleuchtet.

Nicht zufällig hat Kierkegaard die Zumutungen der Moral an *konkreten* Optionen und Konfliktlagen wie Ehe und Liebe reflektiert, die sich mit Dilemmata verbinden und so Reflexion herausfordern, welche eine verinnerlichte Moral erfolgreich abweisen könnte. Ehe wäre Gebot, nicht mit der Liebe zugleich Konflikt. Dilemmata wie diese werden nicht einfach mit der stufenmäßigen Überwindung von Moral beseitigt. Sie sind *Anlass* für Moral. Ähnlich ist Erziehung nicht mit der Moral zunehmend überflüssig, weil die Konfliktlagen – einschließlich der großen Hoffnungen – nicht verschwinden, sondern immer neu Reflexion verlangen. Im Übrigen verschwinden im Zivilisierungsprozess wohl die Henkersknechte[268], aber nicht die »Foltern der Seele«. Depressionen mögen, gemessen an der prähistorischen Angst, feinere Foltern sein, aber

268 Zum Erhalt der Erfindung »eines Jenseits mit einer ewigen Hölle« muss es »Foltern der Seele geben und Henkersknechte dafür« (Nietzsche S.W. Bd. 2, S. 573).

nicht weniger schmerzhafte, und auch nicht solche, die sich von der Moral gelöst haben. Es gibt keinen historischen Prozess, der in der Finalität der Moral enden würde, und deren Motive sind auch nicht einfach »illusionär«. Sie sind es nur in bestimmten Fassungen, die sich nicht zuletzt in der Erziehungsgeschichte abgeschliffen haben. Sie erfüllt nicht die pädagogische Theorie, sondern bearbeitet sie. Die pädagogische *Formung* des Menschen ist genauso wenig möglich wie seine *Emanzipation*, alles das sind grobe Formeln, die tatsächlich immer die Moralisten begeistert, oft in Gestalt von Jugendbewegungen, ohne irgendwann das zu erreichen, was im »Munde der Unmäßigen«, wie Nietzsche (ebd.) sie genannt hat, so leicht ausgesprochen werden kann.

Darüber verändert sich das Feld. Die heutige Erfahrungswelt von Kindern und Erwachsenen ist historisch völlig neu. Das gilt nicht nur für die trivialen Beispiele der Medien oder der »Scheidungskinder«, vielmehr ist das *Ensemble* der Lebenswelt »Erziehung« neu, also das Zusammenspiel aller Faktoren, die, für sich genommen, historisch in der einen oder anderen Form bekannt gewesen sind. Aber die Praxis der Erziehung muss sich grundlegend verändert haben, wenn *zugleich*

- Beziehungen *aus sich selbst heraus* stabil sein sollen,
- Kinder je nach Alter unterschiedliche *Zielgruppen für Produktwerbung* darstellen,
- Erziehungszeit eine *knappe Größe* darstellt,
- die verloren gegangenen Erziehungsräume durch *Medienkonsum* ersetzt werden,
- die Zuständigkeit für Erziehung *professionellen Anbietern* übertragen werden kann,
- *Experten* die Kompetenz und mindestens die Wertigkeit der Erziehung bestimmen,
- die *öffentlichen Erwartungen* an Erziehung ständig steigen und
- Entlastungen *moralisch verpönt* sind.

Niklas Luhmann hat 1982 Nietzsche die Ehre angetan, eine seiner Formeln zum Buchtitel zu erheben, nämlich »Liebe als Passion«

(S.W. Bd. 5, S. 212).[269] Für Luhmann (1982, S. 78ff.) ist »Passion«, im Sinne der *leidenschaftlichen* Liebe, gleichbedeutend mit der Erfahrung von Instabilität, weil wahre Leidenschaft immer nur maßlos sein kann, aber auch weil Liebe nur noch sich selbst verantwortlich ist. Sie benötigt weder ökonomische noch sittliche Stabilisatoren, die Beziehung genügt sich selbst und ist entsprechend anfällig. Das gilt auch und auf besondere Weise für die Liebe zum Kind. Es wäre empörend, würden sich Eltern, wie dies noch im 18. Jahrhundert selbstverständlich war, überwiegend nur ökonomisch für ihre Kinder interessieren, ohne sie »wirklich zu lieben«. Und es wäre anstößig, wenn sie sie einfach nur sittlich, also nach Maßgabe der Konventionen betrachteten, ohne »ihrer Persönlichkeit gerecht zu werden«, was immer das sein mag.

Beziehungen sollen *aus sich selbst heraus* stabil sein, mit hohen und höchsten Eingangserwartungen sowohl an die Beziehung als auch an den je anderen, sei es nun Partner oder Kind. Solche erotischen, ästhetischen und pädagogischen Erwartungen *können* nur enttäuscht werden (ebd., S. 190f.). Der Stabilisierungswunsch impliziert also die Instabilität, während die früheren Stabilisatoren des Glaubens oder der Arbeit irreversibel verloren sind. Liebe soll nicht *lehrbar* sein (ebd., S. 80ff.), sondern einfach *dauerhaftes Gefühl*, auf das alles andere, unter anderem die Erziehung der Kinder, aufbauen soll. Zur gleichen Zeit werden Kinder Zielgruppen für Produktwerbung, also Kunden, verknappt sich die Erziehungszeit und verschwinden die frei zugänglichen außerhäuslichen Orte der Erziehung, die keiner pädagogischen Überwachung unterliegen. Die Kontrolle über die Kinder wird zunehmend entpersonalisiert, nämlich *medial* gesteuert auf dem Wege, dass Kinder von bestimmten Unterhaltungsformen abhängig werden sollen. Es ist nicht gut untersucht, welche Auswirkungen der ästhetischen und moralischen Gewöhnung schnelle Videogames auf kleine Kinder haben, aber die Faszination *der Kinder* und die Verhaltensfolgen zeigen, dass man auch und gerade hier von einem Funktionswandel der Er-

269 Jenseits von Gut und Böse, Neuntes Hauptstück: Was ist vornehm? Luhmanns Argumente sind bei Nietzsche an vielen Stellen greifbar, etwa im Ersten Buch der Fröhlichen Wissenschaft (S.W. Bd. 3, S. 388f. u. pass.)

ziehung sprechen muss. Ähnlich wenig wissen wir über die Folgen der rasanten Schnitttechnik in populären Spielfilmen, die dazu führt, dass heutige Jugendliche *Langsamkeit* als *langweilig* empfinden. Sie erkennen »Klassiker« daran, dass sie das Tempo nicht halten können. Man weiß aus der Musikforschung, welche lebenslangen Folgen frühe Hörgewohnheiten haben. Obwohl der Musiksinn konservativer ist, lässt sich ein vergleichbarer Effekt auch bei den Sehgewohnheiten vermuten, und dies umso mehr, je weniger Alternativen zur Verfügung stehen oder genutzt werden. In diesem Sinne hat Botho Strauss (2000, S. 149)[270] eine richtige Vermutung. Erziehung heißt, attraktive Angebote zur Verfügung zu stellen oder aber die Nachfrage zu verlieren.

Über die Moral der Erziehung wachen mehr denn je *Experten.* Entgegen allen Prognosen ist der Moralbedarf gewachsen und nicht gesunken, weil immer neue Elterngenerationen mit immer größeren Unsicherheiten umgehen müssen. Darauf reagieren die Ratgeberliteratur (Oelkers 1995), aber auch die professionelle Pädagogik, die Erziehungs-Chats im Internet, die Psychologie-Kolumne in Frauenzeitschriften und Ähnliches mehr. Eine neue Tendenz ist auch, die alten Kindermädchen-Funktionen des Großbürgertums zu kommerzialisieren, also professionelle Dienste für die Kinderbetreuung anzubieten, wobei Angebote wie »Urlaub vom Kind« eher diskret wahrgenommen werden, während pädagogische Lernstudios willkommen sind, die Last des Nachhilfeunterrichts oder der Hausaufgabenbetreuung zu erledigen. Entlastungen im Bereich der öffentlich definierten pädagogischen Pflichten wie Urlaub *mit* Kindern sind nur verdeckt möglich, während Folgen der Schulpflicht, unter denen viele, wenngleich ohne Gemeinsamkeit, leiden, eher materiell zu bearbeiten sind. Es ist auch möglich, in die Psyche des Kindes zu investieren, also Therapeuten zu bemühen, wenn dies als elterliche Verantwortung dargestellt werden kann. Anders als Rousseau[271] erzielt man Verständnis, wenn man die Kinder abgibt, weil

270 Das Partikular (Geschichte vom verlorenen Sohn: Strauss 2000, S. 133–149).

271 Rousseau übergab seine fünf Kinder der »éducation publique«, also den Pariser Findelhäusern, weil er sie nicht selber erziehen konnte (»faute de pouvoir les élever moi-même«; O.C. I, S. 357). Diese Stelle aus den Con-

dies nur temporär geschieht und mit der besten denkbaren Kompetenz, eben der von Experten, zusammengebracht wird. Zudem werden die Kinder ja auch in aller Selbstverständlichkeit an die Schule abgegeben, also an Experten für Erziehung und Unterricht mit eigens definierter Zuständigkeit.

Experten sollen entlasten, aber sie sorgen primär dafür, dass die Erwartungen steigen. Experten definieren *das Gute* in der Erziehung, also etwa

- ein dialogisches Verhältnis,
- echte Kommunikation,
- hohes und ungetrübtes Verständnis,
- unbedingtes Vertrauen und Offenheit,
- Nachsicht und Fehlertoleranz,
- Beziehungen ohne Niederlagen,
- Ganzheitlichkeit oder
- das Ausschöpfen aller Potenziale.

Wie bei Plato ist das Gute durch Anstieg erreichbar, sofern man sich genügend anstrengt und den richtigen Weg kennt – nur dass *alle* Erziehenden betroffen sind und nicht bloß die kleine Klasse der Philosophen. Die Demokratisierung hat den Anspruch aber nicht kleiner gemacht, sondern ihn erhöht, und zwar mithilfe psychologischer Effektvorstellungen, die die alten pädagogischen Wünsche nicht ersetzt, sondern nur verlagert haben. Dass es sich um Ideen des *Guten* handelt, lässt sich auch daran zeigen, dass sämtliche Belastungsfaktoren ausgeklammert sind und ein reines Bild des pädagogisch Möglichen gezeichnet wird. Das Mühselige der früheren Pädagogik ist verschwunden, aber Realitäten werden noch immer nicht akzeptiert. Nietzsches Entlarvungspsychologie war hier erheblich weiter, auch weil sie sich um Vermarktungsstrategien nicht zu kümmern brauchte.

fessions ist immer wieder zum Anlass genommen worden, Rousseaus Werk als unpädagogisch zu kritisieren, weil er es an persönlicher Konsequenz hat fehlen lassen.

Nur Realitäten können Ideen lächerlich machen. Der Slapstick am Mittagstisch entlarvt das schöne Bild der »dialogischen Kommunikation«; das »echte Verhältnis« zum Kind darf nicht – ein Lieblingsthema Nietzsches – durch Rachsucht gestört werden, auch wenn dafür Anlass bestünde; und wie können die »Potenziale des Kindes« ausgeschöpft werden, wenn die Kinder zappelig sind? Die Rede von »hyperaktiven« Kindern kommuniziert gleich eine neue Störung, die Expertenrat verlangt, der nachgesucht wird, sobald er angeboten ist. »Fehlertoleranz« ist kein beliebig dehnbares Ideal; irgendwann müssen Fehler *Fehler* sein, auch wenn die Psychologie abrät. Und Offenheit wird ziemlich schnell belastet, wenn die Erfahrung gemacht wird, dass Kinder sie ausnutzen. Aber Kinder, so der Expertenrat, tun das nur, wenn sie dazu verleitet werden, also nicht aus sich heraus. Dieses »Aus-sich-heraus« hat nach wie vor in Expertenreflexionen rousseausche Qualität, es geht von der guten Natur im Kinde aus, weil das Gegenteil nicht gesagt werden kann und darf. Lakonische Auflistungen des Guten wie des Schlechten scheinen Mühe zu machen, aber wenn Kinder Gutes tun, *sind* sie nicht gut, ebenso wenig wie sie *böse sind*, wenn sie Böses tun. Sie beziehen sich nur auf eine moralische Relation, die allerdings nicht zurückgenommen werden kann und auch nicht zurückgenommen wird. Es gibt, anders gesagt, von der Moral keine psychologische Entlastung, während Kinder nicht so heranwachsen, wie Experten dies vorsehen. Vor Experten kann man daher warnen, vor Moral nicht oder nur um den Preis, dass eine andere Moral ins Spiel kommt.

Wie aber verkoppelt sich Moral mit Erziehung, wenn alte Reflexionsverhältnisse nicht mehr einfach fortgeführt werden können? Ich verstehe diese Frage als *Theorieproblem*. Der Zustand der Erziehungstheorie macht die Antwort schwierig. Zunächst sollte die hartnäckige Idee beseitigt werden, Erziehung sei das dauerhafte Anfüllen der Seele mit Moral. Die Erziehung errichtet auch kein inneres Bauwerk, an dem verschiedene Baumeister gleichsinnig arbeiten würden. Die Seele ist kein Tempel, der nach Plan errichtet werden könnte und dann frei von Zeit und Erfahrung bestehen bleiben würde. Die Theorie unterstellt, dass alle Baumeister der Erziehung letztlich *ein* Ziel verfolgen, nämlich das Kind zu dem zu machen, was es werden kann. Diese Vorstellung ist historisch neu. In der

Renaissance ist es ausgeschlossen gewesen, Erziehung rein auf das Kind zu beziehen, ohne didaktische Ansprüche zu vertreten.[272] Die Metapher des Bauwerks lässt sich nur von der *heutigen* Pädagogik aus übertragen, die spätestens seit der Reformpädagogik Mühe hat, *organische* Vorstellungen des Wachstums und *technische* Vorstellungen der Konstruktion verträglich zu halten. Aber Erziehung kann nicht Wachstum beeinflussen und auch nicht die Seele der Kinder nach ihrem Maß konstruieren. Aber was dann?

Umgang mit Kindern ist situatives Handeln, das, beziehen wir uns auf die Intentionen der Erziehung, Folgen für den Prozess haben soll. In diesem Sinne wäre »Erziehung« grundlegend *Erwartung*, bei der zwei Züge interessant sind, die Kontinuierung *trotz* Erfahrung und Korrektur *mit* Erfahrung. Die Auseinandersetzung mit Kindern wäre instabil und flüchtig, könnten nicht bestimmte Motive, wie illusionär sie immer sein mögen, kontinuiert werden, ohne sich durch Erfahrungen widerlegen zu lassen. Auf der anderen Seite könnte in der Erziehung nicht gelernt werden, wären Korrekturen an den pädagogischen Motiven ausgeschlossen. »Erziehung« ist daher nicht lediglich Transfer der Moral oder des Guten von der einen Seite auf die andere. Was Herbart (1965a, S. 47) den Kampf des Charakters gegen die Individualität nennt[273], wird durch Erziehung nicht einfach entschieden, sondern wirkt unweigerlich auf sie zurück.

Die von der Erziehung abverlangte Disziplinierung der Erwachsenen muss *kontrafaktisch* gelten, darf also nicht auf einen Ausgleich des Aufwandes rechnen. Aufwand und Ertrag werden allenfalls in privaten Bilanzen berechnet, nicht zufällig also ist Dankbarkeit eine knappe Größe. Kinder verlangen einen hohen und unentgeltlichen Aufwand ohne wirklichen Return. Selbstlosigkeit aber ist eine mit dem Rest der Gesellschaft schwer verträgliche Größe. Erziehung ist sozusagen gewähltes Schicksal, nicht mehr eine

272 Nachweise in Oelkers 2000d.

273 Der Charakter »ist einfach und beharrlich«, die Individualität »aber sendet aus ihrer Tiefe immer andre und neue Einfälle und Begehrungen hervor, ja wenn auch ihre Akvitität besiegt ist, so schwächt sie noch die Vollziehung der Entschlüsse (des Charakters, J.O.) durch ihre mannigfaltige Passivität und Reizbarkeit« (Herbart 1965a, S. 47).

gesellschaftliche Selbstverständlichkeit, die aus sich heraus Achtung erhält. Dieser Funktionswandel reagiert auf eine dynamische Gesellschaft, die weder bereit noch willens ist, auf die langsame Erziehung zu warten, »langsam« verstanden als Bewegung zum Ziel. Nur die Zukunft der Erziehung hat einen festen Vorstellungshorizont und ein dazu passendes Zeitbudget, zehn bis fünfzehn Jahre bei *einem* Kind, mehr bei *mehr* Kindern.

Niemand rechnet sonst in derartigen Zeitspannen, was Gerhard Schulze *Eventkultur* nennt, bezieht sich auf unendliche Ereignisse und so auf je neue Gegenwarten. Erziehung muss auf die Entwicklung von Kindern eingehen, also unterschiedliche Tempi so zulassen, dass das notwendige Zeitbudget nicht tangiert wird. Das bedeutet konkret, für zehn oder zwanzig Jahre die Lebensteilnahme drastisch reduzieren zu müssen, der Kultur von Kindern und Jugendlichen Vorrang zu geben[274], ständig zur Verfügung zu stehen und das Ganze *nicht* als Opfer oder Anstrengung erscheinen lassen zu dürfen. Ist es richtig, die Theorie der Erziehung an die Praxis zu heften, also sie nicht einfach ideell zu konzipieren, dann muss *diese* Praxis reflektiert sein.

Heutige Eltern erleben die Erziehung als Tag-zu-Tag-Ereignis. Die Moral muss täglich stabilisiert werden, oft gibt es keinen sichtbaren Fortschritt und aber immer Widersprüche zur eigenen Erwartung. Die Erziehungszeit zerfällt in Ereignisatome, wenn ich so sagen darf, und die Ereignisse folgen nicht geordnet aufeinander. Dafür stehen keine geeigneten pädagogischen Theorien zur Verfügung, die Erziehung als Anforderung oder Erwartung fassen, nicht jedoch als alltägliches Geschehen, während nur das die Praxis sein kann, auf die alle Theorie abgestellt ist. Sie hat es leicht darin, sich im Predigtton wohl gut einzurichten, aber tut sich schwer, eine irritierende Realität zu erfassen, die ihr weniger widerspricht, als sie für irrelevant hält. Dass Erziehung als Folge von nur mäßig zusammenhängenden Ereignissen begriffen werden kann, also nicht als linearer Prozess, der zum letztendlichen Ziel führt, ist in der Theorieanlage nicht vorhergesehen. Ebenso wenig sind Stress, Müdigkeit und sparsames Glück vorgesehen. Und wenn trotz allem Aufwand

274 Also auch deren Events.

die Kinder sich der Erziehung entziehen, waren die Eltern nicht perfekt genug. Wenn Erziehung als Problem bestätigt werden soll, dann ist hier anzusetzen. Viele Theorien übergehen die Erfahrungen, was dann erklärt, warum sie auch nicht für die Erfahrungen dienlich sind, weder im Sinne der Bestätigung der Entlastung noch im Sinne einer einleuchtenden Kritik, die nicht einfach in Vorwürfen endet und doch die Realität trifft.

Erziehung bezieht sich auf das Problem der Moral, aber sie ist nicht einfach nach Maßgabe moralischer Ideale zu begreifen. Letztere normieren das Erfahrungsfeld, ohne es zu erfassen Die englische Autorin Kathy Lette hat in ihrem Roman *Mad Cows*[275] – der deutsche Titel heißt *Kinderwahn* – aus der Sicht einer allein erziehenden Mutter dafür eine treffende Allegorie gefunden:

> »*Würde das Dasein als Mutter in einer Stellenanzeige beschrieben, so stünde da: ›Arbeitszeit: rund um die Uhr. Freizeit: keine. Kost und Logis: zu Ihren Lasten. Keine Entschädigung für Überstunden. Kein Krankengeld. Kein bezahlter Urlaub. Keine freien Wochenenden. Keine Rente. Qualifikationen: sportlich; fähig, kleinere Reparaturen auszuführen, Hackfleisch interessant zu machen und den zweiten Handschuh zu finden. Zusätzliche Leistungen: keine‹.*« (Lette 1998, S. 236)

Der Roman handelt wesentlich davon, dass Frauen Männer eigentlich nicht brauchen. Er handelt nicht davon, dass Kinder ihre Eltern nicht brauchen. Die reale Erziehung (ebd., S. 277ff.) ist turbulent, chaotisch, mühsam, schnell und aufreibend. Kinder lassen sich nicht abschaffen und sie müssen ertragen werden, fast immer Müttern überlassen, denen oft Väter auch dann fehlen, wenn Ehemänner anwesend sind. Dann ist es nahe liegend, es auf eigene Faust zu versuchen, oft so, dass die tatsächlichen Belastungen zur überraschenden Größe der Erziehung werden. Familien sind in der Eventkultur ein Nebenereignis, allein erziehende Mütter sind dagegen gar nicht vorgesehen. Und es bleibt jeweils *ihnen* überlassen, wie sie die Erziehung organisieren, also welchen Zeitaufwand sie betreiben,

275 Das englische Original erschien 1996 bei Pan Macmillan in London.

welche Routinen sie durchsetzen, was an Zumutungen sie akzeptieren, wo sie die Grenzen der Toleranz ziehen und Ähnliches mehr. Für all das gibt es keine gesellschaftliche Praxis mehr. Erziehung ist *individualisiert* worden in dem Sinne, dass niemand Eltern oder Alleinerziehende bei ihrer Arbeit wirkam entlastet und fraglose Routinen nicht mehr vorhanden sind. Jeder Tag muss gewonnen werden und kein Tag ist frei von Unerwartetem. Entsprechend *unruhig* muss man sich die heutige Erziehungspraxis vorstellen.

Das fällt der Theorie schwer, die auf Stetigkeit setzt und weder Unruhe noch Beunruhigung wirklich fassen kann. Die Beharrlichkeit der Konzepte ist erstaunlich, etwa wenn Erziehung ganz fraglos auf *Familie* projiziert wird, ohne deren Formwandel zu berücksichtigen, oder wenn Kinder in *Biedermeiergestalt* erscheinen, ohne die, wie heutige Kinder sagen würden, »krasse« Wirklichkeit zur Kenntnis zu nehmen. Wie passt der moralische Anspruch zu dieser Wirklichkeit, die ja als Einheit gar nicht verfügbar ist? Erziehung als *Erwartung* wird offenbar nicht kleiner, wenn die Praxis fragmentiert wird. Und vermutlich ist die große Kunst, die Erwartung zu kontinuieren, ohne eine dazu passende Erfolgsbilanz vorweisen zu können. Es ist viel, die Würde des Alltags zu wahren, während es immer eine endlose Fülle von Erziehungspredigten gibt, die *mehr* verlangen, aber das genaue *wie* verweigern.

Maddy, die Hauptfigur des Romans über reale Erziehung der Gegenwart, beschließt ihre Bilanz des täglichen Irrsinns so:

> *»Bischöfe und Minister wurden nicht müde, vom sittlichen Wert der traditionellen Familie daherzuschwafeln. Doch Maddy konnte sich nicht erinnern, dergleichen je wirklich erlebt zu haben. Nicht in den armseligen Sozialsiedlungen. Nicht bei den Müttern von Stepford in den Mutter-Kind-Gruppen. Auch nicht bei den in Internaten aufgewachsenen, von Kindermädchen abhängigen Angehörigen der Mittelschicht. In Wahrheit war die ›traditionelle Familie‹ nicht mehr als ein psychologischer Erlebnispark, den zwar gelegentlich ein paar Politiker und Babybücher-Gurus besuchten, in dem aber niemand wirklich wohnte. Teufel noch mal, dachte Maddy, der ganz mau wurde, das hört sich schon fast weise an. Weisheit. Ha! Sie schlürfte von ihrem Whisky. Weisheit ist der Bi-*

> *kini, den dir das Schicksal nach dem Gebären gibt, wenn du Schwangerschaftsstreifen, Zellulitis und hektarweise geplatzte Äderchen hast.«* (Ebd., S. 308)

Die Ratgeberliteratur kennt perfekte Mütter, dazu passende Väter, tragfähige Beziehungen, Familien, die sich selbst konferieren, Kinder, die sich erziehen lassen. Das Imperfekte ist unattraktiv, das Bild der guten Erziehung darf an keiner Stelle hässlich erscheinen. Man ist immer gut und nie müde; wenn man verzweifelt ist, über sich oder die Kinder, ist das ein kleines Problem, das leicht gelöst werden kann. Die Folgen der Perfektionsideale werden individuell getragen. Dass Schwangerschaft und Geburt den weiblichen Körper verändern, ist in der Ästhetik des Weiblichen nicht vorgesehen, mindestens nicht im außerperfekten Sinne. Und der Verlust muss als Gewinn erscheinen, während sich die männlichen Wahrnehmungsformen nicht ändern. Der Schutz für das Selbstlose ist verschwunden, und damit zugleich der gesellschafliche Respekt für die Arbeit der Erziehung.

Aber die eigentliche Botschaft ist eine andere: Kinder warten nicht einfach auf Erziehung und sie vergelten die Mühen nur in glücklichen Momenten. Mit einem solchen schließt der Roman:

> *»Am Horizont hing ein schiefer Mond. Über dem Land ging die Sonne unter. Ein schummriger Strahl vanillegelben Lichts glitt durch die düsteren Wolken und ergoss sich über das Deck. Die Gischt des Schiffes glitzerte in regenbogenfarbenen Lichtfragmenten.*
> *Einen Augenblick lang sah sie dort im leuchtenden Schaum das Glück als Möglichkeit aufblitzen. Sie küsste die halb geschlossenen Lider des gegen den Schlaf ankämpfenden Jack. Immerhin war sie jetzt weise genug zu wissen, dass man das ›Sie lebten fortan glücklich und zufrieden‹ am besten von Tag zu Tag anging.«* (Ebd.)

3.2 Zeit und Zeitnutzung in der Erziehung

»Zeit« als Problem der Erziehungstheorie ist im 19. Jahrhundert gelegentlich lexikalisch erwähnt worden (wie bei Lindner 1884,

S. 1003f.)[276], ohne das Zentrum der Theorie zu berühren. Zeit war allenfalls als Ordnungsrahmen interessant, während die Theorie *Moralität* in den Mittelpunkt stellte, ohne sie ihrerseits unter eine Zeitbedingung zu stellen. Das historische Denken des 19. Jahrhunderts tangierte diesen Punkt höchstens insofern, als Probleme des Relativismus Beachtung fanden, die jedoch nicht dazu führten, das Zentrum zeitloser Moralität aus der Erziehungstheorie zu verlagern. Spätere Erwähnungen des Zeitproblems (wie: Dolch 1964) blieben Episode, selbst die Bestimmung der zentralen Kategorie »Zukunft« kam über sporadische Versuche nicht hinaus (Bokelmann 1969). Wie Erziehung aus der Gegenwart heraus Zukunft bestimmen kann, was zu wissen doch eigentlich Grundlage der Theorie sein sollte, ist weitgehend ungeklärt. Die deutschsprachige Diskussion ist hier keine Besonderheit. »Time« ist auch in der angelsächsischen Erziehungsphilosophie – trotz angestrengter Verweise auf Heidegger – keine vorrangige Problemgröße.

Neuere Versuche wie die von Lüders (1996) oder Koch (1999) sind demgegenüber ausdrücklich dem Zeitproblem gewidmet, lassen aber eher offen, was konkret »Zeit« in der Erziehung heißen und wie »Erziehungszeit« gegenüber pädagogischer Zeitlosigkeit verstanden werden soll. Auf auffällige Weise, ich wiederhole diesen Punkt, sind Erziehungstheorien *zeitlos* angesetzt, sie sollen *ohne* Zeitbedingung oder gar Zeitbegrenzung Geltung finden. Keiner der eminenten Autoren von Rousseau bis Nietzsche hat seine Theorie unter Vorbehalt des Veraltens angeboten, niemand hat eine befristete Geltung in Anschlag gebracht und jeder setzt den Fortbestand seiner Theorie über Generationen von Leserinnen und Lesern voraus. Im Blick auf die Autoren dieser Einführung war das eine zutreffende Erwartung, anders wären sie kaum so prominent erschienen. Aber Überlieferung in einem lexikalisch fixierten Kanon ist nicht identisch mit zeitloser Geltung, weil die Rezeption in jedem Falle die Wahrnehmung verändert.

Die Erziehungstheorie nimmt für sich stillschwegend Unvergänglichkeit in Anspruch, auf der anderen Seite ist Zeit kein The-

276 Meist im Sinne von »Schul- und Lernzeit« und so der »Bestimmtheit des Nacheinander« (Lindner 1884, S. 1004).

ma. Das gilt zumal für Fragen nach Zeitverbrauch oder Zeitnutzung. Theoretisch besteht immer genug Zeit, während jede Erziehung vor harte Realitäten der Knappheit gestellt ist. Dass *genug* Zeit vermutet wird, ist die Folge davon, dass Zeitökonomie als Thema gar nicht vorkommt[277], ebenso wenig die Tempi des Zeitverbrauchs oder die geschickte und ungeschickte Zeitnutzung. Selbst die formale Begrenzung der Erziehungszeit ist unklar. Wann Erziehung beginnt und wann sie endet, lässt sich mit Ausdehnung der pädagogischen Zuständigkeit immer weniger sagen. Ebenso wenig kann die Frage beantwortet werden, ob es eine Gesamtzeit »Erziehung« gibt, die in Episoden unterteilt ist, oder ob überhaupt nur *Episoden* angenommen werden können. Erziehung erscheint in fast allen Theorien als *zeitliche* Einheit[278], ohne »Zeit« sehr weit beachten zu müssen.

Rousseaus *éducation barbare*, die Aufopferung der Gegenwart für die unbestimmte Zukunft, spielt theoretisch keine Rolle und wird allenfalls als Provokation wahrgenommen. Es scheint kein Problem zu sein, Erziehung als Gegenwart verstehen und sie zugleich als Zukunft erwarten zu müssen. Die Realität Erziehung, verstanden als aktuelles Geschehen, kann nur *Gegenwart* sein, die Effekte aber, die sie hervorbringt, müssen darüber hinausgehen und können also nur *Zukunft* sein. Man kann dies die *Standardtheorie der pädagogischen Zeit* nennen. Sie kommt ohne aktive Vergangenheit aus, konzentriert sich auf die Gegenwart und projiziert Wirksamkeit auf Zukunft. Reduktionen der Theorie rein auf Gegenwart[279] sind immer noch Provokationen. Die Erziehung soll Gegenwart und Zukunft verknüpfen, nämlich Ziele erreichen, die über einzelne Handlungssituationen hinausweisen. Die Standard-

277 Kerschensteiners bekannte Verwendung von Ernst Machs Konzept der Denkökonomie ist gegen diesen Befund kein Einwand. Zum einen handelt es sich um eine Verwendung im Kontext der »Arbeitsschule« und nicht generell in der Erziehungstheorie, zum anderen ist »Denk«- nicht »Zeitökonomie.«

278 Das gilt auch für den Fall, dass eine räumliche Einheit nicht mehr gegeben ist, also wenn hohe Mobilität in Rechnung gestellt wird.

279 Wie in den Erziehungsreflexionen von Janusz Korzcak, die jüdisch geprägt sind und vom Mainstream der protestantischen Pädagogik abweichen.

theorie sieht in der Verknüpfung *aufeinander folgender Situationen* (und so Gegenwarten) der Erziehung die Realität dieser Vorstellung. Das Erreichen der Ziele wird vorgestellt als ebenso lineare wie verlustfreie Verknüpfung von Erziehungs- und Lernsituationen. Sie müssen mehr sein als bloße Gelegenheiten, anders wäre der Verdacht der *éducation barbare* nicht von der Hand zu weisen.

In der klassischen Theorie bemaß sich die Qualität der so konzipierten Erziehungszeit am Ausschalten des Zufalls. Das systemtheoretische Stichwort »Kontingenz« trifft diesen Sachverhalt nicht, weil Systementwicklung unter der *Voraussetzung* von Kontingenz verstanden wird. Die Erziehungstheorie, die intentional verstanden wird, kann kaum anders als »Wirksamkeit« oder Zielerreichung in irgendeiner Form deterministisch zu denken, so nämlich, dass nachfolgende Ereignisse von vorgängigen Ursachen bestimmt sind. »Ursachen« wären in diesem Falle die Entscheidungen und Handlungen von Erziehungspersonen, keine Gesetze[280], die Personen müssten die Folgen absehen, also kontrollieren können, »how many events take place in a given region during a given period of time« (Kelly 1978, S. 22). Erschwert wird diese Eventkontrolle dadurch, dass Erziehung Wirkungen bei *anderen* erzielen will, also nicht lediglich von der Häufigkeit und der Verteilung von Ereignissen ausgehen kann, sondern Ereignisse so konzipieren muss, dass sie Mentalität und Verhalten Dritter beeinflussen. Das ist einem strengen Sinne *nicht* als Determinismus[281] möglich. Erziehung, verstanden als Verknüpfung von Episoden in einer nicht genau bestimmten Zeit, kann nicht so verstanden werden, dass der Zufall *keine* Rolle spielte. Niemand überblickt in der Erziehung alle Ereignisse, die Folgen haben könnten; die Ereignisse sind nicht aufgereiht und folgen aufeinander. Vielmehr veranlassen unerwartete künftige Ereignisse vielfach eine Veränderung des Lernverhaltens und so der Erfahrung.

280 Covering laws (Kelly 1978, S. 22).
281 »If determinism is true, it will be the case for any event E that there was an antecedent event or state C such that there is a true covering law to the effect that whenever a situation such as C obtains there will follow an event such as E.« (Kelly 1978, S. 22)

Aber wie soll dann die Zukunft aus der Gegenwart hervorgebracht werden? Diese Frage ist kritisch für die gesamte Theorie, weil von Erziehung keine Rede sein kann, wenn sie nicht versuchen würde, Zukunft zu beeinflussen. Rousseau konnte von *éducation barbare* sprechen, weil die Erziehungszeit mit dem Schema der Entwicklungsalter festgelegt war (O.C. IV, S. 60). Die damit verbundenen Qualitäten[282] sind zeitlich nicht variabel, also kann auf die Gestaltung von Zukunft verzichtet werden. Die Gegenwart des Kindes hat keinen Einfluss auf die nachfolgenden Gegenwarten des Jugendlichen und Erwachsenen, ausgenommen, dass die Entwicklung der Natur beachtet werden muss, die ihre eigene Zeit vollzieht. Vor Rousseau hat die Theorie der *Lebensalter* das Problem des Zufalls gelöst. »Erziehung« war nicht Folge von Ereignissen und Konsequenzen in der Zeit, sondern erfüllte oder erfüllte nicht die Qualität des Lebensalters »Kindheit«, die sich in den nachfolgenden Stufen zeigen und bewähren würde. Weil die nachfolgenden Stufen bestimmt waren, konnte Zukunft absehbar erscheinen. Das Ende der Erziehung war gleichbedeutend mit dem Ende der Kindheit. Sie musste einfach nur die nächstfolgende Stufe erreichen.

Aber der philosophische Ehrgeiz war immer größer. Die Erziehung sollte die Zielqualitäten selbst bestimmen können, ohne durch Zufälle abgelenkt zu werden und ohne die Paradoxien der Zeit in Rechnung zu stellen. Nicht zufällig ist vom »pädagogischen Verhältnis« ohne Zeitbedingung die Rede, als habe man ein Stillleben vor sich, das auf die Varianz der Tempi nicht zu achten hat. Erziehung lässt sich nicht auf einen andauernden glücklichen Moment festlegen, aber die *Bilder* der Erziehung, so die Vorstellungen der Theorie, beschreiben oft einzig diesen Moment. Sie präferieren Seligkeit, vollendete Harmonie, ungestörtes Glück, ohne die Stilisierung des Moments mit zu thematisieren. *Alle* Momente der Erziehung sollen diesen Charakter des Zeitlosen haben, während jeder einzelne Moment nichts ist als ein Augenblick der Zeitfolge, eine

282 L'age de nature (bis 12 Jahre), l'age de raison (bis 15 Jahre), l'age de force (bis 20 Jahre), l'age de sagesse (bis 25 Jahre) (O.C, IV, S. 60). Das Schema entstammt dem Manuscrit Favre und geht auf Buffon zurück.

winzige Gegenwart im Fluss der Zeit, der viele weitere und andere Gegenwarten folgen, ohne dass die Folge vorab bestimmt wäre.

Die Bilder der Erziehung haben selten einen Sinn für das *Vergängliche*, das *Vorübergehende* und *Flüchtige* im Erleben von Eltern und Kindern, mit ihnen in der Praxis von Erziehung, die nie so stabil ist, wie sie erwartet wird. Einzig die Bilder suggerieren gleichbleibende Dauer oder immer währende Harmonie, während Erziehung doch *Bewegung* sein muss, weil sie in der Zeit vorankommen will. Wenn sie dabei eigene Ziele verfolgen soll, kann sie sich auf Lebensalter oder natürliche Entwicklungsphasen nicht verlassen. Seit Plato wird Erziehung oder Bildung als zeitlicher Aufstieg gedacht, der keine vorgegebenen Stufen zur Voraussetzung hat, sondern der Erkenntnis des Guten dient. Dafür ist keine genaue Zeit in Anschlag gebracht. Auch wenn Schleiermacher die »Idee des Guten« als Zweck und Aufgabe der Erziehung bestimmt, ist von Zeitlichkeit keine Rede. Erziehung soll der Idee gleichsam nachfolgen, aber das ist nur denkbar unter der Voraussetzung von Zeit und damit zugleich der Zeitnutzung. Praktisch ist keine Erziehung möglich, die ohne jeden Näherungswert einfach einer Idee nachstrebte. Sie wäre nicht einmal nützliche Illusion. Mit jeder Erziehung sind Entscheidungen verbunden, die Folgen haben sollen und also in ihrer Wirksamkeit abgeschätzt werden müssen. Ob »Ideen« erfüllt werden, lässt sich höchstens tentativ und immer nur im Nachhinein sagen, also unter Beachtung von Zeitverbrauch, der nicht beliebig ausgedehnt werden kann.

Mit dem platonischen Höhlengleichnis wird ein paradoxes Verhältnis von Erziehung und Zeit begründet, das sich in den Theorien bis heute auswirkt. Das zeitliche Geschehen *Erziehung* wird mit überzeitlichen Ideen konfrontiert und kann nur stattfinden, weil es auf die Ideen ausgerichtet ist. Das Nichtzeitliche bedingt das Zeitliche, aber zugleich soll ein zeitlicher Vorgang Nichtzeitliches erreichen können.

»Erziehung«, folgen wir Plato, ist »Umlenkung der Seele« hin zum *Guten* (Politeia 518c/d), ohne dass die »Kunst der Umlenkung« eine Zeit*bedingung* hätte (Politeia 518d). Plato sagt an keiner Stelle, *wie lange* der Aufstieg zur Sonne (Politeia 516b) dauert und wie viel Zeit für den Abstieg veranschlagt werden muss, während doch »Gewöhnung und Übung« (Politeia 518e) notwendig sind, Tugenden in die Seele zu pflanzen. Sie wendet sich aber erst dann dem »Wahren« zu, wenn »das dem Werten oder der Zeitlichkeit Verwandte ihr ausgeschnitten worden« ist (Politeia 519a/b). Das Wahre ist mit dem Zeitlichen nicht vereinbar, weil Zeit die Ewigkeit des Wahren beeinträchtigen würde. Zeit ist als *Veränderung* denkbar, als Reihe von Momenten, die mit dem nächsten verändern können, was mit diesem als konstant angesehen wurde.

Das »Schöne, Gute und Gerechte« kann nur dann *in der Wahrheit* gesehen werden, wenn diese Wahrheit *zeitlos* erscheint. Sie bewegt sich nicht und ist keiner Veränderung unterworfen. Nur dann ist sie anwendbar, kann nämlich – bei Plato – in Politik überführt werden. Die Schattenbilder der Höhle der Gefesselten, in die die philosophisch Gebildeten zurückkehren, können nur dann als das erkannt werden, was sie sind, wenn die Wahrheit feststeht und sich nicht selbst verändert. Das Licht der Sonne erhellt *ewige* Ideen, nur *diese* sind Garanten der Wahrheit (Politeia 520c/d). Aber nicht nur das »Schöne«, auch das »Gute« und das »Gerechte« sind Größen *in* der Zeit, versteht man »Zeit« als Geschichte und als Wandel von Kultur und Gesellschaft. »Zeit« ist nicht lediglich Erleben von Gegenwarten, vielmehr sind alle Deutungen der Zeit abhängig von Vergangenheiten und Zukünften. Deutungen sind nie nur neu; fast immer beziehen sie sich auf vergangene Muster, die nur neu angeeignet werden, wie sich etwa an der Geschichte des Platonismus gut zeigen ließe.[283] Aber Deutungen der Zeit beziehen sich zugleich auf Zukünfte, die ihrerseits Zeit verändern, wenn sie zu Gegenwarten werden. »Gegenwart« aber ist nie verwirklichte Zukunft, ebenso wenig wie »Vergangenheit« einfach nur die Ansammlung abgelegter Gegenwarten ist. Jede Vergangenheit lässt sich nachträglich bearbeiten und keine Zukunft wird so Gegenwart, wie eine *dann vergangene* Gegenwart sie erwartet hat.

283 Allein in der Renaissance-Rezeption werden platonische Theorien sehr verschieden gebraucht, zur Begründung eines zivilen (laiischen) Humanismus (Hankins 1994, S. 58ff.), zur Legitimation der Republik (ebd., S. 105ff.), als Grundlage der Seelentheorie (und so auch der himmlischen Verfassung: ebd., S. 117ff.), zur Kritik der Scholastik (ebd., S. 217ff.) usw.

Das Problem der Zeit hat sich vor allem durch die christlichen Vorstellungen von Ewigkeit dramatisiert, zuerst in theoretisch scharfer Form im 11. Buch der *Confessiones* von Augustinus.[284] Gott als Schöpfer der Welt ist auch Schöpfer der Zeit, aber er geht nicht *aus* der Zeit in die Ewigkeit über, weil jede Zeitlichkeit seine eigene Ewigkeit angreifen würde. So weit ist das Problem mit dem von Plato identisch. Aber Augustinus kann die drei Zeitdimensionen unterscheiden und weiß, dass, streng genommen, auch die Unterscheidung von Gegenwart, Vergangenheit und Zukunft *nur* Gegenwart ist, da Zeit vergeht und sie immer nur neu vorgestellt werden kann (Flasch 1993, S. 257f.).[285] Wie kann es aber »Gegenwart« geben, wenn sie nur der Umschlagpunkt ist zwischen Zukunft und Vergangenheit (ebd., S. 261)? Und was wäre dann die Gegenwart Gottes, der außerhalb der Zeit existiert und doch eben »existiert«?

Dies sei, so Augustinus, ein *implicatissimum aenigma*, ein auf höchste Weise verwirrendes Rätsel (ebd., S. 260f.). Das Rätsel soll sich lösen, indem das Problem in die Schöpfung verlagert wird.

284 Die Konfessionen entstanden nicht lange nach der Wahl Augustinus' zum Bischof der afrikanischen Hafenstadt Hippo. Augustinus (354–430 n. Chr.), Sohn des Decurio Patricius und der Christin Monnika, war Rhetoriklehrer in Tagaste, Karthago, Rom und Mailand. Er wurde 387 von Ambrosius, dem Bischof von Mailand, zum Christentum bekehrt und war seit 395 Bischof von Hippo Regius. Die »Bekenntnisse« zerfallen in drei Teile. Die ersten neun Bücher erzählen die Lebensgeschichte bis zum Tode der Mutter im Herbst 387; das zehnte Buch beschreibt den »inneren«, nämlich geistigen Zugang zu Gott; das elfte, zwölfte und dreizehnte Buch legen Gottes Wirken in der Schöpfung dar. Zentral für die Theorie der Erkenntnis ist die Prämisse, dass geistige Wahrheiten nicht bildlich aufgefasst werden können. Wahrheiten werden denkend aus der Tiefe des Geistes hervorgeholt (Augustinus 1977, S. 275ff.).

285 »Das aber ist jetzt evident und klar: Zukünftiges und Vergangenes sind nicht; die Behauptung, es gebe drei Zeiten, Vergangenheit, Gegenwart und Zukunft, trifft nicht im strengen Sinne zu. Im strengen Sinne müsste man wohl sagen: Es gibt drei Zeiten, die Gegenwart von Vergangenem, die Gegenwart von Gegenwärtigem und die Gegenwart von Zukünftigem. Denn diese drei sind in der Seele in einem gewissen Sinne, und anderswo finde ich sie nicht: die Gegenwart des Vergangenen als Erinnern, die Gegenwart des Gegenwärtigen als Anschauen (contuitus), die Gegenwart des Zukünftigen als Erwarten.« (Flasch 1993, S. 259)

Gott ist »deus creator omnium« (ebd., S. 270), der dem Menschen »Geist« gibt; die Zeit bestimmt sich *mit* dem Geist. Wer Zeiten misst, misst den Geist in *seiner* Gegenwart, keine objektive Bewegung (ebd., S. 273).

> »*Aber wie kann das Zukünftige, das noch nicht ist, vermindert und verbraucht werden? Wie kann das Vergangene, das nicht mehr ist, zunehmen? Nur weil im Geist, der das bewirkt, diese drei Tätigkeiten sind: Er erwartet, er erfasst aufmerksam ein Gegenwärtiges (attendit), er erinnert sich. So kann das, was er erwartet, auf dem Weg über das, worauf er als ein Gegenwärtiges achtet, übergehen in das, woran er sich erinnert.*« (Ebd., S. 275; Hervorhebungen J.O.)

Das »noch nicht« wird über das *Jetzt*, genauer: die geistige Anstrengung im »Jetzt«, mit dem »nicht mehr« vermittelt. Zukunft ist *Erwartung* der Zukunft, Vergangenheit ist *Erinnerung* des Vergangenen, erfasst je im Modus des Gegenwärtigen, weil ein je akuter Geist »erwartet«, »erfasst« und »erinnert« (ebd.). Was »Zeit« *an sich* »ist«, die *Objektivität* von Zeit, liegt außerhalb der Reichweite menschlicher Erkenntnis. Aber das würde Geschichte auf *Erinnerung* reduzieren und Prognosen mit *Erwartungen* gleichsetzen, die ein je gegenwärtiger Geist hervorbringt. Erinnerungen und Erwartungen lassen sich dehnen und zusammenziehen, aber sie berühren nie wirklich Vergangenheit und Zukunft.

Diese Theorie begünstigt auf unerreichbare Weise die Vorstellung des christlichen Gottes. Aus ihr folgt nämlich, dass menschliches Leben »zerteilendes Ausdehnen« ist, dem nur der ewige Gott Zusammenhang verschaffen kann. »Ich bin zersplittert in die Zeiten, deren Zusammenhang ich nicht kenne. Meine Gedanken, die innersten Eingeweide meiner Seele, werden zerfetzt vom Aufruhr der Mannigfaltigkeiten – bis ich in dir – Gott – »zusammenfließe, gereinigt und flüssig geworden im Feuer deiner Liebe« (ebd., S. 277). Zeit ist Gottes Schöpfung, »ohne Schöpfung (kann) keine Zeit sein«, der Schöpfer der Zeit aber steht »über allen Zeiten«, und es kann »keine Zeiten und keine Geschöpfe« geben, die »gleichewig« wären mit Gott (ebd.). Die Ewigkeit Gottes ist identisch mit der Übersicht über alle Zeiten, und die Schöpfung ist die einzige Handlung, die sich *nicht* aufspaltet in »Vergangenheit und Zukunft« (ebd., S. 279). Die Schöpfung der Zeit kann diese nicht voraussetzen und muss also *unabhängig* von Zeit erfolgt sein. Anders müsste es eine Schöpfung vor der Schöpfung geben oder eine Schöpfung nach dem Ende der Zeit, was wiederum die Ewigkeit Gottes infrage stellen würde.

Gegenüber Plato, der den Ausdruck *aeternitatis* überhaupt erst prägte[286] und ihn auf die *Weltseele* bezogen wissen sollte (Moreaux 1939), *unterscheidet* Augustinus zwischen »Zeit« und »Ewigkeit« (Flasch 1993, S. 113). »Zeit« ist nicht einfach stabiles »Werden«, sondern unruhiges Intervall, dessen Ordnung nicht erkennbar ist. Wir erleben und konstruieren »Zeit« nach Dimensionen und Tätigkeiten unseres Geistes, also in den Modi der Erwartung, der Erinnerung und der aufmerksamen Erfassung. Aber dann wäre Zeit subjektiv, was etwa zur Folge hätte, dass zwischen Geschichte und *Konstruktion* von Geschichte nicht unterschieden werden könnte. Auch die Utopie der Zukunft wäre dann bloße Erwartung, die keine Folgen hätte für die tatsächliche Zukunft, die aber nicht einfach *aus dem Nichts* »Gegenwart« wird. »Erziehung« – ein interessantes Testfeld der Zeittheorie – wäre dann folgenlose Erwartung und folgenlose Erinnerung, während sie in beiden Zeitrichtungen[287] Wirkungen *hat* und *haben muss*.

Augustins Theorie, bis Wittgenstein und Luhmann von kardinalem Einfluss[288], bindet »Zeit« an Erleben, nicht an Interaktion. Es

286 Timaios (37d), »Zeit« ist »ein bewegliches Abbild der Ewigkeit«, das in Zahlen fortschreitet (Timaios 37d/e). Das ewige Sein ist davon radikal unterschieden, das »war« und das »wird sein« werden zu Unrecht auf die Ewigkeit übertragen. Sie liegt weder vor der Zeit noch folgt [sie] ihr nach; Zeit und Ewigkeit sind einfach getrennte Größen (Timaios 37d/38a).

287 Zukunft und Vergangenheit.

288 Kurt Flasch (1993, S. 27–75) hat Verwendungen der Zeittheorie Augustinus' in der Philosophie des 20. Jahrhunderts von Bergson über Heidegger bis Russell nachgewiesen. Wittgensteins Philosophische Untersuchungen beginnen mit einem Zitat aus den »Konfessionen«, die Wittgenstein zu seinen Lieblingsbüchern zählte; in den Philosophischen Untersuchungen wird die Zeittheorie Augustinus' scharf kritisiert, was ihre Bedeutung

geht nicht um die Wirkung *auf andere* und so nicht um die Ökonomie der Zeit, die kalkulieren muss, wie viel Zeit eine Maßnahme benötigt, die Veränderungen *anderer* Personen herbeiführen soll. Wer mit der Ökonomie umzugehen hat, und das muss jeder, der »erziehen« will, kann nicht lediglich Zukunft über je neue Gegenwart in Vergangenheit übergehen sehen und den Zeit*verbrauch* unbeachtet lassen. Erziehung *verbraucht* »Zeit«, weil Wirkungen erzielt werden sollen, die keine Ewigkeit zur Verfügung haben. Die Effekte beziehen sich auf *Ziele* oder *Zwecke*, die immer einen bestimmten Zeitrahmen voraussetzen, eine Schulstunde, einen Qualitätsnachmittag, eine Projektwoche, einen Erlebnisurlaub, ein Schuljahr, eine Kindheit usw.

Erziehungsziele sind Erwartungen an die Zukunft von Personen, die so gestaltet werden soll, dass *Verbesserungen* möglich werden. Verbesserungen betreffen akute Zustände auf *deren* Zukunft hin. Die Zeit der Erziehung dient *diesem* Zweck, sie muss mindestens insoweit *ökonomisch* verstanden werden. Zeit wird *für etwas* eingesetzt, ihr Verbrauch bemisst sich daran, ob Ziele erreicht werden oder nicht. Eine Zeitvergeudung würde dem hohen moralischen Rang der Erziehung widersprechen, Erziehung, anders gesagt, kann nicht träge, faul oder schlaff erwartet werden. Die Erwartung setzt ein bestimmtes Tempo, eine *genutzte* Zeit voraus, die *Trödeln* ausschließt. Noch mehr als Kinder müssen Erwachsene die Zeit nutzen, Erziehung ist geradezu *von den Erziehern* vorgeschriebene Zeit, die *portioniert* wird und von deren Nutzung positive *Effekte* erwartet werden. Mit dieser Erwartung entwickelt sich zugleich eine Vorstellung *falscher* oder *vergeblicher* Zeitnutzung. Ein wesentliches Problem der Erziehung bezieht sich darauf, »Zeit« nicht einfach verstreichen zu lassen.

Erziehung wäre so zunehmende Verbesserung *in* der Zeit. Sie führt zu Abschlüssen, also Ergebnissen *nach* und *mit* Zeitverbrauch. Die Ergebnisse sind sichtbar und können auf Ursachen, die *vor* ihnen liegen, zurückgeführt werden. Aber Eltern *hetzen* hinter den pädagogischen Werten her, sie stehen unter dem Druck knap-

zusätzlich aufwertete (ebd., S. 64ff.). Niklas Luhmann (1973) verwendet die Theorie zur Unterscheidung von Zeithorizonten.

per Zeiten und hoher Erwartungen, sie verbrauchen Zeit ohne sichtbare Resultate, die abverlangt werden und nicht eintreten. Zur Entlastung gibt es die Idee *qualitativer Zeit*, also kurzer Spannen, die intensiv genutzt werden und so die fehlende Restzeit wirkungsvoll kompensieren. Die Qualitätszeit erhöht freilich oft nur den Zeitdruck: In den selten gewordenen Augenblicken höchster Zuwendung *muss* alles gelingen, was sich schon mit dem Erleben der Kinder nicht vereinbaren lässt.

Kinder erleben »Zeit« bekanntlich anders als Erwachsene. Die Zukunft ist weit weniger drückend, die Vergangenheit reicht nicht allzu tief, die Gegenwart ist Erlebniszentrum. Schon aus diesem Grunde sind Kindern die pädagogischen Anliegen der Erwachsenen in den meisten Hinsichten unverständlich. Ziele der Erziehung richten sich auf *ferne* Zeiten, die sprachlich kommuniziert werden[289], ohne dass sie dadurch vorstellbar wären. Der Zeitmodus der Erwachsenen erlaubt diese Fantasie, der Zeitmodus von Kindern wird sich ihr entziehen. Erwachsene müssen also mit der Paradoxie leben, Erziehung als Zeitinvestition zu verstehen, die das Objekt – Kinder – weitgehend unberührt lässt. Man kann daher Kindern kaum erklären, was die Erziehung mit ihnen macht, außer dass sie gelegentlich die Gegenwart stört. Zugleich sind sie permanent der Erziehung (als *Zeiterwartung*) ausgesetzt, es gibt keinen Tag in einer Kindheit, der *ohne* Zeitgestaltung auskommen würde.

Das Ideal der Erziehung ist demgegenüber auffällig zeitlos. Die Bilder bewegen sich nicht, es sind *Standbilder*, die keine Tempounterscheidung zulassen. Wenn überhaupt in bewegter Form, dann wird Kindheit *gemächlich* erwartet, während reale Kinder fast beliebig das Tempo wechseln können. *Rasende* Kinder aber scheint es in der Erziehungstheorie nicht zu geben, ebenso wenig *störrische*, die ein Schneckentempo vortäuschen, damit Erwachsene sie in Ruhe lassen. Die pädagogischen Ideale der Erwachsenen schließen Unruhe aus, die Erziehungszeit soll möglichst ungebrochen und mög-

289 Die Sprache legt die Verräumlichung der Zeit nahe: Zukunft wird vor und Vergangenheit hinter der »Gegenwart« erwartet. Gegenwart ist situatives Jetzt, das sich auf nähere oder fernere Zukünfte oder Vergangenheiten beziehen lässt.

lichst stetig verlaufen, während sie doch *genutzt* werden muss, was *ungleichen* Verbrauch voraussetzt. Man hat nie identische Zeitquanten zur Verfügung, eine formal gleiche Zeiteinheit kann völlig unterschiedlich genutzt werden, wie sich an Schulstunden gut zeigen lässt. Keine Stunde verläuft genau gleich, obwohl Anfang und Ende vollkommen gleich bestimmt sind. Aber zwischen dem Zeichen des Anfangs und dem des Endes geschieht je Neues und wiederholen sich nicht einfach nur die Gewohnheiten.

Lehrerinnen und Lehrer verwenden grobe Zeitschemata zur Planung von Unterricht. Irgendwie muss jede Einheit beginnen und am Ende darf die Stunde nicht einfach abbrechen. Zwischen Anfang und Ende muss es Höhepunkte geben, auf die der Unterricht hingesteuert wird. Vorausgesetzt wird, dass die Schülerinnen und Schüler ungefähr gleich erleben, konstant aufmerksam sind und in etwa identisch ihr Lernen auf den Unterricht einstellen können. Das Nacheinander der Planung ist aber nie das Nacheinander des tatsächlichen Verlaufs. Nicht nur dehnen sich Zeitpunkte unterschiedlich, auch ist ihre Verknüpfung verschieden, entstehen mehr oder weniger störungsfreie Passagen, treten überraschende Ereignisse auf, die den Verlauf beschleunigen oder verlangsamen; die Lehrkraft muss ständig den Zeitverlauf im Auge haben, was nur heißen kann, das durch sie gegebene Tempo zu halten oder neuen Gegebenheiten anzupassen. Die Schüler müsen einem Standardtempo folgen, das sie ihrerseits beeinflussen. Wenn das Tempo beschleunigt wird, obwohl sich die Mehrzahl der Schüler vom Unterricht überfordert zeigt, ist der Erfolg der Stunde ebenso gefährdet wie durch unterfordernde Verlangsamung oder eine zu große Differenzierung verschiedener Tempi.

Es gibt, trivial zu sagen, langsame und schnelle Lerner, das durchschnittliche Lerntempo ist in verschiedenen Fächern verschieden, die Lernzeit wird sehr unterschiedlich genutzt, sodass schon aus diesem Grund die Effekte nie einheitlich sein können. Gleichwohl wird in allen Schulen nur *eine* Grundeinheit »Zeit« zur Verfügung gestellt. Sie ist die Bedingung für die Vergleichbarkeit der Urteile über Leistungen; wäre das Zeitbudget radikal verschieden, könnte man keine Noten geben, weil die Lernzeit sich nicht mit dem Aufgabenniveau verrechnen ließe. Schulzeit ist daher nicht zufällig immer *genormte* Lernzeit. Alle gehen die gleiche Zeit in die Schule – neun Schuljahre im Obligatorium, fünf Tage die Woche, jeden Tag eine bestimmte Zahl von Lektionen; die Norm lässt sich kaum sehr weit individualisieren oder aber es müssten völlig neue Systeme entwickelt werden, Lern*zeit* und Lern*leistung* angemessen zu beurteilen.

Eltern und Erzieher verbrauchen Zeit, nutzen oder verpassen Zeit, vergeuden Zeit, nutzen sie besser oder schlechter, ohne dabei eine einheitliche Kalkulation anzuwenden. Pädagogische Erwartungen lassen sich nicht auf einem Zeitpfeil mit der Zukunft des Kindes verbinden, aber sie *belasten* Zeit, nämlich legen Entscheidungen nahe, verzögern Entscheidungen, schieben sie auf oder weichen Entscheidungen aus, obwohl sie eigentlich *dringlich* wären, während man nie genau weiß, wie viel Zeit noch vorhanden ist. Es gibt kein Zeitbudget »Erziehung«, das jedem Kind und jeder Erziehungsperson zugeteilt wäre. Nicht zuletzt aus diesem Grund ist Zeit immer knapp, sie kann nicht geregelt abfließen, weil keine Maßeinheit für Erziehungsepisoden vorhanden ist und genutzt werden könnte. Die Prioritäten ändern sich mit den Situationen, die sich nie identisch wiederholen. Zeitliche Entlastung durch Routinen[290] ist aufgrund der hohen Belastung mit unerwarteten Ereignissen nur begrenzt möglich, jede nachfolgende Situation impliziert neue Risiken für die *mit* der Situation angestrebte Kontinuität der Erziehung.

Kinder wie Erwachsene reagieren unablässig auf gedehnte oder gestreckte Zeit, also starken oder geringen Zeitdruck. Interessanterweise sind die generalisierten Vorstellungen, die Erwachsene *über* und *mit* Kindern kommunizieren, weitgehend frei von zeitlichem Stress. Niedlichkeitsschemata zum Beispiel, eine hauptsächliche Größe der Wahrnehmung von Kindern durch Erwachsene, sind keinerlei Dringlichkeit ausgesetzt. Sie werden nicht gepresst oder gedehnt, vielmehr sollen sie möglichst konstant gehalten werden, ohne einer stark gestressten Zeit ausgesetzt zu werden. Niedlichkeit

290 Routinen sind dauerhafte Problemlösungen, die mit einem bestimmten Zeitmaß fixiert sind. Sie schließen überraschende Dehnungen und Streckungen des Zeitaufwandes aus.

bezieht sich nicht auf Zeit, also mehr oder weniger schnelle Veränderung, sondern auf eine konstante ästhetische Eigenschaft, die frei von zeitlicher Beeinträchtigung kommuniziert werden soll. Kinder sind *dauerhaft* »niedlich«, auch wenn sie große ästhetische Unterschiede aufweisen; sie sind nie *dringlich* »niedlich«, weil die Wahrnehmung keine zeitliche Aufeinanderfolge zulässt. Anders wären nur *wenige* Kinder »niedlich«, während das Schema einzig dann greift, wenn möglichst pauschal geurteilt werden kann.

Kinder verfügen über einen Gerechtigkeitssinn, aber oft erfahren Erwachsene, dass »Gerechtigkeit« im konkreten Falle für Kinder eine ziemlich abstrakte Größe ist. Sie verhalten sich ungerecht, obwohl sie »Gerechtigkeit« wünschen oder erwarten. Erwachsene können nicht beobachten, ob und wie der »Gerechtigkeitssinn« wächst oder gar wann das Wachstum abgeschlossen ist. Daher können Erwachsene nie schließen, dass im Falle erwiesener Ungerechtigkeit jede weitere Chance, *doch noch* »Gerechtigkeit« zu lernen, vergeblich wäre. Kinder erhalten daher fast immer zweite und dritte Chancen, die die Erziehungszeit nicht nur verlängern, sondern sie auf produktive Weise unkalkulierbar machen. Man kann nicht einmal sagen, dass nachgewiesene Ungerechtigkeit *vergeudete* Erziehungszeit wäre, weil Gerechtigkeit nur dann eine Disposition des sittlichen Charakters wird, wenn *Ungerechtigkeit* erlebt worden ist.

»Ungerechtigkeit« ist kein Erziehungs*ziel* und gleichwohl eine Größe von *Erziehung*; sie entzieht sich der zeitlichen Kalkulation, auch weil Lehren aus *eigener* Ungerechtigkeit oft zeitverzögert zur Handlung gezogen werden. Der negative Sinn der Handlung mag moralisch *unmittelbar* manifest sein, die persönliche Einsicht kann sich wesentlich *später* einstellen. Das lässt sich im Blick auf das Zeitproblem der Erziehung verallgemeinern: Oft wird die Tragweite einer Erziehungserfahrung erst wesentlich *nach* der Erziehungssituation deutlich. Wichtige Effekte sind am Ende der Situation nicht sichtbar, sie zeigen sich *nachträglich* und haben einen »Nutzen«, der gar nicht vorgesehen war. Bestimmte Effekte können auch ausbleiben, obwohl (oder weil) sie höchst *dringlich* erschienen. Und auch das *Nicht*eintreten erwarteter Effekte ist ein *Effekt* der Erziehung.

Dringlichkeit beurteilen Kinder und Erwachsene je anders, nicht nur im Blick auf Ereignisse oder Vorkommnisse, die mit »Erziehung« gleichgesetzt werden. Ein Zeit*punkt* etwa, Beginn und Ende einer Situation, ist für Kinder etwas anderes als für Erwachsene, vor allem weil die soziale Gewöhnung an Zeit – vermutlich der zentrale Effekt überhaupt von »Erziehung« – sehr viel Zeit benötigt. Das Erleben von Kindern muss sich an die Standardisierung von Zeit gewöhnen, also an geregelte Anfangs- und Endpunkte, die den Erlebnisstrom unterbrechen, einfach weil die Situation aufhören muss. Nicht nur Schulunterricht, *jede* Situation fängt an und hört auf, was Zeiterleben sozial diszipliniert. Kinder lernen, sich auf gesellschaftliche Zeit einzustellen, ohne dadurch »Dringlichkeit« *gleich* zu erleben. Dringlichkeit setzt *knappe Güter* und *befristete Zeiten* voraus, die Erfahrung muss Prioritäten ausbilden, weil nicht alles möglich ist und immer nur wenig realisiert werden kann; wenn wirklich zeitökonomisch gehandelt werden soll, muss das Dringliche vom weniger Dringlichen unterschieden werden, ohne je über eine objektive Theorie des Prioritären zu verfügen. Entscheidungen werden einfach auf ein wünschenswertes und nahe liegendes *Nacheinander* bezogen, das mit dem Risiko verwirklicht wird, nach der zweiten Priorität alle nachfolgenden *nicht* mehr behandeln zu können, weil *mit* den ersten beiden Prioritäten die Handlungssituation verändert worden ist.

Kinderwünsche sind häufig Additionen, die zwischen klein und groß, teuer und billig, wichtig und unwichtig *nicht* unterscheiden. Sie sind aber *dringlich.* Die Fähigkeit zu Prioritäten entwickelt sich aus nivellierten Reihungen heraus. Selbst Konsumbewusstsein beschleunigt diese Entwicklung nicht, weil einfach »Marken« aneinander gereiht werden, deren *Wert* – monetär wie symbolisch – erst gelernt werden muss. Prioritäten sind *Zeitpläne*; sie definieren das Dringliche auf einer Warteliste, die immer neu verschoben wird, weil die *Realisierung* des je Dringlichen die gesamte Zeitreihung verändern kann. Das lässt sich an der Erfüllung von Kinderwünschen zeigen, vermutlich einer der zentralen Erziehungsmechanismen in heutigen Konsumgesellschaften. Wer einen Wunsch erfüllt, reagiert auf Prioritäten, aber der *erfüllte* Wunsch schafft *neue*; es gibt LEGO-Dringlichkeiten oder MacDonald's-Dringlichkeiten, die einfach mit dem Angebot gestuft sind, ohne mit der Erfüllung *eines* Wunsches mehr zu erreichen als die Anhebung des Wunsches auf die nächste Stufe. Die Dringlichkeit ist *immer* gegeben, und jede Wunscherfüllung definiert nur die *nächste* Dringlichkeit. Wenn alle LEGO-Stufen erreicht sind, kann höchste Dringlichkeit dem *N64* von Nintendo zugeschrieben werden.

Das Zeiterleben von Kindern wird durch Konsum nicht anders, einzig das Tempo von Verbrauch und Zerfall wird gesteigert. Damit mag die *Gegenwart* nach beiden Richtungen hin intensiviert werden, der Intensität der Aneignung und der Intensität der Zerstörung; *Vergangenheit* und *Zukunft* bleiben Dimensionen, die erst *mit* und *nach* der Kindheit erschlossen werden. Beide verlangen *kulturelle* Deutungen, die allmählich und durch Rätsel hindurch gelernt werden müssen. Von diesen Lernproblemen sind Veränderungen der *Zeit der Kindheit* zu unterscheiden. »Kindheit« ist ihrerseits eine kulturelle Deutung von Zeit, die dem historischen Wandel unterliegt. Kindheit im Mittelalter (Shahar 1990) hat andere Zeiten, Symbolwelten und auch Energien als Kindheit etwa im 18. Jahrhundert (Richter 1987). Im Mittelalter ist Kindheit Teil einer *zyklischen* Vorstellung von Leben (Riché/Alexandre-Bidon 1994), deren Zeiten nicht individualisiert werden können. Kindheit ist der feste Beginn des Lebens, die Stadien folgen aufeinander, die Lebensalter können weder verlängert noch auf einzelne Personen hin individualisiert werden. Auch ein *enfant unique* (ebd., S. 10) ist Teil des Lebenszyklus, in dem Kindheit nicht verlängert werden kann und Kinder durch die Definitionsmacht der Kultur eine klar definierte Zeitphase vor sich sehen.

Im 19. Jahrhundert entsteht eine diversifizierte Spielwarenkultur für Kinder (Richter 1987, S. 271)[291], die eigene Räume und Zeiten verlangt. Es entsteht, anders gesagt, die *Kinderstube* (Weber-Kellermann 1997, S. 138)[292], die das eigene Lernmilieu von Kindern definiert und Richtung sowie Zeit der Kinderspiele neu bestimmt. Auf einer Abbildung vom Ende des 19. Jahrhunderts (ebd.,

291 Das Bild zeigt Georg Hieronimus Bestelmeiers »Spielwarenkatalog« aus dem Jahre 1803.

292 Johann Michael Voltz (1784–1858) war Autor des »Bilderbuches für Knaben und Mädchen«, das im Nürnberger Verlag Renner & Schuster herausgegeben wurde. Die Abbildung stammt etwa aus dem Jahre 1825.

S. 139)[293] sieht man nicht nur intensives Kinderspiel, man sieht auch eine gefüllte Kinderstube, die allein durch die Zahl der Objekte und Anreize Zeit festlegt. Der heutige LEGO-Konstruktivismus (oder LEGO-Dekonstruktivismus) ist dann nur eine zeitliche Variante des Schemas selbst gestalteter Zeit in eigenen Räumen. Interessant ist, dass parallel dazu *zyklische* Theorien der Lebenszeit Lernobjekt und so Teil der Kinderkultur werden (ebd., S. 101).[294]

Diese Lernobjekte sollen belehren und unterhalten, etwa so wie auch heute der verantwortliche Umgang mit der Zeit von Kindern gedacht wird. Die Verantwortung *verteilt* sich zusehends, nicht nur Eltern und Erzieher definieren Kinderzeit, auch öffentliche Institutionen, kommerzielle Anbieter, freie Gelegenheiten und nicht zuletzt die Kinder selbst. Kindheit hat keinen festen Zeitrahmen mehr wie noch im 19. Jahrhundert, und dies nicht nur, weil sich die »Kinderbelustigungen« (ebd., S. 223)[295] vervielfacht haben. Kindheit ist heute im Blick auf Familien oder öffentliche Gelegenheiten individuell gestaltete Zeit, die flexibel geworden ist und je neu bestimmt werden muss. Elternzeit ist knapp, die tatsächliche Qualität ist unbestimmt, also haben Ersatzformen Konjunktur, die von öffentlichen »Spiellandschaften« (ebd., S. 271)[296] über Clowngeburtstage bei Fastfood-Anbietern bis zu professionellen Lernanimationen reichen, die Schul- oder Freizeitmisserfolge kompensieren sollen. Zeit ist dann kalendarische Fixierung, der *Termin* bestimmt über die Tätigkeit und der nächste Termin ist immer der nächst *dringliche.*

Die pädagogische Aufmerksamkeit verdichtet sich mit den Anbietern; damit verliert die *frei* gestaltete Zeit an Bedeutung. Tatsächlich wird Trägheit notorisch ausgeschlossen, Kinderzeit ist *Lernzeit* und Lernzeit wird als kostbare, unbedingt wahrzunehmende Größe betrachtet, die optimal genutzt werden soll. Was die Theorie ausschließt oder nicht sonderlich beachtet, das zeitöko-

293 Spielzimmer aus »Herzblättchens Zeitvertreib« (1894).
294 »Der Lebenslauf des Menschen« (französischer Bilderbogen des 19. Jahrhunderts).
295 Moritz von Schwind: »Kinder-Belustigungen« (1827).
296 »Spielplatzfreuden« (Foto aus dem Jahre 1979).

nomische Optimum der Erziehung, wird praktisch gesucht, anders wäre die steigende Nachfrage nach *Kinderbeschäftigung* nicht zu erklären. Offenbar veranlassen die Wohn- und die Betreuungsverhältnisse immer mehr Eltern, kommerzielle oder halb-kommerzielle[297] Alternativen zu dem zu suchen, was sie selbst nicht mehr leisten können oder wollen. Das hat objektive Gründe: Die Erziehungszeit der Eltern, also die Zeit, die sie effektiv ihren Kindern widmen können, ist nicht nur knapp, sie ist auch unsicher, weil Eltern teilbar werden, ihre Erziehungsaufgaben als lästig empfinden können, sich selbst *mit* Erziehung überlasten, den Kindern fern stehen usw. Nicht ohne Grund wird die heile Welt der Familie der Vergangenheit stilisiert (Coontz 1992). An diesem Vorbild der Erinnerung soll gelernt werden, was nie Realität war und doch das Wunschdenken bestimmen kann. Im Sinne von Augustinus wäre das ein Fall der Überlagerung der Erwartung von der Erinnerung. Die wünschbare Zukunft erscheint als stilisierte Vergangenheit, während doch gerade im Erziehungsbereich die Erinnerung ständig trügt.

Erziehung lässt sich als *Prozess* vorstellen und rekonstruieren, aber nicht präzise vorhersagen. Frühere Kindheitskulturen konnten den Zeitraum verbindlich festlegen, »Kindheit« war genau die Zeit von der Geburt bis zu den Riten des Übergangs im Jugendalter. Diese *rites de passages* begrenzten Kindheit, weil sie *Akte* des Übergangs darstellen. Die heutigen Übergänge verlaufen fließend, sie sind Teil des Erziehungsprozesses, der Kindheit und Jugendalter zwanglos ineinander überführt, ohne dafür präzise Daten anzugeben. Irgendwann zwischen 12 und 15 endet die Kindheit, während der Erziehungsprozess ständigt verlängert wird. Der Prozess hat Intentionen oder pädagogische Zwecke zur Voraussetzung, aber die Zwecke bestimmen nicht den ganzen Prozess. *Wie weit* Intentionen greifen, ist ungewiss; dass sich pädagogische Intentionen ändern, ist eine Alltagserfahrung heutiger Erziehung; die Effekte lassen sich nicht nur *im Nachhinein* beurteilen, sondern *nie ganz*, weil nie die

297 Das wären öffentliche Angebote, für die zunehmend mehr Gebühren erhoben werden. Eltern bezahlen Anbieter in einem öffentlich kontrollierten Raum; die Anbieter erhalten staatliche Subventionen.

gesamte Erziehungserfahrung summiert werden kann. Die Ziele beziehen sich immer auf das Gesamt der Erfahrung, während sie mit den Erfahrungen von Kindern und Erwachsenen abgeschliffen werden, ohne ihre rhetorische Sonderstellung einzubüßen. Am Ende – falls es dies gibt – wird nicht die Erfahrung mit den Zielen verglichen, sondern werden die Ziele erneuert.

Die Zeit der Erziehung wird verbraucht, aber der Nutzen ist nie eindeutig gegeben. Geht man von den Zeitdimensionen Augustinus' aus, dann realisiert sich »Erziehung« in je neuen Gegenwarten, nämlich in Handlungssituationen, die Interaktionen erlauben, aber die Gegenwarten verketten sich nicht linear, schon weil nie ein Transfer der gesamten Erfahrung einer Situation auf die nächste möglich ist. »Situationen« der Erziehung sind unterschiedlich gewichtig, die momentane Dringlichkeit ist verschieden, die Anschlussbedeutung lässt sich nicht einfach von der unmittelbar nachfolgenden Situation her ermessen usw. Die Zukunft entsteht also nicht aus der Summierung von Gegenwarten, die so verstanden werden kann, dass am Ende das anfangs bestimmte Ziel erreicht ist. Weder sind die Ziele konstant noch die Handlungssituationen gleich; hinzu kommt, dass ein nie genau bestimmbarer Anteil der Erfahrung (von Kindern wie von Erwachsenen) *außerhalb* pädagogischer Situationen oder *unabhängig* davon zustande kommt. Schließlich sind auch eindeutige Erziehungssituationen, etwa solche des Strafens, nie auch im Effekt eindeutig.[298] Eltern *wollen*, dass Kinder ihre Vergehen verstehen und sie zukünftig vermeiden, aber die Wahl der Strafen kann die Intention behindern, die Kinder können sich der Einsicht entziehen oder es ist keine Möglichkeit gegeben, die Sanktion zu überwachen, sodass bloße Versprechen Wiederholbarkeit nahe legen.

298 Daher kommen Standarddefinitionen der Erziehungsstrafe ohne Zeitbedingung aus. Sie konzentrieren sich auf den Zweck: »The purpose of parental punishment is … to benefit the child. It aims to benefit him by curing him of whatever vice he is being punished for; and it cures him, if it cures him, be deterring him from repeating his offence.« (Kelly 1978, S. 75)

Zeit ist also eine irritierende Größe für pädagogische Erwartungen, die fast immer *zu einfache* Zeitökonomien zugrunde legen und aus diesem Grunde komplexe und widersprüchliche Prozesse *vereinfachen* können. Erziehungserwartungen sind also nicht zufällig *einfach*, sie kalkulieren Zeit *linear* und definieren den Prozess *frei von Paradoxien*: Nur so kann es plausibel erscheinen, Ziele *erreichen* zu können, ohne *wirklich* den Verbrauch – die Nutzung und Nichtnutzung von Zeit – in Rechnung zu stellen. Zeit aber paradoxiert Erziehung, weil Erziehung als *Prozess*, Bewegung in der Zeit, vorgestellt werden muss, ohne die Eigenmacht der Zeit *in* der Bewegung in Rechnung stellen zu können. Erziehung ist Bewegung letztlich ohne Zeit; anders wäre es nicht möglich, sie auf Ziele zu beziehen, die außerstande sind, die Zeit zu kalkulieren, welche für ihr Erreichen notwendig wäre. Aber Gerechtigkeit, Glück, Charakter, Identität, Mündigkeit oder Moral sind zeitimmune Größen, die auf Erziehung bezogen werden, ohne dass die Verknüpfung klar wäre. Es sind einfach geduldige Ziele.

»Glück« war im sensualistischen 18. Jahrhundert ein herausgehobenes und deutlich benanntes Erziehungsziel. Es ist aber keiner pädagogischen Theorie je gelungen, Erziehungszeit und resultatives Glück miteinander zu verbinden, und dies nicht nur, weil »Glück« als individuelles Erlebnis verstanden werden muss[299], sondern weil »Erziehung« keine qualifizierte, linear-progressive Steigerung darstellt, obwohl oder weil die Erziehungsziele genau dies nahe legen. Aber »Erziehung« kann Glück und *Unglück* befördern, »Unglück« ist oft keine negative Größe und »Glück« keine positive, wenn nachfolgende Situationen abgewartet werden müssen, die ändern können, was in den vorhergehenden als *unabwendbar* galt.

Unter »Theorie der Erziehung« wird oft die richtige Vorschrift des Handelns erwartet. Die Theorie setzt in irgendeiner Form *Gewissheit* voraus; anders scheint verantwortungsvolles Handeln nicht möglich zu sein. Es wird nicht vom Risiko her gedacht, während die Realität der Erziehung als sequenzielles Handeln erscheint, das – ich wiederhole diesen zentralen Punkt – unmöglich bereits am

299 »Glück« im Utilitarismus ist Erleben von Glück und Vermeiden von Unglück (pleasure and pain).

Anfang vollständig determiniert sein kann. Es gibt keine Gesetze der Erziehung, den der Verlauf jeder einzelnen Intervention bestimmen könnte. Umgekehrt müssen die fortgesetzten Handlungen die Lebenskontinuität bestimmen, die sich nicht einfach von selbst verlängert. Es gibt, anders gesagt, kein Lebenskontinuum, auf das sich die Erziehung verlässlich einstellen könnte. Hier liegt der zentrale Fehler aller Konzepte, die auf Rousseau zurückgehen und dabei ein Gleichmaß von Entwicklung voraussetzen, während Erziehung immer nur als riskante Fortsetzung des einmal Erreichten verstanden werden kann. Die Idyllen der Erziehung, vom Landschaftsgarten im *Émile* bis Skinners *Walden Two*, sind nicht zufällig immer *konservative* Räume, die Neuanpassungen an grundsätzlich andere Situationen nicht vorsehen (Oelkers 1993).

John Dewey hat 1929[300] die konservative Theorie des Lernens und so der Erziehung radikal infrage gestellt. Wer nach Gewissheit suche, heißt es in den *Gifford-Lectures*, suche nach dem *Unbeweglichen* und so nach dem Zeitlosen (Dewey 1988, S. 21ff.). Diese Suche sei mit dem Lernverhalten der modernen Wissenschaften nicht vereinbar, und dies aus zwei Gründen: das experimentelle Lernen der Wissenschaften hat kein definitives Resultat und es erneuert sich ständig selbst (ebd., S. 33). Keine philosophische oder pädagogische Reflexion hat dann mehr Kenntnis der ganzen oder letzten Realität (ebd., S. 38), die (die Kenntnis) in kontrolliertes Lernen aufgelöst wird (ebd., S. 63). Erziehung aber ist nicht identisch mit dem Testen von Hypothesen in vorher bestimmten Lernsituationen. Sie realisiert sich in sozialen Situationen, also in einer, wie es Dewey nennt, intrinsischen Beschwerlichkeit und Unsicherheit (ebd., S. 178). Wer hier nach Sicherheit verlangt, befördert nur die Dogmatik des Urteils, das nicht auf Lernen eingestellt sein will (ebd., S. 181f.).

Man kann unmittelbar einen Haupttypus von Erziehungstheorie beschrieben sehen, wenn Dewey schreibt:

300 The Quest for Certainty. Das Buch basiert auf Deweys Gifford Lectures in Natural Theology an der Universität von Edinburgh, die vom 17. April bis 17. Mai 1929 stattfanden.

> »*Tendency to premature judgment, jumping at conclusions, excessive love of simplicity, making over of evidence to suit desire, taking the familiar for the clear, etc., all spring from confusing the feeling of certitude with a certified situation.*« (Ebd., S. 181; Hervorhebung J.O.)

Eine »gesicherte Situation« des Erlebens und Handelns kann es nicht geben. Höchstens kann, mit welchen Mitteln auch immer, das Sicherheitsgefühl zufrieden gestellt werden. Aber das ist nur möglich bis zur nächsten Gegenevidenz. Daher ist der Reflex der Erziehungstheorie, zeitlose Idyllen in Anspruch zu nehmen, die falsche Sicherung. Auf diese Weise entstehen Bilder und Erwartungen, die sich in den Situationen des Handelns abschleifen, statt umgekehrt die Indeterminiertheit der Situation zum Ausgangspunkt der Theorie zu machen und dabei Sinn für die Unschärfen und Risiken der Praxis zu entwickeln, die sich unter Berufung auf die Idee des Guten oder die unbezweifelte Moralität erst gar nicht auftun.

> »*Situations are precarious and perilous because the persistence of life-activity depends upon the influence which present acts have upon future acts. The continuity of a life-process is secured only as acts performed render the environment favorable to subsequent organic acts. The formal generalized statement of this fact is as follows: The occurrence of problematic and unsettled situations is due to the characteristic union of the discrete or individual and the continuous or relational.*« (Ebd., S. 187)

Das Prekäre und Gefährliche von Situationen entsteht nicht aus immanenter Bedrohlichkeit, sondern aus der Unbestimmtheit oder Vagheit, die jede Situation auszeichnet.[301] Der Fokus der Situation verschiebt sich zwischen Anfang und Ende, das Resultat weicht vom Fokus ab, der tatsächliche Effekt kann anders eintreten als die

301 »Every situation has vagueness attending it, as it shades of from a sharper focus into what in indefinite; for vagueness is added quality and not something objectionable except as it obstructs gaining an eventual object.« (Dewey 1988, S. 187f.)

Intention dies vorsah. Soweit Intentionen den Fokus einer Situation bestimmen, gewährleisten sie *nicht* das Ergebnis. Sie müssen der Situation ausgesetzt werden und haben keine Garantie dafür, die Folgen zu beherrschen. Erfahrung lässt sich also nicht einfach mit Standardsituationen des Lernens oder der Erziehung steuern, weil die Anschlüsse nicht *mit* der Situation determiniert sind. Es gibt daher in der sozialen Erfahrung keine *Standard*situationen, die unabhängig von der Individualität der Erfahrung und den damit möglichen oder ausgeschlossenen Verknüpfungen verfahren könnte.

> »*In other words, all experienced objects have a double status. They are individualized, consummatory, whether in the way of enjoyment or of suffering. They are also involved in a continuity of interactions and changes, and hence are causes and potential means of later experiences. Because of this dual capacity, they become problematic. Immediately and directly they are just what they are, but as transitions to and possibilities of later experiences they are uncertrain.*« (Ebd., S. 188; Hervorhebungen J.O.)

Erlebnisse und im Weiteren Erfahrungen sind immer zugleich einmalig und Teil einer Kontinuität, die durch sie bestätigt oder verändert werden kann. Unmittelbar sind sie, was sie sind, aber auf Dauer gestellt müssen sie sich in die vorhandene Erfahrung einpassen, und wie das geschieht oder auch nicht geschieht, geht aus der Unmittelbarkeit des Erlebens nicht hervor. In diesem Sinne ist Rousseaus »intérest présent« *nicht* die letzte Größe des Lernens von Kindern. Das unmittelbare (und so gegenwärtige) Interesse muss sich nachfolgend verknüpfen, was zweierlei ausschließt: die gleichbleibende Qualität oder Intensität des »intérest présent« und die Flüchtigkeit des Augenblicks.[302] Er hat Folgen, nur ist unsicher, welche. Das reformpädagogische Interesse für Unmittelbarkeit verschiebt einfach das Problem, weil Gewissheit auf den Augenblick reduziert wird, während Erziehung nur dann sinnvoll ist, wenn sie den Augenblick übersteigt.

302 »Ainsi l'occasion, le moment se passe.« (Rousseau, O.C, IV, S. 358)

Das setzt Unsicherheit frei, die die klassischen Theorien nicht reflektiert haben. Sie sind auf Gewissheiten angelegt, auch und gerade da, wo sie Erziehung mit großer Sicherheit negieren. Aber so wie die »Idee des Guten« die Erziehung nicht garantiert, so hebt die die Moralkritik sie nicht auf. Dewey zeigt eine Art mittlerer Linie zwischen diesen beiden Extremen, die beide Erziehung nicht auf Grade der Freiheit und so der Risikoübernahme beziehen, sondern davon ausgehen, es handele sich um eine fixe Größe, die mit höchster Moral oder höchster Geringschätzung belastet werden könne. Dabei bleibt ausgespart, was das Handeln nur bestimmen kann, der Wechsel von Situationen und die Anpassung der Erfahrung, soweit die Deutungen dies zulassen und Zeit zur Verfügung steht.

Das Zeitproblem ist Dewey nicht grundlegend, aber seine Theorie der Erfahrung erlaubt einerseits Verzeitlichung, andererseits die Konzentration auf situatives Handeln, das nicht lediglich Prinzipien verwirklicht, sondern lernfähig gehalten wird. Nur die Indeterminiertheit unsicherer Situationen erlaubt die Freiheit des Gestaltens (ebd., S. 199). Genau diese Freiheit impliziert das Risiko, das sich nicht auf Gesetze verlassen, das aber auch nicht einfach die Folge der Zufälle verwalten kann.

> »*Contingency while it gives room for freedom does not fill that room. Freedom is an actuality when the recognition of relations, the stable element, is combined with the uncertain element, in the knowledge which makes foresight possible and secures intentional preparation for probable consequences.*« (Ebd.)

Es *gibt* Voraussicht – anders wäre intentionales Handeln nicht möglich –, aber die Voraussicht kann sich nur auf die *wahrscheinlichen* Konsequenzen beziehen, bezieht sich also auf gelungene Tests der Vergangenheit, die jederzeit – wenngleich nicht beliebig – verändert werden können. »Intelligentes Handeln« (ebd., S. 201) ist einfach die beständige Anpassung der Wahrscheinlichkeiten, die im Erfahrungsstrom getestet werden, also nicht ein für alle Mal feststehen. Daher ist keine Idee wirklich verlässlich und kann kein Glaube aus sich heraus Loyalität erwarten. Jeder Glaubenssatz ist tentativ oder hypothetisch.

> *»It is not just to be acted upon, but is to be framed with reference to its office as a guide to action.«* (Ebd., S. 221)

Wer sich auf bloße Prinzipien beruft, verlangt Zustimmung unabhängig von Erfahrung. Wenn Prinzipien die Theorie begründen, heißt das zugleich, dass sie nicht lernfähig gehalten werden soll (ebd., S. 221f.).

Das richtige Handeln muss *je neu* und unter Inkaufnahme von Risiken justiert werden. Die Erziehungstheorie ist keine Deduktion, sondern konstituiert diesen Tatbestand. Sie sichert die Erfahrung nicht, sondern, wenn man pathetisch formulieren will, befreit sie zu sich selbst. Aber das scheinen Erziehungstheorien nicht zu goutieren. Wenigstens ist auffällig, dass sie Prinzipien folgen wollen, die *nicht* diskursiv gestestet werden, dass Kindern das Gute nahe gebracht werden soll, ohne die Kinder zu befragen, ob sie dies wünschen, dass einfache Glaubenssätze die Reflexion bestimmen oder dass die Evidenz dem Wünschbaren folgen soll, ohne die unangenehmen oder mindestens die paradoxen Tatsachen aufzunehmen, die nicht zuletzt die Erziehung selbst mit sich bringt. Sie ist, theoretisch gesehen, Zeit *und* Ewigkeit, also eigentlich *nichts*, was allein erklärt, warum die Theorie die Erfahrung ihres Gegenstandes gut vernachlässigen kann, so lange genügend Kandidaten für die Besetzung des höchsten Ideals zur Verfügung stehen.

Demgegenüber ist anzuraten, von der Indeterminiertheit der Situation auszugehen und die Zeitprobleme der Erziehung darauf zu beziehen. Wenn es keinen konstanten Zeitfluss in der Erziehung geben kann, dann weil die soziale Basis – Erleben und Handeln in wechselnden Situationen – nicht konstant ist. Die Ziele der Erziehung werden daher nicht einfach »verwirklicht«, sondern im Sinne Deweys der Erfahrung ausgesetzt, die *nicht* so beschaffen ist, dass sie die Ziele einfach aufnimmt oder gar bestätigt. Ziele sind Hypothesen, die sich auf *eigenes* Risiko der Erfahrung aussetzen, ohne einen Standpunkt außerhalb der Erfahrung einnehmen zu können. Letztlich bestreitet Dewey die von Augustinus bis Rousseau (und darüber hinaus) maßgebende Lehre der zwei Welten. Erziehung findet in der *einen* Welt der Erfahrung statt, also hat nie eine Hintertür offen.

3.3 Erziehung und Reflexion: Über die Eigenart der Theorie

Reflexion ist *nie* passend und *immer* unabgeschlossen. Eine fertige Theorie zu erwarten ist nicht nur Illusion, sondern zugleich eine Verkennung der Verhältnisse von Reflexion und Praxis. Wäre die Theorie fertig und könnte sie über Erziehung normativ bestimmen, hätte das den Preis, auf Lernen verzichten zu müssen. Hinter diese Einsicht Deweys sollte keine Pädagogik zurückfallen, auch wenn der Verzicht auf oberste Ziele, und so einen Gottesstandpunkt[303], schwer fällt. Erziehung findet in der gleichen Welt statt wie die Reflexion, die ihr gilt. Beide sind nicht statisch, sondern beweglich, ohne dass ihre Bewegungen identisch oder auch nur synchronisiert wären. Die Erziehungstheorie reagiert, historisch gesehen, auf sich selbst, muss aber behaupten, zur Praxis zu passen, ohne öffentliche Erwartungen zu verletzen, die sie selbst aufgebaut hat. Die vielen Äquivalente für die Idee des Guten können ebenso wenig aus der Welt geschafft werden wie die Varianten der »natürlichen Erziehung«, die Zweck-Mittel-Relationen oder die mehr oder weniger radikalen Negationen der Erziehung. Sie bestimmen das Spiel.

Erziehung setzt Reflexion ebenso voraus, wie sie sie abverlangt. Die fortlaufende Problemerzeugung ist nicht ein für alle Mal zu erfassen, sondern erzeugt viele Reflexionen, die in kein widerspruchsfreies Gesamt einmünden. Keine Reflexion erfasst Erziehung *total*, wie die »fertig gestellte Theorie« voraussetzen müsste. Umgekehrt *ist* Erziehung auch keine begrenzbare Totalität oder Ganzheit, vielmehr muss sie vorgestellt werden als beständige Neuanpassung in der Zeit, ohne dass die Theorie erfassen könnte, was dabei insgesamt geschieht. Das gilt für alle Ansätze oder Positionen von »Erziehungstheorie«. Sie reflektieren nie das mutmaßliche Total der Ereignisse und Entwicklungen im Feld. Was daher pädagogische »Reflexion«[304] genannt werden kann, ist nicht der Spiegel der Erziehungswelt.

303 »God's Eye view of truth.« (Putnam 1981, S. 50)

304 Das französische *réflexion* heißt »Überlegung« oder »Betrachtung« im Sinne der Rückbeugung der Gedanken auf die Erfahrung. Das lateinische Verb *reflectere* lässt sich mediopassiv verwenden.

Die Reflexion

- beleuchtet Aspekte,
- konzentriert die Sichtweise,
- hebt besondere Themen hervor,
- zeigt bestimmte Problemdimensionen auf,
- reagiert auf spezifische Verknüpfungen,
- unterschlägt andere,
- gewichtet das Theoriefeld,
- demonstriert Prioritäten,

ist also nie »ganzheitlich« oder »umfassend«, wie man vermuten könnte, wenn man die verschiedenen Ansätze je nur für sich betrachtet. Theorien relativieren sich nur im Vergleich, *für sich* genommen, behauptet jede, das Problem ganz gelöst zu haben, sodass für andere nichts übrig bleibt. Herbart hielt die eigene Theorie für die bessere Lösung eines Problems, das Rousseau energisch bestritten hatte, ohne dadurch Rousseaus Theorie zum Verschwinden zu bringen oder auch nur unattraktiv zu machen. Nietzsche nahm eine Gewichtung des Theoriefeldes vor, die sich schon wegen der Unterschlagungsanteile nicht durchsetzen konnte, ohne dadurch an Reiz zu verlieren. Kierkegaard verstand es, die Sichtweise auf das Verhältnis des Ästhetischen und des Ethischen zu konzentrieren, aber dadurch wurden die Problemdimensionen nicht etwa abschließend bestimmt. Die spezifische Sichtweise und ihre Prioritäten fordern nur die weitere Reflexion heraus, während jede Theorie – schon sprachlich – behaupten muss, ihre Lösung sei die *endgültige*.

Aber das ist Illusion; anders wäre die Reflexion längst zum Stillstand gekommen. Sie hätte »fertig« sein können, aber das würde ihrer ureigensten Bedingung widersprechen, nämlich die ständige Wiederherstellung von Problemzusammenhängen im Prozess der Theorieentwicklung. Theorien überliefern sich nicht von selbst, sondern brauchen je neue Anschlüsse, also Interessen, Trägerschaften oder Arsenalverwaltungen, die sich darum kümmern, dass Einsichten nicht verloren gehen, sondern fortlaufend erneuert werden – um den Preis, das ursprüngliche Konzept bis zur Unkenntlichkeit zu verändern. Der *Prozess* ist das Risiko und die Chance der Reflexion. Sie ist kein scharf definierter Zusammenhang, der sich mit einer formalen Sprache objektiv darstellen ließe. Vielmehr ist das Reflexionsfeld, das Erziehungstheorie genannt wird, bestimmt durch eigene Vorgaben, die Bildung und Sichtweisen seiner Autoren, die Nachfrage des Publikums und die damit angelegten unaufhörlichen Kontroversen, die sich nicht definitiv entscheiden lassen.

Alle großen Probleme der klassischen Pädagogik sind unentscheidbar und werden daher verlängert. Die »natürliche Erziehung« ist daher nach wie vor eine Theorieoption, ebenso die erziehungsgünstige platonische Lehre vom Guten oder der Vorrang der Moralität in der Bestimmung der Ziele und Aufgaben der Erziehung. Kontroversen wie die zwischen »Anlage« und »Umwelt« können trotz erklärter Sinnlosigkeit fortgesetzt werden, während sich eine präzise und definitive Erfassung des Verhältnisses schon aufgrund der ungenauen Problembestimmung[305] nie erreichen lässt. Dramatisch ist die Relation nur als äußerster Gegensatz, nämlich als Determination der Erziehung *ganz* durch entweder »Anlage« oder »Umwelt«. Das gilt ähnlich auch für andere große Relationen der Erziehungstheorie, etwa die von »Natur« und »Gesellschaft« oder die von »Individuum« und »Gemeinschaft«. Wenn die Erziehungstheorie mit diesen Relationen arbeitet, wird sie zu spektakulären Dualismen gezwungen, die sie weder durchhalten noch auflösen kann. Sie hätte den Status einer großen Geste, die *zeigen* will und damit gleichermaßen Euphorie wie Resignation befördert. Das Schwanken zwischen Allmacht und Ohnmacht ist daher eine Hintergrunderfahrung noch der heutigen Erziehungstheorien, die mit der Höhe ihrer Reflexion zu viel versprechen müssen.

Theorien müssen sich erneuern, und neue Theorien entstehen nur vor dem Hintergrund der fortlaufend erneuerten Abgrenzung von alten. Das wirkliche Problem besteht darin, ob es ein Ausweichen vor bloßer Wiederholung gibt. »Neu« und »alt« unterscheiden sich nicht einfach durch innovative Abstoßung, wie sich besonders an den Zielformeln der Erziehungsreflexion zeigen lässt. Was Niklas Luhmann und Karl Eberhard Schorr (1988, S. 63ff.)[306] »humane

305 Wie viele Anlagen auf wie viele Umwelten?
306 Reflexionsprobleme im Erziehungssystem (1979).

Perfektion« genannt haben, setzt Theoriekontinuität voraus (ebd., S. 66). »Erziehung« muss mit dem *immer gleichen* oder mindestens einem *fortlaufend wieder erkennbaren* Anspruch der Vollendung oder eben der Perfektion des Menschen (Oelkers 1997, 1999b) reflektiert werden, wenn es nicht zu Belastungen der ethischen Absicht kommen soll. Seit Erziehung als Steigerung und Weg nach oben gedacht wird, also seit Platons *Politeia*, belastet sich die Erziehungstheorie, wenn sie willkürlich ausschließt, also im Blick auf die von der Theorie Bevorzugten *nicht* universell verfährt (so etwa von Hentig 1973 in Auseinandersetzung mit Luhmann). Wenn Erziehung und Bildung als Verbesserung gedacht werden – und das Umgekehrte ist kaum möglich –, dann muss Exklusivität ausgeschlossen werden, denn sonst lässt sich eine demokratische Theorie nicht begründen (Oelkers 2000e). Die Entwicklung der eigenen Potenziale und so die »humane Perfektion« kann niemandem vorenthalten werden, es sei denn aus Gründen politischer oder sozialer Willkür.

Aber setzt das die *immer gleiche* Theorie voraus, den gültigen Kanon der *einen* Pädagogik »humaner Perfektion«? Oder sind Revisionen möglich, die davon ausgehen, dass nicht ein zeitloses Set an Einsichten die Erziehungsreflexion bestimmen kann, wenn diese Anschluss halten soll an gesellschaftliche Entwicklungen einerseits, allgemeinen Theoriewandel andererseits? Der Vorteil der Theoriekontinuität erwächst aus der Annahme zeitloser Einsichten, denen Gültigkeit *trotz* gesellschaftlicher Veränderungen zukommt. Aber jede Theorie erwächst aus *ihrer* Zeit. Wenn die mit der Theorie formulierten Einsichten zeitlos erscheinen, dann im nachträglich zugeschriebenen Status eines »Klassikers«, der sich weder revidieren kann noch darf. Die Höhe des Denkmals bestimmt dann die Unberührtheit durch Wandel. Man lernt aber nur, indem man sich selbst korrigieren kann (und will). Das gilt offenbar für die öffentlichen Erwartungen an Erziehung *nicht*, soweit sie mit der Semantik pädagogischer Theorien formliert werden und Zustimmung finden. Sie beschreiben die Moral, gegen die Widerspruch nicht möglich sein soll.

Erziehung *als Erwartung* ist unbefristete Wiederholung. Erziehungserwartungen können ausdünnen, zeitweise auch verschwinden, aber sie können nicht »erfüllt« werden, wenn und soweit sie mit Perfektionsformeln besetzt sind. Schulerfolg lässt sich erwarten und dann erfüllen oder nicht erfüllen, ebenso die Erwartung, Kindern Benimm beizubringen, Regelverhalten oder bestimmte Einsichten. Was Luhmann und Schorr (1988, S. 75) »Idealisieren der Individualität« nennen und vor allem mit der kantischen Ethik zusammenbringen, lässt keine Begrenzung und keinen Abschluss zu, kann aber *als Erwartung* fortgesetzt werden, unabhängig von praktischen Erfahrungen und theoretischen Einwänden. Erziehung ist dann nicht riskante Praxis oder fehlbare Theorie, sondern Erwartung des Besten, die sich nur stabil verstehen kann. Der ideale Mensch entsteht ebenso wenig wie das menschliche Ideal, aber Erziehung kann *als* Erwartung des Idealen verstanden werden, und dies unberührt von Wandel. Die Erwartung ist harmonisch (ebd., S. 75f.), nicht disharmonisch; sie stellt Kontinuität, nicht Diskontinuität dar, und sie bleibt auf gleicher Höhe erhalten, sinkt also nicht oder wird abgesenkt. Das Ideale kann nur *ganz oben* vemutet werden, anders läge es nicht nahe, »Erziehung« als *Weg* und mit dieser Metapher als *Steigerung* zu denken.

»Perfektion« kann immer nur zunehmend *bessere*, nicht jedoch zunehmend *schlechtere* Fähigkeit sein. Darauf reagiert die Erwartung. Erziehung schließt die eigene Verschlechterung aus, sonst käme eine normativ wirksame Erwartung gar nicht zustande. Sie vermeidet Skepsis, die eigentlich nahe liegt, wenn man in Rechnung stellt, wie *fragil* jede Erziehungserfahrung ist, wie *unbestimmt* ihre Reichweite und wie *unsicher* ihr Zustandekommen. Dagegen muss eine Erwartung aufgebaut werden, die unter »Erziehung« eine *wirksame* Kausalität versteht und diese Kausalität *offensiv* zu kommunizieren versteht. Die Erwartung bestimmt die eine und richtige Erziehung, die abverlangt wird, auch wenn dafür ganz unterschiedliche semantische Formeln zur Verfügung stehen. Sie unterscheiden alle in *einer* Richtung, die der falschen von der richtigen Erziehung.

Wer sie offenkundig *nicht* beherrscht, kann sehr schnell der *Unfähigkeit zu erziehen* bezichtigt werden – eine der großen Ängste, die die Erziehung steuern (Oelkers 2000f.). Wesentlich für die öffentliche Präsentation der Erziehung ist die Darstellung ihrer Beherrschung. Man muss demonstrieren, dass die Erwartung *erfüllt* wird, und kein Anschein darf dagegen sprechen. Die Praxis darf nie Manko sein, sie muss sich so zeigen lassen, dass die Erziehung der Erwartung *entspricht*, und dies möglichst ohne Rest.

Mit dieser grundsätzlichen Möglichkeit sind mindestens fünf Varianten verbunden:

- Erziehung ist die Erwartung der *eigenen* Wirksamkeit.
- Wirksamkeit ist die Erwartung der *Zielerfüllung*.
- Ziele der Erziehung sind *ideale* Endzustände.
- Anfang und Ende der Erziehung verknüpfen sich *stetig*.
- Stetigkeit ist *Steigerung* bis zum Ideal.

Unsere Erwartung geht *nicht* dahin, Erziehung sei unwirksam, könnte am eigenen Ideal scheitern, sei unstet, schiebe die Ziele vor sich her oder falle zurück. Wir erziehen nicht in der festen Annahme des Scheiterns; die Zeit der Erziehung ist auf *Gelingen* und auf Gelingen *ausschließlich* eingestellt (Oelkers 1999a), immer unter der Voraussetzung: wir kommen voran und fallen nicht zurück. Steigerung ist ununterbrochene Stetigkeit, vor allem weil das Ideal und so die Erwartung nichts anderes zulassen. Es ist ausgesprochen selten, wenn in moralischen Theorien, nicht zu reden von Erziehungstheorien, die Rolle des Zufalls *positiv* bestimmt wird. Das würde die Einheit von Erwartung und Praxis gefährden. Steigerung ist immer *intendierte* Perfektion, die zufällige Abweichungen ausschließen muss.

Erziehungstheorien müssten ihren Status so bestimmen, dass sie dieses Spiel erfassen und nicht einfach fortsetzen. Das hieße, die Kausalerwartung zu relativieren und mindestens zwischen intendierten und zufälligen Effekten zu unterscheiden, ohne einfach aus Gründen der moralischen Verheißung das ganze Feld in Anspruch zu nehmen. Erziehung ist dann nicht die *eine* wesentliche und wirksame Ursache, und dies weder in positiver noch in negativer Hinsicht. Eine solche Annahme würde eine steuernde Kraft verlangen, eine Potenz, die gleichsam hinter dem Geschehen vermutet wird, während doch Personen – fehlbare und eigenwillige Größen – die Praxis der Erziehung ausmachen und so die Erfahrung bestimmen. Sie verfolgen ihre Absichten ohne höhere Garantien, zugleich erwarten sie das gute Ergebnis, ohne die Folgen ihrer Handlungen und Entscheidungen an einem Endpunkt verlässlich absehen zu können.

Wenn man einen Erziehungsprozess vom Anfang bis Ende betrachtet[307], dann sind immer Zufälle maßgebend oder mindestens einflussreich. »Zufälle«[308] sind unerwartete, überraschende Ereignisse, die gleichwohl auftreten. Je länger der Prozess dauert, desto weniger ist wahrscheinlich, dass die anfängliche Intention wirkungsvoll bleibt, also nachfolgende Handlungen sich maßgeblich auf sie beziehen und nicht auf Erfahrungen, die von der Ausgangssituation abweichen, nicht zu vermeiden sind und positiven wie negativen Einfluss auf den letztendlichen Effekt haben können. Der *ursprüngliche* Plan kann so unmöglich den *gesamten* Prozess regieren, aber die Erwartung »Erziehung« unterstellt genau das.

»Erfahrung« lässt sich als eine Folge von Ereignissen und deren lernender Verarbeitung verstehen. Ereignisse können aus der Sicht des Handelnden *intendiert* sein, man führt sie herbei und gestaltet sie; genauso aber können Ereignisse auch *unintendiert* sein, sie treten auf und werden bestimmend. Lehrkräfte bereiten Unterrichtssituationen vor, indem sie die gewünschte Ereignisfolge planen. Das zeitliche Nacheinander wird durch eine thematische Abfolge bestimmt, die jederzeit unterbrochen oder umgelenkt werden kann.[309] Es ist geradezu die Kunst des Unterrichts, auf überraschende Ereignisse sinnvoll reagieren zu können, ohne die Richtung zu verlieren (Oelkers 2000c, S. 166ff.). Der unerwartete Einfall eines Schülers ist ebenso ein überraschendes Ereignis wie der themenabweisende Blick, die plötzliche Störung oder das nicht kalkulierte Fernbleiben von Leistungsträgern. Lehrkräfte reagieren auf das Vordringliche, weil sie vermeiden müssen, was vom Ziel ablenkt.

307 Das ist nur rückblickend möglich. Die Einheit des Prozesses ist immer historische Rekonstruktion.

308 Das mittelhochdeutsche Wort *zuoval* (»Zufall«) ist eine Lehnsübersetzung des lateinischen *accidens* (»ad« heißt zu und »cadere« fallen). Das Wort entspricht dem Erleben: In den gewohnten Erwartungshorizont »fällt« etwas Unerwartetes.

309 Das erklärt den Schutz durch »bemessene Zeit«, also festgelegte Einheiten wie Schulstunden (Diederich 1982).

Das Vordringliche aber zwingt oft zur Richtungsänderung, der gute Einfall kann nicht unmittelbar *abgewiesen* werden, obwohl er die Themenplanung verändert, auf demonstriertes Desinteresse *muss* reagiert werden, wenn es nicht epidemisch werden soll, und die Störung *zwingt* dazu, sie mit Vorrang zu behandeln. Diese Mikrorealität von Erziehung und Unterricht wird von der Theorie in aller Regel nicht erfasst. Erziehungstheorien verfahren *erwartungsbestätigend*, sie unterstützen den idealen Zusammenhang von Ziel und Effekt, der sich im Prozess nicht zeigt und auch nicht zeigen kann.

Die meisten Autoren und das Publikum setzen voraus, dass die Theorie nicht von der Erwartung abweicht. Die Erwartung »Erziehung« bestimmt die Theorie, nicht umgekehrt. Alle Zielbezüge sind *zufallsgereinigt*, immer wird *Stetigkeit* unterstellt und noch die Negation der Erziehung ist *linear* gedacht. Wenn Erziehung verschwinden soll, dann ohne Rest und gemäß der negierenden Intention. Aber es gibt keine Computertaste *Delete*, mit der sich das besorgen ließe, ebenso wenig, wie man *Home*, *End* oder *Insert* erreichen könnte. Kinder sollen oder müssen »erzogen« werden, das Problem ist perennierend, es verschwindet nicht durch Theorieflucht, während viele Theorien nicht geeignet sind, Fragen zu diskutieren, die sich nicht länger mit Abwehr oder Empörung bearbeiten lassen. Erziehung ist keine sakrale Größe mehr wie etwa noch in der Reformpädagogik; die Reflexion ist säkularem Wettbewerb ausgesetzt, der nach Gründen verlangt, warum Erziehung notwendig und unverzichbar ist. Dies wiederum ist nur dann möglich, wenn »Erziehung« selbst nicht mehr wie ein »Blockuniversum«[310] erscheint.

Grundlegend ist die Vorstellung, dass sich der Prozess »Erziehung« *selbst* fortsetzen muss, er hat keinen Antrieb, der unabhängig von der Erfahrung wäre. Die fortlaufende Erfahrung kann aber immer nur auf das nächste Problem reagieren und dieses Problem kann sich überraschend stellen, ohne dadurch unattraktiv zu sein. Das Problem zu lösen ist zwingend, wenn der Prozess fortgesetzt

310 Ausdruck nach James (1914, S. 212). Erziehung ist nicht eine »ungemilderte Ganzheit und Vollständigkeit« (ebd.).

werden soll; anders müsste die ursprüngliche Intention imstande sein, sämtliche Vorkommnisse und Zufälle des Weges *vorher*[311] absehen und ausschalten zu können, was nochmals die Lernfähigkeit dramatisch beschränken würde. Aber diesen Preis wollen Erziehungstheorien offenbar bezahlen.

- Natürliche Entwicklung ist für Rousseau *Stetigkeit aus dem Anfang heraus.*
- Einführung in die Sittlichkeit ist für Schleiermacher *zufallsunabhängige Initiation.*
- Individualität ist für Herbart Voraussetzung und Ziel einer *vorhersehbaren* und mindestens *erfolgreich gestaltbaren* Erziehung.
- Der Durchgang vom Ästhetischen zum Ethischen ist für Kierkegaard der Weg von der *zufälligen* zur *sittlich gefestigten Existenz.*
- Die Negation der Erziehung ist für Nietzsche gleichbedeutend mit der *fortschreitenden Perfektion* des Menschen.

Die Konzepte sind verschieden, die Erwartungen jedoch nicht. Sie setzen immer auf einen Prozess, der ohne Unterbrechungen und frei von Zufällen Ziele so lange verfolgt, bis sie erreicht sind. »Erreichen« heißt nicht Fortsetzen unter anderen intentionalen Vorzeichen, vielmehr ist eine weitere Perfektionsstufe nicht mehr vorgesehen, was schon deswegen merkwürdig anmutet, weil kein Erziehungsprozess Vergessen, das Umgehen der Moral oder Zielverweigerung ausschließen kann. Die Theorie aber erwartet Ziel*erfüllung*. Anders wären die Mühen der Erziehung kaum zu begründen. Doch was für die Erwartung notwendig ist, muss für den Prozess nicht gleichermaßen gelten. Intentionen und Wirkungen der Erziehung stehen in keinem Passungsverhältnis (Oelkers 1982), weil das verlangen würden, dass sich Zufälle *vor* ihrem Entstehen generieren ließen. Geplante Zufälle aber sind keine, ebenso wenig wie didaktische Überraschungen wirkliche Überraschungen sind. Andererseits garantiert nichts, dass Zufälle erfolgreich vermieden werden könnten: Auch das wäre paradox, weil man Zufälle kennen

311 Genauer: zu Beginn des Prozesses. Die Intention muss fertig sein, bevor der Prozess beginnt.

müsste, um sie vermeiden zu können. Mit Blick auf die Autoren, gilt daher:

- Anfang und Ende der Erziehung sind *nicht* als »natürliche Entwicklung« vorstellbar.
- Jede Initiation verarbeitet *unablässig Zufälle* und so unvorhergesehene Abweichungen.
- Das Ziel erfüllt *nicht* die eigene Voraussetzung.
- Die zufällige und die gefestigte Existenz sind zwei Seiten des *gleichen* Prozesses.
- Perfektion ist *nicht* fortschreitende Zunahme.

Für die Annahmen der klassischen Erziehungstheorie gibt es zu viele Gegenevidenzen, als dass sie weiter und möglichst fraglos theoriebestimmend sein könnten. Perfekt kann ein einzelner Moment sein, ohne dass sich mit dieser Perfektion Folgen verbinden müssen. Ein vollkommenes Erlebnis ist nicht in der gleichen Form wiederholbar, Einmaligkeit aber kann prozessbestimmend sein, weil dadurch die Erwartung verändert wird. Die Form des Lebens kann durch viele Zufälle zustande kommen und gefestigt werden. Das damit erreichte »Ziel« lässt sich, so paradox es klingt, *nachträglich* formulieren als Bilanz im Blick auf Anfänge, die nicht mehr vor Augen stehen und trotzdem den Abstand zum Erreichten bestimmen können. Die Voraussetzung ist vergessen, aber das Ziel ist erreicht, vor allem weil die *Abweichungen* produktiv waren. Leben ist Zufallsverarbeitung, also nicht folgerichtige Entwicklung. Das ist ein Grenzwert, den Rousseau zur Normalerwartung stilisierte, als seien Phasen vorhanden und die Fortsetzung von der Natur beschlossen.

Die *gute Absicht* gilt in der Erziehung mehr als der *tatsächliche Effekt*. Das lässt sich mindestens für die Theorie sagen, freilich nur so lange, als negative Wirkungen nicht übermäßig bekannt sind. Die Erziehungserwartung zielt auf ganz paradoxe Weise auf *Praxis*, also Verwirklichung ihrer selbst, ohne die *Bedingung* für Praxis, das Risiko des Handelns, wirklich zu kalkulieren. Aber man wird aufgrund der Handlungen und ihrer Folgen belohnt oder bestraft, nicht aufgrund der guten Absichten. Erziehung wäre so *Vermeidung* von Belohnung oder Bestrafung, weil der Testfall fehlt. Für die Erwartung genügt die Absicht, auch deswegen, weil der Test sich aufgrund der tatsächlichen Dauer der Erziehung der Validierung entzieht. Man kann letztlich keinen wirklichen Test machen, denn am Ende ist vergessen oder verblasst und unwichtig geworden, was den Anfang so nachhaltig bestimmt hat. Anders müssten sich bestimmte Intentionen im Leben von Erziehungspersonen korrekturfrei durchhalten lassen, was auch bei starken Glaubenssätzen nicht sehr wahrscheinlich ist, wenn und soweit Stützen durch Gleichgesinnte fehlen, die vor der korrigierenden Erfahrungen abschirmen. Wäre *dies* die Bedingung für den Test, dann könnte er nur in Sekten stattfinden. Nur sie sichern die notwendige Loyalität, garantieren also Zustimmung trotz aller Gegenevidenz.

Am *Ergebnis*, nicht am erwarteten Zusammenhang von Prozess und Produkt, wird die Erziehung gemessen. Und dies gilt auch dann, wenn es unfair ist, weil der Erfolg nicht nur oder in bestimmten Fällen auch ganz wenig von den verantwortlich Handelnden abhängt. Die Beurteilung unterstellt, dass sie hätten Erfolg haben können, weil und soweit die Absicht den Anschein erweckt hat. Und diese Erwartung nimmt zu, wenn Ressourcen zur Verfügung stehen, Kompetenz vermutet wird und vorgängige Erfolge behauptet werden. Erfolg und Misserfolg *müssen* dann vom Handelnden abhängen, sie können sich nicht – als Folge der Theorie – auf den Zufall zurückziehen, obwohl oder weil die Reichweite seines (des Handelnen) Einflusses unmöglich als Voraussicht aller möglichen Zufälle konzipiert werden kann. Die Macht des Zufalls wird daher bestritten, um die Erwartung des Erfolges überhaupt sinnvoll kommunizieren zu können.

Erziehungsphänomene sind aber nicht einfach nach der Differenz von Erfolg und Misserfolg im Hinblick auf *intendierte Handlungen* oder *Handlungsketten* zu beurteilen. Oft ist Nicht-Eingreifen besser als Handeln und oft ist Vermeiden die bessere Handlung[312], vielfach sind aber Effekte gar nicht auf Handlungen wohl- oder übel meinender Dritter zurückzuführen. Die ästhetische Welt bei-

312 Im Sinne von Gilbert Ryles (1979, S. 105f.) »intentional non-performance of some specifiable actions«.

spielsweise erschließen sich Kinder *eigensinnig*, es wäre komisch und grotesk, sie als »Produkte der Erziehung« zu betrachten, weil eine »Einwirkungskontinuität« weder vorhanden ist noch erschlossen werden könnte. Es ist keine »Ursache« Erziehung vorhanden und doch gibt es Resultate in ihrem Feld. Kierkegaards »Leben im Moment« gilt, ich habe darauf verwiesen, besonders für kleinere Kinder, und dies lässt sich an ihren *Werken* besonders gut ablesen. Es sind nicht Werke einer didaktischen Schulung, sondern eigensinnige Momente, die Erziehungstheorien in aller Regel nicht erfassen, *weil* sie Zuwachs und Steigerung – Zielerreichung – sehen wollen.

Man könnte die Zeichnung eines Sechsjährigen, die das Haus der Familie zeigt, vielleicht in dem Sinne als »Erziehungserfolg« darstellen, dass familiäre Talentkontinuität behauptet wird, gute Rollenmodelle oder eine feste ästhetische Wertigkeit. Man könnte die Zeichnung schon nicht mehr als Erziehungs*misserfolg* hinstellen, weil dafür nicht nur die Kriterien fehlen, sondern keine Toleranz vorhanden ist. Zeichnungen von Sechsjährigen, zumal solche ohne schulische Übung wie die vorliegende, sind Proben des Talents, nicht Abweichung oder Erfüllung von Standards, die Erwachsene setzen. Aber tatsächlich hat das Bild wenig bis nichts mit Erziehung zu tun, nimmt man nur eine *handlungstheoretische* Variante des Begriffs. Niemand Drittes hat für dieses Bild pädagogisch gehandelt, es gab keine Intentionen der Erziehungspersonen, die mit Aufforderungen verbunden gewesen wären, gerade dieses Motiv zu wählen, zudem lag keine spezifische Schulung vor, an die die Motivgestaltung hätte anknüpfen können, das Bild ist *einmalig*, *subjektiv* und *unwillkürlich*, ohne natürlich Milieuumwelten leugnen zu können. Aber die ästhetische Wahrnehmung und Verarbeitung einer bestimmten Umwelt rechtfertigt nicht, von einem *Produkt* der Erziehung zu sprechen, denn dazu sind Pläne und Fertigungsprogramme vonnöten, zudem Herstellungskontrollen und fortlaufende Bilanzierungen, die sich in diesem Falle nur lächerlich machen könnten.

Man sieht das Bild *eines Kindes*. Das Haus ist eigenwillig schief, aber zugleich standfest, es droht nicht umzukippen, obwohl man keinen sicheren Boden sieht. Das merkwürdig dreieckige Licht in den Fenstern deutet auf freundliche Wohnlichkeit, obwohl die Einwohner gar nicht sichtbar sind, das Thema wird allein mit dem Motiv des bewohnten *Hauses* realisiert. Man sieht die Symbole des republikanischen Patriotismus, wobei der physikalisch eigenwillige Rauch aus dem Schornstein mit den Windrichtungen der beiden Schweizer Fahnen genau übereinstimmt. Die Fahne am Mast ist vertäut, kann sich also nicht selbstständig machen. Eine Blicklinie führt von dieser Fahne über eine unpatriotische Zwischenstation auf die Fahne im Dachfirst, die das Haus beschließt, über sich nur die genau begrenzte Emission, die sich im Bildausgang verliert. Das Haus ist von Sonnenstrahlen umgeben, die so überzeugend gelb sind, dass auf die Sonne selbst verzichtet werden kann. Die beiden Eingänge sind verschlossen, das Haus ist nach innen konzentriert. Von außen betrachtet, erscheint es einladend, mit dem kleinen ironischen Vorbehalt, dass man die Hausfront unter dem Dach auch als Gesicht sehen kann, das unmittelbar davor steht, die Zunge herauszustrecken. Das Dach wäre dann die lustige Mütze, die keine Ohren nötig hat, um auf den Kopf zu passen.

Niemand schaut heraus, das Haus lebt aus sich selbst, die Farben entsprechen der Stimmung, die Linien die Komposition sind perfekt, und das Selbstbewusstsein des Künstlers ist so groß, dass er seinen Namen auf der Rückseite des Bildes in zehn Zentimeter großen Lettern verewigt hat. Es ist *sein* Produkt und nicht das der *Erziehung*. Niemand könnte das Bild veranlasst haben, es ist kein Fall von Nachahmung, der Junge versucht nicht, eine Vorgabe zu erfüllen, er hat kein Modell vor Augen, das Dritte empfohlen haben, vielmehr hat niemand veranlasst, was sich als eigenständiges Werk erweist. Welche Rolle der *Zufall* dabei spielte, ist eine unbekannte Größe, weil die Spontaneität des Entstehens nicht gleichgesetzt werden kann mit der Wahrhnehmung einer zufälligen Chance. Ohne Vorgeschichte hätte das Bild nicht entstehen können und die Vorgeschichte – ähnliche Versuche zu früherer Zeit – kann nicht lediglich eine Folge unzusammenhängender Zufälle gewesen sein. Anders hätte kein *eigenes* Werk entstehen können das persönliche Kompetenz unter Beweis zu stellen versteht. Sie muss sich verbessern, also in immer neuen Serien erproben, ohne einer *allgemeinen* Erziehungserwartung »Verbesserung« Folge zu leisten. Die »humane Perfektion« ist Eigenleistung, ohne dass dies auf völlige Unabhängigkeit schließen ließe.

Ein zweites Bild – mit einer etwas bescheideneren Namensangabe – zeigt ein Schlachtschiff in heftigem Abwehrkampf gegen völlig imaginäre Feinde. Die martialische Bewaffnung und das Feuer nach allen Richtungen, wenngleich darstellungstechnisch lediglich nach links und rechts erfasst, zeigen eine fiktive Schlacht, die nur von einer Seite geführt wird. Man sieht eine hüpfende, aufgeregte Figur an der Heckseite des Schiffes, die offenbar von Kanone zu Kanone springt und den Ausstoß der Kugeln kontrolliert. Vielleicht soll man an Rumpelstilzchen erinnert werden, das bekanntlich namenlos um das Feuer hüpft, bevor das Inkognito auffliegt. Im Übrigen ist der Feuerausstoß völlig automatisiert, genauen Linien folgend, die je nach den ballistischen Kurven irgendwo auf See enden, ohne

Schaden anzurichten, weil ja keine Bedrohung sichtbar ist. Der Torpedo rauscht am hinteren Heck vorbei, offenbar zielen auch die Feinde nicht so genau. Wieder sieht man keinen Himmel, dafür ist Wellengang angedeutet, der vielleicht die Schlacht von selbst beendet. Dass es *ernst* ist, zeigt die Abwesenheit von Strahlen, also der Sonne. *Wie* ernst es aber tatsächlich ist, darüber schweigt der Künstler.

Bilder wie diese sind fortlaufende Aufzeichnung einer unhintergehbar individuellen Erfahrung. Sie stellen kein »Produkt« dar, das Dritte *hergestellt* oder signifikant *beeinflusst* haben könnten. Gerade wer von pädagogischen *Handlungen* ausgeht, kann »Erziehung« nur fassen als Versuch und *nicht zugleich* als Effekt (Scheffler 1973). Oft übersieht die Theorie, dass die Wirkungen der Erziehung im *Gegenüber* des Handelnden stattfinden oder *nicht* stattfinden. Das Gegenüber wartet nicht einfach auf die gute Absicht. Kinder haben keine Erziehungsintentionen, können sich diesen entziehen und lernen eigensinnig, ohne gegenüber den Erziehungserwartungen einfach frei zu sein. Das ist mit Blick auf die gängigen Erziehungstheorien schwer zu verstehen, vor allem weil sie *sehr einfache* Theorieverhältnisse voraussetzen, die zur moralischen Absicht passen sollen. Die populäre[313] Thematisierung von »Erziehung« legt nahe, dass

- *lineare* und *folgerichtige* Verknüpfungen möglich und häufig sind,
- von der *Übersichtlichkeit* der Verhältnisse ausgegangen werden kann,
- *gutartige* Reduktionen zu sehen sind,
- aus *Modellen* Wirklichkeiten werden und
- Effekte *auf Dauer* gestellt werden können.

Die Übersetzung pädagogischer Intentionen in Handlungen ist ebenso linear und folgerichtig wie der Transfer der Erziehungserfahrung in mentale oder Verhaltenssysteme Dritter. Die Personen der Erziehung übersehen die Reichweite ihrer Handlungen und so das Feld der Erziehung. Ihre didaktischen Veranstaltungen sind wie im *Émile* ausschließlich gutartige Reduktionen, nur so kann es legitim erscheinen, dass aus Modellen Wirklichkeiten werden sollen. Aber das setzt Effektketten voraus, deren Resultate Dauer annehmen und sich nicht verändern sollen. Erziehung, das ist die hauptsächliche Behauptung, führt zu Erträgen, die nachhaltig wirksam sind. Diese Theorie fragt weder danach, ob sich das lohnt, noch danach, welche Belastungen damit verbunden sind. Wesentlich wird nur die *eine* Absicht berücksichtigt: die der Erziehung, die wohl ihren Effekt kalkuliert, nicht jedoch die Absicht ihres Gegenübers. Das ganze Modell gerät sofort durcheinander, wenn *zwei* Willen kalkuliert werden müssen, die sich *berechtigterweise* divergent verhalten, also nicht nur die *eine* Erwartung maßgeblich ist. Erziehung als Erwartung geht von der Verbesserung Dritter aus, ohne *deren* Intentionen, die sich gegen die Erziehung richten könnten, als gleichwertig anzusehen. Kein Dilemma der Erziehung verschwindet, trotzdem findet sie statt. Und für die Kinder sind die Erwachsenen vielleicht nie mehr als Anomalien, die auf merkwürdige Weise auf sich aufmerksam machen, obwohl oder weil sie nie so recht

313 Zum Thema Popularisierung der Sammelband von Drerup/Keiner (1999).

durchsichtig sind. Die Leidenschaft der Erziehung wenigstens, wenn es sie gibt, ist immer die Leidenschaft der Erwachsenen. Und ihr attachiert ist immer eine *technische* Erwartung, die darauf abzielt, mentale Dispositionen oder Formen des Benimms *in anderen* herzustellen.

Die Erwartung verändert sich auch nach Durchgang der Erziehungskritik nicht. Insbesondere ist die Erwartung imstande, grundlegende Paradoxien zu bearbeiten, etwa wenn Selbstständigkeit *gefördert* werden soll, was voraussetzt, dass sie nicht oder ungenügend vorhanden ist. *Defizite* sind die Voraussetzung der Erziehungserwartung, aber das ist nur dann attraktiv, wenn gleichzeitig die *Machbarkeit* der Verbesserung signalisiert wird. Erziehung kann sich nicht mit Defiziterklärungen zufrieden geben, aus dem Defizit folgt unmittelbar die Strategie seiner Behebung. Und die Defizite werden so formuliert, dass sie nach Bearbeitung verlangen; sie werden also *auffordernd, dramatisch* und *unübersehbar* dargestellt. Es müssen starke und dürfen keine schwachen Defizite sein, sie müssen möglichst jeden betreffen und auf allgemeine Notlagen verweisen. Sie dürfen sich nicht minimieren lassen, zugleich müssen *pädagogische* (und so weder politische noch ökonomische) Strategien der Abhilfe nahe gelegt werden (Oelkers 2000g).

Tatsächlich sind aber Bedürfnisse individuell verschieden, unterschiedlich spürbar und für Zielsetzungen mehr oder weniger geeignet. Zudem bestimmen nicht Bedürfnisse *allein* über Zielsetzungen der Erziehung, sind bei bestimmten Zielen immer mehrere Pläne möglich, zwischen denen auf riskante Weise entschieden werden muss, sodass Handlungen aufgrund von Plänen auch bedauert werden können, dann nämlich, wenn sich die Pläne als ungeeignet herausstellen, was zu Beginn einer Handlung nicht gesagt werden kann, weil und soweit alle Pläne gut klingen müssen, wenn sie überzeugend sein sollen. Das Risiko besteht darin, Vorhaben der Erziehung erst *mit* der Erfahrung entscheiden zu können. Vorher gibt es für jedes Vorhaben nur das beste Licht. Eine *abschließende* Bilanz ist aufgrund des ununterbrochenen Prozesses und der immer nur punktuellen Evaluation nicht möglich, sodass Verhaltensanpassungen aufgrund *richtiger* Bilanzen jedenfalls nicht die Regel darstellen. Offenbar gibt es *checks and balances* nur mit großen

Margen und Unsicherheiten, weil niemand den Prozess überblicken kann, während er andauert.

Nicht zuletzt aus diesem Grunde sind Entlastungen gefragt, die nicht zufällig ästhetisch gesucht werden. Es ist in Unterrichts- und Erziehungstheorien selbstverständlich geworden, den Gegenstand oder das Wirklichkeitsfeld ebenso einfach wie effektvoll zu simulieren. Oft beherrschen psychotechnische Modelle die didaktische Ästhetik (Mithaug 1991 und unzählige andere), die frei von Ironie oder Selbstironie *Machbarkeit* suggeriert, ohne die Praxis je zu berühren. Praxis würde *mit* den Konkretionen *Unterscheidungen* erzwingen und so die Idealität des Modells entlarven, das sich doch so scheinbar anschaulich darzustellen versteht. Aber das ist die Kommunikation von Schaubildern, die Realität vortäuschen. Es ist nichts als Illusion, wenn auf Folien Kästen mit Wörtern gefüllt sind und verschiedene Wörter oder Kästen mit Pfeilen verbunden werden, während die Suggestion stark ist, die Abbildung für die erwartbare Wirklichkeit zu halten. Fast immer sind starke und direkte Wirkungen dargestellt, und das entspricht genau der historischen Reflexionsform, nur dass die magischen Kanäle der Verinnerlichung als didaktische Zeichen erscheinen. Sie werden gesucht, um die Fallstricke der Erziehungssprache zu vermeiden, aber sie sind nur verständlich, wenn sie genau diese Sprache voraussetzen.

Die didaktischen Modelle erfassen nicht die Bedeutung von Intuition für Handeln, übersehen die spontanen Entschlüsse, haben keinen Sinn für korrektives Lernen, erfassen nicht die produktive Bedeutung von Irrtümern und unterstellen eine ganz unwahrscheinliche Form linearer Rationalität. Wieder wird ein Grenzfall zur Normalerwartung, weil nur so das allgemeine Erziehungsmodell plausibel erscheinen kann. Das *Modell* ist Garant dafür, dass *Wirksamkeit* gemäß Zielsetzung (und so Defizitanalyse) möglich ist. Widersprüchlich ist das mindestens seit Herbart. Die »Zwecke« der Erziehung sollen sich mit *dazu passenden* Mitteln verknüpfen, damit *bestimmte* Wirkungen erzielt werden. Das gilt, obwohl oder weil klar ist, dass, so Herbart (1965a, S. 166), die »Unbestimmtheit des Kindes« *beschränkt* ist durch dessen »Individualität«. Wie kann aber bestimmt werden, was sich zugleich der Bestimmung entzieht?

Erziehung ist Versuch und verlangt zwingend *Grenzwerte* der Erfahrung. Ziele werden nicht einfach erreicht, sondern sind *Näherungsgrößen*, die besser oder schlechter angestrebt werden können. Das Geschäft der Erziehung ist *fortlaufend*, verlangt also ständig eine Verknüpfung des Künftigen mit dem Vergangenen, ohne in einer bestimmten Gegenwart pausieren zu können. Das Geschäft ist nicht autonom, sondern muss alle möglichen *Rücksichten* nehmen, insbesondere auf die bestehenden Erwartungen, ohne bei einem Sättigungsgrad der Motivation aufgegeben werden zu können. Zweckrationalität ist also *nicht* mit einer Wirkungsgarantie verbunden, das tatsächliche Vermögen der Erziehung lässt sich nicht exakt bestimmen, wohl aber ständig über- oder unterschätzen. Die richtige Mitte ist Illusion oder nochmals ein Grenzwert, während die Tagesangelegenheiten dringlich sind, die Zeit knapp ist und ständig Befristungen beachtet werden müssen. Wenn die Erziehungstheorie auf diese Erfahrungsrealitäten eingehen will, muss sie

- Situationen und Episoden konzipieren,
- Zeitgrößen beachten,
- Ressourcenbeschränkung annehmen,
- Belastungsfaktoren in Rechnung stellen,
- vom Abschleifen der Idealität ausgehen oder auch
- Theoriewettbewerb erwarten.

Das ist angesichts der Reflexionstraditionen kein sehr attraktives Bild. Eine solche Theorie müsste relativieren und reduzieren, während Erziehung als Erwartung eine sehr kurzgeschlossene und zugleich überaus erfolgreiche Kausalität nahe legt. Vorgestellt werden zugleich die *Notwendigkeit* und der *Erfolg*, Scheitern muss ausgeschlossen sein, wenn die Erwartung Zuspruch erzeugen soll. Das erklärt, warum lineare Effekte das Ergebnis bestimmen sollen, während jede Handlungspraxis mit eigenen Risiken verbunden ist. Nur das zweckrationale *Modell* minimiert die Risiken, weil und soweit die Verknüpfung von Zwecken und Mitteln fortgesetzt erfolgreich vorgestellt wird. Nicht die Verknüpfung selbst ist das Problem, sondern ihre Verwendung zur Sicherung der Erfolgserwartung. Dass Zwecke mit Mitteln verknüpft werden, ist trivial. Nicht trivial ist die Idee, dies *fortgesetzt* und fortgesetzt *erfolgreich* tun zu können, also über einen längeren Zeitraum ohne Verlust, wohl aber mit steigenden Gewinnen handeln zu können, ohne Fehlerbilanzen ziehen zu müssen, die die Richtung verändern, wenn sie sich als begründet herausstellen.

Was in der Ökonomie unmöglich ist, soll in der Erziehung realisiert werden können, immer vorausgesetzt, die Erwartung steuert die Wahrnehmung, nicht die fortlaufende Erfahrung. Aber »Handlung« ist nicht das, was die Theorie unterstellt.

- Intentionen sind oft *Intuitionen*, die sich nicht klar fassen lassen, ohne deswegen unwirksam zu sein.
- Erreichte Ziele können sich als *falsch*, nicht erreichte Ziele können sich als *Vorteil* erweisen.
- Handlungen sind oft *nicht folgerichtig*, weil sie nicht durch Pläne, sondern durch situative Anreize bestimmt werden, die wechseln können.
- Reflexive Generalisierungen können die *entscheidenden Irrtümer* übersehen.
- Verhaltensanpassungen können in die *alten Fehler* zurückfallen.
- Jede »Erfahrung« benötigt *Vergessen*, ist also nie ein verlustfrei kumulierter Gesamteffekt.

Die Gleichsetzung von *Intentionen* mit *Plänen* der Erziehung stammt aus dem 18. Jahrhundert und war gleichbedeutend mit der Fixierung von Vorstellungen in Texten, die nicht auf die andauernde Erfahrungen reagieren konnten oder sollten. Erziehungspläne sind nicht fortlaufend umgeschrieben worden und waren entsprechend nur schwach maßgeblich. Auch Lehrpläne bestimmen nicht den Schulunterricht, der sich auf eigenen Vorgaben aufbaut und fortsetzt. Und gerade die Schulerfahrung zeigt, dass *erreichte* nicht immer *gute* Ziele sind und *nicht* erreichte Ziele oft entlasten können. Andererseits täuscht Unterricht eine Folgerichtigkeit vor, die Lehren und Lernen als *Passungsverhältnis* hinstellt, das unmöglich auch nur zwischen zwei Personen eintreten kann. Die Passung soll frei von Irrtümern sein und das führt dazu, die *lernentscheidenden* Irrtümer zu übersehen. Die Korrektur des eigenen Verhaltens ist aber nicht lediglich Einsicht, sondern benötigt den Schmerz des Irrtums. Wer in alte Fehler zurückfällt, weiß nicht, dass es diese Fehler gibt. Sie schmerzen nicht ausreichend, während mit der Erfahrung immer zugleich Vergessen gegeben ist. Ein zentraler Fehler der zweckrationalen Handlungstheorie erwächst aus der Kumulationserwartung, die Selektion durch Vergessen auschließt, also an der Erfahrungswirklichkeit vorbeigeht.

Der amerikanische Philosoph Josiah Royce[314] schrieb 1908[315], dass es normal sei, wenn moralische Ziele sich mit Paradoxien verbinden (Royce 1928, S. 30ff.). Wir lernen maßgeblich durch Imitation, können aber *nicht nur* imitieren (ebd., S. 34), vielmehr verstärkt Erziehung die Selbstständigkeit und schwächt so zugleich ihre Absichten (ebd., S. 35f.). Sie führt nicht zu einer festen Lebensform, weil wir in jedem Augenblick neue Probleme des Richtigen und des Falschen zu bearbeiten haben, ohne dass sich die Entscheidung einfach auf »das Herz« verlassen könnte.[316] Jeder moralische Rat kann Perplexion auslösen, die Situationen der Erziehung sind oft zirkulär (ebd., S. 37) und der Konflikt zwischen Individualität und sozialer Konformität ist unauflösbar (ebd., S. 40). Man findet die Lebensform nicht einfach aus dem eigenen Selbst heraus[317], aber auch nicht, indem man Vorbildern folgt und durch soziale Modelle erzogen wird (ebd., S. 43). Vielmehr muss man mit wechselnder Intensität testen, was zur Individualität und Sozialität passen könnte. Erziehung wäre Initiation auf mehr als einem Niveau.

Royces Lösung des Problems, die Einheit des Zwecks durch ein metaphysisches Prinzip der *Loyalität* (ebd., S. 44)[318], führt indes auch nicht weiter, und zwar gerade weil *Individualität* der Adressat

314 Josiah Royce (1855–1916) war seit 1882 Professor für Philosophie an der Harvard University. Er war Schüler des deutschen Philosophen Rudolf Hermann Lotze. Royce ist einen der Inspiratoren und zugleich Kritiker des amerikanischen Pragmatismus. Über Royce: Clendenning 1998.

315 The Philosophy of Loyality (erste Ausgabe 1908).

316 »As we do so, we discover, too often, what wayward and blind guides our own hearts so far are.« (Royce 1928, S. 36)

317 »Within his own chaotic nature« (Royce 1928, S. 43).

318 Bindung an Gesetze und Moral.

des Prinzips sein soll. Was Royce »the spirit of individualism« nennt (ebd., S. 59), kann sich jeder persönlichen moralischen Zumutung *entziehen*. Eine freiwillige Bindung der persönlichen Autonomie ist möglich (ebd., S. 93), aber nicht zwingend. Zwang oder Freiheit sind aber nicht die definitiven Pole des Problems. Man wird nicht – qua Erziehung – an »Moral« gebunden *oder* ist »frei«. Fragen der Moral stellen sich *nicht definitiv*, sondern *immer neu*, sodass keine Erziehung abschließend erfolgreich sein kann. Sie ist Initiation oder Transit von der kindlichen Welt zu der erwachsenen[319], ohne bestimmte Problemlösungen ihres Weges zu unbestimmt gültigen Mustern machen zu können.

Anders könnten moralische Entscheidungen automatisiert werden, man wäre unwillkürlich und immer richtig auf der Seite des Guten, während die moralischen Grenzen ständig und auf riskante Weise neu bestimmt werden müssen. Erziehung ist notwendig, weil sie genau mit dieser Verfassung des Lebens bekannt macht, die nicht von Natur aus vorhanden ist. »Bekanntmachen« kann sehr Verschiedenes heißen, nur nicht Infiltration mit lebenslang gültiger Moral, die das persönliche Gewissen verlässlich und dauerhaft artikulieren würde. Diese Automatentheorie wird ebenso wenig dem *Problem* Moralität gerecht, wie sie die Möglichkeiten der Erziehung zutreffend erfassen kann.

Man kann die klassische Erziehungserwartung als Bestimmung *durch Form* verstehen (Prange 2000). Das Unbestimmte soll sich bestimmen lassen und so zur eigenen Form werden. Form heißt vor allem Begrenzung, nicht ästhetische Individualität. Das Unbestimmte ist für Herbart[320] gleichbedeutend mit dem Unsittlichen, weil der kindliche Wille nicht festgelegt ist.

> »*Unbestimmtes Treiben, des eignen frühern Wollens vergessend, ist immer da zu erwarten, wo nicht die Zucht für Beschäftigung und Zeiteinteilung gesorgt hat. Daraus entsteht eine Freiheitslust, die*

319 Das ist das Standardmodell. Erziehung lässt sich darüber hinaus auf jeden Transit beziehen, der neue (moralische) Welten aufschließt.

320 Umriß pädagogischer Vorlesungen (Ausgabe 1841), dritter Teil, zweiter Abschnitt, zweites Kapitel: »Von den Quellen der Unsittlichkeit« (Herbart 1965, S. 273–276).

> *jeder Regel abhold ist, unter mehreren Streit, bald um etwas zu haben, bald um sich zu zeigen. Jeder will der Erste sein; die billige Gleichheit wird absichtlich verkannt. Gegenseitiger Widerwille gräbt sich ein und lauert auf Anlass zum Ausbruch. Hier ist der Ursprung vieler Leidenschaften; auch diejenigen, welche aus übermächtiger Sinnlichkeit hervorgehn … Die Verwüstung, welche die Leidenschaften anrichten, erstreckt sich durch alle folgenden Nummern.«*[321] (Herbart 1965, S. 273; Hervorhebungen J.O.)

Aber Kinder sind keine wohl temperierten Klaviere. Wer sie erziehen will, muss ihr Temperament voraussetzen, und mit dem Temperament die eigenen Grenzen. Zudem sind Kinder keine notorischen Chaotiker, die sich *unbestimmt treiben* lassen. Es ist gerade die *Bestimmtheit* des kindlichen Willens, die den Erziehern Angst macht, weil der Wille imstande ist, sich der Erziehung zu entziehen. Kinder können die Erziehung sabotieren, sich wohlmeinenden Anweisungen entziehen und die gute Absicht unterlaufen. Sie können die Erziehung schlecht aussehen lassen und die Erziehung kann sich gerade vor den Kindern blamieren – dies nicht zuletzt dann, wenn sie auf sehr strikte Weise »kindgemäß« verfahren will.

Erziehung kann also nicht einfach als Fremdbestimmung des Willens Dritter verstanden werden, das wäre moralisch nicht zulässig und zudem, wäre es zulässig, wenig Erfolg versprechend. Es geht an den Kindern vorbei, wenn sie, wie bei Herbart, *berechenbar* gehalten werden sollen. Daraus folgt aber nicht, dass sie permanent *unberechenbar* sind. Die Theorie der Erziehung müsste sich von solchen Vorstellungen lösen, und sie hätte dann mindestens fünf Innovationszonen, die zu gestalten ihre Zukunft prägen wird:

- die Bestimmung des *Objekts*,
- die Klärung des *Anspruchs*,
- die Festlegung der *Reichweite*,
- die Analyse der *Kausalität* und
- die Differenzierung der *Sprache*.

321 Gemeint sind die folgenden Paragraphen des Umrisses pädagogischer Vorlesungen.

4. Alternative Zugänge

Erziehungstheorien haben trotz der bis zur Unkenntlichkeit verschiedenen Ansätze einige gemeinsame Merkmale. Sie lassen sich so zusammenfassen: Unabhängig von der je gegebenen Philosophie konzentrieren sich Erziehungstheorien auf *Moral*, beziehen ihre Ziele oder Ansprüche auf *Personen* und setzen mehr oder weniger pauschal *Asymmetrie* voraus. Personen erziehen andere Personen. Diese Differenz wird zumeist, jedoch nicht notwendig, nach *Lebensaltern* unterschieden. Im Standardmodell erziehen Erwachsene Kinder, nicht umgekehrt; entgrenzende Theorien wie die der *éducation permanente*[322] sind davon zu unterscheiden, ohne dass allein durch die Erweiterung neue Kriterien ins Spiel kommen müssen. Die Moral wird universell und einheitlich erwartet, die Personen sind einerseits kompetent, andererseits bedürftig, die Asymmetrie ist zugleich funktional und notwendig. Sie hat *Defizite* zur Voraussetzung, die *ausgeglichen* werden sollen. Dabei wird eine Art Austausch vorgestellt. Die eine Person liefert, was die andere nicht hat und aber haben muss, wenn sie in irgendeiner Hinsicht vollständig sein will.

Bestimmte dieser Annahmen sind notwendig, aber nicht hinreichend. Erziehung konzentriert sich auf Moral, aber »Moral« ist keine einheitliche Größe; Erziehung gilt Personen, aber es sind allein Personen, die erziehen; das Standardmodell lässt sich in bestimmten Hinsichten auch umkehren, mindestens sind Kinder keine passiven Adressaten von Erziehung. Verstehen wir unter »Erziehung«

322 Der französische Ausdruck ist treffender als der deutsche des lebenslangen Lernens. Dass wir lebenslang »lernen«, ist trivial, dass wir lebenslang »erzogen« werden soll, dagegen nicht.

in einem sehr weiten Sinne *moralische Kommunikation*[323], dann ist damit nicht automatisch eine feste Asymmetrie verbunden, wie etwa in Herman Nohls »pädagogischem Bezug«, der von der – funktional verstandenen – Überlegenheit der Erziehungsperson ausgeht, die so lange gegeben ist, wie die Bedürftigkeit andauert. Aber »Erziehungsbedürftigkeit« zwingt zur Annahme *pauschaler* Defizite, die weder vorhanden sind noch begründet werden könnten. Erziehung hat nicht einfach ein bedürftiges Objekt und der legitime Anspruch kann nie den »ganzen Menschen« betreffen, wie eine starke Rhetorik immer noch leicht behaupten kann.

»Ganzheit« ist eine Verlegenheit, die die Erziehung mit Überreichweiten versieht, die angesichts der Knappheitserfahrungen der Praxis grotesk anmuten. Die Gesamtzuständigkeit für »das« Kind oder »den« Menschen ist eine historische Selbstzumutung, die außer der eigenen Rhetorik keine Wirklichkeit für sich hat. Erziehung hat daher kein Gesamtdefizit zur Voraussetzung. Was als »Defizit« gelten soll und was nicht, muss begründet und mit Aussicht auf Erfolg festgelegt, kann also nie total angenommen werden. Dort, wo ein Gefälle der Erfahrung oder der Kompetenz ausgeglichen werden, also Erziehung stattfinden soll, ist der Anspruch zu bestimmen und muss die Reichweite der Maßnahmen oder Interventionen festgelegt sein, und dies so, dass Überprüfung möglich ist. Erziehung ist dann keine magische Kausalität, die mal zum Erklären des Schlechten, mal zum Befördern des Guten eingesetzt werden kann. Vielmehr geht es um wie immer große, so doch partielle Aufgaben und Leistungen[324], die sich auf keine pädagogische Ganzheit bezie-

323 Den Term verwende ich unabhängig von Luhmanns Systemtheorie, wenngleich der Vorteil genutzt wird, Moral auf Kommunikation zu beziehen. Das erleichtert die Analyse, weil Erziehung weder als »Entwicklung« noch als »Einwirkung« konzipiert werden muss. Die Paradoxie, dass »Moral« moralisch sein muss, bleibt bestehen. (Zur Klärung des Sachverhalts trug ein Mailwechsel mit Bettina Diethelm am 31.05.2000 bei.)

324 Ich folge Peters (1973). Die Analyse des Prozesses nach »Aufgaben« und »Leistungen« (tasks and achievements) kann von education auf Erziehung übertragen werden. Der Vorteil besteht darin, »Erziehung« nicht als etwas Bestimmtes zu erwarten, sondern von je spezifischen Anforderungen auszugehen.

hen. Erziehung ist ein *begrenztes* Geschäft, das Kinder und Jugendliche (oder wer immer als Klient bestimmt sein mag) nie total erfasst und immer nur auf spezifische Weise nützlich (oder schädlich) sein kann.

Erziehungspersonen, befragt man sie nach dem Geschäft, verhalten sich unter der Voraussetzung begrenzter Zuständigkeit. Sie ergreifen *einzelne* Maßnahmen, verfolgen *bestimmte* Ansprüche und legen sich auf *definierte* Interventionen fest. Nur die Theorie ist überschießend. Eltern oder Erzieher verwirklichen nie die »Idee des Guten«, sorgen für Emanzipation von gesellschaftlichem Zwang oder befördern Mündigkeit mit den Mühen ihres Alltags. Aber Kinder werden auch nicht als Gesamtdefizit betrachtet, weil sie so gar nicht an der Erziehung beteiligt werden könnten. Die Kommunikation zwischen Eltern und Kindern ist fragil, oft zäh, gelegentlich unmäßig, aber immer *wechselseitig*. Ohne Feedback der Kinder könnte Erziehung gar nicht stattfinden, was nicht heißt, dass sie in jedem Falle ebenbürtig sind. Aber was die Erziehungspersonen tun, ist nicht zuletzt eine Reaktion auf ihre Reaktion; anders könnten Aufgaben und Leistungen gar nicht kontrolliert werden. Der Prozess ist abgestimmt auch dann, wenn er konfliktär wird.

Die Notwendigkeit von Erziehung wird über eine Serie von Einzelfällen bestimmt, als fortlaufende Kommunikation von Aufgaben und Problemlagen, die sich nicht abweisen lassen und so Dringlichkeit erhalten. Nur wenn Praxis als Weg zum »idealen Ziel« verstanden wird«, das vor Beginn bereits bestimmt ist, lässt sich übersehen, dass viele Probleme *nicht* aufgegriffen und Aufgaben nach scharfen Prioritäten bearbeitet werden. Schon aus diesem Grund sind Erziehungspersonen immer nur begrenzt zuständig und das allgemeine Mandat der »Liebe zum Kind« täuscht darüber, dass immer *zu wenig* getan werden kann. Nicht nur viele Wünsche, auch viele Notwendigkeiten werden *nicht* berücksichtigt, weil immer nur singulär gehandelt und reagiert werden kann. Erziehung ist kein Gesamt aller Ereignisse[325] und findet gleichwohl statt. Es ist nur falsch, Rückstände der Moral einzig bei Kindern (oder pädagogisch Bedürftigen) zu vermuten.

325 Nicht einmal aller Ereignisse im eigenen Feld.

Ein solches Verständnis setzt voraus, dass die Erziehung ihre suggestive Sprache des Verheißens und so der religiösen Hoffnungen diszipliniert. Sie ist nicht einfach das Fundament der Theorie. Die Sprache bezieht sich auf letzte Größen, die wohl der Garant des rhetorischen Erfolgs sind, aber nicht zur Erfahrung passen, die eben keinen wirklichen Glaubensgrund kennt. Die säkulare Pädagogik ist dafür kein Ersatz, eher täuscht sie über die tatsächliche Mühsal und macht Nüchternheit problematisch, weil immer zu viel auf dem Spiel stehen muss. Das große Ideal soll wirksam werden. Aber die zähe Pragmatik des Alltags ist den pädagogischen Idealen nicht einfach fern und nähert sich, richtig belehrt, ihnen an; vielmehr hat das eine nur sehr individuell etwas mit dem anderen zu tun. Wenigstens müsste eine Erziehungstheorie bemüht sein, sich von der Sprache der großen Erwartungen zu unterscheiden, auch wenn das, in gewissen Hinsichten, riskant ist.

Die pädagogische Defizitkommunikation nämlich ist extrem erfolgreich, wenn man den Aufbau und die Stabilisiertung von Erwartungen[326] betrachtet. Dies gilt, obwohl – oder weil – die tatsächlichen Maßnahmen oft in keinem Verhältnis zur Höhe und Dramatik der Defizite stehen, wie sich etwa an Bildungsreformen zeigen ließe. Aber Ideologie und Pragmatik beziehen sich nicht aufeinander als wechselseitige Störungen, eher sind sie – so, wie das Spiel läuft – aufeinander angewiesen, solange Erziehung immer neu als Hoffnungsträger erscheinen kann. Die Erwartungslast »Erziehung« sorgt wesentlich dafür, dass Handlungsbereitschaft entsteht, mit ihr Investitionsbereitschaft, Vorsorgetätigkeit und Toleranz gegenüber Intransparenz und fehlenden Bilanzen. Erziehung erfolgt nicht gewinnorientiert, trotzdem ist die Gesellschaft zu hohen Investititionen bereit, ohne mehr zu haben als den Glauben an den Effekt. In dieser Hinsicht ist eine suggestive Sprache unverzichtbar, nur ist sie nicht der Rechtsgrund für eine Theorie, die mehr sein muss als Bestätigung der Suggestion. Erziehungstheorien könnten anders ihr Objekt weder analytisch noch kritisch betrachten.

Grundlegend für die Kraft der Erziehungsreflexion sind Defizite. Ihre Bestimmung ist faktisch unbegrenzt, nur muss eine spezifische

326 Öffentlichen wie privaten.

Logik beachtet werden. Defizite machen nur Sinn vor dem Hintergrund von Annahmen der Vollständigkeit. Defizite sollen oder müssen aus bestimmten Gründen ausgeglichen werden, was voraussetzt, dass ein vorhandener Zustand *angereichert* wird, um einen zusätzlichen Betrag, der nicht verloren geht, also die Vollständigkeit verbessert und im besten Falle den defizitären Zustand komplett macht. Das lateinische Wort *deficit* heißt einfach »es fehlt«. Was fehlt[327], soll ersetzt werden, und zwar so, dass nicht der Mangel erhöht wird. Erziehungsdefizite sind der Regel nicht Selbstzuschreibungen. Daher ist es möglich, Mängel sehr pauschal anzusetzen. Moral und Sittlichkeit sind Kindern nicht von Natur aus eigen, sie können also leicht als komplettes Defizit betrachtet werden, das mit der Erziehung ausgeglichen werden soll. Aus *nichts* wird *etwas*, ohne dass diesem »etwas« obere Grenzen gesetzt wären. Es gibt keine Bestimmung, wie viel Moral genug ist, während es immer leicht möglich ist, *mehr* zu fordern. Wenn Verluste *trotz* Erziehung festgestellt werden, dann erhöht das nur die Zuständigkeit der Erziehung. Sie wird nicht irgendwann obsolet und ist zugleich nicht gehalten, auf Verbrauch zu achten. Offenbar erneuert sie sich, ohne selbst abnutzen zu können.

Die fehlende Sättigung ist für Erziehungstheorien grundlegend. Sie gewinnt ihr Design aus dieser Voraussetzung. Das Design lässt sich in fünf Punkten zuammenfassen:

1) Erziehung hat einen *bestimmten* Anfang und ein *unbestimmtes* Ende.
2) Der Anfang ist ein *Nullpunkt*, auf den unbedingte Steigerungen folgen.
3) Die Steigerungen sind *stetig* und *verlustgeschützt*, die einmal erreichten Niveaus sind gegen Rückfälle gesichert.
4) Der wachsende Ertrag der Erziehung ist *verlässlich gespeichert*.
5) *Nachträgliche* Bearbeitung verändert den Ertrag nicht.

327 Das mittelhochdeutsche *velen* oder *vaelen* hat das altfranzösische *fa(il)ir* zur Voraussetzung, zu übersetzen mit »(ver)fehlen, irren oder mangeln«. Das lateinische *fallere* heißt »täuschen«.

Erziehung wird als *ein* und dabei *einheitlicher* Prozess verstanden. Jeder Mensch hat *nur eine* Erziehung, die mit der Geburt beginnt und unbestimmt endet. Das unbestimmte Ende ermöglicht Annahmen permanenter Steigerung, sichere Speicherungen vorausgesetzt. Die Erwartung von Zuwachs bezieht sich daher auf den Anfang und auf die Folge. Fast immer ist beides unterschieden, nur sehr radikale Entwicklungstheorien behaupten, im Anfang sei bereits das gesamte Potenzial vorhanden. In den meisten Theorien soll die Folge oder das *Nacheinander* Einfluss auf die Entwicklung erhalten, ohne die Richtung auf das Ideal hin zu verändern. Die zeitliche Verknüpfung *bestätigt* den Prozess und das gilt auch für Rückfälle; die einmal erreichten Niveaus bleiben selbst dann erhalten, wenn Bedrohungen nicht von der Hand zu weisen sind. Grundlegend ist das Vorankommen auf gleicher Schiene mit graduierter Steigerung. Dafür spricht die Alltagserfahrung: Es ist unmöglich, das Moralniveau bei Geburt zurückzuerlangen.

Der Ertrag der Erziehung wächst stetig, wird verlässlich gespeichert und kann nicht nachträglich verändert werden. Auch dafür spricht die Alltagsevidenz: Moral kann unmöglich *auf einmal* erworben werden, der sukzessive Erwerb verlangt Vorstellungen des *Zuwachses*, der Verlust hält sich in Grenzen, also *muss* der Ertrag verlässlich gespeichert sein. Niemand verliert die einmal erworbene Moral *vollständig*, fällt also auf den Anfang zurück. Daher ist es zwingend, von *zunehmenden* Niveaus auszugehen. Nicht jeder erreicht das höchste Niveau, aber es ist ausgeschlossen, dass alle das unterste Niveau nie verlassen. Daher beschreibt die Erziehungstheorie Prozesse, die mit Resultaten enden, ohne »Resultate« als *Regression* – Rückkehr zum Anfang – verstehen zu können. Die Erziehung, so die zentrale Annahme, hat *Folgen* und sie ist *einmalig*, kann also weder wiederholt noch neu begonnen werden. Es gibt sie nicht mehrfach und nicht als Korrektur ihrer selbst. Man kann sie nicht abbrechen, nicht unterwegs verändern und nicht vermeiden.

Dann wäre Erziehung freilich *Schicksal*, das sich vollzieht und vollziehen muss, mit der eigenwilligen Pointe, dass nicht der Anfang die Folge, sondern die Folgen das Ende bestimmen sollen.[328] Reale Verknüpfungen sind nicht einfach folgerichtig; anders könnte die Erfahrung nicht auf überraschende Ereignisse reagieren, also nicht abschätzen, welche Chancen und Risiken damit verbunden sind. Demgegenüber legen viele Theorievarianten eher den Schluss auf ein allerdings wohlmeinendes Schicksal nahe, dem nicht entgangen werden soll oder kann. Die grundsätzlichen Theorieannahmen lassen, wenn meine Analyse zutrifft, nur zwei Unterscheidungen, die von *Innen* und *Außen* und die von *Prozess* und *Produkt*. Das Verhältnis von *Situation* und *Folge* spielt in den meisten Theorien keine Rolle, ebenso wenig die Differenz von *Ereignis* und *Struktur* oder von *System* und *Interaktion*. »Erziehung« wird konzipiert als Prozess, der sich von innen nach außen oder von außen nach innen vollzieht mit der Erwartung, dass durch ihn die Moral von Personen dauerhaft hervorgebracht werden kann. Die beiden historischen Konzepte dafür waren »Entwicklung« und »Einwirkung«; Erziehung als *Entwicklung* verlangt natürliche Stetigkeit, Erziehung als *Einwirkung* verlangt stetigen Zuwachs, also in beiden Fällen aufeinander folgende Niveausteigerung, nur einmal gesehen von Innen und das andere Mal von Außen. Wesentliche Kontroversen der Erziehungstheorie bis hin zur Frage von Determination und Freiheit beziehen sich auf diese simple Unterscheidung, die außerstande ist, den tatsächlichen Prozess zu bestimmen, der immer nur, im Sinne Deweys, in der unsteten Aufeinanderfolge von Situationen erfasst werden kann. Innen und außen, was immer die Unterscheidung bezeichnen mag, sind gleichermaßen betroffen und können nicht als getrennte Welten verstanden werden.[329]

328 Das widerspricht der Geschichte: Die akkadischen Schicksalstafeln bestimmten den Lauf der Welt unabhängig von seiner Folge. Die Folge wird gerade festgelegt.

329 Diese Position des Pragmatismus hat Vorläufer in der französischen Philosophenschule der idéologues, die den kantischen Transzendentalismus überwinden wollten. Ich bin einem Vortrag verpflichtet, den Fritz Osterwalder am 29. April 2000 anlässlich des Kolloquiums über »Methoden« im 18. Jahrhundert im Zürcher Pestalozzianum gehalten hat. Der Vortrag erscheint in den Papieren des Kolloquiums.

Diese Variante der Zweiweltentheorie ist im Blick auf Erziehungstheorien immer noch einflussreich, aber eher als intuitiver Reflex, der auf Schutzvorstellungen reagiert. Das »Innere« ist so dominant, weil das »Äußere« oft als bedrohlich hingestellt wird. Das Musterbeispiel dafür ist Rousseaus *Émile*, in dem eine eigene »innere« Landschaft aufgebaut wird, um die Erziehung vor der äußeren Welt der Gesellschaft zu schützen. Befragt man die maßgebliche Relation, dann entsteht schnell Verlegenheit, weil weder »Innen« noch »Außen« genaue Lokalisationen sind. Es gibt keinen bestimmten Ort »Innen« und »Außen« ist alles, was nicht »Innen« ist. Auch schnelle Äquivalente wie Gedächtnis, Seele oder Anlagen auf der einen, Umwelt, Milieu oder Gesellschaft auf der anderen Seite führen kaum weiter, weil die bestimmende Differenz bestätigt, aber nicht erklärt wird. Bestätigt wird die Unterscheidung von innen und außen durch Erfahrung, die nicht mit anderen geteilt werden kann. Man kennt allenfalls die eigene Differenz von innen und außen, nicht die anderer Personen, ohne dass sicher wäre, die Differenz zwischen innen und außen *bei anderen* nach dem Muster der Differenz *bei sich selbst* denken zu können. Warum nimmt dann aber die Theorie an, »Erziehung« könne von außen nach innen gelangen oder von innen nach außen? Und wie kann der Prozess bleibende Resultate haben, wenn er doch ständig fortgesetzt wird?

Die Frage ist nicht nebensächlich, wie ein weiterer Blick auf die Autoren der Einführung zeigt.

- Rousseaus »natürliche Entwicklung« bezieht sich auf »innere« Potenziale, die sich folgerichtig entwickeln sollen.
- Schleiermachers »Sittlichkeit« ist gefestigte Innerlichkeit, die durch äußere Einwirkung bewirkt worden ist.
- Herbarts »Individualität« ist das »innere« Ergebnis des »äußeren« erziehenden Unterrichts.
- Kierkegaards »ethische Persönlichkeit« ist dauerhaftes Resultat der »inneren« Entwicklung.
- Nietzsches »Übermensch« ist Ziel und Resultat der »inneren« Entwicklung der menschlichen Gattung über den Menschen hinaus.

Immer fehlt dreierlei: die Wahrnehmung der Vielfalt, der Sinn für historische Kontingenz und die Sensibilität gegenüber Brüchen und Abweichungen. Rousseau hat nur *ein* Paradigma für die natürliche Erziehung, Schleiermachers Sittlichkeit betrifft unterschiedslos *jede* Erziehung, Herbarts erziehender Unterricht soll Individualität befördern, aber ist selbst *nicht* individuell, Kierkegaards ethische Persönlichkeit *bleibt, wie sie ist*, und Nietzsches Übermensch überwindet die moralischen Steuerungen des Menschen *überall gleich*. Vielfalt und mit ihr Pluralität ist den Konzepten ebenso fremd wie zufällige Steuerung oder das Lernen an und mit den Brüchen des Lebens. Grundlegend ist immer *Folgerichtigkeit*, eine natürliche oder künstliche *Aufeinanderfolge*, die *Reihung* des Guten, das allmählich, aber unaufhaltsam auf das höchste mögliche Niveau gebracht wird, dies mit wirksamen Schritten, die nacheinander unternommen werden, ohne Slapstick zu riskieren.

Von unübersichtlichen Verhältnissen gehen Erziehungstheorien nicht aus. Sie sehen das Gute vor sich und können sich nicht vorstellen, dass sie auf dem Wege dorthin vielfach stolpern können. »Stolpern« ist Abkehr vom richtigen Weg und es gibt in den klassischen Theorien immer nur *einen* Weg, der so genannt zu werden verdient. Soll die Erziehungstheorie im Grundzug revidiert werden, dann müssen nicht nur das Objekt, der Anspruch und die Reichweite der Maßnahmen neu bestimmt werden. Auch genügt es nicht, die groben Kausalannahmen zu revidieren und mit der Sprache vorsichtiger umzugehen. Darüber hinaus müssen drei zentrale Dimensionen der Theoriekonstruktion betroffen sein,

- die Definition des Zwecks,
- die Vorstellung des Prozesses und
- die Bestimmung des Objekts.

Heutige Zwecksetzungen wie »Mündigkeit« oder »Emanzipation« sind immer subjektorientiert, haben moralische Pläne vor Augen und gehen davon aus, dass sie sich linear und progressiv erfüllen lassen. Aber schon das »Subjekt« des Prozesses, der Adressat oder die Adressatin der Erziehung, ist unterbestimmt. Man weiß nie genau, ob es um Kinder, Jugendliche oder Erwachsene, um Jungen oder Mädchen, um Kinder allgemein oder um Kinder in bestimmten Altern, Kulturen oder Milieus, um bestimmte Menschen oder Menschen schlechthin gehen soll, wenn »Mündigkeit« oder »Emanzipation« angestrebt wird. Der Prozess erscheint beherrschbar, aber auch nur deswegen, weil er nicht näher bestimmt werden muss. »Mündigkeit« wird wie eine *erreichbare* Zielmarkierung vorgestellt, während noch nicht einmal klar ist, was diese Markierung ausmachen soll. Genauere Bestimmungen des »mündigen Menschen« fehlen oder werden unmittelbar nach Beginn inflationär, weil nichts Positives ausgeschlossen werden kann. Schon das spricht dafür, von *partikularen* Verhältnissen auszugehen, die Auftragsrevisionen erlauben, ohne immer mit dem Makel behaftet zu sein, die Großkategorien zu unterlaufen. Vielleicht ist das gerade die Tugend.

Zudem ist das Ziel autoritär. Den Betroffenen wird nicht die Wahl gelassen, ob sie »mündig« werden wollen oder nicht. *Unmündigkeit* ist keine pädagogische Zielgröße und *Mündigkeit* ist eine Art Erziehungsverordnung, die alles zulässt, was zum Assoziationsfeld passt. Die Theorie sieht allerdings Neinsagen nicht vor, man *muss* zustimmen, weil Mündigkeit als ein Gebot der *Vernunft* verstanden wird, der sich niemand entziehen kann. Dabei ist die Übersetzung des Gebotes in Erziehungstheorie alles andere als selbstverständlich, weil nichts das Ziel begrenzt, aber nahezu alles auf das Ziel bezogen werden kann. Erziehung freilich »führt nicht« zur Mündigkeit. Zum einen kann ein linearer und progressiver Prozess gar nicht angenommen werden, zum anderen endet die Erfahrung nicht auf *einem* Niveau. Am Ende sind nicht alle Menschen gleich mündig, das Konzept jedoch, die Zielgröße »Mündigkeit«, verlangt genau dies. Abstufungen der Mündigkeit oder der Emanzipation wären ein Verstoß gegen die Universalität des Ziels, aber gleiche oder auch nur annähernd gleiche Zielerfüllung ist ausgeschlossen, weil es keinen Mechanismus gibt, der distinkte Prozesse des Lernens und der Erfahrung zu *einem* und *nur* einem Ziel führte. Die Sprache des *Herstellens* oder der *Produktion* suggeriert eine Technizität, die nicht vorhanden ist und auch nicht entwickelt werden kann, wenn Erziehung weiterhin als Humanum, als Austausch zwischen Personen[330] verstanden werden soll. Der Prozess muss daher grundsätzlich als *Interaktion* verstanden werden, als *feedback-gesteuerter* Austausch, der weder auf die Metapher der »Entwicklung« noch auf die der »Einwirkung« zurückverweist. Die eine Person ist nicht »Außen« und die andere nicht »Innen«, vielmehr interagieren (mindestens) zwei Erfahrungen miteinander, die nur miteinander lernen können, ohne dabei ständig nur Symmetrien wahren zu können.

Asymmetrien sind dann gerechtfertigt, wenn sie sich auf partikulare und unabweisbare Probleme beziehen, die *nicht anders* bearbeitet werden können. Die Begründung ist funktional und setzt voraus, dass die Praxis kontrollierbar gehalten werden kann. Erziehung wäre so ein Angebot, das sich weder »ganzheitlich« noch »total« verstehen und realisieren lässt. Objekt der Erziehung ist nicht »der« Mensch oder »das« Kind, sondern immer ein begrenztes Problem. Erziehung ist daher nicht Ursache oder Kraft, sondern fortgesetzte Problembearbeitung unter der Voraussetzung begrenzter Bedürftigkeit. Es geht um bestimmte Aufgaben und dazu passende Leistungen, ein globaler Zugriff wird ausgeschlossen. Kinder *sind* keine Defizite der Erziehung, vielmehr können Kinder in spezifischen Bereichen der Moral oder des Verhaltens Defizite *haben*, auf die Erziehungsprozesse reagieren. Sie sind abgeschlossen, wenn die Defizite behoben sind, nicht wenn »Mündigkeit« erreicht ist, was nur dazu führen kann, das Ende unbestimmt zu lassen. Eine *endliche* Emanzipation wäre keine, während die *Ziel*formel genau das erwarten lassen muss. Man kann ankommen und zugleich verschiebt sich das Ziel, weil die Erfahrung »Emanzipation« immer neue Hindernisse vor sich sehen kann.

Daher wäre eine wesentliche Revision der klassischen Erziehungstheorie die *definitive Begrenzung* ihrer Aussagen. Die Theorie erfasst nicht einen Gesamtprozesses im Blick auf ein abschließendes Produkt, sondern einzelne Episoden im Blick auf bearbeitbare Aufgaben. Es gibt dann keinen Nullpunkt, von dem *ein* Prozess seinen

330 Und über Medien. Mediale kann ebenso moralische Kommunikation sein wie Kommunikation zwischen Personen, wobei interaktive Medien diese Differenz verwischen.

Ausgang nimmt. Ebenso wenig gibt es *ein* Ziel, das als Ergebnis des Prozesses erscheinen kann. Das gilt für die *intentionale* Seite, also diejenige, die mit »Erziehung« beauftragt ist. Sie hat über die andere Seite keine Verfügungsgewalt. Menschen *sind* nicht das, was die Erziehung aus ihnen machen *will*, wie immer glücklich oder schädlich die Erziehungserfahrungen beschaffen sein mögen. Vielmehr ist Erziehung ein mehr oder weniger berechtigter Versuch, der sich in Teilprojekten oder Episoden konkretisiert, ohne auf *eine grundlegende* »Ursache« oder »Kraft« zurückzuverweisen. Ein solcher alternativer Zugang stellt die übliche Kausalannahme »Erziehung« infrage und dekonstruiert das Assoziationsfeld[331], ohne es ein zweites Mal erfinden zu können.

Was vermieden wird, ist doktrinäre Selbstsicherheit und so eine eminente Theorieschwäche. Eine demokratische Theorie der Erziehung verlangt *deliberative* Formen der Kommunikation und Begründung (Gutmann 1999), die ausschließen, dass ausgerechnet die Pädagogik sich auf autoritäre Doktrinen zurückziehen kann. Alternative Zugänge zur Erziehungstheorie müssen den Gestus des Verkündens beseitigen und die Neigung zur Selbstpädagogisierung bekämpfen. Nicht die großen Vorbilder erziehen die Theorie, sondern der Diskurs, wenn man diesen Vergleich anstellen darf. Jedenfalls gelten pädagogische Sätze nicht deswegen, weil sie von Rousseau, Schleiermacher oder Herbart formuliert worden sind.[332] Abseits der Pädagogisierung wird das Theoriegeschäft schwierig, weil die gewohnten Stabilisatoren fehlen. Zugleich zwingt die Kritik dazu, alternative Möglichkeiten zu entwickeln, weil der Problembestand Erziehung nicht verschwindet und Reflexionsbedarf weiterhin besteht. Die Frage ist nur, mit welchen Theorien auf diesen Bedarf reagiert werden soll.

Wenn man davon ausgeht, dass Moral nicht allein durch Erziehung vermittelt wird, Erziehung aber in bestimmten Hinsichten notwendig ist, dann können Theorien begrenzte Anliegen vertreten, ohne immer zwischen Allmacht und Ohnmacht schwanken zu

331 Zu unterscheiden vom Feld der Ideologien (vgl. Philipps 1998).

332 Von der Häufigkeit her gesehen, sind andere Namen noch weit gefragter, etwa Pestalozzi, Fröbel, Montessori oder Piaget.

müssen. Theorien rationalisieren die Anliegen, nämlich bestimmen das Objekt je neu, begründen die Zwecke und reflektieren die Prozesse, verhalten sich also lernfähig. Erziehungstheorien sind keine fertigen, sondern revidierbare Größen, die von dem lernen, was sie selber bestimmen. Rousseau hat die »natürliche Erziehung« *dekretiert* und nicht wie eine Hypothese betrachtet, die mit der Erfahrung auch scheitern kann. Es ist kein Zufall, dass die Erziehungsskepsis steigt, wenn die Erfahrung der Testfall der Theorie ist. Die Skepsis liegt nahe, weil die Theorie auf die Breite, die Härte und die Tiefe von Erziehungserfahrungen gar nicht eingestellt ist. Die Rede der »Sittlichkeit« beruhigt die Theorie, aber sie tut zu wenig, wenn sie nicht beobachtet, was sich mit dieser Rede verbindet und was nicht. Kein Erziehungszweck verwirklicht sich aus sich heraus; je größer die Zwecke beschaffen sind und je unbedingter die Theorie sie vertritt, desto weniger wird sie registrieren, wie die irrtierende Feinarbeit des Erziehungsalltags beschaffen ist.[333]

Mindestens in formaler Hinsicht sind verschiedene disziplinierende Kriterien möglich. Eine mögliche Kriterienreihe lässt sich mit Verweis auf die bisherige Analyse etwa so bestimmen: Von »Erziehung« kann berechtigterweise dann die Rede sein, wenn

- ein *begründetes* Defizit vorliegt,
- Möglichkeiten der *Beseitigung* des Defizits vorhanden sind,
- diese Möglichkeiten *durch Dritte* angeboten werden,
- eine *Pauschalisierung* des Defizits vermieden wird,
- *frühere Irrtümer* im Erziehungsangebot erkannt und bearbeitet werden konnten,
- die Defizitbearbeitung *zeitlich befristet* erfolgt und
- *Resultatkontrollen* möglich sind.

333 Das gilt in gewisser Hinsicht auch für empirische Theorien, die stark mathematisierend verfahren und schon bei der Datenerhebung so formal sind, dass sie die feinen Unterschiede des Alltags nicht registrieren. Erziehungsforschung ist nicht das Thema dieser Einführung. Aber als Fußnote kann darauf verwiesen werden, dass die Abstützung der Theorie auf empirische Forschung nur dann verbessert werden kann, wenn die Forschung auf die Phänomene der Erziehung eingestellt ist. Sie verlangen ein Sinn für Individualität und schwankende Generalisierung.

Es gibt begründete und einsichtige, aber auch unbegründete und uneinsichtige Defizite. Bestimmte Defizite können dem Klienten der Erziehung verständlich gemacht und mit ihm diskutiert werden, andere nicht. Eine Kommunikation über Defizite macht nur Sinn, wenn Möglichkeiten zur Beseitigung vorhanden sind. Die Defizite sind nie total, ihre Bearbeitung ist immer punktuell. Erziehung als fremdes Angebot, das Dritte machen, ist nur dann sinnvoll, wenn die eigenen Mittel zur Problembearbeitung nicht ausreichen. Kinder, nochmals, sind nicht an sich bedürftig und können vieles selbst, ohne dass Erziehungsangebote nötig wären. Kindheit ist nicht einfach pauschal Erziehungszeit, sondern die Erziehung reagiert auf bestimmte Probleme und Aufgaben, die – aus welchen Gründen auch immer – *nicht selbst* bearbeitet werden können. Die Theorie, anders gesagt, reagiert auf das Prinzip der Subsidiarität.

Die Problembearbeitung muss lernfähig gehalten werden, zudem befristet sein und sich am Resultat messen lassen. Das Resultat beendet eine Episode, wird also durch *nachfolgendes* Lernen herausgefordert und dauert nicht einfach an. Auch die bestmöglich gelernte Tugend kann in neuen Situationen abgeschwächt und auf andere Plausibilitäten als diejenigen geführt werden, die zum Zeitpunkt des Lernens zur Verfügung standen. Anders müsste die Erziehung das Leben übersehen können, während sie immer nur Episoden zur Verfügung hat. Das verändert nicht den ethischen Anspruch der Tugend, sondern nur die Übersetzung in Biographie und Verhalten. Sie ist keine dauerhafte Infiltration, weil gerade Moral und Tugend aktive und fortlaufende Herausforderungen des Lernens darstellen.

Ich wiederhole diesen zentralen Punkt und spitze ihn zu: »Verinnerlichung« – gedacht als routinisierte Gedächtnisspeicherung und damit verschweißte Verhaltenskodierung – ist daher gerade im sensiblen Bereich der Moral *Illusion*, die sich über die Beweglichkeit des Lernens täuscht. Moral aber reagiert *immer neu*, auf Situationen, Probleme, Fälle, Gefühle und nicht zuletzt auf sich selbst. Sie ist nicht das sichere Ergebnis der einen richtigen Erziehung, die nachfolgende Unsicherheit ausschließen oder überflüssig machen würde. Moral ist im Gegenteil fortgesetzte Reflexion mit Kategorien und Haltungen, die sich selbst stabilisieren müssen. Diese sind nicht ein für alle Mal »gefestigt«. Anders könnte es weder Versuchungen geben noch Abweichungen, keine krummen Linien und keine Verstrickungen, die aber vermutlich auch weiterhin das Drama des Lebens ausmachen. Wenn die Erziehungstheorie lebensfern erscheint, dann aus diesem Grunde. Sie ist in ihrer bisherigen Verfassung außerstande, auf die Krümmungen des Lebens zu reagieren.

Nicht alle Defizite sind gute Defizite. Die Ratgeberliteratur zeigt, dass praktisch jedes Phänomen der Erziehung zum Defizit erklärt werden kann, das dringend nach Beseitigung verlangt. Prioritäten sind kaum möglich, weil jedes Defizit gleich schlimm erscheinen soll oder muss. Angemessene Reaktionen gibt es zumeist nicht[334], vor allem weil die Tiefe des Defizits mit trivialen Handlungsalternativen verbunden ist. »Kommunikation« ist dabei immer ein Favorit, ebenso »Dialog« oder »Projekt«, während schon der Problemaufriss Grundfragen von Kind und Welt betrifft, die sich eigentlich mit nichts bearbeiten lassen. Auch wird übersehen, wie paradox das Verhältnis von Defiziterklärung und Lösungsstrategie fast immer beschaffen ist. Wie soll man pädagogisch auf die »Risikogesellschaft« reagieren, wenn Erziehung Steigerung des Risikos ist? Wie kann der »ungeschulte Kopf« gefördert werden, wenn das Schicksal der Verschulung unabwendbar ist? Oder wie kann die »Persönlichkeit« gebildet werden, wenn sie *nicht* Objekt der Erziehung sein soll?

Totalisierende Kategorien sind der Sprache der Erziehung inhärent. Es ist leicht, Kinder *als solche* oder Erziehung *an sich* zu thematisieren, »Glück« zum Erziehungsziel zu erheben, die Reichweite der Erziehung als unbegrenzt anzusehen und so tatsächlich ein Schicksal vor Augen zu haben. Aber Handeln kann man immer nur in bestimmten Situationen mit eingeschränkten Mitteln und be-

334 Das schließt nicht aus, dass Leserinnen und Leser Erziehungsratgeber als nützlich erachten. Ich bin im Blick auf Leserforschung einem Vortrag verpflichtet, den Nicole Keller am 14. Juni 2000 im Kolloquium Allgemeine Pädagogik des Pädagogischen Instituts der Universität Zürich gehalten hat.

grenzter Effektkontrolle. John Dewey[335] hat die Logik situativen Handelns als Theorie der unausgesetzten Problemlösung gefasst. Sie hat fünf Schritte, die so beschrieben werden:

> »*Upon examination, each instance reveals, more or less clearly, five logically distinct steps: (i) a felt difficulty; (ii) its location and definition; (iii) suggestion of possible solution; (iv) development of the bearings of the suggestion; (v) further observation and experiment leading to its acceptance or rejection.*« (Dewey 1985, S. 236f.)

Die Handlung beginnt mit der gefühlten Schwierigkeit des Problems und der Intuition der Lösung, vor dem Hintergrund der bereits bestehenden Erfahrung. In ihr muss das neue Problem lokalisiert und justiert werden, bevor die Lösungsstrategien hypothetisch durchgespielt werden. Die Lasten der Vermutung müssen bestimmt sein, weitere Beobachtung und experimentelles Lernen sind notwendig, bevor eine Handlungsvariante den Vorzug erhält. Diese wird mit einer vermuteten Erfolgswahrscheinlichkeit realisiert, ohne über eine Garantie zu verfügen. Der tatsächliche Prozess bestätigt die Hypothese, korrigiert sie oder zwingt dazu, sie zu verwerfen. Sicherheit verschaffen die Bündel der bestätigten Hypothesen, die aber durch nachfolgende Probleme immer neu herausgefordert werden können. Axiomatische Sicherheiten gibt es nicht, aber sie sind in einer immer größtenteils bestätigten Erfahrung auch nicht notwendig. Der Punkt ist der fortlaufende Test der Hypothesen an Erfahrungen, die auch im routiniertesten Umgang nie nur die Gewohnheiten fortsetzen.

Diese Einsicht zwingt zur Preisgabe aller Trichtertheorien, die so tun, als könnte Erziehung nach Maßgabe der Ziele und aber unter Absehung der Praxis Wirkungen hervorbringen. Aber auch Deweys eigene Idee, die *gesamte* Erfahrung erziehe, erfährt eine Relativierung, sobald von Handlungen, Situationen und Problemlösungen die Rede ist. Erziehung ist eine *je* umrissene Praxis, die aus der Sicht der Handelnden immer nur partikular sein kann. Zugleich ist

335 How We Think (erste Fassung 1910) (Dewey 1985, S. 177–356).

Praxis gerade das *Risiko* der Ziele, die Dewey zu Recht als Hypothesen versteht, die mit der Erfahrung bestätigt *und* verworfen werden können. Das ist der klassischen Theorie fremd, weil sie vor der Erfahrung bereits Recht haben will oder muss. Die Höhe und die moralische Absolutheit der Ziele zwingen dazu. Es wäre komisch und merkwürdig,

- könnte die »natürliche Erziehung« auf halbem Wege *künstlich* werden,
- wäre »Sittlichkeit« eine Hypothese, die auch das *Gegenteil* erweisen könnte,
- ließe sich »Individualität« mit der Erfahrung von Kindern *verwerfen*,
- wäre die »ethische Persönlichkeit« eine je nach Situation *schwankende* Größe und
- käme der »Übermensch« nach Lage der Erfahrung *gar nicht zustande* oder würde das Experiment unterwegs *abgebrochen.*

Der Punkt ist, dass es den klassischen Theorien nie um wirkliche Experimente und so unbestimmtes Lernen gehen soll. Bei Rousseau steht der Ausgang des Experiments der »negativen Erziehung« am Anfang bereits fest, Schleiermachers Sittlichkeit ist alles, nur kein Objekt für Experimente, Herbarts »Individualität« ist philosophische Begrifflichkeit, nicht realer Lernprozess, der immer auch das Gegenteil erweisen kann, wenn man Erfahrungen und nicht lediglich Erwartungen betrachtet. Nietzsches »Übermensch« ist Erwartung, nicht Erfahrung; es wäre grotesk, sich die Überwindung der menschlichen Gattung zum Höheren *als Erfahrung* vorzustellen, und sei es nur, dass diese Erfahrung *Menschen* machen müssten, die über sich selbst hinausgelangen sollen.

Erziehung ist fortgesetzte Problembearbeitung in wechselnden Situationen eines nicht entlasteten Alltags, nicht sakraler Dienst. Daher ist es nicht mehr unmöglich, die tatsächlichen Handlungen und Leistungen der Erziehung ironisch zu betrachten, sie einem entlarvenden Witz auszusetzen oder sie einfach nicht ernst zu nehmen, dann etwa, wenn Anspruch und Wirklichkeit nur lächerlich erscheinen können. Man stelle sich vor, wie es wäre, einen mündigen Menschen *zu Gesicht* zu bekommen. Nach dem pädagogischen Anspruch müsste er feierlich erscheinen, nach den erwartbaren Wirklichkeiten wäre er gar nicht vorhanden, im Sinne der Erfindung müsste er über sich selbst lachen können.

Was verhindert dann aber, dass »Erziehung« einfach in die Situationen ihres Handelns zerfällt, zwischen denen ein allgemeiner Anspruch und eine übergreifende Notwendigkeit gar nicht mehr vetreten werden kann? Und warum sollten wir »erziehen«, wenn wir nicht *müssen*? Die Frage lässt sich nicht einfach mit Blick auf die fragile Wirklichkeit pädagogischer Interaktionen beantworten. Die Antwort kann aber auch nicht eine bestimmte pädagogische Ethik voraussetzen, deren Ansätze umstritten und widersprüchlich bleiben.

Friedrich Schleiermacher (2000, Bd. 2, S. 13ff.) hat die »pädagogische Einwirkung der älteren Generation auf die jüngere« (ebd., S. 15f.) als Fokus der Antwort betrachtet. Die genaue Bestimmung dieser »Einwirkung« ist schwierig (ebd., S. 16f.), aber *dass* die ältere auf die jüngere Generation so einwirkt und einwirken muss, dass die jüngere Generation auf, wie es heißt, »selbstständige Weise zur Erfüllung der sittlichen Aufgabe« beiträgt (ebd., S. 16), erscheint unstrittig. Aber keine Generation »wirkt« auf eine andere, weil sich in der Erziehung nicht zwei oder drei soziale Einheiten gegenüberstehen, die als fest umrissene »Generationen« fassbar wären. Dies gilt umso mehr, je differenzierter Gesellschaften werden und je weniger die Sozialität von abgrenzbaren Lebensaltern bestimmt wird. Was in einer Gesellschaft, die »Jungsein« bis ins Alter vorschreibt, die *ältere* Generation sein soll, ist zumindest eine empirisch sehr schwierige Frage.

Dennoch trifft Schleiermachers Vorstellung einen zentralen Punkt, den ich als *Generationenvertrag* bezeichne. Er ist fiktiv und bestimmt gleichwohl die Erwartungen. Nachwachsende Kohorten von Kindern und Jugendlichen, mindestens aber deren Eltern und Erziehungsverantwortliche, gehen davon aus, dass Niveaus und Leistungen der Erziehung und Bildung, soweit sie ein öffentliches Geschäft darstellen, nicht zurückgehen, vielmehr erhalten bleiben und verbessert werden. Der Vertrag regelt nicht die *Einwirkungen* der älteren auf die jüngere Generation[336], wohl aber die von etablierten Kohorten oder Gruppen zu verantwortende Leistungsfähigkeit des Erziehungssystems, die nicht Kinder und Jugendliche selbst besorgen können. Sie sind darauf angewiesen,

- *dass* sie pädagogische Chancen erhalten,
- dass die Verteilung der Chancen im Rahmen des Möglichen *fair* ist und
- die faire Verteilung über die Dauer ihrer Erfahrung hinaus *erhalten* bleibt.

Es muss keine fest abgegrenzten »Generationen« geben, um von einem *Generationenvertrag* sprechen zu können. Es genügt die Vorstellung nachwachsender Gruppen oder Kohorten von Kindern und Jugendlichen, die untereinander eher lockere Verbindungen und Abgrenzungen eingehen, ohne dass dadurch die Gesellschaft der Erwachsenen davon entlastet wäre, für ihre Integration, also für Erziehung und Bildung, zu sorgen. Vermutlich wird das gemeinschaftsstiftende Erlebnis innerhalb der *einen* »Generation« zur Ausnahme, auch scheinbar feste Größen wie Generationen stehen unter Individualisierungsdruck, ohne damit der pädagogischen Aufgabe den Boden zu entziehen. Es *muss* übergreifend bestimmt sein, was die Chancen der Erziehung und Bildung sind und wie ihre Verteilung beschaffen ist, und die Erwartung, also mein fiktiver »Generationenvertrag«, geht dahin, dass sie sich nicht verschlechtern, sondern erhalten bleiben und verbessern.

Das ist kein einfaches und kein leichtes Problem. Das Problem berührt elementare Leistungen, die mit der faktischen Auflösung des einfachen Generationenverhältnisses der Vergangenheit immer umstrittener werden. Die Kultur zerfällt in Gruppen, verfügt nur noch über symbolische Gemeinsamkeiten und kann sich auf keine stabilisierenden Traditionen mehr verlassen. Sie individualisiert sich und muss gleichwohl zusammengehalten werden, ohne dass

336 In der Theorie Schleiermachers (2000, Bd. 2, S. 108ff.) ist von unterstützenden Einwirkungen und Gegenwirkungen die Rede, ohne diese nach Personen, Gruppen, Generationen oder Systemen zu unterscheiden.

der Sinn von Erziehung und Bildung noch selbstverständlich gegeben wäre. Die pädagogische Verantwortung ist nicht mehr Last der Ältesten, während Alte und Junge sich im Bereich der Alltagskultur annähern, ohne identisch zu sein. Es gibt keine klare Zuständigkeit zwischen Älteren und Jüngeren, Erziehungsverantwortung ist nicht einfach mit dem Lebensalter gesetzt. In gewissen Hinsichten erziehen Kinder auch die Eltern und sicher die Jüngeren die Älteren. Mein Partikularitätstheorem erlaubt Wechselseitigkeit und Asymmetrie nur in definierten Fällen. Gleichwohl oder unabhängig davon muss entschieden werden, und dies über so gravierende Probleme wie

- die Budgets der Bildungsinvestitionen,
- die öffentliche Rechtfertigung der Budgets,
- die Verteilung der Budgets nach Bildungseinrichtungen,
- die Abstimmung zwischen Erziehung und Bildung,
- die Sicherung der Niveaus in beiden Bereichen,
- die fortlaufende Definition und Kommunikation der Chancen,
- die Fixierung und Auswertung der Erfahrung

und Ähnliches mehr. Dass dies möglich ist, setzt voraus, sich auf einen Quasi-Vertrag berufen zu können. Ohne die *Erwartung*, mit Erziehung und Bildung den nachwachsenden Kindern und Jugendlichen einen sinnvollen und unverzichtbaren Dienst zu erweisen, wäre die Budgetierung längst schwankend, wären die bildungspolitischen Rechtfertigungen bis zur Unkenntlichkeit umstritten, die Verteilung unstet und die Chancennutzung weit egoistischer, als es heute der Fall ist. Bildungspolitik wird in diesem Sinne moralisch gesteuert unter der Voraussetzung, dass die Erwartungen öffentlich zur Diskussion stehen und Ziel wie Effekte sich fortlaufend überprüfen lassen. Die meisten Erziehungstheorien beziehen sich nicht auf die Bedingungen einer diskursiven Öffentlichkeit, aber Demokratie und Pädagogik sind nur unter dieser Voraussetzung verträglich.[337]

337 Das Allgemeine der Pädagogik ist zugleich das Öffentliche.

Zwischen Erziehung und Bildung, also den Domänen der Moral und den Domänen des Wissens, gibt es unausgesetzt Abstimmungen, der eine Bereich kann sich nicht einfach und vollständig vom anderen lösen, Niveaus in *beiden* Bereichen müssen gesichert werden, Moralstandards gehören, anders gesagt, ebenso zum Generationenvertrag wie Wissensqualitäten, und dies, weil klar ist, dass eine unterschiedliche Pflegebedürftigkeit gegeben ist. Niemand geht davon aus, dass Erwachsene außerhalb jeder moralischen Verantwortung agieren sollten, also muss es unverzichtbar erscheinen, Kinder und Jugendliche mit moralischen Forderungen und Einsichten zu konfrontieren, nämlich sie im Sinne der hypothetischen Theorie des pädagogischen Handelns zu erziehen. Niemand erwartet auch, dass Wissen zu einer überflüssigen Größe wird, der sich jedermann zum eigenen Vorteil entziehen sollte, also liegt es nahe, in Bildung zu investieren. Die Frage ist, wie *gleich* oder *ungleich* das entsprechende Angebot beschaffen ist. Die historische Erfahrung zeigt zunehmende Niveaus einer im Sockel bestimmten Gleichheit bei paralleler Individualisierung der Chancennutzung. Das ist nur möglich, wenn Angebote und Institutionen der Erziehung und Bildung über einzelne Kohorten oder Gruppendurchläufe hinaus stabil sind. Sie verschwinden nicht nach einmaligem oder mehrfachem Erfolg oder Misserfolg, sondern bleiben erhalten, allerdings als *lernende Systeme*, die sich immer neu auf die Wirklichkeiten einstellen müssen, die sie selbst geschaffen haben.

Schulen müssen sich daher auf Kinder und Jugendliche ebenso einstellen wie diese auf sie. Auch hier ist der Prozess wechselseitig, ohne dabei eine strikte Symmetrie zu wahren. Schulen sollen Defizite in bestimmten Bereichen aufheben, ohne Kinder und Jugendliche *als solche* defizitär bestimmen zu können. Das Mandat des Englisch- oder des Sportunterrichts weist nicht über die *spezifischen* Defizite hinaus, die sinnvoll bestimmt sein müssen, bevor der Unterricht in diesen (und allen anderen Fächern) beginnen kann. Das Defizit ist Unkenntnis der Grammatik, der Sprache oder der Kultur des Englischen und diese Defizite sind sinnvoll nur deswegen, weil sie durch Lernen behoben werden können. Sie sind nicht konstitutiv, dauern also an, *ohne* sich bearbeiten zu lassen. Das schließt hohe Unterschiede im Lernerfolg nicht aus, aber das Lernen würde gar nicht erst begonnen, wenn feststünde, dass die Anstrengung vergeblich sei. Die sinnvolle Chancennutzung muss vorausgesetzt werden, und dies abstrakt im Sinne eines Vertrages, der nicht danach unterscheidet, ob bestimmte Milieus *von vornherein* Vorteile oder Nachteile haben, welche Begabungen mit ihnen verbunden sind und wie die Investitionsbereitschaft beschaffen ist. Anders wäre die Volksschule als Institution der *öffentlichen, allgemeinen* und *gleichen* Bildung nie entstanden.[338]

Aber auch Moral und so Erziehungsnormen sind Teil des Generationenvertrages. Die *Fortsetzung* der Moral muss gewährleistet sein. Anders wäre es nicht einsichtig, Anstrengungen der Erziehung auf sich zu nehmen. Sie werden nicht direkt belohnt, aber sie erfolgen im Lichte einer moralischen Erwartung, die davon ausgeht, dass ein langfristiger Effekt sichtbar sein wird, verantwortungsvoll Handelnde, die Moral gelernt haben, ohne sich einfach auf ihre Kindheit und Jugend berufen zu können. Kindheit und Jugend sind der notwendige Transit für die spätere Autonomie moralischer Entscheidungen, die durch die gute oder schlechte Qualität der Erziehung geprägt sind, aber durch Hinweis darauf nicht be- oder entlastet werden können. Die Funktion *dieser* Erwartung wird auch durch differenzierteste Erziehungstheorien nicht aufgehoben.

Erziehung, wie immer limitiert oder diszipliniert ihr Anspruch verstanden wird, muss stattfinden und kann sich nicht einfach überflüssig machen, aber sie ist keine generelle Ursache, weil ihre Angebote nicht nur partikular sind, sondern zugleich sehr unterschiedlich wahrgenommen werden. Die Nachfrage bestimmt nicht einfach über das Angebot, es müsste erhalten bleiben, auch wenn im Grenzfall niemand nachfragte. Dieser Grenzfall aber ist ausgeschlossen, weil Moral und Erziehung sich als Vorteil und Nachteil kommunizieren lassen. Defizite im moralischen Bereich sind *Nachteile*, und zwar gleichermaßen für das handelnde Subjekt wie für die Gemeinschaft oder Öffentlichkeit, auf die das Handeln gerichtet ist; daher lässt sich Erziehung als *Vorteil* auch dann verstehen, wenn mit dem Versuch die Erfolgswahrscheinlichkeit kalkuliert werden muss. Aber das ist wiederum kein Nachteil, weil ein

338 »Volksschule« im Sinne des Schweizer Systems.

lernender Prozess zwar über keine Garantie des Gelingens verfügt, wohl aber sich selbst, und dies ständig, korrigieren kann. Er erreicht nur keine höchsten Ziele und streut in den Effekten, was unter demokratischen Voraussetzungen eigentlich selbstverständlich sein sollte

Auf diese Weise lassen sich die Definition des *Erziehungszwecks* und die damit verbundene *Prozessvorstellung* verändern. Es gibt nicht *einen* Zweck, gar einen *höchsten* Zweck, sondern bessere oder schlechtere Begründungen für Erziehung, die sich nur sehr spekulativ auf *einen* Prozess beziehen lassen. Versteht man »Erziehung« demgegenüber nicht als eine geschlossene Kausalität, sondern als Handlungswirklichkeit, die in der Folge und Verknüpfung von Situationen realisiert wird, dann löst sich die Vorstellung auf, man habe es mit einem kompakten Prozess zu tun, der sich wie ein Schicksal vollzieht. Die Realitäten von Erziehung sind fragile Erfahrungen des Austausches, bei denen Intentionen und Wirkungen nicht passungsgleich verstanden werden können. Aber das ist wiederum nur die Kalkulation des Handelnden, soweit er oder sie auf Illusionen der Wirksamkeit verzichten. Das Objekt ist zugleich Subjekt, anders könnten Feedbacks nicht gegensteuern, was aber in jeder Erziehungssituation der Fall ist. Auch harte Autoritätsannahmen können nicht umhin, sich am beobachtbaren Effekt zu orientieren, und sie geraten an den Rand der Lächerlichkeit, wenn die Pose des Autoritären ein *sich entziehendes* Subjekt vor sich hat. Liberalere Annahmen können Feedbacks zur Selbstkorrektur nutzen, sind also nicht auf autoritäres Gelingen angewiesen. Letztlich ist der Versuch daran zu messen, ob er *dienlich* ist oder nicht, also zur Problembearbeitung beiträgt, ohne eine vollständige Verfügungsgewalt zu besitzen.

Die Theorie muss eine Bestimmung ihres Gegendstandes leisten. Was aber tut man, wenn das Objekt zugleich Subjekt ist? Die Erziehung *zeigt nicht* ihre Wirkungen, wenn ich Recht habe, kann von »der« Erziehung auch gar nicht gesprochen (oder kann von ihr nur *gesprochen*) werden, während sich Erwachsene und Kinder aufeinander einstellen und ihre Verhaltens- und Denkrealitäten fortlaufend abstimmen müssen. Das »Objekt« ist nicht einfach auf der abgesenkten Seite der Asymmetrie, die auch nicht ein für alle Mal besteht, sondern immer neu bestimmt werden muss. Erziehung, auf der anderen Seite, ist auch nicht lediglich freundlicher Dialog unter Gleichgestimmten. Das fortlaufende Passungsverhältnis muss *gestaltet*, mit Blick auf die Praxis könnte es auch heißen: muss *errungen* werden – in dem Sinne, dass die Erfahrung fortlaufende Dissonanzen bearbeiten und abstimmen muss. Nur das Bild der guten Erziehung setzt Harmonie voraus, die Praxis handelt von widerstreitenden Egoismen, die immer auch Macht verhandeln. Das betrifft Personen in unmittelbarer Interaktion, nicht das Verhältnis der Generationen, das Erziehung in einer anderen Dimension abbilden muss.

Aber gerade wenn es, mit Herbart, um *Umgang*[339] gehen soll, sind fragile, schwer balancierbare Verhältnisse zu unterstellen, die die Theorie fast nie berücksichtigt. Sie stabilisiert Erwartungen, die wesentlich nur *einen* Adressaten haben. Erziehung wird nie *wechselseitig* konzipiert, nie auf *punktuelle* Probleme bezogen und nie zur *Entlastung* eingesetzt. Fragt man, wer eigentlich auf Erziehung wartet, dann ergibt sich sofort ein anderes Bild. Offenbar müssen Kinder für die Erziehung erzogen werden, wobei sie über den Modus nicht frei entscheiden können. Das gilt auch für meine Theorie.[340] Aber es ist ein Unterschied, ob größtmögliche Transparenz der Entscheidungen angestrebt wird oder Intransparenz[341] die Grundlage ist. Ähnlich ist es nicht dasselbe, Erziehung vom Problemfluss her

339 »Umgang« ist eigentlich Mangel, der durch Unterricht ausgeglichen werden soll. Umgang bezieht sich, wie es in der Allgemeinen Pädagogik heißt, auf die »kleine Sphäre des Gefühls« (Herbart 1965a, S. 60) und wird mit häuslicher Geselligkeit gleichgesetzt. Für sie gilt: »Einseitigkeit der Teilnahme ist viel schlimmer als Einseitigkeit der Kenntnis.« (Ebd.)

340 Das ist eine grundlegende Schwierigkeit. Demokratische Theorien können deliberative Beratungen nahe legen, sind aber nicht selbst Objekt von Beratungen mit den Betroffenen. Kinder können nicht vor der Erziehung darüber entscheiden, ob sie demokratische oder autoritäre Modi der Erziehung wünschen. Allerdings sind die Argumente immer öffentlich zugänglich, können also ab einem bestimmten Alter auch genutzt werden, abhängig aber wiederum von Erziehung und Bildung.

341 Es gibt nicht nur autoritäre, sondern auch sentimentale Intransparenz, solche, die im Gefühl, das Beste zu tun, auf die Rückwirkungen nicht achten muss.

zu verstehen oder sie als Vollzug eines höheren Willens zu konzipieren. Und schließlich ist eine Differenz gezogen, wenn Erziehung als partikulare Zuständigkeit bestimmt wird, gegenüber einer Zuständigkeit, die sich aufgrund der Anlage der Theorie nicht begrenzen kann.

Das hebt die Paradoxien des Feldes nicht auf. Es *ist* paradox, Entscheidungen auf einseitige Weise stellvertretend zu treffen, in der Gegenwart die Zukunft zu beeinflussen, mit vagen Situationen Ziele anzustreben, das Beste zu wollen und zugleich die Möglichkeiten zu minimieren etc. Doch so kann man nicht schließen. Von Kierkegaard und Nietzsche war zu lernen, dass die Theorie an den konkreten Phänomenen des Lebens ansetzen muss, wenn sie nicht immer nur überschüssig sein will. »Konkret« ist Erziehung nicht nur fortlaufende Erfahrung mit riskanten Balancen und fragilen Interaktionen, die Ideale nur in einer Hinsicht nötig haben, den der Kontinuierung des Anliegens. Erziehung ist konkret auch als *Grenze*, nicht im Sinne des sich vollziehenden Schicksals, sondern der Erfahrung des Lebens, dessen Richtung sich nicht umkehren lässt. Die Anfänge kehren nie zurück und die Folgen sind, biographisch gesehen, nicht reversibel.

Jede Erziehung ist, aus der Sicht der Betroffenen, also der Subjekte, *einmalig* und *unwiederholbar*; sie stellt aus diesem Grund eine Grenze dar. Von »Grenzen« also lässt sich nicht nur im Sinne der Belastbarkeit, der Ungenauigkeit der Prognosen oder einfach der Eigenständigkeit der Kinder sprechen, sondern auch im Blick auf die Erziehung selbst. Wie immer sie verlaufen sein mag, sie erhält keine zweite Chance, weil Kindheit und Jugend, und mit ihnen die Lebenserfahrungen, nicht wiederholt werden können. Man kann, was immer man tut, sie nicht löschen, und das gilt entsprechend auch für den Teil der Erfahrung, den die Erziehung bestimmt hat. Sie ist keine Festplatte, die je neu gespeichert werden könnte. Wenn *nachträglich* versucht wird, Spuren der Erziehung zu beseitigen, weil sie zu leidvoll oder zu banal waren, dann gelingt das nie total. Andernfalls nämlich müsste man sich selbst umbauen können, während die reflexive Macht der Erziehung sich oft erst in zunehmendem Alter zeigt. Es würde diese Macht unterschätzen, wenn man Freude oder Unbehagen der Kindheit einfach zu löschen versuchte. Letztlich zeigen sich Wirkungen immer erst rückblickend, dann, wenn Erziehungsepisoden abgeschlossen sind.

Erwachsene reflektieren ihre eigene Erziehung anders als die Theorie der Erziehung dies nahe legt. Bezogen auf das eigene Leben sind Kindheit und Jugend definitive Grenzen, die Rückkehr oder Wiederholung ausschließen. Niemand erhält eine zweite, dritte oder vierte Erziehung. Man kann nachfolgend dazulernen oder vergessen, aber nicht die eigenen Anfänge wiederholen. Das Geschehen in Kindheit und Jugend findet nicht ein zweites Mal statt und es wirkt lebenslang. Kinder haben kein Bewusstsein von ihrer eigenen Erziehung, dieses Bewusstsein bildet sich *allmählich* und *nachfolgend*, nicht immer in Freude über die Erziehung und gelegentlich auch im Zorn über sie. Aber was Glück oder Unglück war, erhält *später* eine bewusste Form. Erziehung und Kindheit werden rückblickend bearbeitet, ohne dabei neu erfunden zu werden. Anders müssten die *Gefühle* der Kindheit, das Erleben *als* Kind, im Erwachsenenalter neu erzeugt werden können, was selbst in Therapiesituationen ausgeschlossen ist.

Man weiß immer erst später, was das »Erleben als Kind« gewesen ist, und dieses Bewusstsein kann man nur im Blick auf sich selbst herausbilden. Kindheit ist die zurückliegende Grenze, die nur nach vorne überschritten werden kann. Erlebnisse und Kognitionen, die von Kindheit und Jugend her nachwirken, sind Grenzsetzungen. Niemand kann sie neu erzeugen, zugleich ist die Erinnerung nicht frei und kann die nachfolgende Erfahrung nicht einfach die frühere auslöschen. Das Leiden der Kindheit ist ebenso wenig auswechselbar wie die Euphorie, kein Erlebnis wird anschließend wirklich anders, einzig die Stärke kann nachlassen, vorausgesetzt, man kann sich später eine schwächere Erinnerung leisten.

Die Einmaligkeit der Kindheit definiert in einer bestimmten Hinsicht die Verantwortung der Erziehung, also das, was die Erwachsenen tun oder lassen im Umgang mit den Kindern, die ihnen anvertraut sind. Was immer man bewirkt, es lässt sich nicht wiederholen, die Verantwortung muss *jetzt* übernommen werden und sie besteht darin, die Anfänge eines einmaligen Lebens zu beeinflussen, unabhängig davon, ob diese Einflussnahme gewollt ist oder nicht. Die Kinder können sich ihre Eltern nicht aussuchen, und sie sind lange von ihnen abhängig, also auf die Qualität angewiesen, die die Eltern bieten oder nicht bieten können. Die Erziehungspersonen reflektieren diese Qualität in Form von Erziehungserwartungen, aber davon ist die Praxis zu unterscheiden, die, wenn ich Recht habe, nicht mit den guten Absichten aufgeht.

Was die Erziehung erreicht und zugleich nicht erreicht, entscheidet sich nicht mit dem eigenen Vollzug, sondern mit dem Leben der Kinder. Die Erwachsenen stellen sich vor, was Kinder sich *unmöglich* vorstellen können, nämlich dass Erziehung Erfolg haben oder scheitern kann. Die Vorstellung der Erwachsenen zieht Hoffnung und Sorge nach sich, die Kindern in eigener Sache lange *nicht* eigen ist. Wenn sie beginnen, ihre Zukunft hoffnungs- oder sorgenvoll zu betrachten, ist die Kindheit vorbei. Die Unsicherheit der Erwachsenen besteht darin, dass Kinder ihre Zukunft *selbst* erreichen müssen. Ihr Weg ist einmalig und darf nicht scheitern, während viel geschieht, was weder Erfolg noch Misserfolg der Erziehung ist, sondern einfach *diese eine* Kindheit ausmacht. Sie ist eine wirkliche Grenze des Lebens, weil niemand je in sie zurückkehrt. Kinder wissen nicht, was es heißt, erwachsen zu sein, weil sie nur die *eine* Seite kennen. Erwachsene können die Kindheit unterscheiden und haben sie eben darum verloren. Marcel Proust spricht zu Recht von der *verlorenen* Zeit. Die Gefühle, die Gerüche und der Geschmack der Kindheit sind ebenso wenig umkehrbar wie die musikalischen Empfindungen, Heiterkeit und Dunkelheit, die Stunden der Verlassenheit oder die Augenblicke des Glücks.

Literaturverzeichnis

Aristoteles: Nikomachische Ethik. Uebers. v. F. Dirlmeier. Stuttgart 1969.
Asmus, W.: Johann Friedrich Herbart. Eine pädagogische Biographie. Band I: Der Denker. 1776–1809. Band II: Der Lehrer. 1809–1841. Heidelberg 1968, 1970. (= Anthropologie und Erziehung, hrsg. v. O.F. Bollnow/A. Flitner, Bd. 21, 22).
Aurelius Augustinus: Bekenntnisse. Eingel. u. übers. v. W. Thimme. Stutttgart 1977 (erste Ausg. 1950).
Aurelius Augustinus: Vom Gottesstaat (De civitate dei). Buch 11 bis 22. Übers. v. W. Thimme, komm. v. C. Andresen. München 1978.
Barny, R.: Rousseau dans la Révolution: le personnage de Jean-Jacques et les débuts du culte révolutionnaire (1787–1791). Oxford: The Voltaire Foundation at the Taylor Institution 1986. (= Studies on Voltaire and the Eighteenth Century, ed. H.T. Mason, Vol 246).
Barth, K.: Die Theologie Schleiermachers. Vorlesung Göttingen Wintersemester 1923/1924. Hrsg. v. D. Ritschl. Zürich 1978.
Beabout, G.R.: Freedom and Its Misuses: Kierkegaard on Anxiety and Dispair. Marquette University Press 1996. (=Marquette Studies in Philosophy, Vol. 12).
Bennett, W.J.: The De-Valuing of America: The Fight for Our Culture and Our Children. New York: Simon and Schuster 1992.
Blackwell, D.F.: The *Artes Liberales* as Remedies: Their Order of Study in Hugh of St. Victor's *Didascalicon.* In: Theologische Zeitschrift 45 (1989), S. 115–124.
Blanke, I.: Sinn und Grenzen. Christliche Erziehung. Kierkegaard und die Problematik der christlichen Erziehung in unserer Zeit. Frankfurt a.M./Bern 1978.
Blass, J.L.: Die Krise der Freiheit im Denken Sören Kierkegaards. Wuppertal/Ratingen/Düsseldorf 1968.
Bloch, J.: Rousseauism and Education in Eighteenth-Century France. Oxford: Voltaire Foundation 1995. (= Studies on Voltaire and the Eighteenth Century, ed. H. T. Mason, Vol. 325).
Bloom, A.: The Closing of the American Mind: How Higher Education Has Failed Democracy and Impoverished the Souls of Today's Students. New York: Simon & Schuster 1987.

Bokelmann, H.: Zukunft – Ein Bestimmungsort erzieherischen Handelns. In: Vierteljahresschrift für wissenschaftliche Pädagogik 45 (1969), S. 173–296.

Boyer, E.: College: The Underground Experience in America. New York: Harper & Row 1987.

Braucy, J.: The Frency of Renown: Fame and his History. New York/London: Oxford University Press 1986.

Brown, M.: Nietzsche Chronicle. 2000. http://webster.dartmouth.edu/fnchron.1844.html.

Calcidius: Timaeus a Calcidio translatus commentarioque instructus. Ed. J.H. Waszink. 2nd Ed. London/Leiden 1975 (= Plato Latinus, Vol. 4).

Cassirer, E.: Das Problem J. J. Rousseau. In: Archiv für Geschichte der Philosophie XLI (1932), S. 177–213, 479–513. Wieder in: E. Cassirer/J. Starobinski/R. Darnton: Drei Vorschläge, Rousseau zu lesen. Frankfurt a.M. 1989, S. 7–78.

Chambliss, J.J.: Irony in Rousseau's *Emile*. Philosophy of Education Yearbook 1998. http://www.ed.uiuc.edu/EPS/PES-Yearbook/1998/chambliss.html.

Chatillon, J.: Hugo von St. Viktor. In: Realencyklopädie für protestantische Theologie und Kirche. Begr. v. J.J. Herzog, hrsg. v. A. Hauck. Bd. 15, S. 629–635.

Clendenning, J.: The Life and Thought of Josiah Royce. Revised and Expanded Edition. Nashville, Texas: Vanderbilt University Press 1998 (erste Aufl. 1985).

Cohn, N: Die Erwartung der Endzeit. Vom Ursprung der Apokalypse. Übers. v. P. Gillhofer/H.-U. Möhring. Frankfurt/Leipzig 1997 (amerik. Orig. 1993).

Cooney, W./Cross, Ch./Trunk, B.: From Plato to Piaget. The Greatest Educational Theorists From Across the Centuries and Around the World. Lanham, Md.: University of America Press 1993.

Coontz, St.: The Way we Never Were. American Families and the Nostalgia Trap. New York: Basic Cooks 1992.

Cooper, D.E.: Authenticity and Learning. Nietzsche's Educational Philosophy. London/Boston/Melbourne/Henley: Routledge & Kegan Paul 1983 (= International Library of the Philosophy of Education, ed. R. S. Peters).

Coriand, R./Winkler, M. (Hrsg.): Der Herbartianismus – die vergessene Wissenschaftsgeschichte. Weinheim 1998.

Cranston, M.: Jean-Jacques. The Early Life and Work of Jean-Jacques Rousseau 1712–1754. Chicago: The University of Chicago Press 1991 (erste Aufl. 1982).

Cranston, M.: The Noble Savage. Jean-Jacques Rousseau 1754–1762. Chicago: The University of Chicago Press 1991a.

Cranston, M.: The Solitary Self. Jean-Jacques Rousseau in Exile and Adversity. With a Foreword by S. Lakoff. Chicago: The University of Chicago Press 1997.

Crisp, R. (Ed.): How Should One Live? Essays on the Virtues. Oxford: Oxford University Press 1996 (repr. 1999).

D'Souza, D.: Illiberal Education: The Politics of Race and Sex on Camous. New York: The Free Press 1991.

Dewey, J.: The Middle Works 1899–1924, vol. 6: *How We Think* and Selected Essays 1910–1911. Ed. by J.A. Boydston; intr. by H. Thayer/V.T. Theayer. Carbondale/Edwardsville: Southern Illinois University Press 1985.

Dewey, J.: The Middle Works 1899–1924. Vol 7: 1912–1914. Ed. by J.A. Boydston; intr. R. Ross. Carbondale/Edwardsville: Southern Illinois University Press 1985a.

Dewey, J.: The Later Works, 1925–1953. Vol. 4: 1929. The Quest for Certainty. Ed. by J.A. Boydston; intr. by St. Toulmin. Carbondale/Edwardsville: Southern Illinois University Press 1988

Diederich, J.: Bemessene Zeit als Bedingung pädagogischen Handelns. In. N. Luhmann/K.E. Schorr (Hrsg.): Zwischen Technologie und Selbstreferenz. Fragen an die Pädagogik. Frankfurt a.M. 1982, S. 51–86.

Dilthey, W.: Leben Schleiermachers. (1870). Bd. 1. 3. Aufl. in zwei Halbbänden. Hrsg. v. M. Redeker. Berlin 1970. Bd. 2.: Schleiermachers System als Philosophie und Theologie. 2 Halbbände. Berlin 1966 (Gesammelte Schriften XIII/1, 2; XIV/1,2).

Dolch, J.: Die Erziehung und die Zeit. Ein Lehrstück der Allgemeinen Erziehungswissenschaft. In: Zeitschrift für Pädagogik 10 (1964), S. 361–372.

Drerup, H./Keiner, E. (Hrsg.): Popularisierung wissenschaftlichen Wissens in pädagogischen Feldern. Weinheim 1999 (= Beiträge zur Theorie und Geschichte der Erziehungswissenschaft, hrsg. v. H. Drerup, Bd. 22).

Essentials of Unification Thought – the Head-Wing Thought. IV. Traditional Theories of Education.
http://www.tparents.org./Library/Unification/Books/Euth/Euth05-04.htm.

Evans, C. St.: Kierkegaard's Fragments and Postscripts: The Religious Philosophy of Johannes Climacus. New York: Humanity Books 1989.

Evans, St. C.: Faith Beyond Reason: A Kierkegaardian Account (Reason and Religion). Wm. B. Eerdmans Publishing Company 1998.

Fénelon: De l'éducation des filles. (Texte de 1696). In: Oeuvres. Tome I. Ed. par J. Le Brun. Paris: Editions Gallimard 1983, S. 89–171.

Fennell, J.: Bloom and His Critics: Nietzsche, Nihilism, and the Aims of Education. In: Studies in Philosophy and Education 18 (1999), S. 405–434.

Ferruolo, S.: The Origins of University. The Schools of Paris and their Critics. Stanford: Stanford University Press 1985.

Flasch, K.: Was ist Zeit? Augustinus von Hippo. Das XI. Buch der Confessiones. Historisch-philosophische Studie. Text – Übersetzung – Kommentar. Frankfurt/M. 1993.

Förster-Nietzsche, E.: Das Leben Friedrich Nietzsches. Bd. I–III. Leipzig 1895–1904.

Förster-Nietzsche, E.: Der einsame Nietzsche. Leipzig 1914.

Fullinwider, R. (Ed.): Public Education in an Multicultural Society. Policy, Theory, Critique. Cambridge: Cambridge University Press 1996.

Goebel, J./Clermont, Chr.: Die Tugend der Orientierungslosigkeit. Reinbek b. Hamburg 1999 (erste Ausg. 1997).

Gorman, D.M.: Are School-Based Resistance Skills Training Programs Effective in Preventing Alcohol Misuse? In: Addiction Research Vol. 4, No. 2 (1996), S. 191–210.

Gorman, D.M.: The Irrelevance of Evidence in the Development of School-Based Drug Prevention Policy, 1986–1996. In: Evaluation Review Vol. 22, No. 1 (February 1998), S. 118–146.

Goy, R.: Die Überlieferung der Werke Hugos von St. Viktor. Ein Beitrag zur Kommunikationsgeschichte des Mittelalters. Stuttgart 1976 (= Monographien zur Geschichte des Mittelalters, Bd. 14).

Grön, A.: Angst bei Sören Kierkegaard. Stuttgart 1999.

Gutmann, A.: Democratic Education. New Edition with a New Preface and Epilogue. Princteon, N.J.: Princeton University Press 1999 (erste Ausg. 1987).

Hankins, J.: Platon in the Italien Renaissance. 3rd Impr. Leiden/New York/ Köln: E.J. Brill 1994 (= Columbia Studies in the Classical Tradition, ed. W.V. Harris, vol. XVII).

Hare, R.M.: Moral Thinking. Its Levels, Method, and Point. Oxford: Clarendon Press 1981.

Hare, R.M.: How Did Morality Get a Bad Name? In: R.M. Hare: Essays on Religion and Education. Oxford: Oxford University Press 1992.

Harmon, M.A.: Reducing the Risk of Drug Involvement Among Early Adolescent: An Evaluation of Drug Abuse Resistance Education (DARE). April 1993. Schaffer Library of Drug Policy.
http://www.druglibrary.org/schaffer/Misc/dare1.htm.

Haskins, C.H.: The Renaissance of the Twelfth Century. Cambridge/Mass.: Harvard University Press 1927.

Haydon, G.: Thick or Thin? The Cognitive Content of Education in a Plural Democracy. In: Journal of Moral Education 24, 1 (1995).

Haydon, G.: Values, Virtues and Violence: Education and the Public Understanding of Morality. Oxfod: Blackwell Publishers 1999.

Hegel, G.W.F.: Werke, hrsg. v. E. Moldenhauer/K. M. Michel, Bd. 3: Phänomenologie des Geistes. Frankfurt a.M. 1970a.

Hegel, G.W.F.: Werke, hrsg. v. E. Moldenhauer/K.M. Michel, Bd. 12: Vorlesungen über die Philosophie der Geschichte. Frankfurt a.M. 1970.

Hentig, H.v.: »Komplexitätsreduktion« durch Systeme oder »Vereinfachung« durch Diskurs? In: F. Maciejewski (Hrsg.): Theorie der Gesellschaft oder Sozialtechnologie? Beiträge zur Habermas-Luhmann-Diskussion. Frankfurt a.M. 1973, S. 115–144.

Herbart, J.F.: Allgemeine praktische Philosophie. Hrsg. v. G. Hartenstein. Neue Ausgabe. Leipzig 1873 (erste Aufl. 1808).

Herbart, J.F.: Lehrbuch zur Psychologie. 3. Aufl. Hrsg. v. G. Hartenstein. Dritter Abdruck. Hamburg/Leipzig 1887 (erste Aufl. 1816).

Herbart, J.F.: Ueber das Verhältnis des Idealismus zur Pädagogik. 1831/32. In: J.F. Herbart: Pädagogische Schriften. M. Herbarts Biographie hrsg. v. Fr. Bartholomäi. Siebte Auflage, neu bearb. v. E. v. Sallwürk. Zweiter Band. Langensalza 1906, S. 321–345 (=Bibliothek Pädagogischer Klassiker, hrsg. v. Fr. Mann).

Herbart, J.F.: Sämtliche Werke, hrsg. v. K. Kehrbach/O. Flügel, Bd. 9. Neudruck der Ausgabe Langensalza 1897. Aalen 1964.

Herbart, J.F.: Pädagogische Schriften. Hrsg. v. W. Asmus. Band 1: Kleinere pädagogische Schriften. Düsseldorf/München 1964a.

Herbart, J.F.: Pädagogische Schriften. Hrsg. v. W. Asmus. Bd. 3: Pädagogisch-didaktische Schriften. Düsseldorf/München 1965.

Herbart, J.F.: Pädagogische Schriften. Hrsg v. W. Asmus. Band 2: Pädagogische Grundschriften. Düsseldorf/München 1965a.

Herbart, J.F.: Lehrbuch zur Einleitung in die Philosophie. Hrsg. v. W. Henckmann. Hamburg 1993 (Druck nach der 4. Aufl. 1837).

Heymel, M.: Das Humane lernen. Glaube und Erziehung bei Sören Kierkegaard. Götttingen 1988 (=Forschungen zur Kirchen- und Dogmengeschichte, Bd. 40).

History of Education. Encarta Learning Zone. http://encarta.msn.com/find/Concise.asp?z=1&pg=2&ti=026DA000.

Hoffmann, D.M.: Zur Geschichte des Nietzsche-Archivs. Berlin/New York 1991.

Horneffer, E.: Nietzsche-Vorträge. Leipzig 1920.

Houghton, B.: The Good Child. How to Instill a Sense of Right and Wrong in Your Child. London: Headline Book Publishing 1998

Hubben, W.: Dostoievsky, Kierkegaard, Nietzsche and Kafka. New York: Touchstone Press 1997.

Hugo von Sankt Viktor (+ 1141). http://www.st-georgen.uni-frankfurt.de/hugo/hugo_von_sankt_viktor.htm.

Hugo von Sankt Viktor: Didascalicon de Studio Legendi – Das Studienbuch. Lateinisch-deutsche Ausgabe. Übers. u. hrsg. v. Th. Offergeld. Freiburg/Br. u.a. 1997 (= *Fontes Christiani*. Zweisprachige Neuausgabe christlicher Quellentexte aus Altertum und Mittelalter, hrsh. v. N. Brox u.a. Bd. 27).

Ignatieff, M.: Die Zivilisierung des Krieges. Ethnische Konflikte, Menschenrechte, Medien. Übers. v. M. Benthack. Hamburg 2000.

Jaeger, C.S.: Humanism and Ethics at the School of St. Victor in the Early Twelfth Century. In: Mediaeval Studies 55 (1993), S. 5–79.

Jahrhundertwenden 1000–2000. Rückblicke in die Zukunft. Herausgegeben vom Badischen Landesmuseum Karlsruhe. Baden-Baden 1999.

James, W.: Das pluralistische Universum. Hibbert-Vorlesungen am Manchester College über die gegenwärtige Lage der Philosophie. Übers. v. J. Goldstein. Leipzig 1914 (amerik. Orig. 1908).

Janz, C.P.: Friedrich Nietzsche Biographie. Band 1: Kindheit und Jugend. Die zehn Basler Jahre. Band 2: Die zehn Jahre des freien Philosophen. Band 3: Die Jahre des Siechtums. Dokumente, Register. München 1981.

Jean-Jacques Rousseau Swiss/French Philosopher 1712–1778. http://www2.lucidcafe.com/lucidcafe/library/96jun/rousseau.html.

Jim Carrey. Die Truman Show. CIC Kassette. P 401448.

Jimack, P.D.: La genèse et la rédaction de l'Emile. Genève: Institut et Musée Voltaire Les Delices 1960 (= Studies on Voltaire and the Eighteenth Century, ed. by Th. Besterman, Vol. XIII).

Kahn, A.A.: Salighed as Happiness? Kierkegaard on the Concept of Salighed. Waterloo, Ont. 1985.

Kampmann, Th.: Kierkegaard als religiöser Erzieher. Bonn 1949.

Keiner, E.: Nietzsche im Internet. In: Chr. Niemeyer/H. Drerup/J. Oelkers/L. von Pogrell (Hrsg.): Nietzsche in der Pädagogik? Beiträge zur Rezeption und Interpretation. Weinheim 1998, S. 357–369.

James, W.: Das pluralistische Universum. Hibbert-Vorlesungen am Manchester College über die gegenwärtige Lage der Philosophie. Übers. v. J. Goldstein. Leipzig 1914 (amerik. Orig. 1908).

Kelly, A.: Freewill and Responsibility. New York/London: Routledge & Kegan Paul 1978 (repr. 1988).

Kierkegaard, S.: Die Krankheit zum Tode. Übers. u. hrsg. v. L. Richter. Reinbek b. Hamburg 1966.

Kierkegaard, S.: Entweder/Oder. Erster Teil. Bd. I/II. Übers. v. E. Hirsch. Gütersloh 1979.

Kierkegaard, S.: Entweder/Oder. Zweiter Teil. Bd. I/II. Übers. v. E. Hirsch. Gütersloh 1980.

Kierkegaard, S.: Philosophische Brocken. De omnibus dubitantum est. Übers. v. E. Hirsch. Gütersloh 1981.

Kierkegaard, S.: Writings, Vol. VII: Philosophical Fragments. Johannes Climacus. Ed. and transl. by H.V. Hong/E.H. Hong. Princeton, N. J.: Princeton University Press 1985.

Kierkegaard, S.: Stadien auf des Lebens Weg. Bd. I. Übers. v. E. Hirsch/R. Hirsch. 2. Aufl. Gütersloh 1991.

Kierkegaard, S.: Stadien auf des Lebens Weg. Bd. II. Übers. v. E. Hirsch/R. Hirsch. 2. Aufl. Gütersloh 1994.

Kirmmse, B.H.: Kierkegaard in Golden Age Denmark. Bloomington: Indiana State University 1990.

Koch, M.: Performative Pädagogik. Über die welterzeugende Wirksamkeit pädagogischer Reflexivität. Münster/New York/München/Berlin 1999.

Krapf, G.A.: Platonic Dialectics and Schleiermacher's Thought. An Essay towards the Reinterpretation of Schleiermacher. Yale: Yale University Press 1953.

Kurz, R.: Zur handschriftlichen Überlieferung der Werke Hugos von St. Viktor. Ergänzungen zu Goys Handschriftenverzeichnissen. In: Zeitschrift für bayerische Landesgeschichte 42 (1979), S. 469–482.

Leon, C. (Ed.): Feminist Interpretations of Soren Kierkegaard. Re-Reading the Canon. Philadelphia: Pennsylvania State University Press 1997.

Lette, K.: Kinderwahn. Roman. Übers. v. Th. Bodmer. Reinbek b. Hamburg 1998 (engl. Orig. 1996).

Levant, G.: D.A.R.E. Keeping Kids Drug Free. Official Parent's Guide. San Diego, CA: Laurel Glen 1998

Lindner, G.A.: Encyklopädische Handbuch der Erziehungskunde mit besonderer Berücksichtigung des Volksschulwesens. Wien/Leipzig 1884.

Lowrie, W.: Kierkegaard. Vol. I/II. New York: Harper & Brothers 1962.

Lüders, M.: Zeit, Subjektivität und Bildung. Die Bedeutung des Zeitbegriffs für die Pädagogik. Weinheim 1995.

Luhmann, N.: Weltzeit und Systemgeschichte: Über Beziehungen zwischen Zeithorizonten und sozialen Strukturen gesellschaftlicher Systeme. In: P. Chr. Ludz (Hrsg.): Soziologie und Sozialgeschichte. Opladen 1973, S. 81–115. (= Sonderheft 16 der Kölner Zeitschrift für Soziologie und Sozialpsychologie).

Luhmann, N.: Liebe als Passion. Zur Codierung von Intimität. Frankfurt a.M. 1982.

Luhmann, N.: Paradigm lost: Über die ethische Reflexion der Moral. Rede anlässlich der Verleihung des Hegel-Preises 1989. Frankfurt 1990.

Luhmann, N./Schorr, K.E.: Reflexionsprobleme im Erziehungssystem. M. e. Nachw. z. Neuaufl. Frankfurt a.M. 1988 (erste Aufl. 1979).

Luhmann, N./Schorr, K.E. (Hrsg.): Zwischen Anfang und Ende. Fragen an die Pädagogik. Frankfurt a.M. 1990.

Macintyre, B.: Vergessenes Vaterland. Die Spuren der Elisabeth Nietzsche. Übers. v. M. Lesch-Rey. Leipzig 1994 (engl. Orig. 1992).

MacVannel, J.A.: The Educational Theories of Herbart and Froebel. New York: Teachers College, Columbia University 1905.

Maher, M.: Herbart and Herbartianism. The Catholic Encyclopedia 1910. http://www.newadvent.org/cathen/07248a.htm.

Malaquet, J.: Soren Kierkegaard: Foi et paradoxe. Paris: Union générale d'édition 1971.

Mannheimer, J.R.: Kierkegaard as Educator. Berkeley/Calif.: The University of California Press 1977.

Margonis, F.: New Problems in Child-Centered Pedagogy. Philosophy of Education 1992.
http://x.ed.uiuc.edu/EPS/PES-Yearbook/92-docs/MARGONIS:HTM.

Metz, P.: Herbartianismus als Paradigma für Professionalisierung und Schulreform. Ein Beitrag zur Bündner Schulgeschichte der Jahre 1880 bis 1930 und zur Wirkungsgeschichte der Pädagogik Herbarts und der Herbartianer Ziller, Stoy und Rein in der Schweiz. Bern u.a. 1992 (=Explorationen. Studien zur Erziehungswissenschaft, hrsg. v. J. Oelkers, Bd. 4).

Miller, J.P.: Erbauliche Erzählungen der vornehmsten biblischen Geschichten, zur Erweckung eines lebendigen Glaubens und der wahren Gottseligkeit in der Jugend. Zweyte, vermehrte und verbesserte Auflage, Welche zugleich in Fragen und Antworten zum Nutzen der Lehrenden und Lernenden eingerichtet worden. Mit und ohne Kupfer. Zürich 1771 (erste Aufl. 1759).

Miller, J.P.: Grundsätze einer weisen und christlichen Erziehungskunst. Zwote, verbesserte Ausgabe. Göttingen 177a.

Minois, G.: Geschichte der Zukunft. Orakel, Prophezeihungen, Utopien, Prognosen. Übers. v. E. Moldenhauer. Düsseldorf/Zürich 1998 (frz. Orig. 1996).

Mithaug, D.E.: Self-Determined Kids. Raising Satisfied and Successful Children. Lexington, Mass./Toronto: Lexington Books 1991.

Möbius, J.: Ueber das Pathologische bei Nietzsche. Wiesbaden 1902 (= Grenzfragen des Nerven- und Seelenlebens, Faszikel 17).

Mollenhauer, K.: Theorien zum Erziehungsprozess. München 1972.

Moretto, G.: Platonismo e romanticismo. Platone nei »Discorsi sulla religione« di Schleiermacher. In: Archivo di Filosofia 52 (1984), S. 233–269.

Moreaux, J.: L'âme du monde de Platon aux Stoiciens. Paris 1939.

Mounier, J.: La fortune des écrits de Jean-Jacques Rousseau dans les pays de langue allemande de 1782 à 1813. Paris: Presses Universitaires de France 1980 (= Publications de la Sorbonne, Série »NS Recherches«, t. 38).

Müller-Buck, R.: »Naumburger Tugend« oder »Tugend der Redlichkeit«. Elisabeth Förster-Nietzsche und das Nietzsche-Archiv. In: Nietzscheforschung, hrsg. v. V. Gerhardt/R. Reschke, Bd. 4. Berlin 1998, S. 319–335.

Niemeyer, Chr./Drerup, H./Oelkers, J./von Progell, L. (Hrsg.): Nietzsche in der Pädagogik? Beiträge zur Rezeption und Interpretation.Weinheim 1998. (=Beiträge zur Theorie und Geschichte der Erziehungwissenschaft., hrsg. v. H. Drerup, Bd. 19).

Nietzsche, F.: Sämtliche Werke Hrsg. v. G. Colli/M. Montinari. Bd. 3: Morgenröte. Idyllen aus Messina. Die fröhliche Wissenschaft. München 1980.

Nietzsche, F.: Sämtliche Werke. Kritische Studienausgabe. Hrsg. v. G. Colli/M. Montinari. Band 2: Menschliches, Allzumenschliches. Nachwort. Band 3: Morgenröte. Idyllen aus Messina. Die fröhliche Wissenschaft. Nachwort. Band 4: Also sprach Zarathustra. Nachwort. Band 5: Jenseits von Gut und Böse. Zur Genealogie der Moral. Nachwort. München, Berlin/New York 1980 (zit. als »S.W.« mit Bandangabe und Seitenzahl).

Oelkers, J.: Intention und Wirkung: Vorüberlegungen zu einer Theorie pädagogischen Handelns. In: N. Luhmann/K.E. Schorr (Hrsg.): Zwischen

Technologie und Selbstreferenz. Fragen an die Pädagogik. Frankfurt a.M. 1982, S. 139–194.

Oelkers, J.: Das Ende des Herbartianismus. Überlegungen zu einem Fallbeispiel der pädagogischen Wissenschaftsgeschichte. In: P. Zedler/E. König (Hrsg.): Rekonstruktionen pädagogischer Wissenschaftsgeschichte. Weinheim 1989, S. 77–116.

Oelkers, J.: Eitelkeit und Mündigkeit: Der *Dandy* als antipädagogische Figur. In: J. Oelkers: Erziehung als Paradoxie der Moderne. Aufsätze zur Kulturpädagogik. Weinheim 1991, S. 97–113.

Oelkers, J.: Erziehungsstaat und pädagogischer Raum. Die Funktion des idealen Ortes in der Theorie der Erziehung. In: Zeitschrift für Pädagogik 39 (1993), S. 631–648.

Oelkers, J.: Pädagogische Ratgeber. Erziehungswissen in populären Medien. Frankfurt/M. 1995.

Oelkers, J.: Erziehung als Vollendung. Kritische Überlegungen zu einem pädagogischen Ideal. In: Chr. Lüth/Chr. Wulf (Hrsg.): Vervollkommnung durch Arbeit und Bildung? Anthropologische und historische Perspekiven zum Verhältnis von Individuum, Gesellschaft und Staat. Weinheim 1997, S. 13–51 (= Pädagogische Anthropologie, hrsg. v. D. Lenzen/Chr. Wulf, Bd. 4).

Oelkers, J.: Einige Bemerkungen Friedrich Nietzsche über Erziehung und der Status eines »Klassikers der Pädagogik«. In: Chr. Niemeyer u.a. (Hrsg.): Nietzsche in der Pädagogik? Beiträge zur Rezeption und Interpretation. Weinheim 1998, S. 211–240 (= Beiträge zur Theorie und Geschichte der Erziehungswissenschaft, hrsg. v. H. Drerup, Bd. 19).

Oelkers, J.: Anspruch und Fallhöhe: Zum Verlust der »Hohen Warte« in der Erziehung. In: H. Drerup/E. Keiner (Hrsg.): Popularisierung wissenschaftlichen Wissens in pädagogischen Feldern. Weinheim 1999, S. 73–86 (= Beiträge zur Theorie und Geschichte der Erziehungswissenschaft, hrsg. v. H. Drerup, Bd. 22).

Oelkers, J.: Gelingen und Scheitern. Überlegungen zur Zeitstruktur von Erziehung. Ms. Zürich 1999a.

Oelkers, J.: Perfektion und Ambition. Einige historische Fehler der pädagogischen Anthropologie. In: W. Althof (Hrsg.): Fehlerwelten. Vom Fehlermachen und Lernen aus Fehlern. Beiträge und Nachträge zu einem interdisziplinären Symposium aus Anlass des 60. Geburtstages von Fritz Oser. Opladen 1999b, S. 137–151.

Oelkers, J.: Rousseau and the *Image* of »Modern Education«. Ms. Zürich 2000.

Oelkers, J.: Erziehung und Methode. Zur Literatur *vor* Pestalozzi. Ms. Zürich 2000a.

Oelkers, J.: Anmerkungen zur Reflexion von »Unterricht« in der deutschsprachigen Pädagogik des 20. Jahrhunderts. Ms. Zürich 2000b.

Oelkers, J.: Schulreform und Schulkritik. 2. vollst. überarb. Aufl. Würzburg 2000c (erste Aufl. 1995) (= Erziehung, Schule, Gesellschaft, hrsg. v. W. Böhm u.a., Bd. 1).
Oelkers, J.: Renaissance, Humanismus, Barock: Epochen europäischer Pädagogik Ms. Zürich 2000d. http://www.unizh.ch./paed/ (Fachbereich Allgemeine Pädagogik).
Oelkers, J.: Demokratie und Bildung: Über die Zukunft eines Problems. In: Zeitschrift für Pädagogik 46, 3 (2000e), S. 333–347.
Oelkers, J.: Das Jahrhundert des Kindes geht zu Ende, was nun? Ms. Zürich 2000f. http://www.unizh.ch./paed/ (Fachbereich Allgemeine Pädagogik).
Oelkers, J.: Paradoxien der Schulberatung. Ms. Zürich 2000g. http:/www.unizh.ch/paed/ (Fachbereich Allgemeine Pädagogik).
Oksenberg Rorty, A.: Rousseau's Educational Experiments. In: A. Oksenberg Rorty (Ed.): Philosophers on Education. Historical Perspectives. London/ New York: Routledge 1998, S. 238–254.
Osterwalder, F.: Pestalozzi als Kult. Weinheim/Basel 1995.
Paschen, H.: Das Hänschen Argument. Zur Analyse und Evalution pädagogischen Argumentierens. Köln 1988.
Pattison, G./Shakespeare, St. (Eds.): Kierkegaard. The Self in Society. Oxford: St. Martin's Press 1998.
Peiter, H.: Schleiermachers christliche Sittenlehre als analytische Handlungstheorie. In: Theologische Zeitschrift 46 (1990), S. 162–172.
Perkins, R. (Ed.): International Kierkegaard Commentary: Two Ages. Mercer University Press 1984.
Peters, R.S.: What Is An Educational Process? In: R.S. Peters (Ed.): The Concept of Education. London: Routledge & Kegan Paul 1973, S. 1–23 (erste Ausg. 1967).
Philipps, M.: All Must Have Prizes. London: Warner Books 1998 (erste Ausg. 1996).
Platon: Werke, hrsg. v. G. Eigler, Bd. IV: Der Staat. Bearb. v. D. Kurz. Griechischer Text v. E. Chamnry; deutsche Übers. v. F. Schleiermacher. Darmstadt 1971.
Platon: Werke, hrsg. G. Eigler, Bd. VII: Timaios – Kritias – Philebos. Bearb. v. K. Widdra. Griechischer Text v. A Rivaud/A. Dies.; deutsche Übers. v. H. Müller/F. Schleiermacher. Darmstadt 1972.
Podach, E.F.: Nietzsches Werke des Zusammenbruchs. Heidelberg 1961.
Pogrell, L. v.: »Erziehung« im historischen Kontext. Beispiele für die Verwendung des Begriffs zu Beginn der Neuzeit. Bd. I/II. Diss. Phil. Bern 1998.
Prange, K.: Plädoyer für Erziehung. Baltmannsweiler 2000.
Putnam, H.: Reason, Truth and History. Cambridge/New York/Melbourne: Cambridge University Press 1981.
Py, G.: Rousseau et les éducateurs. Etude sur la fortune des idées pédagogiques de Jean-Jacques Rousseau en France et en Europe au XVIIIe siècle. Oxford:

Voltaire Foundation 1997 (=Studies on Voltaire and the Eighteenth Century, ed. A. Strugnell, Vol. 356).
Raabe, P.: Spaziergänge durch Nietzsches Sils-Maria. Zürich/Hamburg 1994.
Rabinbach. A.: In the Shadow of Catastrophe. German Intellectuals between Apocalypse and Enlightenment. Berkeley/Los Angeles/London: University of California Press 1997 (=Weimar and Now: German Cultural Criticism, ed. M. Jay/A. Kaes, Vol. 14).
Randels, G.B.: The Doctrines of Herbart in the United States. Philadelphia 1909.
Ravier, A.: L'éducation de l'homme nouveau. Essai Historique et Critique sur le Livre de l'Emile de J.-J. Rousseau. T. I/II. Issoudon: Editions Spes 1941.
Rest, W.: Indirekte Mitteilung als bildendes Verfahren bei Sören Kierkegaard. Leipzig 1937.
Riché, P. Alexandre-Bidon; D.: La vie des enfants au Moyen Age. Paris: Editions du Sorbier 1994.
Richter, D.: Das fremde Kind. Zur Entstehung der Kindheitsbilder des bürgerlichen Zeitalters. Frankfurt/M. 1987.
Rockefaller, St.: John Dewey: Religious Faith and Democratic Humanism. New York: Columbia University Press 1991.
Rohde, P.P. (Ed.): Auktionsprotokol over Soren Kiekegards Bogsamling. Copenhagen: Royal Library 1976.
Rohde, P.P.: Sören Kierkegaard mit Selbstzeugnissen und Bilddokumenten dargestellt. 21. Aufl. Reinbek b. Hamburg 1992 (erste Aufl. 1959).
Rosenbaum, D.P./Flewelling, R.L./Bailey, S./Ringwalt, Chr./Wilkinson, D.: Cops in the Classroom: A Longitudinal Evaluation of Drug Abuse Resistance Education (DARE). In: Journal of Research in Crime and Delinquency Vol. 31, No. 1 (February 1994), S. 3–31.
Rosenbaum, D.P./Hanson, G.S.: Assessing the Effects of School-Based Drug Education: A Six-Year Multi-Level Analysis of Project D.A.R.E. Center for Research in Law and Justice. April 1998. Schaffer Library of Drug Policy. http://www.druglibrary.org/schaffer/library/uic.htm.
Rousseau, J.-J.: Oeuvres Complètes, éd. B. Gagnebin/M. Raymond, T. I: Les Confessions. Autres textes autobiographiques. Paris: Editions Gallimard 1959 (zit. als »O.C.« mit Bandangabe und Seitenzahl).
Rousseau, J.-J.: Oeuvres complètes, éd. B. Gagnebin/M. Raymond. T. IV: Emile. Education – Morale – Boitanique. Paris: Editions Gallimard 1969 (zit. als »O.C.« mit Bandangabe und Seitenzahl).
Royce, J.: The Philosophy of Loyality. New York: The Macmillan Company 1928 (erste Ausg. 1908).
Rudd, A.: Kierkegaard and the Limits of the Ethical. Oxford: Oxford University Press 1997.
Ryle, G.: On Thinking. Ed. by K. Kolenda. With a Preface by G.J. Warnock. Oxford: Basil Blackwell 1979.

Scheffler, I.: Reason and Teaching. London: Routledge & Kegan Paul 1973 (= International Library of the Philosophy of Education, ed. R.S. Peters).

Scheffler, I.: Of Human Potential. An Essay in the Philosophy of Education. Boston/London/Melbourne/Henley: Routledge & Kegan Paul 1985.

Schleiermacher, F.: Der christliche Glaube nach den Grundsätzen der evangelischen Kirche im Zusammenhange dargestellt. Bd. I/II. 7. Aufl. Hrsg v. M. Redeker. Berlin 1960 (erste Aufl 1821).

Schleiermacher, Fr.: Grundlinien einer Kritik der bisherigen Sittenlehre. Zweite Ausgabe. Berlin 1834.

Schleiermacher, F.: Die christliche Sitte nach den Grundsätzen der evangelischen Kirche im Zusammenhange dargestellt. Bd. I/II. Neu hrsg. v. W.-E. Müller. Waltrop 1999 (erste Ausg. 1843).

Schleiermacher, F.: Pädagogische Schriften. Mit einer Darstellung seines Lebens hrsg. v. C. Platz. 3. Aufl. Langensalza 1902 (= Bibliothek Pädagogischer Klassiker, hrsg. v. F. Mann).

Schleiermacher, Fr.: Versuch einer Theorie des geselligen Betragens. In. Fr. Schleiermacher: Philosophische Schriften. Hrsg. u. eingel. v. J. Rachold. Berlin 1984, S. 39–64.

Schleiermacher, F.D.E.: Über die Philosophie Platons. Geschichte der Philosophie. Vorlesung über Sokrates und Platon (zwischen 1819 und 1823). Die Einleitungen zur Übersetzung des Platon (1804–1828). Hrsg. v. P. M. Steiner; m. Beiträgen v. A. Arndt u. J. Jantzen. Hamburg 1996.

Schleiermacher, F.: Texte zur Pädagogik. Kommentierte Studienausgabe. Bd. 1, 2. Hrsg. v. M. Winkler/J. Brachmann. Frankfurt a.M. 2000.

Scholtz, G.: Schleiermacher und die Platonische Ideenlehre. In: K.-V. Selge (Hrsg.): Internationaler Schleiermacher-Kongress 1984. Berlin/New York 1985, S. 849–871.

Schwede, A.O.: Die Kierkegaards. Geschichte einer Kopenhagener Wirkwarenfamilie, insbesondere eines Vaters und seines später weltberühmten Sohnes Sören. Berlin 1989.

Schulze G.: Kulissen des Glücks. Streifzüge durch die Eventkultur. Frankfurt a.M. 1999.

Shahar, Sh.: Childhood in the Middle Ages. Transl. by Ch. Galai. London/New York: Routledge 1990.

Skillen, T.: Can Virtue Be Taught –Especially These Days? In: Journal of Philosophy of Education 31, 3 (1997).

Skinner, B.F.: Walden Two. With a New Introduction by the Author. Englewood Cliffs: Prentice Hall 1976 (erste Ausg. 1948).

Smeyers, P.: On What We Really Care About in Child-Centeredness. Philosophy of Education 1992. http://x.ed.uiuc.edu/EPS/PES-Yearbook/92_docs/SMEYERS:HTM.

Sören Kierkegaard und Regine Olsen. Briefe, Tagebuchblätter und Dokumente. Hrsg. u. übers. v. G. Niedermeyer. München 1927.

Starobinski, J.: Rousseau. Eine Welt von Widerständen. Übers. v. U. Raulff. München/Wien 1988 (frz. Orig. 1971).

Steutel, J.: The Virtue Approach to Moral Education: Some Conceptual Clarifications. In: Jorunal of Philosophy of Education 31, 3 (1997).

Storm, A.: A Commentary on Kierkegaard's Writings. 1996–2000. http://www.2xtreme.net/dstorm/sk/kw7b.htm.

Strauss, B.: Das Partikular. München/Wien 2000.

Theunissen, M./Greve, W. (Hrsg.): Materialien zur Philosophie Sören Kierkegaards. Frankfurt a.M. 1979.

Theunissen, M.: Der Begriff Verzweiflung. Korrekturen an Kierkegaard. Frankfurt a.M. 1993.

Thiel, F.: Ökologische Kommunikation und Praktische Pädagogik. Expansionschancen der pädagogischen Wissenschaft in Krisenzeiten? In: A.M. Stoss/F. Thiel (Hrsg.): Erziehungswissenschaft, Nachbardisziplinen und Öffentlichkeit. Themenfelder und Themenrezeption der allgemeinen Pädagogik in den achtziger und neunziger Jahren. Weinheim 1998, S. 75–93.

Thompson, A.: The Adult and the Curriculum. Philosophy of Education Yearbook 1998. http://www.ed.uiuc.edu/EPS/PES-Yearbook/1998/thompson.html.

Thoreau, H.D.: Walden oder Leben in der Wäldern. Übers. v. E. Emmerich/T. Fischer. Vorw. v. W. E. Richartz. Zürich 1979 (amerik. Orig. 1854).

Türck, H.: Friedrich Nietzsche und seine philosophischen Irrwege. 2. Aufl. Jena 1894.

Verrecchina, A.: Zarathustras Ende. Die Katastrophe Nietzsches in Turin. Übers. v. P. Pawlowsky. Wien/Köln/Graz 1986 (ital. Orig. 1978).

Weber-Kellermann, I.: Die Kindheit. Eine Kulturgeschichte. Frankfurt/Leipzig 1997 (erste Ausg. 1972).

Weiss, G.: Herbart und seine Schule. München 1928 (=Geschichte der Philosophie in Einzeldarstellungen, Abt. VIII: Die Philosophie der neueren Zeit II/Band 35).

Weiss, L.: Die politische Erziehung im alten Zürich. Zürich 1940.

White, P.: Civic Virtues and Public Schooling. New York/London: Teachers College Press 1996.

Williams, A.M.: Johann Friedrich Herbart: A Study in Pedagogics. London: Blackie and Son Ltd. 1911.

Williams, B.: Ethics and the Limits of Philosophy. London: Fontana Press/Collins 1985.

Williams, B.: Shame and Necessity. Berkeley/Los Angeles/London: University of California Press 1993.

Wolff, F.: Awesta. Die heiligen Bücher der Parsen. 2. Aufl. Leipzig 1924 (erste Aufl. 1910).

Reihe »Beltz Handbuch«

Christoph Wulf (Hrsg.)
Vom Menschen
Handbuch
Historische Anthropologie
1997. 1160 Seiten. Gebunden.
ISBN 3-407-83136-6

Ambivalenz und Verunsicherung, Vielfalt und Komplexität bestimmen menschliches Leben am Ende des 20. Jahrhunderts. Immer schwieriger wird es, sich in der Welt, der Gesellschaft und in sich selbst zu orientieren. In dieser Situation drängt sich die Frage auf, was man vom Menschen und seinen Grundverhältnissen wissen könne. Normative Anthropologien haben ihre Überzeugungskraft verloren. Nicht mehr dem universellen Menschen, sondern dem Partikularen und der Vielgestaltigkeit menschlicher Erscheinungen gilt das Interesse. Die Erkenntnissuche richtet sich auf ein anthropologisches Wissen, das sich seiner Geschichtlichkeit und kulturellen Bedingtheit bewusst ist.
Das Handbuchs ist in sieben Abschnitte gegliedert: Kosmologie – Welt und Dinge – Genealogie und Geschlecht – Körper – Medien und Bildung - Zufall und Geschick – Kultur.
Das Handbuch wird unterstützt vom Interdisziplinären Zentrum für Historische Anthropologie der FU Berlin und der Gesellschaft für Historische Anthropologie.

BELTZ

F0017